Boris Herrmann

mit Andreas Wolfers

Allein zwischen Himmel und Meer

Meine achtzig Tage beim härtesten Segelrennen der Welt

PENGUIN VERLAG

MIX
Papier | Fördert gute Waldnutzung
FSC® C147178

Penguin Random House Verlagsgruppe FSC® N001967

1. Auflage 2024

in der Penguin Random House Verlagsgruppe GmbH,
Neumarkter Straße 28, 81673 München
Lektorat: Heike Gronemeier
Karte: Bettina Müller/*Stern*
Bildbearbeitung: Mohn Media Mohndruck GmbH, Gütersloh
Umschlaggestaltung: Büro Jorge Schmidt, München
Umschlagabbildungen: © Pierre Bouras/Team Malizia (Vorderseite); Andreas Lindlahr (Rückseite)
Satz: Leingärtner, Nabburg
Druck und Bindung: Pixartprinting, Lavis
Printed in Italy
ISBN 978-3-328-10987-7
www.penguin-verlag.de

Für Birte und Malou

Inhalt

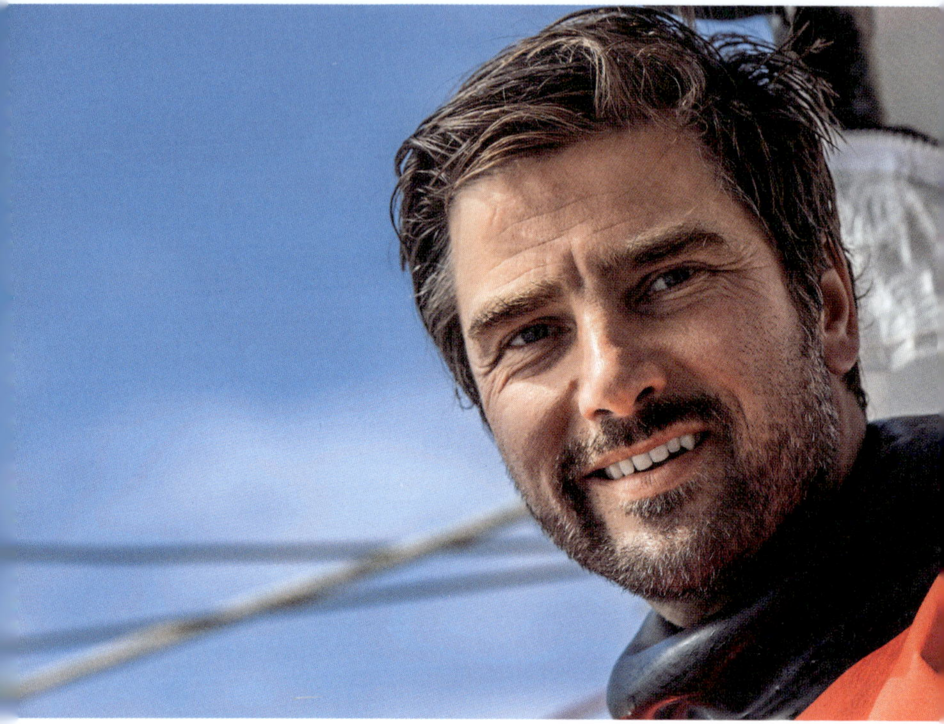

Prolog

Als ich in die Bucht von Biskaya einbiege, habe ich noch etwa dreißig Stunden vor mir. Es ist ein kalter, diesiger Januartag, schlechte Sicht, kurze, unangenehme Welle. Die Wolkendecke hängt tief über dem Wasser. Auf einmal nehme ich das Brummen eines Flugzeugs wahr. Dem Rotorgeräusch nach ist es ein kleiner Flieger, der in den Wolken über mir kreist. Es knackt im Funkgerät, dann höre ich eine vertraute Stimme: von Armel Le Cléac'h, Spitzname »der Schakal«. Der Franzose hat die letzte Vendée Globe gewonnen.

»Salut, Armel! Was für eine Überraschung!«

»Salut, Boris. Ich wollte mal hören, wie es dir kurz vor dem Ziel so geht.«

»Ziemlich gut. Könnte mehr Wind gebrauchen. Aber der kommt erst heute Nacht.«

»Gratulation zu deinem Rennen. Du liegst super!«

Wir plaudern eine Weile, dann dreht der Flieger ab. Der »Schakal« will noch bei den anderen in der Spitzengruppe vorbeischauen. Wir liegen so eng beieinander, wie es das noch nie gab bei einem Finale der Vendée Globe. Nach fast achtzig Tagen um die Welt könnten fünf Schiffe innerhalb weniger Stunden das Ziel erreichen. Nun zählt jede Minute. Die ganze Nacht hindurch checke ich Segel und Windrichtung, berechne ständig den Kurs neu. Es ist, als startete in der Biskaya eine neue Regatta.

Dabei ist das hier nur der Endspurt im härtesten Segelrennen der Welt. Flauten und eisige Stürme liegen hinter mir, der Seegang im

Polarmeer zermürbte mich, einmal musste ich an die Spitze meines dreißig Meter hohen Masts klettern, ich kämpfte mit gerissenen Segeln, dem Höllenlärm an Bord – und immer wieder mit der Einsamkeit. Die Vendée Globe ist erbarmungslos. Achtzig Tage und Nächte lang gönnt sie dir keine Atempause, testet ständig dein Durchhaltevermögen. Bis zum Schluss! Nur wenige Stunden vom Ziel entfernt steht plötzlich in Frage, ob ich es überhaupt noch erreichen werde: Mitten in der Biskaya taucht auf einmal ein Fischerboot direkt vor mir auf. Zerschellt hier mein Lebenstraum?

Als ich 14 Stunden später doch die Ziellinie überquere, bei Regen und stürmischer See, umgeben von Begleitbooten, in denen meine Freunde die Arme hochreißen, da überwältigt mich ein unbändiges Glücksgefühl: Ich habe es geschafft! Ich habe es tatsächlich geschafft!

Zwei Jahrzehnte lang hat mich der Mythos der Vendée Globe vorangetrieben. Nun weiß ich: Wenn du an deinen Lebenstraum glaubst und ihn einfach immer weiterverfolgst, dann kann er Wirklichkeit werden!

Schon als Schüler hatten mich Bücher über die Helden der Vendée Globe gepackt, als 27-Jähriger segelte ich 2008 das erste Mal um die Welt. Hochseesegeln wurde mein Beruf, ich ließ mich als Navigator und Taktiker anheuern – und hielt zugleich an meinem Traum fest. Das größte Problem war die Finanzierung. Das Schiff, das Team, die Jahre der Vorbereitung auf die Vendée Globe, all das würde viel Geld kosten. Mit Freunden und Mitstreitern versuchte ich jahrelang Unternehmen davon zu überzeugen, unsere Kampagne zu unterstützen. Doch erst 2016 war es so weit: Mein Freund Pierre Casiraghi aus Monaco, mit dem ich mehrere Atlantikrennen gesegelt hatte, bewegte den Yacht Club de Monaco zu einer Anschubfinanzierung. Er selbst brachte seinen guten Namen und seine Kontakte in das Projekt ein – und vor allem seinen unerschütterlichen Kampfgeist, den ich immer dann gut gebrauchen konnte, wenn die schiere Größe unseres Vorhabens mich zweifeln ließ.

Es folgten die vier verrücktesten, intensivsten Jahre meines Lebens. Wir charterten eine gebrauchte Vendée-Yacht, rüsteten sie auf, trainierten wie besessen, überquerten ein Dutzend Mal den Atlantik und bauten ein kleines, enthusiastisches Team aus Freunden und Profiseglern auf. Die ganze Zeit über kämpften wir um das Geld für die Kampagne. Es war schon absurd: Da lag diese millionenteure Rennyacht mit dem eleganten Schriftzug »Yacht Club de Monaco« an der Bordwand – und niemand ahnte, wie knapp bei Kasse wir waren. Manchmal ankerten wir in Buchten, um das Hafengeld zu sparen, und weil wir kein eigenes Schlauchboot hatten, paddelten wir mit Stand-up-Boards an Land. Wir löffelten Essen aus Dosen, hatten kein Büro, und wenn wir wochenlang in der Bretagne trainierten, dem Zentrum der Vendée-Seglerszene, dann schlief ich in meinem Bulli.

Es war eine großartige Zeit. Aber es war auch wahnsinnig aufreibend. Ich habe mir ständig Sorgen gemacht, ob wir das schaffen, und ich schätze, achtzig Prozent meiner Bedenken hatten mit der ungesicherten Finanzierung zu tun. Einmal hatten wir Ärger mit einem neuen Sponsor, da habe ich nächtelang vor lauter Stress so sehr mit den Zähnen geknirscht, dass mir irgendwann ein Stück Zahn rausbrach.

Pierre, mein Antreiber, sah das Ganze mit unternehmerischem Sportsgeist: »Junge, du stehst einfach früher auf und ziehst das Ding durch.« Wir waren schon ein schräges Paar: Er, der Fürstensohn, ich, der Lehrersohn. Er, der Generalist, ich, der Detailversessene. Jeder von uns hat andere Stärken, wir ergänzen uns gut. Vor allem aber waren wir beide besessen von der gleichen Idee.

Auf indirekte Weise half uns ein Erlebnis, das ich einige Jahre zuvor in der Arktis hatte. Auf einer Segeltour durch die Nordostpassage sah ich, wie stark das Packeis schon zurückgegangen war. Die Ozeane sind mein Arbeitsplatz, und dass sich dort etwas verändert, hatte ich schon früher gemerkt. Aber nirgendwo auf den Weltmeeren zeigen sich die Folgen des Klimawandels so drastisch wie in der Arktischen See. So etwas mit eigenen Augen zu sehen, das prägt.

2017 gründeten meine Frau Birte und ich ein Bildungsprojekt, das von ihren Kenntnissen als Lehrerin und meinen Erfahrungen als Segler profitiert: die »Malizia Ocean Challenge«, ein Lehrprogramm für Schulen. Die Grundidee ist es, Kinder für das Abenteuer eines Segelrennens um die Welt zu begeistern – und sie auf diese Weise vertraut zu machen mit der Bedeutung der Meere. 2018 erhielten wir dafür den Ocean Tribute Award; mit Unterstützung der UNESCO wird das Lehrprogramm inzwischen von Schulen in zwölf Ländern eingesetzt. Ebenfalls 2018 installierten wir auf unserem Schiff ein Bordlabor zur Messung von CO_2-Daten im Meer. Segeln und Klimaschutz verwoben sich auf diese Weise in unserer Kampagne. Das Ganze gipfelte 2019 in der gemeinsamen Atlantiküberquerung mit Greta Thunberg zur UN-Klimakonferenz nach New York.

»A Race We Must Win« steht als zentrale Botschaft in den Segeln der *Seaexplorer*, daneben das Logo der UN-Nachhaltigkeitsziele. Das einzige Rennen, das wir wirklich gewinnen müssen, ist der Wettlauf gegen den Klimawandel; wir können uns nicht leisten, ihn zu verlieren.

Aus meiner Kindheit kenne ich den Spruch: Geht nicht gibt's nicht! Wenn bei uns zu Hause oder am Boot meiner Eltern etwas kaputt war, dann hörte ich diesen Satz. Er bedeutete, dass wir das schon irgendwie hinbekommen. Ich mag den Spruch. Und ich glaube, er gilt auch für das Klimathema. Es gibt technologiebasierte Lösungen, es gibt politische und ökonomische Hebel. Man muss ihren Einsatz nur wollen.

Mein Weg zur Vendée Globe hat mir gezeigt, wie viel sich erreichen lässt, wenn man etwas unbedingt will. Er hat mir gezeigt, dass man andere mit einem Traum anstecken kann und dass sich auf diese Weise das Unmögliche möglich machen lässt. Mein Weg hat mich zu Wissenschaftlern, Unternehmern und Klimaaktivisten geführt. Ich habe viel gelernt und erlebt – und bin trotzdem immer ein Seemann und Abenteurer geblieben, jemand, der als Junge an der Nordsee das Segeln lernte und dabei von dieser völlig irren, unbarmherzigen Vendée Globe träumte.

Während des Rennens habe ich ständig Sprachnachrichten an meinen Co-Autor Andreas Wolfers geschickt. Ich habe ihm detailliert erzählt, was ich da draußen erlebte und wie ich mich fühlte, an guten wie an schlechten Tagen. Andreas hat alles gesichtet und ausgewählt, er hat gestrafft, zusätzliche Hintergrundinformationen recherchiert und das Ganze zur Geschichte meiner Vendée Globe gefügt.

Dieses Buch ist eine Einladung: zu mir an Bord zu kommen und noch einmal dieses Rennen um die Welt in achtzig Tagen zu erleben, mit all meinen Eindrücken und Emotionen. Und es ist, so hoffe ich, auch eine Inspiration: dass es sich lohnt, alles zu versuchen, um einen Lebenstraum zu verwirklichen. Die Hürden sind hoch, die Risiken zahlreich. Aber das größte Risiko wäre, es nicht zu versuchen.

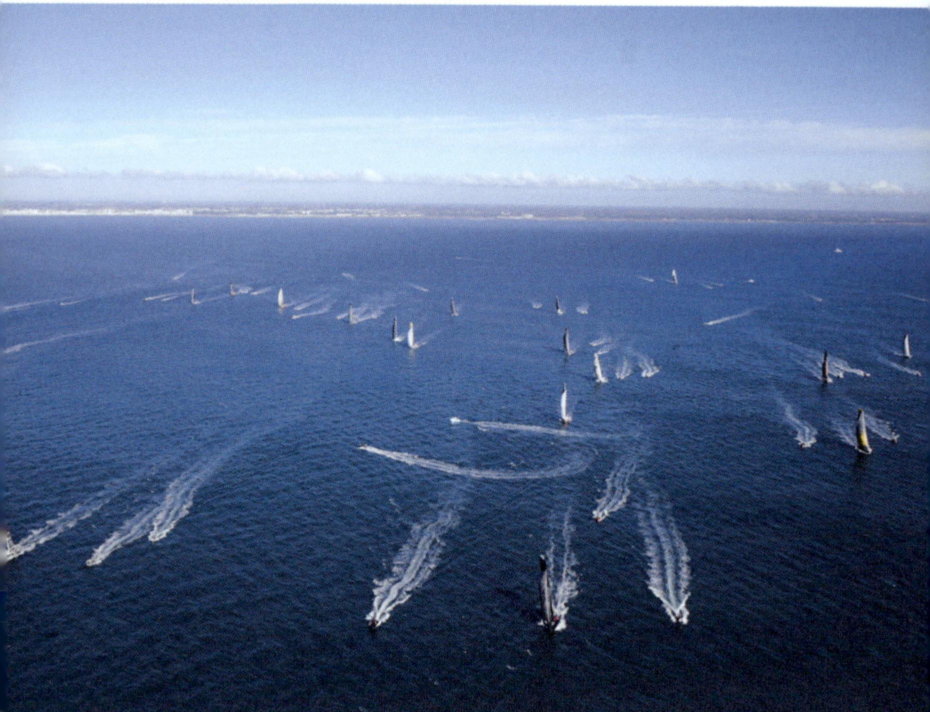

Am 8. November 2020 starten 33 Yachten zu einem Rennen um die Welt.

1 Warten im Nebel

Niemand hat die Nebelbank kommen sehen. Etwa zwei Stunden vor dem Startschuss schiebt sie sich über die Flotte, ein warmer Wind aus dem Süden hat sie hergebracht. Schlagartig verschwinden Sonne, Himmel und all die anderen Schiffe in der dunstigen Masse, die sich ein paar Seemeilen von der französischen Küste entfernt über uns stülpt. Die Sichtweite beträgt vielleicht noch hundert Meter, dann verliert sich der Blick im stumpfen Grau. Wir stoppen die Maschine, und zwei Mitglieder meines Teams stellen sich zum Aufpassen aufs Vorschiff. Aus allen Richtungen hören wir jetzt Signalhörner, es jault und trötet aus dem Dunst, und irgendwo über uns knattern die Hubschrauber mit den Kamerateams. Wenn sie Glück haben, können sie die Spitzen unserer Masten filmen, wie sie in der Wolkendecke rühren.

Eigentlich eine amüsante Situation. Noch nie habe ich eine Regatta erlebt, bei der die Abläufe so strikt geregelt waren wie bei dieser. Jeder Schritt bis zum Start wurde uns vorgegeben. Zum einen, um mitten im zweiten Corona-Lockdown so eine Großveranstaltung überhaupt möglich zu machen. Zum anderen sollte die minutiöse Planung sicherstellen, dass der Start der Vendée Globe zu einem globalen Medienereignis werden kann: live übertragen in 190 Staaten, mehr als jemals zuvor. Am heutigen Sonntag, dem 8. November 2020, soll der Startschuss fallen – um genau 13.02 Uhr, damit Nachrichtensprecher weltweit die Chance haben, kurz zu erklären, worum es eigentlich geht, ehe sie umschalten in die Biskaya und live die letzten Sekunden vor dem Start zeigen.

So der Plan. Und dann kommt unversehens eine Nebelbank um die Ecke und wirft alles über den Haufen. Als wollten Meer, Sonne und Wind sanft daran erinnern, wer auf See das Sagen hat. Die Rennleitung wird den Start wohl verschieben müssen.

Ich lasse mich auf den Klappsitz im Cockpit fallen, lehne mich an die Wand und schließe die Augen. Die *Seaexplorer* ist in guten Händen, meine Crew darf bis kurz vor dem Start an Bord bleiben. Was für ein Genuss, sich auf andere verlassen zu können. Es wird das letzte Mal für mindestens zehn Wochen sein.

An den Geräuschen erkenne ich, in welchem Gang die Crew an der Winsch kurbelt, welche Schoten sie durchsetzt, flink und wortlos. Als ich vor einer Woche in Les Sables-d'Olonne eintraf, dem Starthafen am französischen Atlantik, hatte ich mein Team nicht sehen dürfen; wie alle Skipper musste ich mich sofort in Quarantäne begeben, zum Schutz vor Corona. Niemand sollte möglicherweise infiziert ins Rennen gehen. Ich bezog für die sieben Tage bis zum Start ein kleines Haus auf einer Klippe südlich der Stadt, direkt am Meer. Mein Team stellte mir das Essen vor die Tür, bei Videokonferenzen besprachen wir, was es noch zu tun gab. Nur mein Hund Lilli, den ich aus Hamburg mitgenommen hatte, durfte bei mir sein. Den ersten Kontakt zu einem anderen Menschen hatte ich vorgestern auf einem Parkplatz am Stadtrand, als ein Sanitäter mir ein Corona-Teststäbchen in den Rachen schob. Gestern Mittag erhielt ich die Diagnose: negativ, wie bei allen anderen Skippern auch. Niemand von uns würde zurückbleiben müssen.

Am Abend habe ich mich dann von meinen Freunden und Unterstützern verabschiedet, bei einer einstündigen Videokonferenz. Gut 150 Leute hatten sich dazugeschaltet, viele aus Hamburg, aber auch aus Frankreich, Brasilien, Südafrika, den USA, Neuseeland; lauter Länder, in die mich meine früheren Regatten geführt hatten. Auch Greta Thunberg und ihr Vater Svante, mit denen wir 2019 über den Atlantik nach New York segelten, waren dabei gewesen und hatten mir Glück gewünscht. Ebenso Fürst Albert II. von Monaco, der mit seiner Stiftung unser Bildungsprojekt unterstützt. Und auch Alex Thomson aus England, einer der Favoriten der diesjährigen Vendée Globe und seit vielen Jahren ein guter Freund.

Es waren gar nicht so sehr die Abschiedsworte, die mich bewegten, es waren die Gesichter, die mich rührten. Plötzlich sah ich so viele Freunde aus der ganzen Welt gemeinsam versammelt auf dem Monitor in meinem Quarantäne-Häuschen. Sie alle waren meinetwegen da, sie schauten mich an, aufgeregt, nachdenklich, ernst, munter, und wünschten mir eine gute Reise. »Komm gesund wieder nach Hause« – ich glaube, das war der häufigste Satz, den ich an diesem Abend hörte.

Ermüdet von den vielen Emotionen war ich gegen 22.30 Uhr ins Bett gegangen, rasch eingeschlafen und erst um 6.30 Uhr aufgewacht. Ich hatte die Nacht vor dem Start tatsächlich durchgeschlafen! Und der Morgen fühlte sich an wie ein normaler Morgen. Fast ein wenig belustigt registrierte ich, wie entspannt ich die Küche aufräumte und meine Sachen ins Auto trug. Ich war ganz bei mir, verspürte keinen Druck. Von nun an würde alles so ablaufen wie geplant.

Es gab Regatten, da habe ich bis kurz vor dem Start noch hektisch versucht, dieses und jenes zu erledigen. Diesmal nicht. Ich glaube, meine Gelassenheit ist die Belohnung für die Akribie, mit der ich mich auf dieses Rennen vorbereitet habe. Vier Jahre lang hat jeder Trainingstag, jedes Basteln am Schiff, jedes Treffen mit Sponsoren nur diesem einen Ziel gedient: perfekt vorbereitet an den Start zu gehen. Ich habe mich unablässig unter Druck gesetzt, wollte nicht zulassen, dass ich irgendetwas übersehe. Häufig wachte ich nachts auf und griff nach dem Block neben meinem Bett, um rasch zu notieren, was mir im Halbschlaf eingefallen war.

Für einen Perfektionisten wie mich ist es schwer, einen Zustand zu erreichen, in dem es nach eigener, aufrichtiger Überzeugung nichts mehr gibt, was sich noch ein wenig verbessern ließe. Doch diesmal ist es mir offenbar gelungen. Mein Schiff und ich, wir sind bereit. Schon in den vergangenen Wochen in Hamburg war ich zunehmend ruhiger geworden, hatte sogar Zeit gefunden, mir die Musiktipps meiner

Freunde anzuhören. Sie hatten mir eine Playlist für die Reise zusammengestellt, von Entspannungs- bis zu »Angriffssongs«.

Heute Morgen habe ich das Haus hinter mir abgeschlossen und Lilli in den Campingbus gehoben. Seit mehreren Jahren wohne ich während der Trainingswochen in Frankreich in meinem Bulli, ein praktisches Zuhause, das ich meist irgendwo in Strandnähe parke. Um 7.50 Uhr erreichte ich das abgesperrte Race Village, stellte Lilli ihr Fressen und eine Schüssel mit Wasser auf den Wagenboden und nahm sie ein letztes Mal in den Arm. Mein Team würde sie später abholen.

Den Ablauf der folgenden vierzig Minuten hatten die Veranstalter den Seglern penibel vorgeschrieben, sie hatten uns sogar metergenaue Geländekarten für den Fußweg bis zum Boot geschickt. Eine Frau aus dem Presseteam schleuste mich an Sperrgittern entlang durch die Mixed Zone der Medienvertreter. Maximal fünf Minuten durfte ich vor den Gittern der ersten Zone stehen bleiben, reserviert für Zeitungsjournalisten, danach je fünf Minuten vor den Boxen der Radioleute, der Fotografen und der TV-Teams. Die meisten stellten, unterschiedlich formuliert, die gleiche Frage: »Wie fühlst du dich jetzt?« Nach einer Weile kamen mir meine Antworten etwas eintönig vor, und ich begann, sie zu variieren. Mir machte das Spaß, schließlich hatte ich eine Woche lang niemanden gesehen und freute mich, endlich wieder mit anderen Menschen reden zu können. Auch der Präsident unserer Klassenvereinigung stand hinter dem Gitter, ihn hatte ich seit Ewigkeiten nicht gesehen – aber da spürte ich schon den sanften Druck meiner Begleiterin am Arm. Der Zeitplan durfte auf keinen Fall durcheinandergeraten. Denn zum Countdown bis zum Startschuss um 13.02 Uhr gehörte auch die Vorschrift, dass alle Boote den Hafen hintereinander verlassen müssen, aufgereiht wie auf einer Perlenschnur, jeweils im Abstand von genau vier Minuten. Sollte ein Segler in der Mixed Zone ins Plaudern geraten, würde er den gesamten Ablauf gefährden. Die Aufpasserin war unerbittlich.

Um genau 8.20 Uhr betrat ich die Steganlage. Eine nasskalte Brise strich durch den Hafen, es war noch dunkel, nur die Strahlen einer Lichtorgel fingerten durch die Masten der Schiffe. Das bunte Geflacker wirkte etwas angestrengt, niemand feierte, keine ausgelassene Menschenmenge stand da und schrie und jubelte. Erstmals in seiner Geschichte war das Race Village für Besucher gesperrt worden. Lockdown, auch für die Vendée Globe. Gedämpft unterhielten sich Teammitglieder auf den Nachbarstegen, die ersten Motoren von Begleitbooten wurden angeworfen, ansonsten herrschte Stille im Hafen von Les Sables-d'Olonne.

Ich hatte drei Minuten, um mein Boot zu erreichen. Die *Seaexplorer – Yacht Club de Monaco*, wie sie mit ganzem Namen heißt, lag fast am Ende des Stegs. Mehrere französische Skipper saßen bereits auf ihren Schiffen, sie winkten mir beim Vorbeigehen zu, reckten die Daumen hoch. »Salut, Boris, viel Erfolg!« – »Wir sehen uns auf dem Meer!« – »Hau rein, aber überhol mich nicht!« Ihre Gesten, ihre Aufmunterungen rührten mich, ich fühlte einen Kloß im Hals; es tat gut, sich zu Beginn einer langen, einsamen Reise aufgehoben zu fühlen in ihrer Gemeinschaft. Seit Jahren bin ich diesen Männern und Frauen immer wieder begegnet, bei Regatten und im Trainingszentrum »Pôle Finistère«, der Kaderschmiede der Vendée-Segler. Einige sind enge Freunde geworden, mit anderen kann ich nur wenig anfangen – aber jetzt, auf diesem Steg, hätte ich jeden von ihnen innig umarmen können. Was streng verboten war. Zwei Meter Abstand zu anderen, diese Regel galt auch für das Kamerateam, das jeden meiner Schritte filmte.

Bei meinem Schiff angekommen, hätte ich nun exakt zwölf Minuten Zeit gehabt, um mich von Familie und Freunden zu verabschieden. Doch ich stand allein auf dem Steg. Meine Frau Birte und ich hatten entschieden, dass sie mit unserer kleinen Tochter in Hamburg blieb. Die Corona-Infektionsrate in Frankreich lag deutlich über der in Deutschland, und wir wollten kein unnötiges Risiko eingehen. Vor allem aber waren wir überzeugt, es werde uns leichter fallen, zu Hause in Ruhe Abschied zu nehmen als angespannt im Hafen, in einem

Moment, in dem ich mit halbem Herzen schon am Start sein würde. Heute Morgen auf dem Steg hätte ich sie wahnsinnig gern noch einmal in den Armen gehalten. Doch schon als das Boot ablegte, fühlte ich, dass unser Entschluss richtig gewesen war.

Startverschiebung! Um 12.30 Uhr informiert die Rennleitung alle Boote über Funk, dass sie das Rennen nicht wie geplant um 13.02 Uhr starten wird, sondern zwanzig Minuten später.

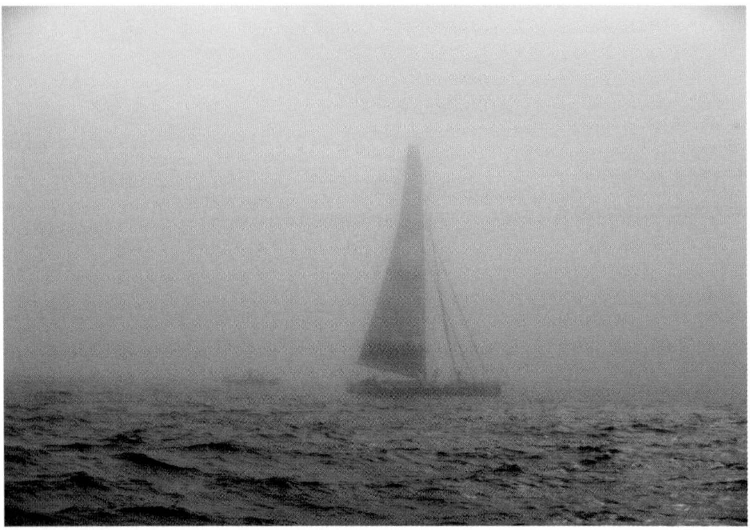

Kurz vor dem Start legt sich plötzlich eine Nebelbank über die Flotte.

Noch immer umhüllt uns dichter Nebel. Mitunter schält sich eine Yacht wie ein Geisterschiff aus dem Dunst, gleitet langsam vorbei und ist gleich wieder verschwunden. Die Startlinie ist gut zwei Kilometer lang, viel Platz für die 33 Boote davor, außerdem sehen wir unsere Positionen auf einer digitalen Seekarte. Ohne Corona würden jetzt über fünfzig Fähren und Begleitschiffe die Flotte umkreisen, dazu noch mehrere Hundert Power-Schlauchboote. Der Weg zur Startlinie, sagte mir ein französischer Teilnehmer, sei die gefährlichste Etappe der Vendée Globe. Ich weiß nicht, wie sehr er übertrieben hat, aber in diesem Nebel bin ich gerade ziemlich dankbar für den Lockdown auf See.

Genau heute vor vier Jahren stand ich an Deck eines dieser Begleitschiffe und beobachtete das Getümmel vor dem Start der letzten Vendée Globe, die nur alle vier Jahre gestartet wird. Neben mir lehnte damals Gerhard Senft an der Reling, ein leidenschaftlicher Hochseesegler wie ich. Er wollte mir helfen, meinen Lebenstraum zu erfüllen. Ein halbes Jahr zuvor hatten wir auf seiner Yacht eine Regatta im Mittelmeer gesegelt, er hatte mich als Navigator angeheuert, und wir waren Freunde geworden. Er wusste, dass ich seit meiner Jugend davon träumte, einmal an der Vendée Globe teilzunehmen. Meine Begeisterung für das Rennen steckte ihn an, er wollte dabei sein, als Mitstreiter in unserem Team. Die Idee entstand, dass Gerhard, Unternehmer aus Stuttgart, eine gebrauchte Vendée-Rennyacht kaufte und an uns vercharterte.

Bereits Anfang 2016 hatte mein Freund und Segelpartner Pierre Casiraghi das »Team Malizia« gegründet. Wir wollten die Plattform nutzen, um für das Rennen 2020 eine professionelle Kampagne auf die Beine zu stellen. Das Angebot von Gerhard Senft passte perfekt in unsere Planung. Ich wusste auch schon genau, mit welchem Schiff ich am liebsten starten würde: mit der französischen *Gitana 16*. Die ein Jahr alte Rennyacht war eine der ersten mit Foils, Seitenflügeln, die das Schiff bei stärkerem Wind aus dem Wasser heben. Damit zählte die Yacht zum Favoritenkreis der Vendée Globe 2016. Und es war bekannt, dass die französischen Eigner der Rennmaschine sie nach der Regatta verkaufen wollten.

Gerhard hatte sich die *Gitana 16* schon vor dem Start genau angesehen. Als wir dann, von der Begleitfähre aus, die Yacht auf ihren Foils lospreschen sahen, war mein Freund endgültig so hingerissen, dass er gleich den Teammanager anrief. Noch am selben Tag trafen wir den Manager im Race Village. Gerhard besiegelte den Kauf per Handschlag – und ich hatte mein Schiff. Als *Gitana 16* ein paar Wochen später vor Südafrika an dritter Stelle lag, war ich stolz. Doch in einem Sturm vor Australien krachte die Yacht so heftig in eine Wellenwand, dass die linke Foil-Aufhängung brach und der Seitenflügel aus dem Rumpf zu rutschen drohte. Der Skipper gab auf, und die Yacht kehrte an Deck eines Frachters nach Frankreich zurück. Als die Aufhängung repariert war, besaßen wir eine hochmoderne Rennmaschine, die ihre Leistungskraft gerade bewiesen hatte. Außerdem war sie in einem deutlich besseren Zustand als erwartet. Denn der Skipper hatte sie eben nicht wie geplant um die ganze Welt geprügelt. Eine gute Ausgangssituation.

Heute, vier Jahre später, beobachtet Gerhard von einem Begleitboot aus, wie wir sein Schiff durch den Nebel bugsieren. Er ruft nicht, er winkt nicht, er sitzt einfach nur reglos auf dem Wulst des Schlauchboots und schaut unverwandt herüber; er genießt den Moment, das weiß ich. Er hat entscheidend dazu beigetragen, dass ich gleich starten werde; sein Traum hat sich bereits erfüllt.

~

Die zweite Startverschiebung wird verkündet. Diesmal auf 13.40 Uhr, das ist in einer Dreiviertelstunde. Noch immer umhüllt uns der Nebel, doch er scheint lichter zu werden. Es überrascht mich, wie ruhig ich mich weiterhin fühle. Alles ist bereit. Ich beobachte die Crew an Bord. Die vier Profisegler sind unser Kernteam, gemeinsam haben wir die *Seaexplorer* immer wieder verbessert, aufgerüstet, in Regatten getestet, alles für dieses eine, endgültige Rennen. Zum wiederholten Mal ordnen sie nun die Leinen im Cockpit, checken die Umgebung, prüfen die Last auf den Backstagen*. Normale Startroutine. So, als müssten sie nicht in wenigen Minuten von Bord gehen.

Will Harris, Engländer, 26 Jahre alt, wäre als Skipper eingesprungen, hätte ich mich mit dem Virus infiziert. Auch er und die drei anderen Jungs waren vorgestern auf dem Parkplatz getestet worden.

---

* Begriffe aus der Seglersprache werden in den Illustrationen der *Seaexplorer* auf den Seiten 311–313 und einem anschließenden Glossar erläutert.

Mit dem negativen Befund konnten sie heute Morgen die Kontrollen im Hafen passieren, um noch vor mir zum Schiff zu gelangen und es zur Abfahrt vorzubereiten. Ein paar Tage zuvor hatten sie stundenlang den gesamten Innenraum desinfiziert, sämtliche Gegenstände und Rumpfteile mit alkoholgetränkten Lappen abgerieben. Erst danach durfte ich zum ersten Mal seit Wochen wieder auf das Schiff steigen, allein für drei Stunden. Jetzt, während der Fahrt zur Startlinie, ist es außer mir nur Co-Skipper Will erlaubt, unter Deck zu gehen. Keiner von uns darf seine Corona-Schutzmaske abnehmen. Zum zehnseitigen »protocole sanitaire« der Rennleitung gehört auch die Vorschrift, dass jeder Skipper ein kleines Messgerät für die Sauerstoffsättigung an Bord haben muss. Zur Kontrolle, falls jemand auf See erste Covid-Symptome entwickelt. Ich halte das für ausgeschlossen. Die Boote sind klinisch reine Isolierstationen unter Segeln.

Pünktlich um 8.35 Uhr hatten wir heute Morgen abgelegt, als sechstes Schiff in der Perlenkette. Langsam glitten wir auf den Kanal, der den Hafen mit dem Atlantik verbindet. Die etwa halbstündige Fahrt hinaus gehört normalerweise zu den bewegendsten Momenten für die Segler der Vendée Globe. Gut hunderttausend Menschen drängen sich dann entlang des Kanals und am Strand, sie johlen, klatschen, trommeln auf Fässern, zünden Leuchtraketen und schwenken Transparente mit den Namen ihrer Favoriten. Die Regatta wird in Frankreich von mehr Menschen verfolgt als die Tour de France. Und ihre besten Segler und Seglerinnen werden verehrt wie Nationalhelden.

Diesmal standen nur Polizisten und einige Fotografen an den Kanalufern. Weil die Regionalverwaltung nicht davon ausging, die Zuschauermassen coronakonform steuern zu können, hatte sie kurzerhand für die Zeit von 7 bis 11 Uhr eine Ausgangssperre über die Stadt verhängt. Der triumphale Konvoi, von dem ich geträumt hatte, wurde zur stillen Ausfahrt. Nur auf den Balkonen vieler Häuser und auch auf einigen Dächern drängten sich Menschen. Im Radio hieß es heute Morgen, die Bewohner hätten die besten Plätze kurz entschlossen zu hohen Preisen vermietet.

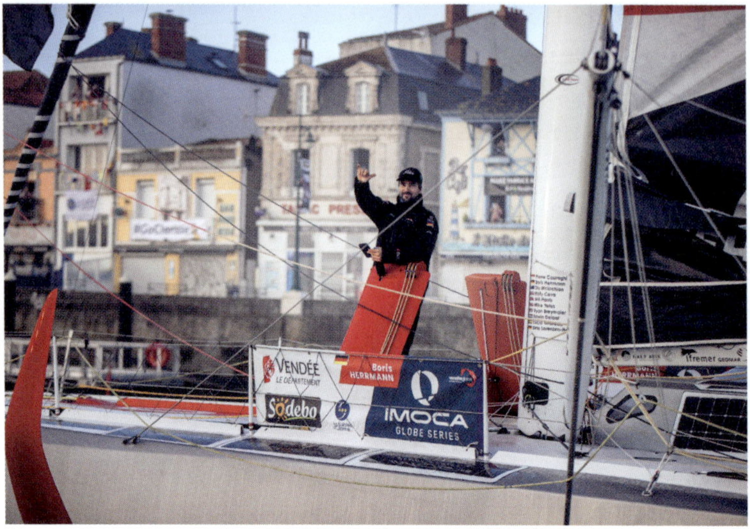

Abschied nehmen bei der Fahrt vom Hafen hinaus zur Startlinie

Schlauchboote mit TV-Teams, drei Hubschrauber und Kameradrohnen begleiteten die Flotte aus dem Hafen. Die Rennleitung hatte die Skipper schriftlich gebeten, während der Ausfahrt gut sichtbar auf dem Vordeck zu stehen, für die Liveübertragung. Ich hätte mich auch ohne Aufforderung vorne vor den Mast gestellt, kein Teilnehmer der Vendée Globe würde diesen Moment verpassen. Jeden Meter der Strecke wollte ich sehen und spüren!

Auf Videos früherer Ausfahrten hatte ich in den Gesichtern der Segler zu lesen, ihre Emotionen nachzuempfinden versucht. Ich bin überzeugt, den meisten erging es wie mir heute Morgen: Die Fahrt durch den Kanal bestätigt dir, es wirklich geschafft zu haben. Das halbe Leben hast du davon geträumt, einmal an der Vendée Globe teilzunehmen. Irgendwann hast du ernst gemacht und zu kämpfen begonnen, du hast Rückschläge ertragen und Opfer gebracht, du bist mehrfach über den Atlantik gesegelt und hast trainiert wie ein Verrückter, du hast Familie und Freunde eingespannt, Sponsoren überzeugt, ein großartiges Team zusammengestellt und unablässig am

Boot gebastelt. Du hast dein halbes Leben einer Idee hingegeben. Nun ist es so weit.

Ich spürte das Schiff unter meinen Stiefeln und das Wasser unter meinem Schiff. Etwas fiel ab von mir. Es war, als ließe ich das Land hinter mir, die Jahre der Vorbereitung mit all den Plänen, Strategien, Sponsorentreffen, Marketingzielen, Trainingsrennen. Von nun an gab es nur noch eine einzige Herausforderung, ebenso schlicht wie unerbittlich.

Kurz vor dem Ende des Kanals sah ich am Balkon eines Hauses ein weißes Transparent flattern, ein Laken vielleicht, mit einer aufgesprühten Botschaft: »Go, Boris, go!« Stand da jemand, den ich kannte? Ich winkte den Menschen auf dem Balkon zu und wischte mir über die Augen.

Als wir aufs Meer gelangten, setzte ich mich ins Cockpit, goss heißes Wasser in eine Thermotüte mit Porridge und frühstückte. Die Sonne schien, nur wenige ausgefranste Federwolken standen hoch am Himmel. Es versprach ein schöner Tag zu werden, mit klarer Sicht und später zunehmendem Wind aus Süden. Perfekte Startbedingungen.

Langsam fuhren wir unter Motor zur Startzone. Meine Crew setzte das Großsegel und bereitete die beiden Vorsegel vor, die wir erst kurz vor dem Start entrollen würden. Am Steuer des Schlauchboots, das uns begleitete, stand Ryan Breymaier, ein US-Segler, mit dem ich 2010 beim Barcelona World Race die Erde umrundet hatte, damals auch nonstop, aber eben nicht allein. »Lass dir ruhig helfen, Boris!«, schrie er herüber. »Du wirst es vermissen.«

~

Die dritte Startverschiebung, wieder um zwanzig Minuten! Die Sicht beträgt inzwischen etwa einen Kilometer, das reicht noch nicht. Ein Helikopter schwebt auf halber Masthöhe neben uns, der Luftstrahl des Rotors peitscht das Wasser auf. Der Kameramann in der offenen

Tür filmt uns: ein paar Leute auf einer Rennyacht, die nur unter Großsegel im Dunst vor sich hin dümpelt. Mehr können wir leider nicht bieten. Im internationalen Pressezentrum herrscht mittlerweile bestimmt ziemlicher Aufruhr. Der Mann, der seit Jahren die weltweite TV-Ausstrahlung der Tour de France koordiniert, hat die gleiche Aufgabe bei der Vendée Globe übernommen. Seit einer Stunde muss er Redaktionen in 190 Ländern vertrösten. Wann geht es endlich los?

Die Begrenzungen der Startlinie sind mittlerweile gut zu erkennen, links ein blaues Patrouillenboot der Marine, rechts ein riesiger orangefarbener Kegel. Alle Boote fahren nur unter Großsegel, langsam kreisen sie vor der Startlinie umher. Sie ähneln Hunden an der Leine, unruhig und bereit jederzeit loszurasen. Aber noch ist es nicht so weit, gerade wird die vierte Startverschiebung gemeldet, auf 14.20 Uhr. Der Dunst hat sich aufgelöst, die Sicht ist glasklar, eine weitere Verzögerung wird es mit Sicherheit nicht geben. Der Countdown kann beginnen.

Mehrfach haben wir in den vergangenen Tagen jeden Handgriff der letzten halben Stunde besprochen. Ich stehe an der Pinne, ein Crewmitglied bedient das Großsegel, zwei beobachten die anderen Schiffe. Will stellt unter Deck den Motor aus und blockiert die Antriebswelle wie vorgeschrieben mit einer Plombe. Dann schickt er ein Foto davon an die Rennleitung. Von nun an darf ich nur noch in einem Notfall das Siegel brechen, um den Propellerantrieb des Motors zu nutzen.

Zwanzig Minuten vor dem Start fixiere ich mein Handy an der Cockpitwand und stelle die Liveübertragung an. Die Veranstalter haben die Skipper gebeten, sich vor und nach dem Start zu filmen, 45 Minuten Schnittmaterial für die internationale Ausstrahlung.

Der auffrischende Wind weht von Süden. Die Startlinie ist so ausgelegt, dass alle Schiffe sie mit halbem Wind überqueren können, also genau von der Seite. Riskante Wendemanöver in letzter Minute sind damit unnötig. Wir können uns darauf konzentrieren, den Ort zu finden, von dem aus wir bei voller Fahrt genau zum Startschuss die Linie erreichen. Ein paar Minuten später würden bei einer Weltreise zwar nicht weiter ins Gewicht fallen – aber wir wollen doch einen guten Eindruck machen.

Es kommt Bewegung ins Feld. Jeder Skipper will sich taktisch klug positionieren, aber auf dem Weg dorthin möchte niemand riskieren, einem anderen Schiff zu nahe zu kommen, sich gar in letzter Minute mit den ausladenden Foils zu verhaken. Ich steuere nach Luv, an den Außenrand des Felds. Bei jeder Wende rotiert die Crew an den Winschen, um die Segel wieder dicht zu ziehen.

15 Minuten vor dem Start springen zwei von ihnen vom Heck aus in das Schlauchboot von Ryan. Kurz darauf entrollen Stuart, mein Boat Captain aus Neuseeland, und Will die beiden Vorsegel. Ab nun in voller Kampfmontur.

Will sagt die Zeit an. Spätestens vier Minuten vor dem Startschuss darf niemand mehr außer dem Skipper an Bord sein. Noch sechs Minuten. Ruckartig steuere ich das Schiff genau vor den Wind, und sofort verliert es an Fahrt. »Ich glaube, ihr könnt jetzt gehen«, sage ich. Stuart wartet schon an der Reling und springt in das heranrauschende Schlauchboot. Will, mein vertrauter Co-Skipper, steht vor mir, trotz Maske sehe ich, wie er grinst, wir umarmen uns kurz und klopfen einander auf den Rücken. Dann geht auch er von Bord.

Von nun an bin ich allein.

Nur leicht verändere ich meinen Kurs, das Schiff springt sofort an. Der Wind hat weiter aufgefrischt, ich schätze, dass ich auf optimalem Kurs 16 Knoten Speed erreichen würde. Das bedeutet: Wenn ich wie geplant zwei Minuten vor dem Startschuss Gas geben will, muss ich in dem Moment gut einen Kilometer von der Linie entfernt sein. Lieber noch etwas mehr, ich will keinen Frühstart riskieren. Auf leerem Meer lassen sich Entfernungen schwer einschätzen, doch hier schwimmt viel umher, auch das Startschiff ist klar erkennbar, und ich bin überzeugt, gleich die ideale Distanz erreicht zu haben. Noch drei

Minuten. In Lee von mir positionieren sich mehrere Schiffe, wie auf dem Sprung.

Zwei Minuten. Ich falle ab und nehme Kurs auf die Startlinie. Der Wind kommt nun genau von der Seite, trifft in optimalem Winkel auf die Segel, und das Boot beschleunigt wie auf Knopfdruck. Ich schaue kurz umher, alle Skipper geben Gas. Die Schiffe preschen parallel auf die Linie zu, einige schräg vor mir, andere hinter mir – und alle in sicherem Abstand voneinander. Will hat mein Funkgerät auf volle Lautstärke gestellt, und ich höre, wie die Sprecherin der Rennleitung die Zeit herunterzählt.

Der Schuss hallt über das Wasser. Sechs Sekunden später überquere ich die Startlinie. Passt! Mehrere Schiffe überqueren etwa gleichzeitig mit mir die Linie, in sicherem Abstand voneinander. Was für ein Drehbuch. Noch vor einer Stunde trieben wir im Nebel, nun jagen wir bei Sonnenschein und kräftigem Wind hinaus auf den Atlantik. Die Foils beginnen zu singen – ein durchdringendes Summen und Jaulen, das umso höher und lauter wird, je

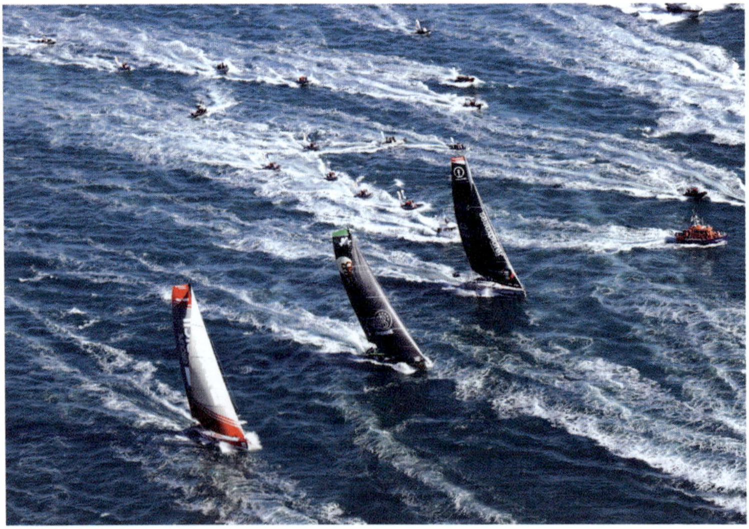

Schlauchboote begleiten noch eine Weile die Schiffe, oben die *Seaexplorer.*

mehr die Seitenflügel das Schiff aus dem Wasser heben. Die vielen Schlauchboote der Begleitmannschaften springen in großen Sätzen über die Wellen, die Hubschrauber der Filmteams kreisen über der Flotte.

Die neunte Vendée Globe hat begonnen. Die härteste Regatta der Welt, mit 27 Männern und sechs Frauen. Die Route wird mich non-stop durch alle Weltmeere führen, niemand wird mir dabei zur Seite stehen, und wenn ich in knapp drei Monaten in diese Bucht zurückkehre, werde ich das größte Abenteuer meines Lebens hinter mir haben.

~

Über Funk höre ich, dass es einen Frühstart gab. Der Franzose Louis Burton hatte es drei Sekunden zu eilig. Normalerweise drehen Regattasegler dann um, runden eine Außenmarke der Linie und starten neu. Doch die Vorstellung eines Geisterfahrers im Pulk all dieser Rennmaschinen schreckte die Rennleitung, sie strich die Regel und beschloss stattdessen eine Zeitstrafe von fünf Stunden. Nun muss Louis in den nächsten Tagen irgendwo auf dem Atlantik, spätestens auf der Höhe von Lissabon, fünf Stunden auf der Stelle treiben oder im Kreis segeln – am besten natürlich in einer Flautenzone, damit wir ihm nicht so weit davonfahren können. Im Regattazentrum in Les Sables-d'Olonne treffen alle zwei Minuten die Positionsdaten der 33 Schiffe ein; die Rennleitung wird also kontrollieren können, ob Louis seine Strafe korrekt abgebummelt hat.

Plötzlich höre ich ein Grollen am Himmel. Suchend blicke ich nach oben und entdecke die Kunstflugstaffel der Luftwaffe. Die acht Jets der »Patrouille de France« waren uns gestern angekündigt worden, eine Verbeugung der Pariser Regierung vor den Seglerinnen und Seglern der Vendée Globe. Dreimal donnern die Jets im Tiefflug über die Flotte, dicht beieinander, und ziehen mit blau-weiß-roten Kondensstreifen die Trikolore über den Himmel. Sport und Politik sind in Frankreich eng verflochten, auch bei der Vendée Globe – die übrigens nur deshalb so heißt, weil der Starthafen in der Provinz Vendée liegt und deren Präfektur als Hauptsponsor darauf hofft, das kleine Département am Atlantik endlich weltweit bekannt zu machen. Ohne die Wertschätzung aus Paris wiederum wäre das Rennen in diesem Jahr wohl nicht genehmigt worden, mitten im Corona-Lockdown. Wir können dem französischen Staat also dankbar sein.

Gut zwei Stunden nach dem Start haben die letzten Begleitboote abgedreht. Wir fahren genau nach Westen, quer durch die Biskaya. Die Küste hinter uns ist nicht mehr zu sehen, vor uns färbt die Sonne den Abendhimmel langsam rot. Das Feld hat sich bereits auseinandergezogen. Auf den ersten vier Plätzen liegen die Franzosen Jérémie Beyou, Charlie Dalin und Thomas Ruyant sowie der Engländer Alex Thomson. Sie alle gehören zu den Favoriten: Sie haben für dieses Rennen neue Boote gebaut, mit deutlich größeren Foils und einer optimierten Rumpfform zum Abheben. Thomson und Beyou haben bei der letzten Vendée Globe bereits den zweiten und den dritten Platz belegt, diesmal, so haben sie es oft verkündet, will jeder der beiden den Sieg. Keine Überraschung also im Spitzenfeld.

Auf dem fünften Platz liege ich. Es hat sich gelohnt, dass mein Team und ich den Startablauf so oft trainiert haben. Für das weitere Rennen hat die Platzierung praktisch keine Bedeutung, trotzdem fühlt es sich einfach gut an, am Heck zu stehen und so viele Schiffe hinter sich zu sehen.

Ich blicke auf den Zeitplan, den mir Will Harris vor dem Start für die ersten zwei Tage zusammengestellt hat. Er soll mir helfen, rasch in einen Rhythmus zu finden, der mich über die Monate auf See trägt:

19.00 Uhr: Abendessen machen.

20.15 Uhr: Download GFS und ECMWF.

22.00 Uhr: Wind dreht nach links und nimmt zu. Rechtzeitig ein Vorsegel einrollen. Dann geh schlafen!

00.00 Uhr: Sturmfront nähert sich. Entscheide, ob du sie nördlich oder südlich umfahren willst.

00.00 – 08.00 Uhr: Wind nimmt die ganze Nacht zu, bis auf 22 Knoten. Großsegel verkleinern. Morgens wechselhafter Wind. Keep cool, keine Segel austauschen. Lieber häufiger schlafen!

05.00 Uhr: Positionsreport.

07.00 Uhr: Frühstück machen.

08.15 Uhr: Download GFS und ECMWF.

Jeder Hochseesegler kennt die beiden Abkürzungen GFS und ECMWF. Sie stehen für den US-Wetterdienst (Global Forecast System) und das Europäische Zentrum für mittelfristige Wettervorhersagen. Mehrmals täglich veröffentlichen sie die weltweit besten Wetterprognosen. Leider stimmen die Modelle der beiden Institute nicht immer überein, was die Routenplanung auf See erschwert.

Wills Angaben zu Wind und Wetter bis morgen Mittag sind die letzten Tipps dieser Art, die ich während des Rennens nutzen darf. Bei anderen Themen sind Ratschläge erlaubt. Wenn etwas kaputtgeht an Bord oder ich mich verletze, kann ich mir Beistand von Land holen, per Satellitenverbindung darf ich anrufen, wen ich will. Doch das »Routing«, die Entscheidung über den einzuschlagenden Kurs, muss jeder Skipper allein vornehmen. Im Routing bündeln sich Seemannschaft, Wetterkunde, Datenanalyse, taktische Erfahrung, Bauchgefühl; es ist, wenn man so will, die Königsdisziplin der Hochseesegler. Der Wettstreit in dieser Disziplin soll pur und unverfälscht ausgetragen werden, ohne Hilfe von außen. Die einzigen Entscheidungshilfen sind die täglichen, für alle identischen Wettermodelle der europäischen und amerikanischen Meteorologen.

Natürlich könnten wir uns per Telefon heimlich beraten lassen. Wir könnten Meteorologen und Navigatoren gegen Honorar engagieren. Wir könnten die aktuellen Leistungsdaten von Schiff und Wetter zur Analyse an Land schicken. Wir könnten auch einfach die Erfahrungen unserer Segelfreunde nutzen, gebündelt in einer privaten Chatgruppe. Um all das zu verhindern, hat die Rennleitung jeden Skipper eine Erklärung unterzeichnen lassen: »Ich bestätige hiermit, dass ich mich an das Verbot der Routing-Hilfe halten werde. Meine Familie, mein Team, meine Sponsoren und Unterstützer habe ich davon informiert.« Kommt der Rennleitung der Verdacht, jemand spiele unsauber, hat sie das Recht, nach der Rückkehr dessen gesamte digitale Kommunikation durch eine Suchmaschine zu schicken, programmiert auf bestimmte Stichworte.

Betrugssicher ist das System nicht. Man könnte einfach ein weiteres, nicht registriertes Handy mit auf die Reise nehmen. Oder einen Code für die Kommunikation vereinbaren und die Schlüsselbegriffe des Routings durch harmlos klingende Worte ersetzen. Ich habe trotzdem den Eindruck, dass das System funktioniert. Aus einem einfachen Grund: Wer so viele Jahre in die Kampagne steckt, der riskiert es nicht, wegen einer Mogelei disqualifiziert zu werden. Vor allem wenn er weiß, dass in der kleinen Vendée-Szene jede externe Hilfe sich sofort herumsprechen würde.

Mein Schiff rauscht auf vibrierenden Foils in die Nacht, ich stehe am Heck und sehe vor und hinter mir die Positionslichter der Flotte. Wie heute Morgen auf dem Steg, als ich an den anderen Booten vorüberging, habe ich das Gefühl, einem kleinen Zirkel von professionellen Verrückten anzugehören, die nicht gegeneinander antreten, sondern sich gemeinsam auf ein unfassbares Abenteuer einlassen. Wer sollte da schummeln wollen? Jeder von uns hat jahrelang ein großes Team an seiner Seite gehabt – doch von heute an sind wir nur auf uns allein gestellt, ohne Crew all dem ausgesetzt, was da auf uns zukommen mag. Gerät jemand in Not, sind die anderen Segler meist die Einzigen, die rasch helfen können. Wir werden sehr ähnliche Entbehrungen und Erfolge, Gefahren, Rückschläge und Tage puren Glücks erleben. Und wenn wir in knapp drei Monaten zurückkehren und den Leuten an Land erzählen, wie es da draußen gewesen ist, werden nur wir einander wirklich verstehen.

Der Wind nimmt zu, wie von Will vorhergesagt. Ich rolle eines der beiden Vorsegel ein, ändere am Autopiloten den Kurs um ein paar Grad, überprüfe die Alarme, die vor möglichen Kollisionen warnen, und lege mich in die Koje. Ich habe knapp zwei Stunden bis Mitternacht. Dann muss ich entscheiden, wie ich mit dem Sturmtief umgehe, das der Flotte vom Nordatlantik aus entgegenkommt.

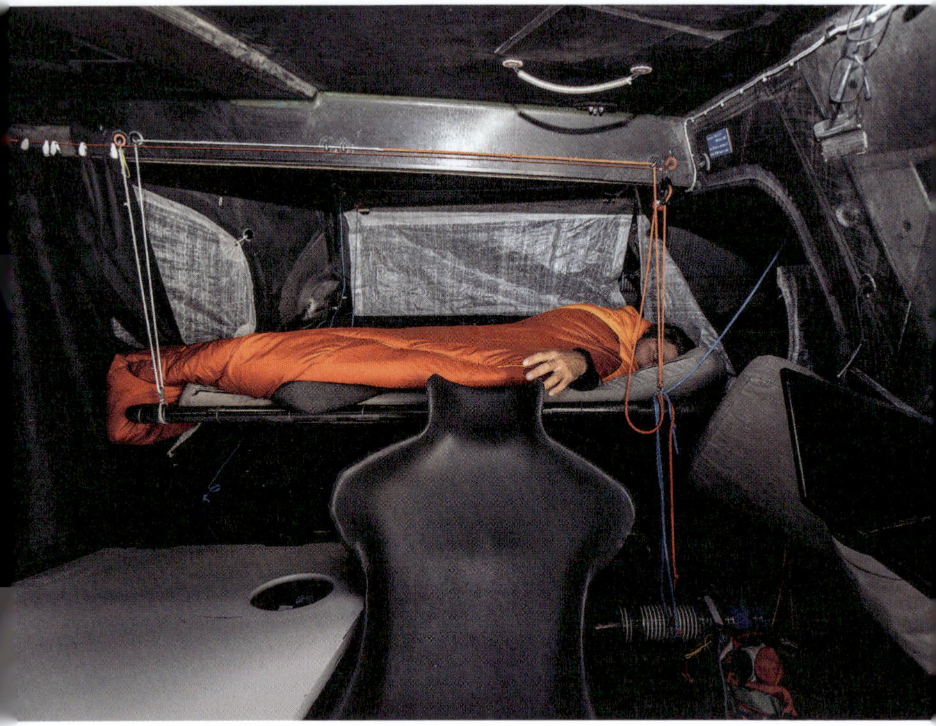

Die Steuerbord-Koje. Bei Schräglage des Bootes lässt sie sich hochklappen.

2 Sechs Quadratmeter

Meine erste Nacht auf See ist kurz, mit vielen Manövern wegen des wechselhaften Winds. Liege ich endlich im Schlafsack, kann ich nicht einschlafen. Es könnte ja etwas passieren. Außerdem ist für einen Einhandsegler auch die Koje ein Arbeitsplatz. Von hier aus habe ich den schwenkbaren Navigationscomputer im Blick, auf seinem Bildschirm sehe ich die Seekarte der Biskaya und die Positionen der Schiffe in meiner Nähe. Wenn ich den Computer bedienen will, greife ich nach der kabellosen Tastatur neben mir. Und den Autopiloten, der das Schiff steuert, stelle ich mit einer Fernbedienung ein, die ich wie eine Uhr am Arm trage.

Wie immer herrscht Frachtverkehr in der Biskaya. Mein AIS, das »Automatische Identifikationssystem«, erfasst per Funk sämtliche Schiffe im Umkreis. Befindet sich eines davon auf einem Kollisionskurs, piept ein Warnsignal los. Es piept häufig in dieser Nacht, auch, weil ich meinen Wecker so eingestellt habe, dass er alle 15 Minuten losgeht. Längere Schlafpausen will ich in der Biskaya nicht riskieren, außerdem ändert der Wind häufig seine Richtung und Stärke, und ich muss zweimal ein Vorsegel wechseln.

Als der Tag anbricht und die geschlossene, tief hängende Wolkendecke langsam aufreißt, fühle ich mich schwer benommen vor Müdigkeit. Trotzdem bin ich guter Dinge. Lange Zeit war fraglich gewesen, ob das Rennen angesichts der Corona-Lage in Frankreich überhaupt genehmigt wird. Ich selbst hätte mir das Virus irgendwo einfangen können. Und schließlich hätte es im Gedränge vor dem Start noch einen Crash geben können. Nichts von all dem ist passiert. Nun rausche ich erschöpft, aber glücklich mit den anderen hinaus auf den Atlantik.

Während ich heißes Wasser für das Frühstück aufsetze, Porridge mit Trockenfrüchten, erhält meine Stimmung einen Dämpfer. Mein Team meldet: »Fabrice had to return!« Den Ersten hat es also schon erwischt. Der Franzose Fabrice Amedeo musste in der Nacht umdrehen und in den Hafen zurückkehren.

Später erfahre ich den Grund dafür: Das Fallenschloss hatte geklemmt, ein Riegel, mit dem die Spitze eines Segels oben am Mast einrastet, wenn es hochgezogen wird. Lässt sich der Riegel nicht mehr öffnen, um das Segel zu bergen, etwa um es vor einem heranziehenden Sturm gegen ein kleineres auszutauschen, muss sich der Skipper entscheiden: Entweder er klettert in die Mastspitze und versucht das Schloss zu öffnen – was kein Vergnügen ist, wenn er es allein hinbekommen muss, erst recht nicht nachts im Seegang der Biskaya. Oder er fährt, falls er in Landnähe ist, in eine ruhige Bucht, ankert dort und steigt in den Mast.

Fabrice hat noch Glück, er kann eine Sonderregel der Vendée Globe nutzen: Niemand darf ja während der Reise um die Welt fremde Hilfe annehmen – außer es geht gleich zu Beginn etwas kaputt. Dann ist es dem Segler erlaubt, zur Reparatur nach Les Sables-d'Olonne zurückkehren. Er muss allerdings spätestens zehn Tage nach Beginn des Rennens erneut starten.

Kurz nach Mitternacht machte Fabrice an einer Boje fest, am Eingang des Kanals nach Les Sables. Ein Mitglied seines Teams kam an Bord, ließ sich den Mast hinaufziehen – und entdeckte einen Riss in der Mastspitze. Ein Schaden, der sich nur von Spezialisten beheben lässt, an einem festen Steg im Hafen. Der aber war wegen Ebbe nicht erreichbar, erst heute Morgen konnte Fabrice in den Kanal einlaufen. Ich kann mir vorstellen, wie er die halbe Nacht untätig auf seinem schaukelnden Schiff an der Boje verbracht hat, außer sich vor Zorn und Enttäuschung. Es muss sich so ungerecht anfühlen. Hoffentlich lässt sich der Riss reparieren und Fabrice kann rasch wieder starten.

Am Nachmittag setze ich mich ins Cockpit, stecke das Smartphone in den Wandhalter und öffne den Link, den meine Teamchefin mir geschickt hat. Per Videokonferenz will ich das Team verabschieden. Ich mag sie sehr, die kleine Truppe internationaler Profis, die sich nun von Les Sables-d'Olonne aus auf den Heimweg machen wird. Die Verbindung ist ausgezeichnet. Ich sehe Teamchefin Holly Cova, eine 31-jährige Juristin aus London, am Steuer meines Campingbusses. Sie fährt mit Hund Lilli nach Hamburg. Ich sehe Will Harris, der mit den anderen an einem Eichentisch sitzt, in einem Salon mit Bauernmöbeln und Stofftapeten. Wir haben den alten Landsitz mit zehn Zimmern für die Wochen vor dem Start als Teamhaus gemietet, in einem Dorf nahe Les Sables-d'Olonne.

Will hebt sein Bierglas: »So gut, wieder in diesem Haus zu sein!«, ruft er mir zu. Als Ersatzskipper hatte auch er sich während der Woche vor dem Start allein in einer Wohnung isolieren müssen. Gemeinsam mit Mike Yates, unserem Bootsbau-Experten, wird er nach England zurückkehren. Boat Captain Stuart McLachlan fliegt zu seiner Familie nach Neuseeland, Logistikmanagerin Lucia Nebrada zurück nach Spanien, der Fotograf Ricardo Pinto nach Portugal. Edwin de Laat, Riggprofi aus Neuseeland, bleibt in Frankreich, ebenso wie der Amerikaner Ryan Breymaier, Experte für so ziemlich alles.

Sie alle habe ich in den vergangenen Jahren bei Regatten weltweit getroffen und in unser Team geholt – junge, engagierte Segler, jeder Profi in einem anderen Bereich. Lorient, eine Hafenstadt in der Bretagne, ist seit 2017 unsere Basis. Monatelang haben wir dort zusammengelebt, am Schiff gebastelt, auf dem Wasser trainiert; gab es Pausen, fuhren wir zum Kitesurfen ans Meer oder bauten in der Bootshalle einen Parcours für unsere Skateboards auf. Nun sitzt die ganze Truppe bis auf Holly um diesen Esstisch herum, alle freuen sich über den gelungenen Start, prosten mir zu, und ich merke, wie sehr ich sie vermissen werde.

»Was genau ist mit dem Fallenschloss bei Fabrice passiert?«, frage ich. »Könnt ihr da mehr herausfinden?« Würde bei mir der Riegel in der Mastspitze klemmen und ich müsste bis oben hinaufsteigen – es wäre der absolute Albtraum für mich. Ich habe Höhenangst. Stuart nickt: »Wir kriegen das raus.«

Holly ermahnt mich, nicht nur Energieriegel zu essen: »Nimm dir die Zeit für ein vernünftiges Abendbrot.« Ich verspreche, mir nachher Nudel-Wok zu machen. Will meint, mit den fetten, schalldämpfenden Kopfhörern sähe ich aus wie ein Kampfpilot. So reden wir noch eine Weile über dies und das. Nur nicht über das Wetter und die Routenplanung. Das ist vorbei. Aber ich ahne, dass Will sich Sorgen macht. Mehrfach haben wir beide in den vergangenen Tagen per Videocall Marcel van Triest zugehört. Der holländische Meteorologe, seit Jahren ein Freund unseres Teams, gilt unter Hochseeseglern, die einen langen, sicheren Kurs absetzen wollen, als einer der weltbesten Berater in Wetterfragen. Marcel hat uns erläutert, was sich über dem Nordatlantik zusammenbraut.

Eine Kaltfront mit Böen bis zu neun Windstärken zieht in die Biskaya. Sie treibt lange Wellenberge in die Bucht zwischen der Bretagne und Nordspanien. Der steil ansteigende Meeresboden verdichtet die Dünung, es entstehen kurze, hohe, kreuz und quer laufende Wellen. Die berüchtigte Kreuzsee. Die Biskaya gehört im Winter zu den unangenehmsten Segelrevieren Europas. Natürlich könnte die Vendée Globe auch im Sommer starten, doch dann herrscht Winter im Südpolarmeer, und wir würden dort in einen Seegang geraten, der noch schlimmer ist als das, was sich nun in der Biskaya auftürmt.

Der Atlantik will uns offenbar gleich zum Start auf die Probe stellen. Denn nach der Kaltfront werden wir auf Theta treffen, einen subtropischen Sturm, der südlich der Azoren kreiselt und täglich an Kraft zunimmt. »Bevor du die Passatwinde erreichst, wirst du sechs harte Tage durchmachen«, hatte mich Marcel van Triest gewarnt. »Mit vielen Segelwechseln und vielen Manövern. Geh das bloß langsam an, sonst bist du gleich zu Beginn ausgebrannt!«

Leicht gesagt. Ich habe so darauf hingefiebert, dass es endlich losgeht. Nun bin ich im Regattamodus, voller Elan. Ich überlege ununterbrochen, wie sich das Boot noch ein bisschen besser trimmen ließe. Aber der Ratschlag ist ja richtig. Also, langsam angehen, erst mal wieder vertraut machen mit meinem Lebensraum an Bord. Es ist ein winziges Zuhause.

Der 18 Meter lange Rumpf der *Seaexplorer* ist aus Karbon gefertigt, es gibt so gut wie keine Inneneinrichtung, nur die blanke, schwarze Bordwand und massive, kreuz und quer angebrachte Schotten und Stringer, die es schon im Hafen schwierig machen, im Rumpf nach vorne zu klettern. Erst recht auf See, wenn das Schiff über die Wellen springt. Trennwände mit verschließbaren Einlässen unterteilen die vordere Schiffshälfte in wasserdichte Sektionen, dort lagere ich meine Segelsäcke. Den hinteren Bereich unterhalb des Cockpits kann ich nur kriechend erreichen, hier sind die Ruderanlage, Tanks und viel Elektronik befestigt.

Mein eigentlicher Wohn- und Arbeitsbereich beschränkt sich auf das mittlere Rumpfdrittel, auf sechs Quadratmeter. In Längsrichtung zerteilt der hüfthohe »Tunnel« den Raum, ein Hohlkörper, durch den

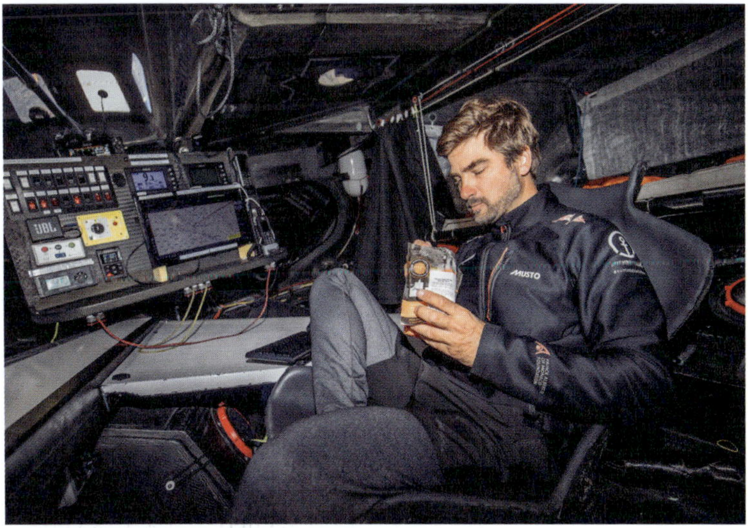

Unter Deck steuere ich das Schiff mithilfe zahlreicher Instrumente.

mehrere Dutzend Leinen zwischen Cockpit und Mast laufen. Mein einziges Möbelstück ist ein ergonomisch geformter Schalensitz. Je nach Schräglage des Schiffs fixiere ich den Sitz links oder rechts vom Tunnel, immer auf der Luvseite. Dort ziehe ich dann das Kommandopult, das an einem Schwenkarm über dem Tunnel schwebt, zu mir heran.

Selbst bei schwerem Seegang kann ich so, gebettet in den Schalensitz, das Schiff sicher und bequem kontrollieren. Auf dem schwenkbaren Navigationspult befinden sich Rechner und Monitor, zahlreiche Bedienfelder und Schalter sowie drei Satellitentelefone. Die meiste Zeit blicke ich auf den Monitor: Dort schaue ich mir Wetter- und Seekarten an, hole mir die Daten all der Sensoren im Schiff, stelle den Autopiloten und die rund fünfzig Alarmsysteme ein. Und ich sehe mir an, was die Überwachungskameras an Deck und in der Mastspitze übertragen.

Rechts und links vom Tunnel sind Ballasttanks angebracht, der Motor und das Bordlabor, Rohre und Schotten. Dazwischen lagern Säcke mit Proviant, Klamotten, Werkzeug und Ersatzteilen. Kein Platz zum Stehen, nirgendwo. In meinem Kommandostand kann ich nur in der Sitzschale hängen oder umherklettern. An beiden Bordwänden ist eine Koje angebracht: ein mit Segeltuch bespannter Rahmen aus Karbonrohren, den ich bei Schieflage des Boots schräg hochklappe, darauf eine bequeme Matratze. Mit Schlafsack und großem Kopfkissen kann ich mich dort auch bei schwerem Seegang gut gegen die Wand pressen.

Meine Küche besteht aus einem Brett, das sich unter einer Konsole hervorziehen lässt. In drei Löchern des Bretts klemmen Plastikbecher für Gewürze, Olivenöl, Tabasco-Soße, für Messer, Gabel und Löffel. Außerdem pendelt dort mein kardanisch aufgehängter Gaskocher für heißes Wasser. Mehr brauche ich nicht, meine Hauptmahlzeiten bestehen aus gefriergetrockneter Nahrung, die ich mit kochendem Wasser übergieße. Die Zubereitung geht schnell, und das Essen schmeckt meist lecker, vor allem die Pasta-Varianten. Ich habe Proviant für achtzig Tage an Bord, insgesamt 150 Kilogramm. Mein Team hat die Vorräte auf achtzig Beutel verteilt, in jedem befinden sich zwei Hauptmahlzeiten, Frühstück, Nachtisch und Snacks. In geschützten Ecken des Rumpfs habe ich einige Flaschen Bier und Rotwein verstaut. Und wie bei meinen früheren Weltumsegelungen habe ich drei winzige Fläschchen »Talisker«-Whisky dabei. Jedes Mal, wenn ich eines der drei legendären Sturmkaps umrunde, will ich mich mit einem Fingerhut davon belohnen.

Das Trinkwasser hole ich aus dem Meer, mithilfe einer kleinen Entsalzungsanlage. Die Wettfahrtregeln schreiben vor, dass jeder Skipper eine zweite Entsalzungsanlage an Bord haben muss sowie 25 Liter Trinkwasser in Flaschen; eine Notreserve für den Fall, dass der Strom ausfällt und der Segler den nächstgelegenen Hafen anlaufen muss. Ich würde ja gern sagen können, die Ozeane inzwischen am Geschmack zu erkennen – aber leider schmeckt das Trinkwasser immer gleich öde. Wenn ich es nicht vergesse, werfe ich Vitamintabletten in den Wasserkanister.

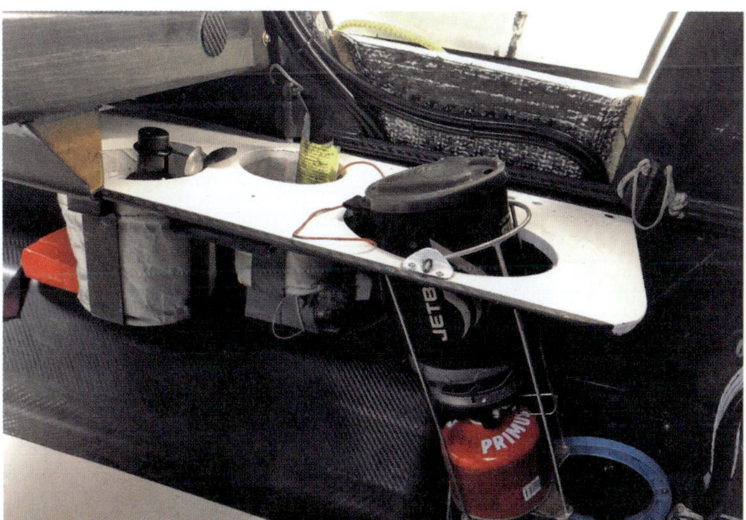

Die Küchenzeile fürs Zubereiten von täglich unterschiedlichen Mahlzeiten

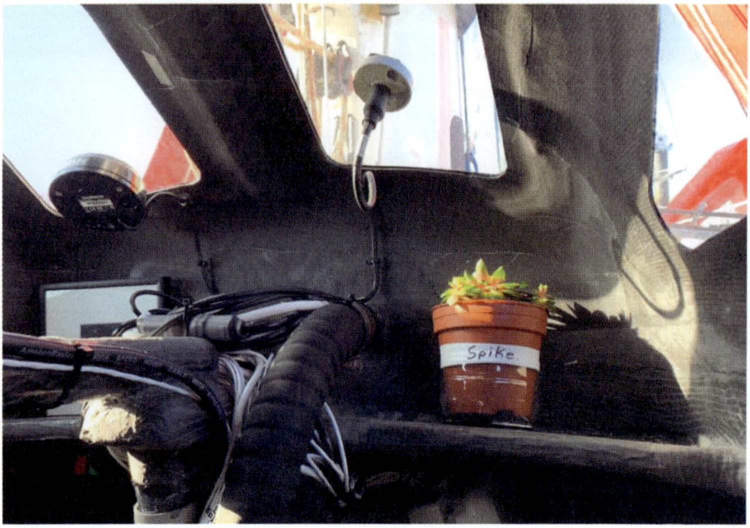

Mein einziges Stück Natur an Bord: ein pflegeleichter Kaktus namens Spike

Ein Badezimmer gibt es nicht auf Rennyachten. Als Toilette nutze ich einen blauen Eimer mit speziellen Kunststoffbeuteln, die ich über Bord werfen kann, weil sie sich im Seewasser auflösen. Zur Körperpflege habe ich Zahnbürste und Zahnpasta dabei, eine Hautcreme, Nagelschere und Salzwassershampoo. Will ich eine Dusche nehmen, ziehe ich mich aus, setze mich angeleint aufs Vorschiff und warte, bis eine Welle über das Schiff bricht. Oder ich stelle mich nackt in den Regen. Beides gönne ich mir aber nur in den warmen Regionen. Während der sechs Wochen im Südpolarmeer werde ich nicht duschen, es ist dort zu kalt und zu stürmisch. Ich habe mehrere Päckchen Reinigungstücher an Bord, das ist ein guter Ersatz.

Dicke Bündel von Elektrokabeln ziehen sich über die unverkleideten Wände. Unter der Decke sind Haltegriffe angebracht, daneben Leinen, an denen Stirnlampen baumeln, Sonnenbrille, Karabinerhaken, Küchenpapier-Rollen. Das Tageslicht fällt durch kleine Fensterluken in der Decke und durch die beiden Durchlässe zum Cockpit. Doch meist ist es düster im Schiff, die mattschwarzen Karbonwände schlucken viel Licht. Kurzum, mein sechs Quadratmeter großes Zuhause auf See ähnelt eher einem zugebauten Schaltraum im Keller eines Kraftwerks als einer Bootskabine. Wohnlichkeit ist kein Kriterium beim Bau einer Rennyacht.

Umso wichtiger sind für mich Fotos, meine Erinnerungen an zu Hause. An der Decke kleben große Bilder von Birte und Marie-Louise, unserer sechs Monate alten Tochter, die wir alle nur Malou nennen. Daneben Fotos von Lilli, der verkuschelten Spanielhündin, die mich so munter durch die Quarantäne in Frankreich gebracht hat. Viel mehr Persönliches gibt es nicht. Auf einem Sims oberhalb des Kommandopults ist das einzige Stück Natur im Schiff festgeschnallt: ein winziger Kaktus namens Spike. Auf meinem Smartphone habe ich die Playlists gespeichert, Musik für jede Stimmung: Verträumtes von Pat Metheny ist dabei, aber auch »Run Boy Run« von Woodkid, ein Song für den Angriffsmodus. Und auf meinem Tablet sind mehrere Filme gespeichert, für die Wochen im Südpolarmeer, wo ich die meiste Zeit unter Deck eingeschlossen sein werde.

Nur für Manöver werde ich dann nach draußen klettern, ins überdachte Cockpit. Hier laufen alle Leinen zusammen, hier kurbele ich am Coffee-Grinder. Diese mitten im Cockpit stehende Säule funktioniert als Fernantrieb für vier Winschen, über die ich Segel und Rigg einstelle. Hier befindet sich auch die Pinne, die ich allerdings nur nutze, wenn ich für manche Manöver den Autopiloten ausschalte. Die *Seaexplorer* hat sozusagen zwei Kommandostände: einen digitalen unter Deck, einen analogen im Cockpit.

~

In der zweiten Nacht nimmt der Wind erneut zu, der Seegang wird steiler. Ich sitze in meiner bequemen Sitzschale. Vor mir leuchtet der Monitor in der Dunkelheit. Wie in einem Flugzeugcockpit habe ich alle Instrumente im Blick, rund um die digitale Seekarte angeordnet. Der Autopilot ist mein wichtigstes Instrument, ein verlässlicher, feinfühliger Steuermann. Er registriert über Sensoren ununterbrochen die Windstärke, die Windrichtung, die Bewegungen des Schiffs, den Speed, gleicht die Daten mit dem Kurskorridor ab, den ich eingegeben habe, und steuert das Schiff innerhalb dieser virtuellen Leitplanken so schnell und sicher wie möglich durch die raue See. Draußen, im Cockpit, bewegt sich die Pinne wie von Geisterhand geführt hin und her, meist sanft, manchmal mit kräftigem Ausschlag, wenn das Schiff eine schräge Wasserwand hinabrauscht. Kein noch so erfahrener Segler könnte ähnlich verlässlich steuern, über Stunden hinweg in jedem Moment den optimalen Weg zwischen den Brechern finden, ohne die winzigste Unaufmerksamkeit, niemals müde, niemals zweifelnd.

Nur bei bestimmten Manövern greife ich selber nach der Pinne. Die meiste Zeit – ich würde schätzen: zu 99 Prozent meiner Reise – steuert der Autopilot das Schiff. Mir bleibt trotzdem genug zu tun. Die Einhandsegelei wäre ohne Selbststeueranlagen gar nicht möglich. Die ersten Solosegler nutzten noch Windfahnen für solche Anlagen, die neuesten Autopiloten sind mit künstlicher Intelligenz aufgerüstet. Aber auch ein perfekt programmierter Autopilot hat keine Chance, wenn sich der nächste Wellenberg nach einer Abfahrt zu rasch und zu steil vor dem Schiff erhebt. Dann bohrt es sich krachend hinein, stoppt abrupt, der Rumpf zittert in den Verbänden, legt sich schräg, richtet sich auf, beschleunigt erneut.

Angeschnallt liege ich in meinem Schalensitz und lausche dem Sound der Nacht. Er ist nicht laut, er ist infernalisch. Obwohl ich unter Deck fast immer einen Kopfhörer mit Schallschutz trage, dröhnt mir der Krach in den Ohren: Die Foils jaulen in hoher Frequenz. Die Wellen knallen an die Bordwand, rauschen oben über Deck. Im Rigg heult der Sturm, der Rumpf bockt und rumst auf die Wellen. Die innen weitgehend leere Karbonhülle verstärkt wie ein Resonanzkörper das Getöse. Es ist ein Höllenlärm. Eine Kakofonie, ununterbrochen, Tag und Nacht. Bis zum Ziel wird sie mir in den Ohren dröhnen, vor allem wenn der Wind zunimmt. Und wir suchen ja Regionen mit viel Wind.

Romantik des Fahrtensegelns? Nichts davon! Das hier ist Formel 1 auf dem Wasser. Sehr schnell, sehr anstrengend, sehr laut. Andere mögen sich schütteln bei der Vorstellung, auf so einer Maschine zu segeln – ich finde es faszinierend. So wie wohl alle Segler der Vendée Globe. Die Jagd über die Ozeane fordert ununterbrochen unsere ganze körperliche und geistige Wendigkeit, sie pumpt uns voll mit existenziellen Erfahrungen, sie lässt uns Gefahren und Glücksmomente erleben, die an Land niemand kennt.

Auch in dieser zweiten Nacht finde ich kaum Schlaf. Allerdings nicht wegen des Lärms, sondern wegen des starken, böigen Winds, der mich auf Trab hält. Und mein Kopf kommt nicht zur Ruhe, meine Gedanken kreisen. Was kannst du noch besser einstellen? Hast du etwas vergessen? Laden die Batterien? Solltest du nicht doch besser das Foil in Luv einziehen, weil der Wind gerade etwas nachlässt und das Schiff aufrechter segelt und das Foil dann unnötig durchs Wasser schleift? Aber vielleicht nimmt der Wind auch gleich wieder zu, dann könnte ich mir den Aufwand jetzt sparen, vielleicht warte ich doch noch ein bisschen und schaue, wie sich der Wind entwickelt, und entscheide mich dann.

So geht das die ganze Zeit. Manchmal steige ich noch zwei-, dreimal aus der Koje, bis ich endlich eine Art inneren Frieden finde und mir sage: Alles ist in Ordnung, lass es gut sein, schlafe! Wenigstens für zwanzig Minuten.

Die ersten Tage auf See sind immer die schwierigsten, ich kenne das von meinen anderen Regatten. Es will sich kein Schlafrhythmus einstellen. Der Körper schmerzt von den ungewohnten Bewegungen, wenn ich wie ein Affe durch den hin und her springenden Rumpf klettere und meinen Körper beim Festklammern verdrehe. An Deck spüre ich, dass mir noch keine Seebeine gewachsen sind, ich bin noch nicht eins mit dieser unablässig schwankenden Welt.

Und auch dieses Gefühl der Beklommenheit ist mir vertraut: Der abrupte Wechsel vom Leben an Land zur Einsamkeit auf See ist einfach brutal. Nirgendwo auf der Welt ist der Mensch isolierter, abgeschnittener und mehr auf sich gestellt als auf hoher See. Das kann eine bohrende Angst und Verzweiflung auslösen, selbst wenn noch andere Menschen an Bord sind. Ich habe Langstreckentouren erlebt, auf denen erfahrende Mitsegler während der ersten Tage verstummten, ihre Aufgaben mechanisch erledigten und mit bedrückter Miene im Cockpit saßen. Nach meiner Erfahrung dauert es mindestens fünf, sechs Tage, bis die Beklommenheit schwindet, bis man erstmals anständig isst und schläft und auf einmal das Schiff fühlt und weiß, auf dem Meer angekommen zu sein.

Noch bin ich nicht so weit. Im Gegenteil: Die Erkenntnis, nun allein zu sein, schnürt mir die Kehle zu. Vor allem, wenn ich mir klarmache, wie lange ich niemanden sehen werde. Meine bisher längste Soloregatta dauerte 21 Tage, nun werde ich fast viermal so lang unterwegs sein. Das ist eine Reise ins Ungewisse. Wie werde ich mit der Einsamkeit klarkommen? Oder besser: Was wird die Einsamkeit mit mir machen?

~

Am nächsten Tag teilt sich die Flotte. Einige Skipper schlagen einen südlichen Kurs ein, vorbei an Kap Finisterre, der Nordwestecke Spaniens. Die anderen, mich eingeschlossen, steuern weiter nach Westen, geradewegs auf die Sturmfront zu. Laut der neuesten Wettermodelle wird sich der Sturm nur wenig abschwächen, auf sieben Windstärken. Ich vertraue der *Seaexplorer*, wir haben den Bugbereich massiv verstärkt. Zudem komme ich schneller durch das Tief, wenn ich es geradewegs durchquere.

Noch ist der Wind frisch, aber nicht stürmisch, und ich nutze die Zeit, um mich zu filmen: wie ich Nudeln koche, wie ich am Rechner mein Routing plane, wie ich im Cockpit sitze und die Manöver der Nacht erkläre. Das Filmen vertreibt schwermütige Gedanken. Außerdem macht es mir Spaß, vom Segeln auf hoher See zu erzählen, seit jeher schon, und ich habe mir vorgenommen, bei diesem Rennen jeden Tag kurze Videos und Texte an Land zu schicken. Drei Satellitentelefone habe ich an Bord, zwei Actionkameras, einen Fotoapparat, zwei Kameradrohnen. Das ist wahrscheinlich ein bisschen mehr Ausrüstung als nötig, aber ich mag Gadgets, kann mich begeistern für technische Spielereien. Über ein stabiles Satellitensignal sende ich die Videoclips an mein Team, das sie dann auf unsere Profile in den sozialen Medien stellt. Und nach Les Sables-d'Olonne schickt. Die Veranstalter der Vendée Globe wollen jeden Tag kurze Filme von den Seglern auf ihrer Webseite zeigen und auch in der täglichen Online-Show »Vendée live«. Die Welt soll die Abenteuer der 33 Männer und Frauen ungeschnitten und nur um wenige Stunden verzögert miterleben können.

Die Vendée Globe als Dokudrama aus den Meeren, zehn Wochen lang jeden Tag, mit Einblicken wie bei keiner Regatta um die Welt zuvor – der Plan gefällt mir. Auch, weil WhatsApp und Facetime dem Rennen ja nichts von seiner Härte und Erbarmungslosigkeit nehmen. Vor dreißig Jahren konnten die ersten Vendée-Segler nur sporadisch kurze Funk- und Faxnachrichten aus dem Südpolarmeer nach Hause senden, wir hingegen werden täglich Videoclips schicken. Dem Südpolarmeer ist das allerdings völlig egal, es bleibt die letzte ursprüngliche Wildnis auf Erden. Und es wird uns die Fahrt genauso schwer machen wie jedem Segler bisher, der sich in die Region der Eisstürme und haushohen Wellen hineingewagt hat. Ich werde dankbar sein, wenn ich das durchstehe. Und es wird mir guttun, wenn ich zwischendurch anderen davon erzählen kann.

Zum Auftakt strahlt das Medienzentrum heute die Videos von Alex Thomson und Pip Hare aus. Die Macher der Online-Show hätten keine bessere Wahl treffen können. Die Menschen, die sich auf die Herausforderung Vendée Globe einlassen, sind in ihren Charakteren und Lebenswegen schon sehr unterschiedlich, und Alex und Pip verkörpern die vielleicht größten Gegensätze in diesem Panoptikum aus besonderen Menschen.

Für Alex Thomson, 46, ist es bereits die fünfte Vendée Globe. Zweimal musste der Engländer aufgeben, ein dritter und ein zweiter

Platz folgten, nun kennt er nur ein Ziel: Hero or Zero! Dafür hat er sich das radikalste Schiff der Flotte bauen lassen, ein flaches, im Windkanal optimiertes Geschoss mit riesigen Foils. Und, geradezu revolutionär, ohne Außencockpit. Das Video zeigt Alex kurz nach dem Start in seiner Kommandokapsel unter Deck, von hier aus hat er das Schiff im Griff, ohne dabei nach draußen blicken zu müssen; ein Dutzend an Deck und im Mast installierte Kameras übertragen, was er sehen muss. Alle Leinen zum Einstellen der Segel enden in seiner Kapsel. Nur für Segelwechsel oder mögliche Außenarbeiten klettert er durch eine Luke nach oben. Rumpf und Segel sind tiefschwarz, durchzogen von magentafarbenen Rallyestreifen; der Markenname seines Sponsors ist zur Hälfte unter der Wasserlinie angebracht – ein untrügliches Zeichen, dass dieses Boot zum Fliegen bestimmt ist.

Alex und ich sind seit zwölf Jahren gute Freunde, ich mag seine Mischung aus Siegeswillen und britischem Sportsgeist. Außerdem ist er ein sehr lustiger Mensch, mit trockenem Humor und unverwüstlichem Optimismus. »Boris, wenn man so viel Zeit auf dem Ozean verbringt wie wir«, sagte er einmal zu mir, »dann muss man immer darauf achten, Spaß dabei zu haben!« Alex hat sich mit Surfbrett und Kite von seinem Boot ziehen lassen, so schnell, dass er irgendwann abhob und in fünfzig Metern Höhe hinterherflog. Ein anderes Mal legte er sein Boot so flach auf die Seite, dass er den schrägen Mast bis zur Spitze hinaufmarschieren konnte. Dann wartete er dort oben, bis das Boot sich langsam aufzurichten begann, und sprang im eleganten schwarzen Anzug ins Meer. Das Video vom »Mast Walk« wurde im Netz ein viraler Hit.

Pip Hare, ebenfalls 46 und aus England, ist eine der sechs teilnehmenden Frauen. Mit 18 Jahren wurde sie Segellehrerin, kurz darauf begann sie davon zu träumen, einmal bei der Vendée Globe zu starten. Nun ist es so weit. Pips Boot gehört zu den ältesten der Flotte, es ist stolze 21 Jahre alt und mit verschiedenen Crews bereits viermal um die Welt gesegelt. Eine robuste, geradezu altmodische Rennyacht ohne Foils. Das Bord-Video zeigt Pip, wie sie draußen in ihrem Cockpit sitzt, in rotem Ölzeug, die Haare nass von der Gischt. Mit beiden Händen an der Pinne lenkt sie das Schiff durch die aufgewühlte See. Auch Pip wird sich fast ununterbrochen auf den Autopiloten verlassen, umso mehr scheint sie diesen Moment zu genießen, lachend macht sie das Siegeszeichen und schreit: »We're on our way!«

Nicht bei allen läuft es gerade so gut wie bei Pip. Über Funk höre ich, dass es bei einem zweiten Boot Probleme mit dem Fallenschloss im Mast gab; anders als Fabrice Amedeo ist der Skipper auf See in die Mastspitze gestiegen, hat das Schloss entriegelt und konnte das Segel an Deck herunterlassen. Und auch Damien Seguin, ein 41-jähriger Franzose, hatte zu kämpfen. Er musste am Morgen das Schiff stoppen, seine Taucherausrüstung anlegen und mitten auf dem Meer unter den Rumpf tauchen, um ein Fischernetz loszuschneiden, das sich um den Kiel gewickelt hatte. Eine harte Herausforderung, zumal für jemanden mit einem Handicap: Damien, fünffacher Weltmeister und zweifacher Goldmedaillengewinner bei den Paralympics, fehlt von Geburt an die linke Hand. »Ich hatte keine andere Wahl«, erklärte er nach dem Tauchgang. »Dies ist nicht der Moment, um ein Rennen zu gewinnen. Aber schon einer, es zu verlieren.«

Damien verdient sein Geld als Profisegler. So wie Pip Hare, Alex Thomson und ich, so wie fast alle Teilnehmer der Vendée Globe: Wir leben davon, hochgerüstete Rennyachten zu beherrschen. Das ist ein Beruf, kein Hobby. Erst recht, wenn man einhand und nonstop um die Welt segeln will. Wer das schaffen will, braucht ein Team und Sponsoren, muss sich enorm viel Wissen aneignen und vor allem jahrelang intensiv trainieren; für einen normalen bürgerlichen Beruf bleibt da eigentlich keine Zeit. Umso beachtlicher, dass es diesmal auch zwei Amateuren gelungen ist, mit uns auf die Reise zu gehen: Didac Costa arbeitet normalerweise als Feuerwehrmann im spanischen Barcelona. Und Ari Huusela, ein 58-jähriger Finne, ist Pilot. Zwanzig Jahre hat er seine gesamte Freizeit damit verbracht, Geld und Hochseeerfahrung für einen Start bei der Vendée Globe zu sammeln.

Wer plant, an diesem Rennen teilzunehmen, der entscheidet sich nicht nur für eine besonders herausfordernde Regatta. Er entschließt sich, sein Leben geradezurücken. Weil er den Mut aufbringt, den Traum seines Lebens tatsächlich verwirklichen zu wollen.

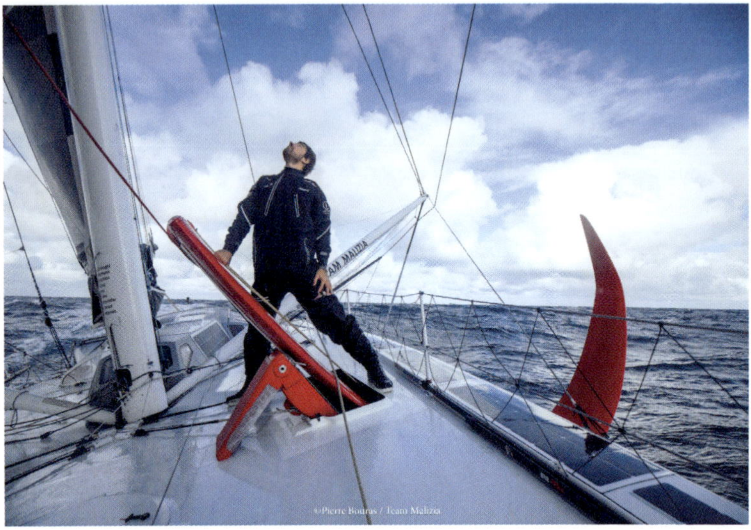

Ein prüfender Blick in die Segel, vor mir das obere Ende des eingefahrenen Foils

Bei mir hat sich dieser Traum schon während der Schulzeit festgesetzt. Es gab damals eigentlich nichts, was für eine Karriere als Hochseesegler sprach. Ich bin nicht an der Küste, sondern im niedersächsischen Oldenburg geboren, im Mai 1981, und wie man auf dem Wasser vorankommt, habe ich auf einem nahe gelegenen See gelernt, dem Zwischenahner Meer. Mit meinem Freund Julien Kleiner begann ich damals, Regatten zu segeln, erst in der Region, während des Studiums vor allem in Kiel. Ganze 18 Jahre lang waren wir ein eingespieltes Regattateam. Unsere größten Erfolge hatten wir in der 505er-Jolle, in dieser Bootsklasse wurden wir 2007 Deutscher Meister und Vize-Europameister.

Vielleicht hätte ich damals gezielt eine Profikarriere als Jollensegler anstreben können, mit Olympia als Fernziel. Doch das Segeln auf hoher See reizte mich mehr. Meine Eltern waren schuld. Sie nahmen mich schon als Säugling mit auf ihr kleines Segelboot aus Stahl, wenn sie am Wochenende vor der ostfriesischen Küste umherkreuzten. Sie ließen das Boot im Wattenmeer trockenfallen, und ich durfte auf den Sandbänken buddeln. Nach der Trennung meiner Eltern wuchs ich bei meinem Dad auf, und wenn wir zusammen segelten, saß ich stundenlang an der Pinne, schon mit acht Jahren. Manchmal legte er sich in die Koje, und ich fuhr das Boot allein nach Hause. Mein Dad hat mir das Fahrtensegeln beigebracht, das Gespür für die See und wie entscheidend es ist, dort draußen in Ruhe abzuwägen, was zu tun ist. Er ist kein ängstlicher Mensch, eher ein unorthodoxer Freigeist. Aber er respektiert, dass die See immer stärker ist, dass sie Demut und Achtsamkeit von uns verlangt.

So bin ich aufgewachsen. Mit dem Meer als Kinderstube, mit Krebsen, Prielen, nassen Sandbänken und dem Geruch von Seetang. Die Ostsee fand ich nur mäßig spannend, mich faszinierte die Deutsche Bucht mit Ebbe und Flut und ihren Herausforderungen an die Navigation. Die Nordsee hat mich zum Seemann gemacht.

Damals las ich die ersten Bücher von Männern und Frauen, die um die Welt gesegelt waren, auch bei der Vendée Globe. Es war nicht so, dass ich seitdem nur ein Ziel vor Augen hatte. Aber die Bücher infizierten mich mit einem Traum. Nach dem Abitur wagte ich den ersten Schritt. Ich wollte an einer Einhandregatta über den Atlantik teilnehmen. Meine Mutter lieh mir Geld, und ich kaufte einen Pogo-Mini, mit 6,50 Metern kaum größer als eine Jolle mit winziger Kajüte. Meinen Zivildienst begann ich in Kiel, um nebenher segeln zu können. Leider ging das Pflegeheim in Konkurs, und ich brauchte sechs Wochen, um eine neue Stelle zu finden. Nun fehlte mir aber die Zeit nach hinten raus, denn direkt nach der ursprünglichen Dienstzeit sollten die Qualifikationsrennen für die Atlantikregatta beginnen. Mein Arbeitgeber verweigerte mir die Erlaubnis, die letzten Wochen vorzuarbeiten. Ich hatte keine andere Wahl als abzuhauen, schließlich hatte ich mich zwei Jahre lang vorbereitet. Es gab einigen Ärger. Aber ich nahm an der Mini-Transat 2001 teil! Ich war mit 19 Jahren der jüngste Starter und holte mir in meiner Klasse aus 23 Schiffen den elften Platz.

Eigentlich hätte ich gleich so weitermachen können. Meine Eltern überzeugten mich aber, erst mal zu studieren. Ich wählte Physik, wechselte nach einem Semester zu Wirtschaftswissenschaften in Bremen. In den Sommerferien verdiente ich Geld als Skipper von Charteryachten, die ich hinauf in die Lofoten segelte. Und im Winter trainierte ich Fahrtensegler bei Schwerwetter-Kursen auf der Nordsee.

Mein Dad hat mich nicht nur mit dem Meer vertraut gemacht, er hat auch mein politisches Bewusstsein geprägt. Er war ein klassischer 68er, aktiv in der Friedensbewegung, er setzte sich für soziale Gerechtigkeit ein und gegen Militarismus. Als Lehrer hatte er es damit nicht leicht im öffentlichen Dienst, der Radikalenerlass machte ihm eine Weile zu schaffen. Seine politischen Standpunkte hat er mir nicht vermitteln können, dafür aber das Bewusstsein, dass die Welt mehr ist als eine Ansammlung von Individuen. Und dass jeder von uns Verantwortung trägt. Sein Wertesystem hat mich geprägt, und so war es naheliegend, dass ich bei den Wirtschaftswissenschaften einen Schwerpunkt mit gesellschaftspolitischer Relevanz wählte: nachhaltiges Management. Umweltschutz war bis dahin für mich eher ein emotionales Anliegen gewesen. Nun lernte ich, die größte Herausforderung unserer Zeit ökonomisch und technologisch zu verstehen. Diese Sichtweise prägt mich bis heute, besonders meinen Einsatz für mehr Klimaschutz.

Von 2007 an wurde es ernst: Ich war 26 Jahre alt, beendete mein Studium und musste mich entscheiden. In der rechten Schublade meines Schreibtisches lagen die Unterlagen für meine Bewerbungen bei Unternehmen, ich war ja nun Diplomökonom. In der linken Schublade sammelte ich Informationen für meine Suche nach Sponsoren. Vier Monate Zeit gab ich mir für die Suche, danach wollte ich die rechte Schublade öffnen.

Ich brauchte Geldgeber, weil ich wieder bei einem Transatlantikrennen starten wollte, diesmal mit einer größeren Yacht. Als Realschullehrer konnte mein Vater mir weder mit Geld noch Beziehungen beistehen, und so versuchte ich meine Kontakte in der Segelszene zu nutzen. Niemand sponsert dich nur für eine Regatta, sagte ein Berliner Unternehmer, du musst schon ein längerfristiges, attraktives Programm vorlegen. Ich entdeckte das Portimão Global Ocean Race, eine Zweimannregatta um die Welt mit mehreren Zwischenstopps. Beide Rennen sollten 2008/09 stattfinden – und waren attraktiv genug, um vor Ablauf meiner vier Monate eine Bremer Reederei davon zu überzeugen, mich zu finanzieren.

Bei der Einhandregatta über den Atlantik wurde ich Zweiter. Und das Rennen zu zweit um die Welt gewannen wir. Felix Oehme und ich hatten zwar nur drei Konkurrenten, aber wir waren das jüngste Team und fuhren das älteste Schiff. Allein diese Leistung brachte uns viel Aufmerksamkeit ein – und mir 2010 das Angebot für eine zweite Regatta um die Welt, das Barcelona World Race. Erneut zu zweit, diesmal aber nonstop. Mein Partner an Bord war Ryan Breymaier, ein erfolgreicher US-Segler, heute Mitglied unseres Teams für die Vendée Globe. Genau hundert Tage nach dem Start liefen wir wieder in Barcelona ein. 14 Yachten waren gestartet, neun erreichten das Ziel, wir errangen den fünften Platz. Ich war inzwischen zwar schon dreißig Jahre alt, aber die Erfolge bestärkten mich in dem Entschluss, es erst einmal nicht als Ökonom in einem bürgerlichen Beruf zu versuchen.

Hasso Plattner, einer der Gründer von SAP und enthusiastischer 505er-Segler, hatte mich schon einige Zeit zuvor in sein professionelles Trainingsteam geholt. Dort lernte ich Leute näher kennen, die sich beruflich nur mit Regattasegeln beschäftigten, durch die Welt reisten und das Ganze auch noch bezahlt bekamen. Großartig!

Jochen Schümann, mit drei Goldmedaillen Deutschlands erfolgreichster Segler, engagierte mich als Co-Navigator auf seiner Regattayacht. Sein Chefnavigator Juan Vila hatte Mathematik studiert, außerdem Meteorologie und Computerwissenschaften. Bei unseren Regatten im Mittelmeer stand ich an seiner Seite, das wasserfeste Tablet mit dem Navigationsprogramm in der Hand – und lernte, lernte, lernte. Juan Vila ist einer der weltbesten Regatta-Navigatoren. Zwei Sommer lang gehörte ich zum Rennzirkus der Superyachten, wir segelten vor Mallorca, Sardinien und Saint-Tropez. Ich pumpte mich voll mit Wissen. Dann trieb es mich zurück auf die Ozeane zum Offshore-Segeln.

Zurück zu Giovanni Soldini, dem berühmten italienischen Hochseesegler. Giovanni, der mich 2012 das erste Mal auf seine Rennyacht *Maserati* holte, war einer der Helden aus den Büchern, die ich als Schüler verschlungen hatte. Über vier Jahre hinweg segelten wir regelmäßig zusammen, ich war verantwortlich für Navigation und Elektronik. Wir liebten die Rekordjagd: von Kapstadt nach Rio, von New York nach San Francisco, von San Francisco nach Shanghai, viermal über den Atlantik. Von Giovanni habe ich viel über klassische Wetterbeobachtung gelernt. Und über das Management einer Rennyacht und der Crew. Wir legten gut 100 000 Seemeilen gemeinsam zurück, für Giovanni war das, wie er später in einem Buch schrieb, »eine wunderbare und auch sehr lustige Zeit«.

2014 lernte ich meine spätere Frau Birte kennen, ausgerechnet in einem Jahr, in dem ich rund 250 Tage unterwegs war. Genau deshalb wurde es ein großartiges Jahr für uns: Ich überführte die *Maserati* vom Mittelmeer in die Karibik, danach machten Birte und ich dort Urlaub. Während die Yacht in New York lag, wohnte Birte ein paar Wochen mit mir in Brooklyn. Danach rauschte ich zusammen mit Ryan Breymaier auf einem dreißig Meter langen Trimaran in neuer Rekordzeit von Los Angeles nach Hawaii, in drei Tagen und 18 Stunden; Birte kam nach, und wir erkundeten den Südseearchipel. Kurz darauf besuchte sie mich in der Bretagne, als ich dort einen arktischen Segeltörn vorbereitete, von Norwegen aus durch die Nordostpassage nach Alaska. Es folgte meine dritte Weltumsegelung: Mit Seglern aus Frankreich, Spanien und der Schweiz kämpfte ich auf einem Trimaran um die Jules Verne Trophy, seit 1990 der Preis für die schnellste Weltumrundung unter Segeln. Den Rekord von 45 Tagen verpassten wir um zwei Tage.

Es waren wilde Jahre. Sie führten mich, einen Lehrerssohn aus Oldenburg, quer durch die Welt, auf großen Rennyachten in die schönsten Hafenstädte. Am meisten Spaß gemacht hat mir die Zeit mit Giovanni Soldini. Seine Devise war: Hart arbeiten, hart feiern! Schon mit 16 segelte er über den Atlantik und baute mit einem Freund die erste Segelbasis auf Kuba auf. Giovanni, der aus einer italienischen Industriellenfamilie stammt, war ein Rebell, ein Nonkonformist. Bürgerliche Ansprüche waren ihm fremd, das Einzige, was für ihn zählte, war die Kombination von Erfolg und Spaß. Wir hatten eine gehetzte Zeit, wir schliefen auf Flughäfen, auf irgendwelchen Gästebetten und zu fünft auf dem Boden eines Appartements in New York. Als wir in Brooklyn einmal ein Taxi brauchten, sagte Giovanni, dass es für so etwas kein Geld gebe, er könne uns Skateboards besorgen. Null Glamour, viel Arbeit. Und viele Partys. Giovanni war Rock 'n' Roll.

Was mich in all den Jahren am meisten vorangetrieben hat, war allerdings die Chance, von den Besten zu lernen. Von den besten Skippern, Navigatoren, Meteorologen, Bootsbauern, Segelmachern, Werkstoffexperten, Rennstallmanagern. Mir war früh klar geworden, dass ich mehr erreichen wollte, als ein guter Navigator zu sein, der sich auf unterschiedlichen Rennyachten einsetzen lässt. Ich wollte mein eigenes Ding machen. Und ich wusste auch genau, welches.

Dass dieser Traum wahr wurde, hat einmal mehr mit Giovanni zu tun. Bei einer Atlantikregatta mit seiner *Maserati* lernte ich Pierre Casiraghi kennen, den jüngsten Sohn von Caroline, Prinzessin von Hannover und Monaco. Wir freundeten uns an und starteten in den folgenden Jahren gemeinsam zu vielen Regatten, in der Karibik, im Mittelmeer, bei der Kieler Woche. Pierre, Vizepräsident des Yacht Club de Monaco, gründete Anfang 2016 das »Team Malizia«. Wir organisierten damit Segelevents rund um die Bootsklasse GC32, einen Rennkatamaran mit Foils. Pierre wusste, dass ich seit meiner Schulzeit davon träumte, einmal an der Vendée Globe teilzunehmen. Und er ließ sich anstecken von meinem Traum. Team Malizia wurde zu unserer Plattform, um eine professionelle Kampagne für meine Teilnahme 2020 aufzubauen.

Mir blieben noch vier Jahre bis zum Start.

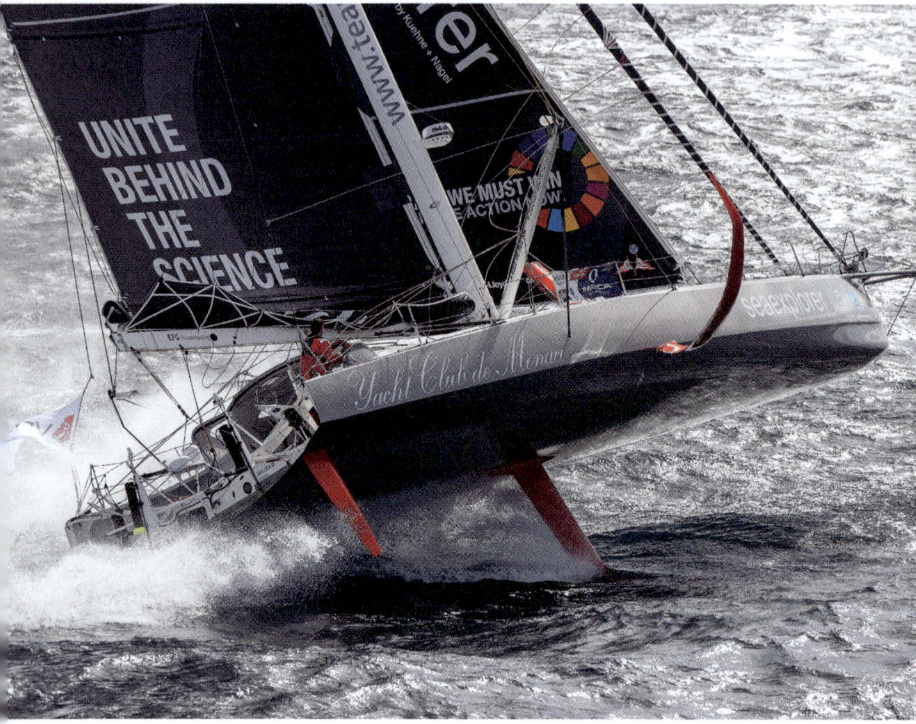

Auf dem linken Foil und dem Schiffsende fliegt die Seaexplorer dahin.

3 Die Feuertaufe

Jeder Segler, der zum ersten Mal eine moderne Vendée-Globe-Yacht sieht, wird das Schiff entgeistert betrachten. Es ist eine kompromisslose Rennmaschine unter Segeln. Der flache, kantige Rumpf ähnelt einem riesigen Surfbrett, mit einem offenen Heck von geradezu obszöner Breite. Niedriger Aufbau, windschnittiges Design, keine Fenster, nur Sichtluken. Die gesamte Linienführung ist elegant und aggressiv zugleich. Ein Schiff wie ein Raubtier, das am Boden kauert, sprungbereit.

Eine gebrauchte, einigermaßen vernünftige Yacht für dieses Rennen lässt sich für ein bis zwei Millionen Euro kaufen, ein Neubau kann gut sechs Millionen kosten. Teilnehmen können nur Boote der sogenannten »Open 60«-Klasse. »60«, weil sechzig Fuß, also gut 18 Meter lang. Und »Open«, weil die Klassenregeln zwar die maximale Länge, Breite, Kieltiefe und Masthöhe vorschreiben sowie bestimmte Sicherheitseinbauten, alles andere aber offenlassen – als Anreiz für ideenreiche Konstrukteure. Und die nutzen ihre Chance nach Kräften.

Die vor dreißig Jahren entwickelten Boote waren von Beginn an dazu gedacht, Langstreckenregatten mit nur einer oder zwei Personen an Bord zu segeln, eine Vorgabe, die bei einer Yacht dieser Größe nur mithilfe klug durchdachter Ausrüstung und Technik funktioniert. Die Rennmaschinen, inzwischen nach ihrer Klassenvereinigung kurz »Imoca« genannt, wurden zum Innovationstreiber des Yachtbaus. Designer, Bootsbauer, Ingenieure, Werkstoffexperten, Segelmacher, sie alle treten bei jeder Vendée Globe mit neuen Ideen an, von vergrößerten Foils bis zu Infrarotkameras auf dem Mast. Weil die Boote zugleich dazu bestimmt sind, auch bei härtestem Seegang nicht beizudrehen, sondern Gas zu geben, sind sie überwiegend so stabil gebaut, dass auch ältere Schiffe eine Chance haben. Falls ihre Eigner sie noch aufgerüstet haben.

Entsprechend bunt zusammengesetzt ist die Flotte, mit der ich nun unterwegs bin. Grob gesagt lassen sich die Boote in drei Kategorien unterteilen. Die erste Gruppe besteht aus den extremsten Imoca-Yachten, die je gebaut wurden – ihre Foils sind mehr als doppelt so groß wie die, die bei der letzten Vendée zum Einsatz kamen. Alles an diesen Gleitern zielt darauf ab, die Boote schon bei mittlerem Wind abheben zu lassen, so hoch, dass nur noch die Heckpartie auf dem Wasser glitscht. Um ihnen mehr Formstabilität zu geben, wurde der Bug wulstartig verbreitert; von vorn sehen die Schiffe daher etwas »aufgespritzt« aus. Die acht Schiffe dieser Gruppe sind alle erst in den letzten zwei Jahren gebaut worden, und zu ihren Skippern zählen die Top-Favoriten des Rennens: Alex Thomson und die Franzosen Jérémie Beyou, Thomas Ruyant und Charlie Dalin.

Die zweite Gruppe besteht aus älteren Booten, die ebenfalls schon mit Foils ausgestattet sind. Einige tragen noch die kleinere Version des letzten Rennens, die »Hühnchenflügel«. Andere sind mit der neuesten Generation der Tragflügel nachgerüstet worden, dazu gehört auch mein Schiff. Wir hatten im Frühjahr 2020 in unserer Halle in Lorient die alten Foils der *Seaexplorer* gegen die neuen ausgetauscht. Sie sind etwa doppelt so groß und sollen das Boot früher und höher aus dem Wasser heben. Das Schiff ist ein anderes seither, und wir haben den ganzen Sommer über intensiv trainiert, um es besser kennenzulernen. Ein Formel-1-Pilot, dessen Wagen einen neuen Motor erhalten hat, muss sich ähnlich fühlen.

Und schließlich gibt es noch, als größte Gruppe der Flotte, die 14 Rennyachten ohne Foils. Die meisten sind gut ein Dutzend Jahre alt und wurden mindestens schon einmal um die Welt gesegelt. Es sind erprobte Schiffe, robuster zu handhaben als die nervösen, feinnervigen Foiler. Viele Skipper dieser Schiffe starten zum ersten Mal bei dieser Regatta; für sie wäre der größte Triumph, bis zum Schluss dabeizubleiben und die Ziellinie zu überqueren. Auch Jean Le Cam, mit 61 der älteste Teilnehmer und in Frankreich als »König Jean« verehrt, fährt ein Schiff ohne Foils, was ihn aber nicht davon abhält, vorne mitmischen zu wollen. Er ist dieses Rennen schon viermal gesegelt, und nur einmal musste er aufgeben, 2008 vor Kap Hoorn, als plötzlich der Kiel abfiel, das Schiff kenterte und Jean 16 Stunden in tosender See ausharrte, bis ein Mitsegler ihn von dem Wrack barg.

Die hochkomplexen Imoca-Yachten bieten Hunderte von Möglichkeiten, die Segel, die Wanten, die Foils, den schwenkbaren Kiel, den drehbaren Mast und vieles mehr optimal einzustellen. Oft dauert es Jahre, die ganze Klaviatur intuitiv zu beherrschen. Der Segler muss sein Schiff über Tausende von Seemeilen erlebt haben, vor allem bei Sturm und schwerer See, um zu wissen, wie verlässlich es ist und wie viel Belastung er dem Schiff noch zumuten kann, bevor es in den roten Bereich gerät. Gerade die radikalen Neubauten mit ihren enormen Foils erfordern deshalb eine lange Testphase. Doch die acht Skipper dieser Boote hatten größtenteils nur ein Jahr Zeit, und keiner von ihnen schaffte es bis tief in den Süden, um Rumpf und Rigg den Gewalten des Südpolarmeers auszusetzen. In gut drei Wochen werden die Prototypen dort erstmals zeigen müssen, wie sie mit extremem Wetter zurechtkommen.

Kurz vor dem Start hatte Alex Thomson öffentlich erklärt, dass er sich Sorgen mache: »Ich denke, niemand hat mit den Neubauten so viele Seemeilen gesegelt, wie er gehofft hat. Schon gar nicht bei Bedingungen, wie sie da unten nahe der Antarktis herrschen. Ich fürchte, wir werden dort etwas sehr Unangenehmes erleben: einen Abnutzungskrieg.«

Alex' Schiff ist erst vor anderthalb Jahren zu Wasser gelassen worden. Im Winter startete er bei einer Atlantikregatta nach Brasilien, rundete nach einem verpatzten Start die erste Wendemarke an 24.

Stelle und rauschte anschließend mit unfassbarer Geschwindigkeit am gesamten Feld vorbei an die Spitze. Doch dann, nachdem schon ein taktischer Fehler ihn wieder zurückfallen ließ, kollidierte die Yacht so heftig mit einem umhertreibenden Hindernis, dass der Kiel fast abgerissen wurde und Alex aufgeben musste. Seither ist er mit seinem radikalen Neubau zu keiner Regatta mehr angetreten. Und vor allem die Franzosen rätseln, wie schnell und verlässlich »la bête noire«, das schwarze Biest, tatsächlich ist.

~

Die Wettermodelle, die für heute Nacht die Windstärke etwas nach unten korrigierten, haben sich geirrt. Der Sturm, der in der Dunkelheit über uns hereinbricht, ist so heftig wie ursprünglich vorausgesagt. Mit Böen der Windstärke acht und fünf Meter hohen Wellen. Bei einem Interview mit einer deutschen Wochenzeitung kurz vor dem Start hatte ich gesagt, dass ich eher zur Gruppe der ängstlichen Segler gehöre. Ich werde bei diesem Rennen immer mit Bedacht segeln, das ist mein Vorsatz, daran halte ich mich. Schon gar nicht will ich gleich zu Beginn einen Schaden riskieren. Ich reffe mein Großsegel und setze nur das kleinste Vorsegel, die J3.

Trotzdem springt und kracht der Rumpf durch die Kreuzsee. Ich merke, wie ich mit meinem Schiff leide. Seit vier Jahren kenne ich es, ich vertraue seiner Stabilität, dennoch lausche ich bang dem Gestampfe. Draußen ist es eiskalt und dunkel, es regnet, und ich bin froh, alle Segelmanöver vom überdachten Cockpit aus durchziehen zu können. Ständig taucht das Schiff vorne in einen Wellenberg, dann rauschen Wassermassen über das Deck, prasseln hinten wie eine Sturzsee vom Cockpitdach und gurgeln über das offene Heck wieder hinaus. Alle Schiffe dieser Art stehen sozusagen hinten offen, enden kurz über der Wasseroberfläche – aus dem einfachen Grund, dass ein Kubikmeter Wasser eine Tonne wiegt und man dieses Gewicht so schnell wie möglich von Bord haben will.

Bei diesem Wetter eine Wende zu fahren, ist Schwerstarbeit. Weil jede Wende mit dem »Stacking« beginnt: Bevor ich den Kurs ändere und der Wind von der anderen Seite in die Segel bläst, muss ich unter Deck allen beweglichen Ballast »stacken«, ihn also zum Gewichtsausgleich von der einen Schiffsseite auf die gegenüberliegende Seite schleppen, auf die neue Luvseite. Ich streife meine Knieschützer über und setze einen Rugbyhelm mit Stirnlampe auf. Dann klettere ich durch das dunkle, hin und her springende Schiff nach vorne, wo die Segelsäcke liegen. Einige wiegen gut achtzig Kilo. Ich verkeile mich zwischen den Stützstreben, dann ziehe, zerre und wuchte ich die Säcke über die Längsstringer zur anderen Bordseite und schnalle sie dort fest. Es ist, als würde man um Mitternacht geweckt, um jemandem beim Umzug zu helfen. Nach vierzig Minuten bin ich nass geschwitzt, mein Rücken schmerzt, meine Hände brennen von den Riemen an den Segelsäcken.

Für das Manöver selbst steige ich hinauf ins Cockpit. Es muss schnell gehen; bei diesem Starkwind sollten die Segel nur so kurz wie möglich flattern, wenn ich das Schiff durch den Wind drehe. Ich lasse den Autopiloten die Wende fahren, dann kurbele ich am Coffee-Grinder, was die Lunge hergibt. Als die Segel auf den neuen Kurs eingestellt sind, falle ich schwer atmend auf den Klappsitz und blicke unter dem Cockpitdach hindurch nach hinten. Der Mond steht nur als Halbmond am Himmel, strahlt aber so stark, dass die Schaumspur hinter dem Schiff sich wie ein helles, glitzerndes Band durch das dunkle Meer zieht. Ich starre dem Schaum hinterher, bis mich der nächste Alarm aus den Gedanken reißt. Das Boot ist mit zwei Dutzend Sensoren bestückt, einer Art Pulsmesser, die unaufhörlich melden, wie viel Druck auf den Foils, den Wanten und Schoten lastet. Die Toleranzgrenzen stelle ich manuell ein, werden sie überschritten, piept ein Alarm los.

Als der Sturm konstant Windstärke acht erreicht, rolle ich auch das Vorsegel ein und presche nur noch mit maximal gerefftem Großsegel durch die Nacht. Soweit ich mich erinnern kann, war ich noch nie bei einer Regatta nur mit Großsegel unterwegs. Das fängt ja gut an! Unentwegt beobachte ich die Zahlen auf den Monitoren und frage mich, was ich noch tun kann, um mein Schiff sicher durch die wütende See zu bringen, ohne dabei zu sehr zurückzufallen. Als ich mich endlich in die Koje rolle, bin ich zu erschöpft, um einzuschlafen. Obwohl ich mit zwei Fleece-Shirts übereinander und Wollmütze in meinem Schlafsack liege, friere ich. Vor Müdigkeit und auch, weil die Temperatur unter Deck nur zwölf Grad beträgt. Ich ziehe den Schlafsack fester zusammen und konzentriere mich darauf, tief und langsam zu atmen. Irgendwann ist mir warm, einschlafen kann ich trotzdem nicht.

Kurz nach 5 Uhr entschließe ich mich, aufzustehen und das Frühstück vorzuziehen. Draußen dämmert es, ein neuer Tag bricht an. Ich krame eine Tüte getrocknetes Früchte-Porridge aus dem Vorratssack und überlege, ob man überhaupt von einem neuen Tag sprechen kann, wenn man gar keine Nacht gehabt hat. Ich fülle den Wasserkocher, gieße das heiße Wasser in die beschichtete Tüte, rühre mit

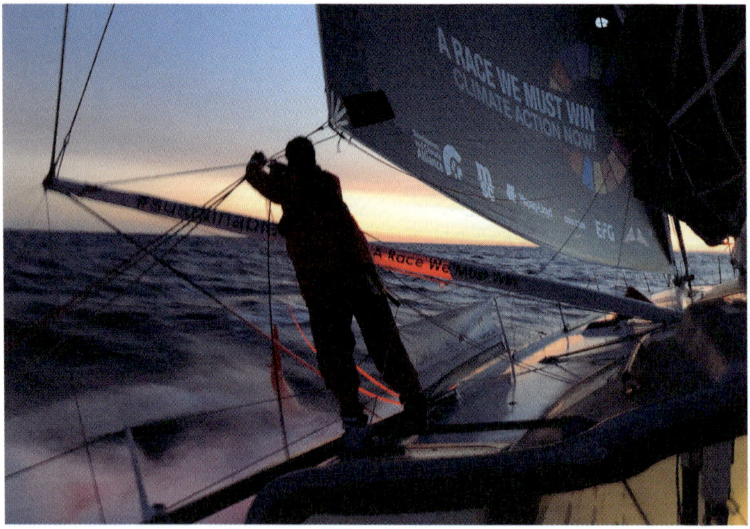

Mit hoher Fahrt dem Sonnenuntergang entgegen, hinaus auf den Nordatlantik

einem Löffel den Brei an. Dann steige ich in den Navigatorsitz und stelle die Tüte vorsichtig in meinem Schoß ab. Der warme Dampf steigt wie eine kleine Rauchfahne aus der Öffnung. Ich beuge mich nach vorn, schließe die Augen und senke den Kopf in den Dampf. Die Wärme fließt um mein Gesicht, um meinen Hals, ich atme minutenlang tief ein und aus.

Etwa zur gleichen Zeit entdeckt der Franzose Kevin Escoffier Wasser in seinem Schiff. Gut zwanzig Zentimeter hoch schwappt es durch den Rumpf, und es dauert eine Weile, bis er erleichtert feststellt, dass das Meer nur durch ein undichtes Ventil in der Kielbox hereinströmt. Er schraubt ein Ersatzventil ein und pumpt das Wasser aus dem Schiff.

Dann zickt beim inzwischen dritten Boot eine Segelverriegelung oben am Mast. Es ist mir ein Rätsel, weshalb solch ein zentraler Beschlag nicht so konstruiert werden kann, dass er bei jeder Belastung funktioniert. Diesmal hat es *L'Occitane en Provence* erwischt, ein gelbschwarzes Flugobjekt mit eleganten Linien, erst zehn Monate alt. Das Fallenschloss war im Sturm der vergangenen Nacht gebrochen, das große Vorsegel an Deck hinuntergefallen. Der Skipper, Armel Tripon, entschied sich, die nahe gelegene spanische Küste anzusteuern, dort in einer Bucht zu ankern und den Riegel im Mast auszutauschen. Wenn es gut läuft, kostet ihn die Aktion etwa einen Tag.

Der Sturm hat auch den anderen Seglern, die wie ich geradewegs in die Front gefahren sind, schwer zugesetzt. Der Franzose Sébastien Simon erzählt mittags in seinem Bord-Video: »Zum ersten Mal in meinem Leben wurde ich seekrank und musste mich übergeben. Danach konnte ich etwas schlafen. Nun muss ich das Chaos im Boot aufräumen.« Und der Italiener Giancarlo Pedote meinte: »Der Seegang war die Hölle! Aber gut, dass wir gleich zu Beginn durch den Härtetest müssen und nicht erst im Südpolarmeer. Wenn es da unten jemanden erwischt, dauert es viel länger, bis einer von uns bei ihm ist.«

Plötzlich kommt eine Meldung der Rennleitung an alle Segler rein: Jérémie Beyou muss nach mehreren Schäden am Boot zurück nach

Les Sables-d'Olonnne segeln. Die Nachricht erschüttert mich. Ausgerechnet Jérémie! Der 44-jährige Franzose gilt neben Alex Thomson als Top-Favorit bei diesem Rennen. Gut zwei Jahre hat er mit seiner Rennyacht der neuesten Generation trainieren können, länger als die anderen Skipper der Neubauten. Zuletzt gewann er damit eine Regatta von Frankreich nach Island und zurück, unsere Generalprobe für das Rennen um die Welt. Jérémie gehört zu den erfahrensten Seglern der Vendée Globe, schon dreimal hat er teilgenommen. Zweimal musste er unterwegs abbrechen, nach Materialschäden. Bei der letzten Ausgabe 2016 hielt sein Schiff bis zum Schluss durch, und Jérémie kam als Dritter ins Ziel. Nun, bei seinem vierten Rennen, will er siegen. Hero or Zero: Wie für Alex gibt es auch für Jérémie nur diese beiden Ergebnisse.

Sein Beginn war stark. Direkt nach dem Start hatte er sich an die Spitze gesetzt, war dann von Jean Le Cam, dem alten Haudegen, überholt worden, hatte inzwischen aber die Spitze wieder übernommen. Die Unglücksserie begann gestern Abend. Zuerst hatte eine Sturmbö eine Umlenkrolle aus dem Deck gerissen, die Karbonsplitter flogen durchs Cockpit. Dann war Jérémie über irgendeinen herumtreibenden Gegenstand gefahren, ein Ruderblatt riss ein. Kurz nach Sonnenaufgang untersuchte er den Schaden, um zu prüfen, ob sich das Blatt reparieren ließe. Da brach plötzlich ein Backstag, eines der Bündel aus Kunstfasersträngen, die den Mast nach hinten absichern. Es war nahe der Stelle befestigt, an der die Umlenkrolle aus dem Deck gerissen war. Dort klaffte nun ein Loch.

Ich kenne Jérémie, er ist ein Kämpfer – doch das war offenbar zu viel auf einmal. Außerdem hat er, anders als ich, aus Gewichtsgründen kein Ersatzruder mitgenommen. Mehrere Stunden hatte Jérémie mit sich gerungen, bis er entschied umzudrehen, drei Tage nach dem Start. Wie Fabrice Amadeo wird er zur Reparatur nach Les Sables-d'Olonne zurückkehren, muss allerdings, so ist das Reglement, spätestens zehn Tage nach Beginn des Rennens erneut starten. Für die 600 Seemeilen zurück braucht Jérémie drei Tage. Dann bleiben seinem Team noch vier Tage, um alle Schäden zu beheben. Werden sie das schaffen? Vor allem aber: Wird er, ohne Aussicht auf den Sieg, überhaupt noch weitersegeln wollen? Gibt es für ihn doch eine dritte Option zwischen Hero und Zero?

»Ich musste heute eine fürchterliche Entscheidung treffen«, erklärt Jérémie Beyou, als ein französischer Fernsehsender ihn per Videocall interviewt. »Als ich das Steuer umlegte, habe ich so gezittert. Als Spitzensportler lebt man nur für ein großes Ziel. Meines war es, die Vendée Globe zu gewinnen. Vier Jahre lang habe ich hundert Prozent dafür gegeben. Ich habe nichts anderes um mich herum wahrgenommen. Eine Woche vor dem Start ist mein Vater mit einem Schlaganfall ins Krankenhaus eingeliefert worden. Ich habe auch das nicht richtig wahrgenommen. Jetzt muss ich meine Welt neu ordnen. Ob ich erneut starte, weiß ich noch nicht.«

Als Jérémie später in den Hafen von Les Sables-d'Olonne einläuft, hat sein Team zwei Scheinwerfermasten auf dem Ponton aufgebaut und ein Dutzend Bootsbauer, Techniker und Riggexperten zusammengerufen, die nun Tag und Nacht auf dem Boot arbeiten werden. Jérémie hält eine kurze, emotionale Ansprache, dann verschwindet er in seine Wohnung in der Stadt. Er sagt, er werde in den nächsten Tagen nicht zum Boot kommen, keine Nachrichten beantworten und nur darüber nachdenken, was er jetzt tun wolle.

Ich hoffe, er hat die Robustheit und auch den Trotz, erneut zu starten. Es ist klar, dass er beim Kampf um den ersten Platz keine Rolle mehr spielen wird. Bei der Vendée 2009 musste der spätere Sieger zwar auch gleich zu Beginn in den Hafen zurückkehren, nachdem seine Elektronik ausgefallen war – aber schon vierzig Stunden nach dem Startschuss begann er damals seine Aufholjagd. Jérémie hingegen wird mindestens sieben, acht Tage verlieren, das holt er niemals wieder auf. Ich glaube, er sollte trotzdem starten, andernfalls wären all die Jahre der Vorbereitung sinnlos gewesen. Außerdem kann er immer noch einen Achtungserfolg erzielen, sein Schiff gehört zu den schnellsten der Flotte.

Wirbelsturm Theta

Als ich am dritten Tag die Sturmfront endlich durchquert habe, mache ich einen taktischen Fehler. Alex Thomson, der gleichauf mit mir liegt, schlägt in den letzten Sturmböen einen Kurs nach Süden ein, während ich noch vier, fünf Stunden weiter in westliche Richtung fahre. Aus Vorsicht. Hinter der Front steht eine brutale Kreuzsee, da will ich nicht geradewegs hineinbrettern. Als ich schließlich auf Südkurs gehe, haben Alex und die anderen Skipper, die weniger defensiv gefahren sind, bereits fünfzig Seemeilen Vorsprung. Und dabei wird es nicht bleiben: Unerwartet gerate ich in eine Flautenzone. Die Wolkendecke hat sich aufgelöst, die Sonne wärmt, und innerhalb von dreißig Minuten lässt der Wind massiv nach. Nur eine leichte, kaum spürbare Brise zieht über das Meer. Noch immer rollen hohe, inzwischen glatt gestrichene Wellen an, doch statt sie kraftvoll hinabzusurfen, schaukelt das Schiff wie benommen hin und her, die Segel flappen im Rhythmus der Dünung, und ich komme nur im Schritttempo vorwärts.

Was soll das? Wieso ist der Wind plötzlich weg? Weshalb war das auf keiner Wetterkarte verzeichnet? Und wie groß ist diese Flautenzone überhaupt? Dass die *Seaexplorer* mittlerweile auf der Stelle liegt, macht mich rasend. Es ist ja nicht auszuschließen, dass ich hier stecken bleibe, während alle anderen nach Süden davonfahren. Ich laufe fluchend an Deck hin und her und suche den Horizont ab: Wo ist eine Wolke, die Wind bringt? Wo sieht das Meer ein bisschen dunkler aus, weil eine Brise seine Oberfläche kräuselt?

Erst zu viel Wind, jetzt zu wenig. Ich will ja nicht den Eindruck erwecken, ständig zu murren, aber der Wind bestimmt nun mal die Stimmung des Seglers, mehr als alles andere. Für mich ist eine Flaute noch anstrengender als ein heftiger Sturm. Am schlimmsten ist die Kombination von Flaute und hoher Dünung, so wie jetzt. Wenn das Schiff antriebslos den Wellen ausgeliefert ist, wenn es nur noch schwankt und pendelt und sich manchmal im Kreis dreht und die

Segel die ganze Zeit mit nervtötendem Knallen hin- und herschlagen. Und natürlich ärgert es mich maßlos, diese Situation selbst verschuldet zu haben. Ich habe einfach zu lange gezögert. Das kenne ich schon von früher: Arbeite ich im Team, ob an Land oder an Bord, fällt es mir leicht, schnelle, klare Entschlüsse zu fassen. Doch bin ich allein auf See unterwegs und stehe vor einer folgenreichen Entscheidung, dann zweifle und hadere ich. Schier endlos wäge ich die Vor- und Nachteile ab – die mein Verstand dann gern als genau gleichwertig erscheinen lässt.

Die wichtigste Entscheidung, die Segler bei Langstreckenregatten ständig treffen müssen, betrifft das Routing, also die Überlegung, welcher einzuschlagende Kurs heute, morgen und vielleicht auch noch in fünf Tagen der taktisch klügste sein könnte. Der kürzeste Weg ist auf See nicht immer der schnellste. Ein Umweg könnte mir möglicherweise dazu verhelfen, günstige Winde zu erwischen, die mich schneller zum Ziel bringen. Könnte, möglicherweise – eine Strategie wie aus der Glaskugel. Die Berechnungen der Meteorologen sind oft widersprüchlich, und ihre Zuverlässigkeit sinkt deutlich ab dem dritten Tag im Voraus.

Die Flautenzone, in die zum Glück schon nach wenigen Stunden ein frischer Nordwind dringt, war zu klein und kurzlebig, um in den jüngsten Vorhersagen aufzutauchen. Puh, Erleichterung! Zurück in den Regattamodus, zurück an den Monitor. Zwei- bis viermal täglich empfange ich neue Wettermodelle und speise sie in den Navigationsrechner ein. Wind, Wellenhöhe, Luftdruck, Strömungen, Wolken; alles präzise vorhergesagt in den Modellen und kartografisch gut darstellbar. Will ich etwa die Windprognosen sehen, legt das Programm ein Gitternetz aus kleinen Pfeilen über meine elektronische Seekarte. Jeder Pfeil zeigt die voraussichtliche Windrichtung und -stärke für den jeweiligen Ort auf See an, abrufbar für jeden Zeitpunkt der kommenden Tage. Das neueste Wettermodell sieht wieder ein bisschen anders aus als das letzte vor sechs Stunden – mit einer Ausnahme: Seit mehr als einer Woche leuchtet auf der Karte südlich der Azoren ein spiralförmiges Gebilde in alarmroter Farbe. Der Tropensturm Theta. Er blockiert unseren Weg nach Süden.

Theta ist in diesem Jahr schon das 29. Tiefdrucksystem mit Sturmstärke im Atlantik. Ein neuer Rekordwert. Sturmtiefs dieser Größe erhalten eigene Namen, vergeben in alphabetischer Reihenfolge. Doch weil das lateinische Alphabet schon nach 21 Buchstaben endet, wechselt die Weltorganisation für Meteorologie danach ins griechische Alphabet. Diesen Sturm hat sie nach Theta benannt, dem achten Buchstaben der Griechen.

Der Wirbelsturm Theta hat einen Durchmesser von etwa 500 Seemeilen. In seinem Zentrum erreichen die Böen nahezu Orkanstärke, die Meteorologen sagen fünf bis sechs Meter hohe Wellen voraus. Theta liegt quer über unserer Route, scheint sich allerdings langsam nach Osten zu verlagern, auf Marokko zu. Rund um das Tiefdruckgebiet herum lässt der Wind abrupt nach, dort wehen nur flaue Winde.

Eine klassische Herausforderung für das Routing: Bleiben wir auf unserem Kurs, werden wir in etwa zwei Tagen dort sein, wo sich jetzt das Zentrum von Theta befindet. Hat sich der Sturm bis dahin kaum verlagert, riskieren wir deutlich mehr Schäden als in der ersten Sturmnacht. Wählen wir die vorsichtigere Variante und schlagen schon jetzt einen weiten Bogen, müssen wir in Kauf nehmen, dass sich der Weg verlängert und unser Speed abnimmt in dem schwachen Wind der Randzonen. Normalerweise wäre es nicht schwierig, bei stabiler Ausgangslage den idealen Mittelkurs zu berechnen. Doch der Tiefdruckwirbel verlagert sich mal langsam, mal etwas rascher. Wir müssen also ein Ziel treffen, das sich mit schwer kalkulierbarer Geschwindigkeit seitlich wegbewegt. Mehrfach am Tag berechne ich meinen Kurs neu, mit einer Mischung aus Datenanalyse und Bauchgefühl. Ich finde es in dieser Situation durchaus beruhigend, nicht im Spitzenfeld zu liegen. Mal schauen, wie die da vorne sich schlagen.

In den nächsten zwei Tagen komme ich flott voran. Der Wind hat aufgebrist und bläst endlich einigermaßen konstant. Die gesamte

Flotte fährt auf ähnlichem Kurs Richtung Theta, allerdings schon weit auseinandergezogen. An der Spitze liegt Alex Thomson – und direkt dahinter folgt ausgerechnet Jean Le Cam mit seinem 13 Jahre alten Schiff ohne Foils. Doch der zähe und erfahrene Bretone bringt die Erfahrung von vier Rennen um die Welt mit sich. Er gilt als kluger Navigator, der stur seinen eigenen Kurs fährt, auch wenn der ihn bisweilen weit weg vom Feld führt. Le Cam war der Erste, der schon in der Biskaya nach Süden abgebogen ist, ein Dutzend Schiffe war ihm gefolgt. Und nun will er offensichtlich noch dichter am Zentrum von Theta vorbeirauschen, als Alex es plant. Sein Schiff ist robust gebaut, und anders als Alex mit seinem Neubau weiß Jean genau, was er ihm zumuten kann; bereits 2016 ist er mit *Yes We Cam!* um die Welt gesegelt.

Dank des auffrischenden Windes habe ich meinen Rückstand aus der Zeit im Flautenloch einigermaßen aufholen können, mit einem 13. Platz liege ich gut im Mittelfeld. Gleich hinter Louis Burton, der die Zeitstrafe für seinen Frühstart inzwischen abgebummelt hat: Auf der Höhe von Lissabon war er fünf Stunden lang im Zickzack hin und her gefahren. Direkt vor uns liegen mehrere Schiffe ohne Tragflügel; eigentlich sollten wir sie bald überholen können, spätestens dann, wenn wir mit den Passatwinden die idealen Foiling-Bedingungen bekommen. Ich könnte also wirklich einigermaßen entspannt sein. Doch seit Tagen hält das Gefühl der Beklommenheit an.

~

Jeder Start einer Langstreckenregatta löst bei mir emotionalen Stress aus, vor allem dann, wenn ich allein segele. Ich erinnere mich an den Beginn eines Rennens 2018 allein über den Atlantik. Wie habe ich mich damals durch die Tage gequält! Eigentlich sollte die Erfahrung, dass diese Phase meist nach einer Woche endet, mir jetzt helfen. Tut sie aber nicht. Bohrende Sehnsüchte setzen mir zu. Eigentlich ist es ja absurd: An Land vermisse ich die See – und auf See vermisse ich das Leben an Land. Gerade in den Momenten der Ruhe merke ich, wie sehr mir die kleinen Dinge an Land jetzt fehlen. Und wie wertvoll sie wirklich sind. Natürlich sehne ich mich nach meiner Familie, nach meinen Freunden; aber ich vermisse es auch, einfach in einem Café zu sitzen, einen Becher mit warmen Kaffee in der Hand, eine Blume auf dem Tisch, und nach draußen auf die Straße zu blicken. Sonntags zum Bäcker zu gehen, in einer Schlange entspannter Menschen zu stehen, zu plaudern und dann eine Tüte mit frisch duftenden Brötchen zu bekommen. Es sind eben auch die kleinen Momente, die das Leben so reich machen. Das mag eine Binsenweisheit sein, trotzdem nehmen wir sie uns selten zu Herzen.

In der Einsamkeit auf See erinnere ich mich manchmal mit geradezu sinnlicher Präzision an solche Momente, und jedes Mal nehme ich mir dann vor, sie an Land mehr wertzuschätzen, sie intensiver zu erleben. Nach der Rückkehr vergesse ich den Vorsatz nicht, doch sitze ich dann wieder in einem Café, gelingt es mir selten, einfach nur präsent zu sein und den Augenblick auszukosten; es gibt immer irgendetwas, was mich davon ablenkt.

Die Chance, draußen auf dem Meer den Blick auf den Alltag an Land neu auszurichten, gehört vielleicht zu den wertvollsten Veränderungen, die eine lange Seereise im Wesen eines Menschen auslösen kann. Vielleicht gelingt es mir ja diesmal, nach der Rückkehr von meiner längsten und einsamsten Reise, mehr Muße für das Leben ganz im Moment aufzubringen.

Zum emotionalen Stress der ersten Tage auf See gehören auch Fragen wie: Warum mache ich das hier eigentlich? Würde ich das noch einmal tun? Wo wäre ich jetzt wirklich am liebsten? Und warum? Während ich die Leinen im Cockpit aufräume, hänge ich solchen Gedanken hinterher. Im Moment kann ich mir nicht vorstellen, noch einmal bei einer Vendée Globe zu starten, stattdessen werde ich alle Kraft in meine Projekte zum Klima- und Ozeanschutz stecken, vor allem in das Schülerbildungsprogramm, das Birte und ich ins Leben gerufen haben. Es ist sinnvoll, es ist erfolgreich, und es macht uns beiden viel Freude.

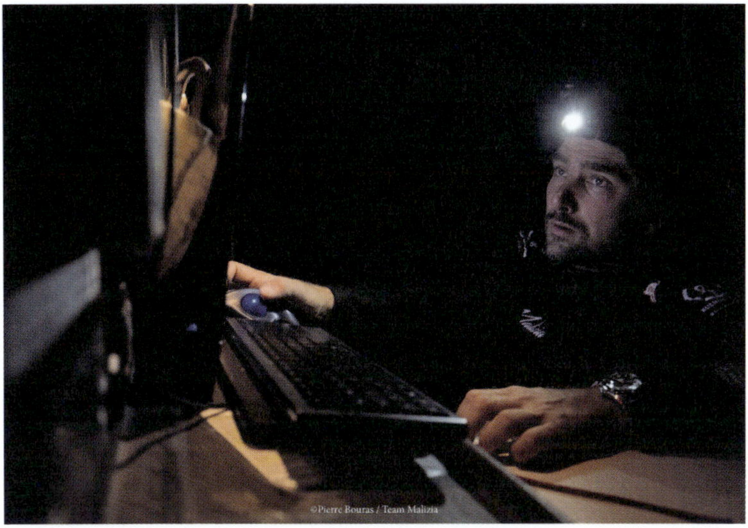

Nächtlicher Kontrollblick auf Schiffsdaten und die digitale Seekarte

Eine Stunde später hat der Wind so stark aufgefrischt, dass das Boot elegant zu foilen beginnt – und sofort bin ich davon überzeugt, dass die Vendée Globe das größte Abenteuer ist, das der Mensch auf See erleben kann. Ich werde es deshalb auf jeden Fall wiederholen.

Als ich bei Nachtanbruch allein mein Essen aus einer Tüte löffele, habe ich wiederum eine solche Sehnsucht nach der Normalität des Lebens an Land, dass ich einen Freund anrufe und ihn bitte, mir regelmäßig Sprachnachrichten zu schicken, in denen er erzählt, was er den Tag über so gemacht hat. Mein Freund ist erst irritiert, dann versteht er meinen Wunsch. Er verspricht, mir künftig Protokolle seines Alltags auf Band zu sprechen.

Meine Stimmungsschwankungen sind enorm, entweder Euphorie oder Selbstzweifel, selten ausgeglichen. Um inneres Gleichgewicht zu finden, hilft es mir sehr, mit engen Freunden meine Gefühle zu teilen. Ich verschicke viele Sprach- und Textnachrichten und auch Videos und erzähle meist ziemlich aufrichtig, wie es bei mir emotional gerade rauf und runter geht. Es tut gut, sich all das von der Seele zu reden. Und es stärkt, die Ratschläge und Aufmunterungen der Freunde zu hören. Du hast jahrelang dafür gekämpft, dabei sein zu können, nun hast du es geschafft! Genieße es! Sei stolz auf dich! Konzentriere dich auf den Tag, denk nicht an das Rennen!

Es stimmt, ich fühle mich tatsächlich besser, wenn ich nicht an all das denke, was noch vor mir liegt, sondern nur an das, was ich heute schaffen will. »One day at a time!« – diesen Rat eines Freundes, der in der Schweiz als Mentalcoach für Bergsteiger arbeitet, habe ich auf einen Zettel geschrieben; seit dem Start klebt er an meinem Monitor. Wann fahre ich die nächste Halse, welche drei Reparaturen führe ich heute durch, wie viel Zeit nehme ich mir fürs Schlafen, fürs Stretching, wo im Feld will ich heute Abend liegen? Damit die unfassbar große Herausforderung mich nicht erdrückt, portioniere ich sie, stecke mir kleine, erreichbare Ziele. Dazu gehört es auch, dem Tag eine Struktur zu geben, mit festen Zeiten für das Routing und auch für meine Mahlzeiten: 6 Uhr Ortszeit Frühstück, 12 Uhr Mittagessen, 18 Uhr Dinner. Zu besonderen Anlässen gönne ich mir abends noch ein Stück Käse oder einen Schluck Wein.

Mit meiner Frau Birte spreche ich jeden Tag. Niemand weiß so gut wie sie, was gerade in mir vorgeht. Sie hat mir gestern vorgeschlagen, einfach mal ein paar Quatsch-Videos zu drehen, um aus der Grübelspirale rauszukommen. Die Idee gefällt mir. Andererseits: Ich müsste guter Laune sein, um einigermaßen lustige Videos zu drehen. Dann aber bräuchte ich sie ja nicht mehr.

Es ist, als schickte die Vendée Globe mich gleich zu Beginn durch eine doppelte Feuertaufe. Mit zwei schweren Unwettern prüft sie, wie robust mein Schiff und ich gebaut sind. Und außerdem macht sie mir in aller Deutlichkeit bewusst, worauf ich mich da eingelassen habe. Ich werde so lange allein sein wie noch nie in meinem Leben, und die Beklommenheit darüber stellt meine Psyche in der ersten Woche massiv auf die Probe.

Zum Ende der Woche merke ich dann doch, wie meine alte Zuversicht langsam, ganz langsam zurückkehrt. Eigentlich schlage ich mich ja in beiden Prüfungen ganz gut. An dem Schiff ist bisher nichts kaputtgegangen, ein Dutzend andere Boote haben zum Teil schwere Schäden erlitten. Ich beginne, mich und meine Reise nicht mehr so oft infrage zu stellen. Die Anspannung lässt nach. Nur die Erschöpfung hält an, und ich hoffe, in der Passatzone endlich in den ersehnten Rhythmus zu finden.

Vorher müssen die *Seaexplorer* und ich allerdings noch unversehrt durch Theta gelangen. Der Wirbelsturm hat sich in den letzten zwei Tagen nur geringfügig nach Osten verlagert, das macht die Routenplanung etwas einfacher. Die vorsichtigen Segler schlagen einen großen Bogen. Die Risikobereiten steuern schräg durch die Gefahrenzone. Und dann gibt es noch zwei Tollkühne: Alex Thomson und Jean Le Cam. Der Livetracker zeigt, dass sie geradewegs dorthin fahren, wo auf der Seekarte der purpurrote Kern des Tropensturms glüht. Alex will keine Chance auslassen, sich als Spitzenreiter weit vom Feld abzusetzen. Eine französische Nachrichtenagentur kommentiert seinen Kurs mit der Headline: »Das schwarze Biest ist von der Leine!«

Ich bin nicht tollkühn. Gut 150 Seemeilen vom Sturmkern entfernt entschließe ich mich, das Ruder umzulegen. Eigentlich muss ich Kurs nach Süden nehmen, doch nun steuere ich nach Westen, weg von Theta. Ich will keinen Schaden riskieren. Schon jetzt springt und kracht das Boot durch die tosende See, das Rigg heult im Wind. Wassermassen rauschen unaufhörlich über Deck, und wenn ich durch die Fensterluken nach oben schaue, komme ich mir vor wie in einem U-Boot. Nur nach hinten ist die Sicht frei. Hohe, steile Wellen erheben sich hinter dem Heck, der Sturm reißt ihre Köpfe ab und verweht sie zu langen Schaumstreifen. Gischt fliegt durch die Luft und nimmt mir die Sicht, Meer und Wolken verschwimmen in einem einzigen Grau.

Theta ist erstaunlich warm. Nur in Boxershorts stehe ich unter dem schützenden Cockpitdach und bereite die Halse vor, ein riskantes Manöver bei diesem Unwetter. Ich kurbele am Coffee-Grinder, kontrolliere die Lasten, stelle die Foils und den schwenkbaren Kiel neu ein, nehme das Großsegel dicht und lege schließlich das Ruder um. Der Großbaum über mir schlägt auf die andere Seite, und das Schiff steuert den neuen Kurs. Raus hier!

Mit jeder Stunde werde ich jetzt viele Seemeilen hinter das vordere Feld zurückfallen. Fast belustigt stelle ich fest, wie gut sich meine Entscheidung trotzdem anfühlt. Auch Vorsicht braucht Mut, gerade bei einem Rennen, oft sogar mehr als die Augen-zu-und-durch-Haltung. Ich bin froh, mir ein Herz gefasst zu haben, diesmal sogar ohne langes Zweifeln und Hadern. Ich will einfach nur ins Ziel kommen, und dafür brauche ich keine Orkanböen. Der Seegang schüttelt das Schiff durch, der Lärm unter Deck ist ohrenbetäubend. Ich lege mich in meine sichere Sitzschale, esse einen Energieriegel und beobachte die Kontrollmonitore.

Alex nähert sich dem Sturmkern bis auf siebzig Seemeilen. Dann halst auch er und fährt dicht daran vorbei. Er kämpft mit Böen bis Windstärke zehn und sechs Meter hohen Brechern. Das Meer tobt. Wie es Alex dabei ergeht, kann alle Welt auf seiner Webseite verfolgen: Sein Herzschlag steigt mehrfach auf 150, seine Muskelkontraktion liegt über dem Durchschnitt, er isst zu wenig, sein Schlafanteil in den letzten 24 Stunden betrug lediglich zehn Prozent. Nicht nur sein Schiff, auch Alex selbst ist verkabelt, ein Sensor am Oberarm schickt unablässig seine Körperdaten an Land und auf seine Homepage. Auch eine Art Liveberichterstattung. »Diesmal will ich alle, die es interessiert, an Bord holen«, hatte Alex vor dem Rennen angekündigt. »Sie sollen ununterbrochen erleben können, was hier passiert, auch mit mir.« Besondere Geschichten müsse man eben auf besondere Weise erzählen, und »so etwas liebe ich«, sagte er. »Sensing Alex« hat sein Team die Unterseite genannt, auf der in Echtzeit die Leistungskurven von Mensch und Schiff zu sehen sind, in fast allen messbaren Kategorien.

Nach fünf Stunden hat Alex die Gefahrenzone durchquert. »Das war kein angenehmer Ort«, erklärt er, sichtlich erschöpft, ein paar

Stunden später in einer Nachricht von Bord. »Du fährst da hinein, weil du effizient sein willst. Doch sobald du in solche Bedingungen gerätst, geht es nur noch darum, zu überleben und keine Probleme zu bekommen.«

Jean Le Cam steuert sogar noch dichter am Sturmkern vorbei. Das ist schon fast todesmutig. Am nächsten Morgen liegt Jean mit seinem alten Schiff vor dem Fluggerät von Alex Thomson. »Großpapa leistet Widerstand!«, frohlockt Jean in einem Videointerview. »Schaut euch diese neuen Foiler an. Sie liegen allesamt hinter mir! Ich habe gestern Morgen Eintopf mit Bohnen und Speck gegessen, das passt perfekt zu einer Tiefdruckzone. Jetzt bin ich glücklich.« Jean Le Cam ist bekannt für seine unverblümte Art. Der Mann mit der Lockenmähne gilt in Frankreich als Kultfigur, mehrere Zehntausend Menschen folgen ihm in den sozialen Medien. An Land kommt er gern als leutseliger Kauz daher, auf See beweist er sich immer wieder als genialer Stratege und zäher, erfahrener Salzbuckel. Es liegt zwar an den kurzen, steilen Wellen, dass die Foiler bisher selten mit ihren Tragflügeln abheben und davonrauschen konnten, doch dass Le Cam die Chance gleich dazu genutzt hat, sich an die Spitze des Felds zu setzen, ist vor allem sein eigenes Verdienst.

Andere Favoriten wie die Franzosen Dalin und Ruyant wählen den moderaten Mittelkurs, ich selbst halse insgesamt dreimal, um in sicherer Entfernung zu bleiben. Doch Theta will die Flotte offenbar nicht ungeschoren davonkommen lassen, es gibt Bruch auf mehreren Schiffen. Am schlimmsten erwischt es den Japaner Kojiro Shiraishi. Als der 53-Jährige den Sturm schon fast durchquert hat, versagt der Autopilot, und das Schiff läuft mehrmals aus dem Ruder. Das mit heftiger Gewalt umschlagende Großsegel reißt dabei im oberen Drittel quer durch. Eine Reparatur auf See würde ihn unter diesen Bedingungen mindestens vier, fünf Tage kosten. Also aufgeben? Wie schon einmal, bei seinem ersten Rennen 2016, als ihm im Indischen Ozean der Mast brach? In Les Sables-d'Olonne habe ich ein paarmal mit Kojiro gesprochen, einmal haben wir Souvenirs aus unseren Heimatstädten ausgetauscht. Am Tag des Starts schritt der freundliche, immer lächelnde Japaner im Kimono über den Steg zu seinem Boot. Ich bin überzeugt, Kojiro ist so entschlossen, diesmal das Ziel zu erreichen, dass er die Reparatur versuchen wird. Sollte sie scheitern, kann er immer noch zu den Kanarischen Inseln ablaufen, nur unter Vorsegel.

Mit Kojiro, der das gleiche Boot wie Top-Favorit Jérémie Beyou segelt, fällt nun schon der dritte radikale Neubau vorläufig aus dem Rennen. Beyou sitzt immer noch in seinem Haus in Les Sables-d'Olonne fest, während sein Team Tag und Nacht am Boot flickt. In gut zwei Tagen läuft die Frist für den Neustart ab.

~

Als ich den Tropensturm hinter mich gebracht habe, Wind und See sich beruhigen und die Sonne hervorkommt, räume ich zum ersten Mal seit dem Start das Schiff auf. Ob im Ferienhaus oder auf einem Segelboot: Das erste Aufräumen ist immer ein Indiz dafür, dass man innerlich angekommen ist. Ich lüfte den Schlafsack und hänge die nassen Klamotten zum Trocknen auf. Das Leinenchaos im Cockpit entwirre ich, indem ich Schoten und Strecker über Bord werfe und hinterherschleifen lasse; im Fahrtstrom lösen sich alle Kinken aus den Leinen. Auch meinen kleinen Lebensraum unter Deck räume ich auf, wische den Boden trocken, packe meine wasserdichten Taschen für Lebensmittel und Kleidung um und fische Äpfel und Apfelsinen aus diversen Ecken des Rumpfs. Sie liegen dort, seit das Schiff einmal besonders hart in eine Welle rammte und die unter der Decke aufgehängten Obstnetze rissen. Per Sprachnachrichten beantworte ich die Interviewfragen mehrerer Medien, danach nehme ich zwei Videos auf, die mein Team auf unsere Webseite stellen wird.

Aufräumen sorgt für Klarheit, auch im Kopf. Ich stehe im offenen Heckbereich, blicke aufs Meer und denke über die erste Woche nach.

Sie war ein einziger wilder Ritt! Ich fühle mich erschöpft und ausgelaugt, noch immer fehlt mir viel Schlaf. Doch die *Seaexplorer* und ich haben diesen ersten Härtetest bestanden, nun holen wir uns die Belohnung ab. In zwei Tagen gelangen wir in die Passatregion. Endlich! Das ist die Autobahn nach Süden! Da kann ich hoffentlich den Kopf ausschalten, die Füße hochlegen und schnelles Segeln unter warmer Sonne genießen. Die Passatwinde sind das vielleicht schönste Versprechen, das die Meere für den Langstreckensegler bereithalten.

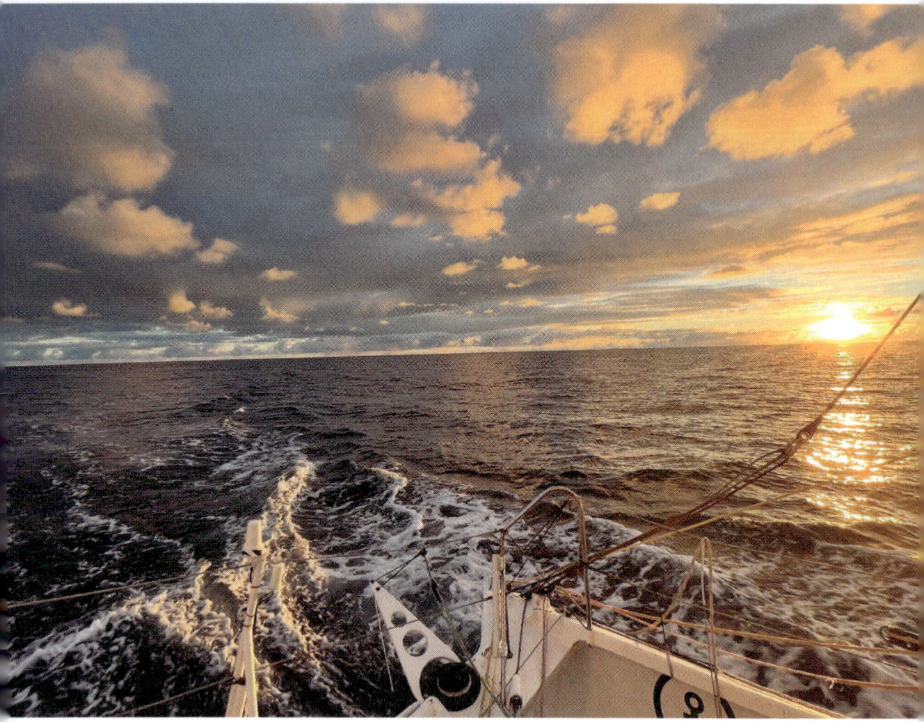

Die Boten des Wetters: Gebilde aus Wasser und Eis, geformt vom Wind

4 Wolken lesen

Das schwierigste Rennen der Welt folgt einem bestechend einfachen Routenverlauf: von Frankreich hinunter zur Antarktis, dort links abbiegen, vorbei an den Südspitzen von Afrika, Australien und Südamerika, und dann den Atlantik wieder hinauf bis Frankreich. Die teilnehmenden Männer und Frauen starten im Herbst und erleben in drei Monaten alle Jahreszeiten, mehrere doppelt, zugleich durchqueren sie fast sämtliche Klimazonen. Die gesamte Strecke ist mit knapp 44 000 Kilometern etwas länger als der Äquator. Die meiste Zeit über sind die Segler vom Festland weiter entfernt als die Astronauten der ISS von der Erde.

Beim Blick auf die Weltkarte mag der Eindruck entstehen, in der Einöde da draußen gebe es nichts außer Himmel und Meer, und die Teilnehmer bräuchten in der weiten Leere einfach nur den vorgezeichneten Kurs abzusegeln. Doch der Eindruck täuscht. Die Vendée Globe ist ein Hindernisrennen.

Hochdruckzonen mit quälenden Flauten, Tiefdruckzonen mit Sturmfronten, bremsende Strömungen, rabiate Kreuzseen: Die Ozeane legen uns ständig etwas in den Weg. Manche Phänomene umfahren wir, andere suchen wir, etwa eine Sturmfront, falls sie uns in die gewünschte Richtung jagt. Es gibt feste Hindernisse wie das Azorenhoch und sein Gegenstück im Südatlantik, das St.-Helena-Hoch. Beide legen sich ganzjährig quer über den Atlantik, als gut 2000 Kilometer breite Streifen ohne Wind. Wer hier ohne Motorkraft hineingerät, kann stecken bleiben wie in einem Sumpf. In früheren

Zeiten lagen die großen, schwerfälligen Rahsegelschiffe dort mitunter ein, zwei Wochen auf der Stelle. Manche Besatzungen spanischer Schiffe sahen sich damals gezwungen, die Pferde der Konquistadoren über Bord zu stürzen, um kostbares Trinkwasser zu sparen. Seither werden die Flautenzonen auch »Rossbreiten« genannt.

Andere Wetterphänomene funktionieren umgekehrt, sie bremsen nicht, sondern beschleunigen unsere Fahrt. Im Südpolarmeer sind es die stürmischen Tiefdrucksysteme, die ständig von West nach Ost um die Antarktis kreisen; sie wollen wir erwischen. Und in den tropischen Breiten sind es die Passatwinde. Viele Hochseesegler geraten schon beim Klang des Namens ins Schwärmen, er ist der Inbegriff für entspannte, schnelle Ozeanpassagen.

Das ganze Jahr über weht der Passat in einem breiten Streifen nördlich und südlich des Äquators. Ein warmer, kräftiger Luftstrom, der verlässlich von Ost nach West über die Meere zieht. Seit jeher nutzen Europas Segler, die den Atlantik überqueren wollen, den tropischen Wind als eine Art Förderband. Sie fahren hinab bis auf Höhe der Kanarischen Inseln, nehmen dort Kurs auf die gegenüberliegende Karibik, setzen ihre großen Passatsegel und lassen sich vom Wind in ihrem Rücken hinübertragen. Unter hiesigen Hochseeseglern kursiert für die Törnplanung der griffige Leitspruch: »Kurs Südwest bis die Butter schmilzt, und dann rechts ab in die Karibik.«

Heute ist der zweite Tag im Passatwind, und mir geht es richtig gut. Ich fühle mich glücklich. Erstmals seit dem Start möchte ich nur hier sein, allein auf meinem Boot, und an keinem anderen Ort der Welt. Der Passat weht konstant mit fünf Windstärken, und das Schiff, emporgehoben von den Foils, fliegt mit zwanzig bis 25 Knoten über die Wellen, schneller als der Wind. In der lang gestreckten Dünung surft das Boot schräg die Hänge hinab, ohne Krachen und Bocken, manchmal neigt es sich zur Seite oder setzt vorne auf, aber alles geschieht sanft, fließend, im steten Rhythmus der durchrauschenden Wellenberge. Es ist warm, gut 22 Grad, und ich sitze barfuß und nur in Shorts im Cockpit. Ich muss keine Segel wechseln, kein Halsenmanöver fahren, kein kniffeliges Routing analysieren; ich darf einfach nur segeln. Der Himmel glänzt hellblau, mit Schäfchenwolken getupft – fast ein Spiegelbild des Ozeans mit seinen Schaumkronen.

Auch die Nacht war wunderschön. Ich habe zweimal gut zwei Stunden am Stück geschlafen, ein neuer Rekord. Als ich gegen 4 Uhr morgens an Deck trat, wölbte sich über mir ein sternenübersäter Himmel. Ein Anblick, wie man ihn nur nachts auf hoher See erleben kann! Auf dem Festland leuchtet immer irgendwo ein Licht der Zivilisation, und sei es als Widerschein einer fernen Stadt am Himmel. Oder Bäume oder Berge ragen empor und stehen als schwarze Schatten vor dem Firmament. Nur auf dem Ozean ist der Horizont rundum als gerade, ununterbrochene Linie zu sehen, nur auf dem Ozean stört nichts das Leuchten des Himmels. Vor allem in einer Nacht wie heute, ohne Wolken und Mond: Dann strahlen die Sterne direkt über dem Horizont genauso hell wie im Zenit. Dann ist die Erde eine Scheibe und der Himmel eine leuchtende, makellos geformte Halbkugel und der Mensch steht auf seinem Schiff und blickt nach oben und zur Seite und kann sich nicht satt sehen an dem Glühen und Flackern und Funkeln um ihn herum. Nächte auf See können hypnotisch sein.

Sitze ich tagsüber im Cockpit und habe etwas Muße, schaue ich nach hinten. Meist bleibt mein Blick an der gurgelnden Spur hängen, die das Schiff durch den Ozean zieht. Keine klassische Heckwelle, sondern eine flache, bootsbreite Schaumspur, die sich unablässig über die Wellenberge legt. Ich könnte sie stundenlang betrachten. Es hat etwas Beruhigendes, auf diese weiße Linie zu blicken, die nie abreißt und sich einmal um den Erdball legen wird. Majestätische, weit auseinanderliegende Wellenberge begleiten uns, oft sind sie schneller als das Schiff. Wenn sie anrollen, steigt hinter uns das Meer zwei, drei Meter hoch, sanft heben die Wassermassen das Heck empor, das Schiff beschleunigt und rauscht am Hang entlang, bis die Dünung unter uns durchgelaufen ist. Die kleinen Wellen, die der Wind auf der

Dünung aufwirft, glitzern in der sinkenden Sonne. Alles um mich herum bewegt sich, schäumt und kräuselt sich unaufhörlich, nichts Festes existiert.

Vor zwei Tagen lag ich auf Platz zwölf, inzwischen ist es Platz sieben. Mein Boot fliegt und fliegt. Wie gut, dass wir zu Jahresbeginn die neuen, großen Foils angebracht haben. Die Dünung ist flach, der Wind stark und konstant, mit einem Einfallwinkel von 110 Grad; besser könnten die Bedingungen nicht sein. Nur noch mit der hintersten Rumpfpartie glitscht das Boot über das Meer.

Auch die anderen Schiffe rauschen wie auf Schienen hintereinander Richtung Äquator. Die Vendée Globe ist zum Drag Race geworden: ein pures Geschwindigkeitsrennen auf gerader Strecke, ohne taktische Spielchen, ohne Segelmanöver. Was uns zwischendurch die Zeit lässt fürs Aufräumen, kleine Reparaturen, Kaffeemachen und sonstige Nebensächlichkeiten. Die Engländerin Samantha Davies filmt sich, wie sie ihre Zöpfe abschneidet: »Ich kann sie hier ja sowieso nicht waschen«, kommentiert sie das Video. Der Schweizer Alan Roura dreht die Bordboxen auf und tanzt in Shorts durch das Cockpit. Ich hänge in meiner Sitzschale und chatte mit einigen Mitseglern. Vor dem Start habe ich eine WhatsApp-Gruppe für die 33 Skipper gegründet. Einige Franzosen reagierten befremdet; ich glaube, sie sehen sich eher als einsame Kämpfer auf hoher See. Anderen macht es Spaß, regelmäßig einander und – mithilfe ihrer Bord-Videos – auch der ganzen Welt zu erzählen, wie es ihnen ergeht. Alex Thomson liebt diese Chats und Videos, die fröhliche Selbstdarstellung entspricht seinem Naturell. Wir chatten fast täglich.

Heute habe ich mich länger mit Ari Huusela unterhalten. Der 58-jährige Finne liegt ganz am Ende der Flotte, in flauen Winden auf Höhe der Kanarischen Inseln, gut 1200 Seemeilen hinter mir. Ari hat schon seinen Spitznamen weg: Er ist unser »I-am-so-happy-man«. In so gut wie jedem Bord-Video bringt er diesen Satz unter, ein graubärtiger, bedächtig sprechender Mann, der in die Kamera seines Handys strahlt: Ich bin so glücklich! Ob er gerade eine Sturmfront durchritten hat oder in der Flaute kämpft, ob es regnet oder die Sonne scheint – alles zweitrangig. Manchmal öffnet er vor laufender Kamera ein kleines Geschenk seiner Kinder, dann leuchtet sein Gesicht und er sagt: »Ich bin so superglücklich!«

1999 nahm Ari Huusela, mehr aus einer Laune heraus, an einer Soloregatta über den Atlantik teil. Seither ist er der Magie des Einhandsegelns verfallen. Seinen Beruf als Pilot großer Passagierflugzeuge gab er nicht auf. Aber zwanzig Jahre lang hat er jede freie Minute dafür genutzt, sich dem Traum Vendée Globe nähern zu können. Nun hat der Mann aus Helsinki es geschafft, er ist dabei. Unsere Wettfahrt erlebt er als eine einzige existenzielle Erfahrung. Enthusiastisch beschreibt er, wie er die Weite des Meeres genießt, das sich ändernde Blau, die steigenden Temperaturen. »Manchmal sehe ich Kondensstreifen am Himmel«, sagt er zu mir. »Sie erinnern mich daran, wie gern ich fliege. Nur dort oben fühle ich mich so frei wie hier auf dem Meer. Weißt du, ich freue mich jetzt schon darauf, in ein paar Monaten wieder ein Flugzeug zu steuern.« Ich vermute, Ari ist wirklich ein glücklicher Mensch.

~

Am Nachmittag macht sich Jérémie Beyou nach neun Tagen Zwangspause in Les Sables-d'Olonne tatsächlich wieder auf den Weg. Bei sonnigem Wetter stehen Hunderte Menschen entlang des Kanals und applaudieren, als er mit seinem reparierten Schiff hinausfährt. »Kein weiteres Nachdenken mehr! Ich muss einfach los!«, hatte er zuvor erklärt. »Ich weiß noch nicht, was mich da draußen vorantreiben wird. Alle meine Ziele, meine Referenzmarken sind weg. Vier Jahre lang setzte ich auf Sieg. Nur dafür habe ich trainiert. Nun ist es ein anderes Spiel, und ich weiß nicht, wie gut ich darin bin. Ich werde mich wohl neu kennenlernen.«

Sein Neustart beeindruckt mich. Ich glaube, die meisten von uns sind froh, wenn wir Mitsegler in der Nähe haben, dann fühlen wir uns nicht allein, können uns mit den anderen messen, liefern uns kleine Wettfahrten innerhalb des großen Rennens. Doch Jérémie hat 1400 Seemeilen Rückstand auf Ari Huusela. Er wird wochenlang einsam hinterherfahren, wird nur gegen die Uhr und seine Ansprüche kämpfen. Was geht jetzt in ihm vor? Vielleicht denkt er: Scheiße, ich muss das für meinen Sponsor machen. Eigentlich würde ich mich lieber verkriechen, weil mein Lebensplan dahin ist. Einfach umdrehen und gehen. Kann denn nicht mein Co-Skipper starten? Na ja, vielleicht ist es auch genau umgekehrt und Jérémie hat sich davon überzeugt, dass es andere gute Gründe gibt, als Allerletzter das Rennen aufzunehmen. Es fällt mir schwer, mich jetzt in ihn hineinzuversetzen. Auf jeden Fall muss es enorm hart sein, die Kraft aufzubringen, neun Tage nach dem eigentlichen Start wieder auf die Strecke zu gehen.

Die Vendée Globe ist nicht nur ein Wettkampf um die schnellste Weltumsegelung. Sie ist vor allem eine ständige, von der Platzierung völlig unabhängige Bewährungsprobe. Jeden Tag tauchen neue Probleme auf, die wir allein zu lösen haben – und so ist dieses Rennen vor allem ein Dauertest für das Durchhaltevermögen und die Willensstärke jedes einzelnen Seglers. Jérémies Neustart zu einem aussichtslosen Einsamkeitsrennen belegt seine Stärke.

Gestern geriet ich in die Nähe des Franzosen Nicolas Troussel. Ich sah sein AIS-Signal auf meiner digitalen Seekarte, und kurz darauf entdeckte ich ihn auch am Horizont. Sein Schiff ist das neueste der Flotte, erst ein halbes Jahr alt, und es machte mir Spaß, mich eine Weile mit ihm zu messen. Heute Morgen um 5 Uhr führte er ein Radiointerview, lobte sein Boot, das mit 22 Knoten über die See zischte, dann legte er sich wieder in die Koje. Um 8 Uhr brach sein Mast.

Als Nicolas an Deck stürzte und das Chaos aus Mastteilen, Segeln und Wanten sah, das neben dem Boot durchs Wasser schleifte, griff er sofort zum Winkelschleifer. In einer solchen Situation müssen Segler als Erstes die Wanten kappen, um zu verhindern, dass der im Seegang umherschlagende Mast den Rumpf beschädigt. Nach gut einer Stunde konnte Nicolas sein Rigg im Atlantik versenken. Von nun an war er zwar außer Gefahr, das Rennen aber gelaufen. Nicolas brach das Kontrollsiegel an seinem Propellerschaft, startete den Motor und nahm Kurs auf die Kapverdischen Inseln, die er in etwa drei Tagen erreichen wird.

Alle Segler, deren Boote bisher zu Schaden kamen, konnten nach einer Weile das Rennen fortsetzen, einschließlich des Japaners Kojiro Shiraishi, der vier Tage lang sein Großsegel an Deck ausgebreitet hatte, um den Riss zu flicken. Doch ohne Mast muss Nicolas nun aufgeben, als erster Teilnehmer. Über unsere WhatsApp-Gruppe schicken ihm die anderen Skipper solidarische Grüße. Hat Nicolas zu viel riskiert, vielleicht die Belastungsgrenzen für den Mast zu hoch eingestellt? Oder war es ein Ermüdungsbruch, eine unsichtbare Schwachstelle? Niemand von uns will spekulieren – aber ich vermute, ich bin nicht der Einzige, der im betörenden Rausch des Passats kurz in den Sicherheitsmodus umschaltet, um die Alarmsysteme noch einmal zu überprüfen.

Alex Thomson zügelt sein Schiff nicht. Er hat sich inzwischen wieder an die Spitze des Felds gesetzt und düst mit aller Kraft davon. Alex weiß, dass sein Vorsprung schnell dahin sein kann. Er wird als Erster in den berüchtigten Kalmengürtel eindringen. Das tückischste Hindernis, das uns das Wetter während der ganzen Reise in den Weg legt. »Im Moment sieht alles harmlos aus«, sagt Alex. »Aber wir wissen alle, was dort passiert. Erst verlocken sie dich – und dann sitzt du in der Falle. Ich lasse mich nicht täuschen. Ich rechne mit dem Schlimmsten, alles darunter ist ein Bonus.«

Die Meteorologen nennen den Kalmengürtel auch die Innertropische Konvergenzzone. Die Passatwinde aus dem Norden wie aus dem Süden strömen hier schräg zusammen, in einer Tiefdruckrinne, die sich entlang des Äquators fast lückenlos um den Erdball zieht. Die Franzosen haben eine andere Bezeichnung für die Rinne, sie nennen sie den »pot au noir«, Topf voll Pech, oder besser: das schwarze Loch. Der Name passt.

Manchmal ist die Rinne nur zwanzig Seemeilen breit, manchmal mehrere Hundert. Noch unberechenbarer ist, was in dem schwarzen Loch passiert. Ein kräftiger Wind erstirbt wie auf Knopfdruck. Oder dreht sich um 180 Grad. Tropische Wolkenbrüche und brütende Hitze folgen dicht aufeinander. Ein Schiff hängt reglos in der Flaute, während hundert Meter entfernt der Gegner mit einer Privatböe davoneilt, die wie aus dem Nichts vom Himmel fällt. Selbst erfahrene Seeleute gestehen ein, dass es ihnen schwerfällt zu verstehen, was hier im Austausch zwischen Himmel und Meer abläuft. Vendée-Segler fürchten den Kalmengürtel, vor allem, wenn sie vorne liegen; ein bravourös erkämpfter Vorsprung kann sich im schwarzen Loch schnell verflüchtigen.

Wollten sie wissen, wie das Wetter wird, schauten Segler früher auf die Wolken, das Meer und das Barometer. Heute schauen wir auf den Monitor. Wir erhalten mehrfach täglich aktualisierte Wetterprognosen für jede Region der Ozeane. Auf Satellitenfotos können wir Wolken von oben präzise betrachten, ihre Ausmaße

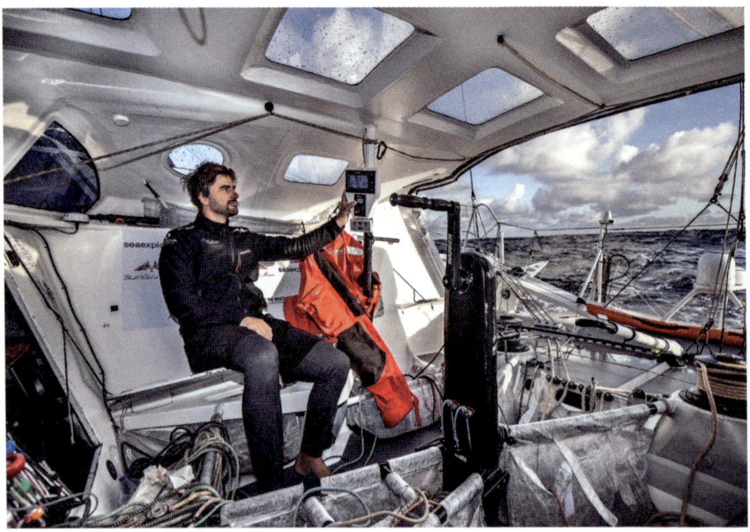

Kommandostand mit Ausblick: das Cockpit mit Coffee-Grinder in der Mitte

und was in ihnen vorgeht. Andere Satelliten nutzen die sogenannte Scatterometrie und tasten mithilfe elektromagnetischer Strahlen die Meereswellen ab: Zentimetergenau messen sie die vom Wind ins Wasser getriebenen Unebenheiten und berechnen daraus Stärke und Richtung des örtlichen Windes. Die 13 Segler, die 1989 zur ersten Vendée Globe starteten, wären fassungslos gewesen, hätten sie erfahren, welche Wetterdaten ihren Nachfolgern heute zur Verfügung stehen.

Doch obwohl die großen Wetterdienste einige der leistungsstärksten Rechner der Welt nutzen, können sie nur für ein paar Tage präzise vorhersagen, wann es regnet oder die Sonne scheint und woher der Wind weht. Ein alltägliches, jedermann vertrautes Phänomen der Natur entzieht sich der Berechenbarkeit, lässt sich auch von Computersimulationen mit Billionen an Daten nicht entzaubern. Man kann das ärgerlich oder beruhigend finden. Das Resultat ist das gleiche: Irgendwann blickt der Segler doch wieder zum Himmel.

Wolken sind Wetterboten. Sie kündigen an, was auf uns zukommt, präzise und meistens zuverlässig. Die Botschaften versteht allerdings nur, wer all die unterschiedlichen Gebilde aus Wasser und Eis kennt, die sich da auf drei Wolken-Stockwerken zusammenziehen, wenige Hundert Meter über dem Meer bis in 16 Kilometer Höhe. An Land haben wir uns daran gewöhnt, sie bestenfalls als Hinweis zu nutzen, ob der Tag sonnig bleibt oder wir besser einen Regenschirm mitnehmen. Im Leben der meisten von uns spielt das Wetter keine große Rolle. Auf dem Meer hingegen bestimmt das Wetter fast alles, unser Vorankommen, unsere Manöver, unsere Stimmung. Auch erfahrene Segler werden vom Wetter auf hoher See immer wieder überrascht, es bleibt launisch, unberechenbar. Doch wer zumindest ahnen möchte, was da möglicherweise auf ihn zukommt, der sollte Wolken lesen können.

Er wird sich dann nicht täuschen lassen von der Schönheit der Cirruswolken, den federleichten, hoch oben schwebenden Wolken, die nur aus Eiskristallen bestehen und die sich wie Schleier aus zarten, verwehten Fäden über den Himmel ziehen. Cirruswolken kündigen häufig eine nahende Tiefdruckzone an. In den nächsten Stunden wird sich dann im mittleren der drei Wolken-Stockwerke, in zwei bis sieben Kilometern Höhe, der Altostratus entwickeln. Eine Schicht aus Wassertröpfchen und Eiskristallen, die allmählich die Sonne verschleiert. Jetzt ist es Zeit, sich wasserfest anzuziehen und gegebenenfalls die Segelfläche zu verringern.

Die Schicht wird dunkler und massiger und senkt sich als geschlossene Wolkendecke immer tiefer, manchmal bis auf 200 Meter über dem Meer. Das ist die Warmfront des herannahenden Tiefdruckgebiets. Der Wind frischt auf, mitunter bis auf Sturmstärke. Oft regnet es, langsam baut sich die See auf. Jetzt haben wir die Chance, Strecke zu machen: Auf der Vorderseite des Tiefs ist der Wind schon stark, aber das Meer noch flach; beste Bedingungen, um mit unseren Foils abzuheben und davonzujagen.

Sind wir so schnell wie das Tief, können wir uns tagelang von ihm über den Ozean treiben lassen. Dann »reiten wir das Tief«. Lassen wir uns aber von dem Tief überholen, beginnt ein Wechselspiel zwischen schweren, böigen Regenschauern und friedlichen Phasen blauen Himmels. Dieses typische Rückseitenwetter ist anstrengend, es raubt uns die Kraft, weil wir ständig an den Segeln arbeiten müssen, die hohe, aufgewühlte See quält unsere Schiffe – und ärgerlich langsam segeln wir dabei auch noch.

Es gibt zahlreiche solcher Wettermuster und noch mehr Varianten davon, beeinflusst von Temperatur, Luftdruck, Großwetterlage und anderen Faktoren. Welches Muster sich gerade entwickelt, verraten die Wolken. Segler nutzen sie aber nicht nur als Kuriere des Wetters: Wie Ventilatoren am Himmel produzieren Wolken ihre eigenen Windfelder, vor allem die tief hängenden, massigen, beulenartig aufquellenden Cumulusvarianten. Fällt Regen aus solch einer Wolke, kann der Segler an ihrer Vorderseite mit kräftigem Wind rechnen; fällt kein Regen, bläst es nur an ihrer Rückseite kräftig. Direkt unterhalb der Wolke, ob mit oder ohne Regen, weht oft nur eine schwache Brise. Schon ein nur wenige Hundert Meter breiter Cumulushaufen kann nach diesem Muster große Luftmassen ansaugen oder ausstoßen, also Wind entfachen. Gerade in dem vor uns liegenden Kalmengürtel, der durchsetzt ist mit Flautenzonen, müssen wir alles tun, um anhand solcher Wolken die schmalen Windkorridore zu erkennen und zu nutzen, wie Furten durch einen tückischen Sumpf.

Der Kalmengürtel ist der Maschinenraum des globalen Klimas. In der Äquatorregion treffen die Sonnenstrahlen senkrecht auf die Erdoberfläche, sodass sie Luft und Wasser dort stärker erwärmen als an den Polen. Das Temperaturgefälle setzt einen globalen Kreislauf in Gang: Die am Äquator erwärmten Luftmassen steigen auf und strömen in großer Höhe in Richtung der kälteren Polregionen. Der dabei entstehende Unterdruck am Boden, die Tiefdruckrinne des Kalmengürtels, saugt Luftmassen von Norden und Süden an, die Passatwinde setzen ein. Von beiden Seiten wehen sie in schrägem Winkel auf den Äquator zu, als Nordostpassat und als Südostpassat. Ein ähnlicher Austausch findet im Meer statt, etwa mit dem warmen, nach Norden strömenden Golfstrom und dem kühleren Kanarenstrom, der vor Westafrika Richtung Äquator fließt.

Die tatsächlichen Abläufe am Himmel über dem Äquator sind ungleich komplizierter, oft von lokalen Wetterereignissen beeinflusst. Die Prozesse sind einfach nicht vorhersehbar – und so erleben Segler den Kalmengürtel als ein einziges Chaos zwischen Flaute, Sturmböen und Regenschauern. Das unablässige Verquirlen der Luftmassen lässt alle Varianten großer und kleiner Wolkenformationen am Himmel blühen. Auch die gefahrenreichste und zugleich majestätischste aller Wolken schwebt hier über dem Meer: der Cumulonimbus. Wie alle Cumuluswolken erinnert der Nimbus in seiner Form an einen gigantischen, strahlend weißen Blumenkohl. Die Konturen sind klar und scharf, die kompakte Masse aus winzigsten Wassertropfen lässt keinen Sonnenstrahl hindurch. Die vielfach gebrochenen

Außenseiten streuen das Licht in alle Richtungen und verleihen den Cumuluswolken ihr flauschiges Aussehen. In ihrem Inneren kämpfen warme und kühle Luftmassen miteinander, sie wölben ständig neue Berge nach außen, reißen dunkle Schluchten auf. Cumuluswolken sind der Seegang des Himmels.

Das Besondere am Cumulonimbus ist seine schiere Größe. Als einzige Formation erstreckt sich dieses gewaltige Gebilde über alle drei Wolken-Stockwerke. Die dunkle Unterseite hängt ein paar Hundert Meter über dem Meer, der ambossförmige Gipfel ragt hinauf bis in 14 Kilometer Höhe. Warme, feuchte Luftmassen steigen rasch durch das Massiv bis in Höhen auf, in denen die Temperatur unterhalb von minus zehn Grad Celsius liegt. Dort entstehen dann die ersten Blitze, ein Gewitter reift heran. Fluten von Kaltluft stürzen durch die hintere Hälfte des Nimbus, sie reißen die Wolke auf, mehrere Millionen Tonnen Wasser fallen herab. Zugleich rollt eine Böenwalze über das Meer, mit Windstößen bis zu Orkanstärke. Die Windrichtung wechselt dabei sprunghaft, die von oben herabprallenden Böen zerwühlen das Meer und verwandeln es in ein schäumendes Gequirle. Niemand möchte unterhalb einer solchen Wolke segeln. Doch wer im Atlantik oder Pazifik die Hemisphäre wechseln will, der muss damit rechnen, dass ihn unweit des Äquators diese größte aller Wolken heimsucht.

Als ich den Kalmengürtel erreiche, suche ich daher regelmäßig den Horizont ab. Solche Monster sind schon aus hundert Seemeilen Entfernung zu erkennen. Auf Satellitenbildern studiere ich die Formen der umliegenden Wolken, auch der kleinen, mustere ihre Wirbel und ausgefransten Rückseiten. Infrarot- und Radaraufnahmen zeigen mir auch nachts, welche Wolken auf meinem Weg liegen. Zudem geben sie mir Hinweise auf ihr Innenleben; ob sie Regen und Sturmböen mitbringen oder moderate Winde. Oder ob sie sich wie eine Flautenglocke über mich stülpen werden, falls ich nicht ausweiche. Bloß das nicht! Mir ist alles lieber, als plötzlich in der Windstille stecken zu bleiben. Und erleben zu müssen, wie die anderen sich von hinten nähern und fröhlich rechts und links an mir vorbeifahren; das ist der pure Psychoterror. Den Wolken mit Gewittertendenzen, erkennbar auf den Infrarotbildern, möchte ich allerdings auch aus dem Weg gehen. Wo genau am Rand dieser Gebilde die Böenwalze vom Himmel fällt, das ist allerdings – wie ein Meteorologe der Vendée Globe formuliert hat – so schwer vorhersehbar wie die Stelle, an der sich ein Topfdeckel zuerst hebt, um den Wasserdampf entweichen zu lassen.

Bisher meinen es die Kalmen vergleichsweise gut mit uns. Keines der Wettermodelle kündigt große Flautenfelder an oder einen tückischen Cumulonimbus. Wie die Segler in meiner Nähe kann ich einen recht geradlinigen Kurs steuern, quer durch die gut 300 Seemeilen breiten Kalmen. Wenn nichts Unvorhergesehenes passiert, werden wir sie übermorgen hinter uns gebracht haben.

Tropische Kapriolen

Die Tage sind mittlerweile deutlich länger geworden, die Nächte kürzer. Willkommen in den Tropen! Bei Temperaturen über dreißig Grad sitze ich in Shorts im Cockpit, in der schwülen Hitze unter Deck ist es kaum auszuhalten. Heute Morgen habe ich auf dem Vorschiff eine Dusche genommen, eine nette Abwechslung, aber mit dem 28 Grad warmen Meerwasser keine Erfrischung. Nachts liege ich schweißnass in der Koje. Eigentlich sollte ich es genießen, denn schon in zehn Tagen werde ich mich unter Deck nicht mehr wie in einem Ofen fühlen, sondern wie in einem Kühlschrank.

Regelmäßig klatschen fliegende Fische an Deck, wie üblich in tropischen Breiten. Andere prallen ins Großsegel, rutschen hinab in eine Art Segeltasche am Großbaum und fangen schnell an zu stinken. Mehrmals am Tag pule ich die Fische dort heraus. Sonstige Meerestiere sehe ich nicht, auch keine Delfine. Dafür pflügt das Schiff ständig durch große Felder von Braunalgen, auch Seegras genannt. Ich quere die Kalmen bereits zum elften Mal, vor allem in den letzten Jahren sehe ich hier jedes Mal mehr Seegras. Wissenschaftler vermuten, dass unter anderem Nährstoffe, die von Flüssen in immer größeren Mengen ins Meer geschwemmt werden, die Algenblüte explodieren lassen. Der bisher längste Seegrasgürtel reichte 2018 von Mittelamerika bis Westafrika.

Die Matten sind nicht dick, sie bremsen meine Fahrt kaum, das Gras schlingt sich allerdings um die Propeller meiner Hydrogeneratoren am Heck des Schiffs. Strom durch Wasserkraft funktioniert nicht mehr. Ich klappe die beiden Generatoren hoch und schalte um auf Strom durch Sonnenkraft. Die aufgeklebten Solarpaneele an Deck sind groß genug, um tagsüber den Bordbedarf zu decken.

Über die wachsenden Seegrasfelder habe ich vor einigen Tagen auch mit einer Schulklasse gesprochen, bei einer Videokonferenz. Vor allem in Deutschland und Frankreich nutzen Lehrer die Unterrichtsmaterialien der »Malizia Ocean Challenge«, dem Bildungsprojekt unserer Kampagne. Manchmal spreche ich dann von Bord aus mit den Kindern über meine Erlebnisse hier draußen. Der Ozean als Ort meiner Abenteuer fasziniert sie – was der erste Schritt dafür ist, die Meere auch schützen zu wollen. Mit diesem Ansatz haben wir, unterstützt von Wissenschaftlern und Illustratoren, auch das umfangreiche Lehrprogramm für 9- bis 14-Jährige aufgebaut: Erst stellen wir unsere Rennyacht vor, dann den Ozean und seine Bedeutung für das Klima, schließlich alltägliche Möglichkeiten, etwas für den Klimaschutz zu tun. Der Dreisprung kommt an, inzwischen sind die Unterlagen in zehn Sprachen übersetzt worden.

Während der kleinen Videokonferenz erzählte ich auch von den Tücken des Kalmengürtels. Eine Schülerin fragte, was hier denn die größte Gefahr sei. »Einen Nervenzusammenbruch zu kriegen«, sagte ich spontan.

Zur Unberechenbarkeit der Kalmen gehören auch die plötzlichen Schauerböen. In der zweiten Nacht schreckt mich der Alarm des

Regenradars hoch. Seine Wellen haben eine prall gefüllte Wolke identifiziert, und als ich an Deck stürze, sehe ich es schon im Morgengrauen, ein dunkles, tief hängendes Ungetüm, das meinen Weg kreuzt. Erst setzen die Sturmböen ein, dann die Regenschauer, nach 15 Minuten ist alles vorüber. Fette Wolken und nichts dahinter. Ein paar Stunden später wiederholt die Natur das Schauspiel. Der Wind springt von drei auf sieben Windstärken, und das Schiff heizt los mit 26 Knoten Geschwindigkeit. Der Regen prasselt so heftig, dass die Wasseroberfläche punktiert aussieht und die Sicht nur hundert Meter weit reicht. Die Gischt fliegt, die Foils sirren, es kracht und scheppert, auf Mast und Stagen wächst sprunghaft der Druck und mehrere Alarme piepen los. Voller Bangen starre ich auf die Anzeigetafeln. Die stärksten Böen liegen bei dreißig Knoten, das lässt sich, solange es nicht länger als eine Viertelstunde stürmt, mit den großen Segeln noch abreiten.

Doch ich habe hier auch schon Böenwalzen mit 45 Knoten erlebt. Sollte ich zur Sicherheit das Großsegel reffen und ein kleineres Vorsegel setzen? Das Manöver würde mich mindestens eine Stunde bei verlangsamter Fahrt kosten, also allerhand Seemeilen. Und bin ich dann schließlich mit kleiner Garderobe unterwegs, rollt garantiert für den Rest des Tages keine Böenwalze mehr an, und ich fahre unterpowert der Spitzengruppe hinterher. Ich grübele und hadere und checke ständig die Satellitenbilder und den Himmel. Das Abwägen zwischen Sicherheit und Schnelligkeit hält mich stundenlang in Anspannung. Ich glaube, das Dilemma wird zum Kammerton meiner Reise.

Der Himmel hat sich mittlerweile komplett zugezogen, die Wolkendecke und das Meer verschwimmen zu einem stumpfen Grau. Der Wind hat nachgelassen, das Schiff holpert mit neun Knoten durch die Wellen, und ohne das Jaulen der Foils höre ich nun, wie der Nieselregen aufs Deck pladdert. Die Luft kühlt angenehm ab, auch unter Deck, und ich entscheide, mir erst einmal ein gutes Essen zu gönnen: ein gefriergetrocknetes französisches Kalbsragout. Danach lege ich mich in die Koje und höre Sprachnachrichten ab. Den Stimmen meiner Freunde zu lauschen, hat eine beruhigende Wirkung auf mich hier draußen, an manchen Tagen verbringe ich gut zwei Stunden damit, ihnen zuzuhören und zu antworten.

Heute ist eine besondere Überraschung dabei, von Svante Thunberg. Seit unserer gemeinsamen Atlantiküberquerung haben wir regelmäßig Kontakt. Svante ist ein kluger, humorvoller, uneitler Mann. Wie Greta war er nie zuvor auf einem Segelboot unterwegs gewesen – und nun hatten sich beide gleich für zwei Wochen auf meine komfortlose Rennmaschine gewagt. Sie wurden weder seekrank noch ungeduldig, stattdessen genossen sie die plötzliche Abgeschiedenheit. Vor allem hinter Greta Thunberg lag ein enorm turbulentes, anstrengendes Jahr. Wie sie treibt auch mich die Klimakrise um, und wir diskutierten viel über mögliche Lösungswege. Oft aber saß sie einfach nur an Deck, blickte aufs Meer und schwieg.

Svante, der mir seit dem Start aufmunternde Kurznachrichten sendet, hat heute ein kurzes Video geschickt, einen Gruß des schwedischen Musikers Nils Landgren. Ausgerechnet Landgren: Das ist »Mr. Red Horn«, der Mann mit der roten Posaune, einer der erfolgreichsten Jazzmusiker Europas! Seine Musik begleitete mich schon 2008 bei meiner ersten Regatta um die Welt, damals noch in einer Zweimann-Crew; ich mag Jazz. Und nun steht eines meiner Idole im Vorgarten seines Holzhauses in Schweden, mit schwarzem Hut und roter Posaune, und sagt in gebrochenem Deutsch: »Greta und Svante haben mir verraten, dass du ein Fan von mir bist. Ich wünsche alles Gute auf deiner einsamen Segelei. Ich hoffe, dass du gewinnst und gesund und munter ins Ziel kommst. In der Zwischenzeit genieß die Musik.« Und dann hebt Nils Lindgren seine Posaune und bläst los. Ich liege in meiner Koje und bin gerührt.

Draußen reißt der Himmel auf, plötzlich, wie alles, was im Kalmengürtel geschieht. Ein fetter, warmer Lichtstrahl der Abendsonne fällt durch ein Seitenfenster herein und wandert durch die Kabine. Ich beobachte, wie die Staubpartikel in dem Strahl tanzen. Oder tanzt das im Seegang bockende Schiff um die Staubpartikel? Ich bin mir nicht ganz sicher, merke aber, dass es angenehm ablenkt, sich in solchen Überlegungen zu verlieren und eine Weile nicht auf das Steuerpult mit den Anzeigetafeln zu starren. Ich lege mich auf den Rücken und schaue an die Decke direkt über der Koje, auf schmale Zettel. Ich hatte Freunde gebeten, mir kurze, stärkende Leitsprüche für die Reise zu schicken. Zehn davon habe ich ausgewählt und ausgedruckt und am Tag vor dem Start über beide Kojen geklebt:

Jetzt! Heute! Ein Tag nach dem anderen!
Bleib an Bord. Hake den Lifebelt ein!
Schenk den anderen keine Meile!
Teile das Abenteuer!
Ankommen ist wichtig, der Platz nicht!
Aufgeben ist keine Option.
Betone die Klimabotschaft!
Bring den Ozean zu den Schulkindern!
Du bist nicht allein. Deine beiden Mädchen denken an dich!
Lächle!

Hinter jedem Satz stehen Gespräche mit Birte, mit Freunden und Freundinnen, mit dem Team, was auf meiner Reise zählen sollte. Worum es wirklich geht. Und wie ich es schaffe, mich wieder gut zu fühlen, wenn ich mich schlecht fühle. Ich lese die Sätze oft durch. Meistens erinnere ich mich dann an eine der Debatten, eine Erinnerung, die mir dabei hilft, wieder von Land aus auf das zu schauen, was ich hier gerade erlebe. Und was für ein Privileg es ist, bei diesem irrsinnigen Abenteuer dabei zu sein. Die Sätze tun mir gut, sie bringen mich ins Nachdenken und Davonträumen. Und manchmal falle ich darüber in den Schlaf.

In dieser Nacht weckt mich mehrfach das Piepen des Regenradars. Gegen 4 Uhr morgens schrillt ein anderer Alarm los, ein hoher Dauerton: die Warnung vor einem festen Hindernis. Mitten im Atlantik? Ich springe aus der Koje, ziehe auf dem Bildschirm die Seekarte groß und sehe nahe meiner Position einen Kreis mit einem Punkt in der Mitte: die Sankt-Peter-und-Sankt-Pauls-Felsen.

Will Harris, mein Co-Skipper, hat rund um die Erde etwa dreißig solcher Gefahrenpunkte entlang meiner Route identifiziert und das Navigationsprogramm scharf gestellt: Der Alarm schrillt, sobald ich in den jeweiligen Sicherheitskreis dringe. Manche Punkte markieren Messtonnen, die Daten an meteorologische Stationen funken, etwa lokale Temperatur, Luftdruck, Windstärke, Wellenhöhe. Die stählernen Fässer schwimmen mitten im Ozean, verankert an drei, vier Kilometer langen Seilen. Sie sind auf kaum einer Seekarte verzeichnet. Andere Punkte symbolisieren Untiefen oder winzige Felsspitzen. Die Tonnen und Felsinseln sind allesamt mit Radarreflektoren ausgestattet – doch doppelt hält besser, weshalb Will die Kreise um die Hindernisse im Meer gezogen hat, wie akustische Bannmeilen.

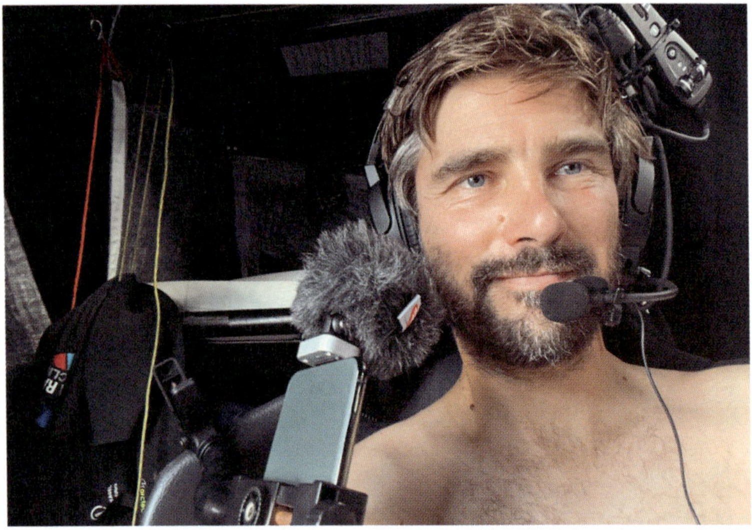

Tägliche Verbindung mit dem Festland, in den Tropen wie im Südmeer

Etwa dreißig Seemeilen entfernt ragen die Sankt-Peter-und-Sankt-Pauls-Felsen aus dem Atlantik. Fünf nackte Felsen, im Schnitt fünfzig mal fünfzig Meter groß. Alle liegen dicht nebeneinander, knapp tausend Kilometer von der brasilianischen Küste entfernt. Auf der mit 18 Meter höchsten Insel steht ein Leuchtturm, es gibt mehrere Satellitenschüsseln und eine Hütte als Unterschlupf für Forscher und Schiffbrüchige. Die Felsgruppe ist der unscheinbare Gipfel eines gewaltigen, gut 3000 Meter hohen Gebirgsmassivs, das sich am Meeresboden nahe des Sankt-Paul-Grabenbruchs erhebt. Die Plattentektonik drückt das Massiv jedes Jahr um 1,5 Millimeter in die Höhe. Die Spitzen des Gebirges, bewohnt nur von Seevögeln und Roten Klippenkrabben, wachsen langsam aus dem Atlantik.

Ich fahre in der Dunkelheit und mit weitem Abstand vorbei. Schade. Nach zehn Tagen auf See hätte ich gern ein Stück Land gesehen, und seien es auch nur kahle Felsbuckel im Wasser. Vielleicht habe ich Glück und sehe die Insel, die im nächsten Sicherheitskreis liegt: das Rocas-Atoll. Es ist das einzige Atoll im Südatlantik und seit 2001 UNESCO-Weltnaturerbe. Der schmale Korallenring mit drei Kilometern Durchmesser ist bevölkert von Spinnen, Krabben, Skorpionen und Sandflöhen. Klingt nicht sehr einladend. Aber die Luftaufnahme, die ich mir auf dem Rechner ansehe, zeigt ein Juwel der Natur: eine strahlend türkisfarbene Lagune, umschlossen von einem weißen Ring, das Ganze eingefasst in dunkelblauem Ozean. Ein Bild wie aus der Südsee. Wer hätte gedacht, dass solch ein Korallenatoll im Südatlantik zu finden ist? Die Vendée Globe führt uns nicht nur durch die Weltmeere, sie macht uns auch mit einigen der entlegensten Inseln bekannt.

Alex Thomson erreicht als Erster den Äquator. Er hat den Kalmengürtel, der zurzeit etwas nördlich des Äquators liegt, zügig durchqueren können und kreuzt die magische Trennlinie zwischen den beiden Hemisphären ziemlich genau zehn Tage nach dem Start. Vor vier Jahren, als keine Sturmtiefs wie Theta der Flotte im Weg lagen, war

Alex 17 Stunden schneller gewesen. Er brach damals den Streckenrekord, den Jean Le Cam jahrelang gehalten hatte.

Diesmal passiert Le Cam den Äquator als Vierter. Als er den Moment live mit seinem Handy überträgt, stellt er als Hintergrundbild ein Foto seines Lieblingscafés ein und hebt den Kaffeebecher: »Einen café noir auf den Äquator!« Und weiter geht's. Le Cam segelt seit mehr als vierzig Jahren Hochseeregatten, Äquatortaufen hat er abgehakt, die sind etwas für Anfänger und Romantiker.

Der Moment, in dem unsere Schiffe die Trennlinie überqueren, hat in der Tat nur symbolische Bedeutung. Die für Segler relevante Grenze zwischen der Nord- und Südhalbkugel markiert der Kalmengürtel. Eine Art meteorologischer Äquator. Als er hinter mir liegt, bin ich ziemlich erleichtert. Die Kalmen haben uns diesmal nicht übel mitgespielt – aber sie haben mich ausgelaugt, vor allem die plötzlichen Böenwalzen.

Vor zwanzig Jahren habe ich zum ersten Mal als Einhandsegler diese unberechenbare Zone durchquert. Damals war ich tatsächlich allein, ohne Handy, ohne Kontakt nach Hause, nur auf mich gestellt. In den Flautenlöchern habe ich viel mit mir selbst gesprochen; zwischendurch fürchtete ich schon, etwas wunderlich zu werden. Doch dann geschah das Gleiche, was auch diesmal passiert, als ich mich dem Rand der Kalmen nähere und die ersten Brisen des Südostpassats spüre: Die trüben Gedanken verschwinden, der Himmel klart auf, die Schwüle verweht, die Luft schmeckt frisch.

Nach zehn Tagen und knapp 18 Stunden überquere auch ich den Äquator. Keine Zeremonie, kein Jubelschrei, vielleicht bin ich dafür ein zu prosaischer Mensch, aber ein tiefes Gefühl der Zufriedenheit. Ich wollte am Äquator unter den Top Ten sein, nun liege ich an siebter Stelle. Im stabilen, kräftigen Südostpassat werden wir die brasilianische Küste entlangrauschen, wie im Nordostpassat mit hoher, gleichmäßiger Geschwindigkeit, vielleicht von Delfinen begleitet, wir werden warme Nächte haben und die Sterne des Südens am Himmel sehen. Wir werden das Segeln in den Tropen genießen – bis die Luft abkühlt und die Tage wieder kürzer werden und wir irgendwann unseren ersten Albatros über die Wellenberge gleiten sehen. Dort beginnt dann der »Southern Ocean«, wie er auf Englisch heißt, und noch etwas weiter südlich das Südpolarmeer.

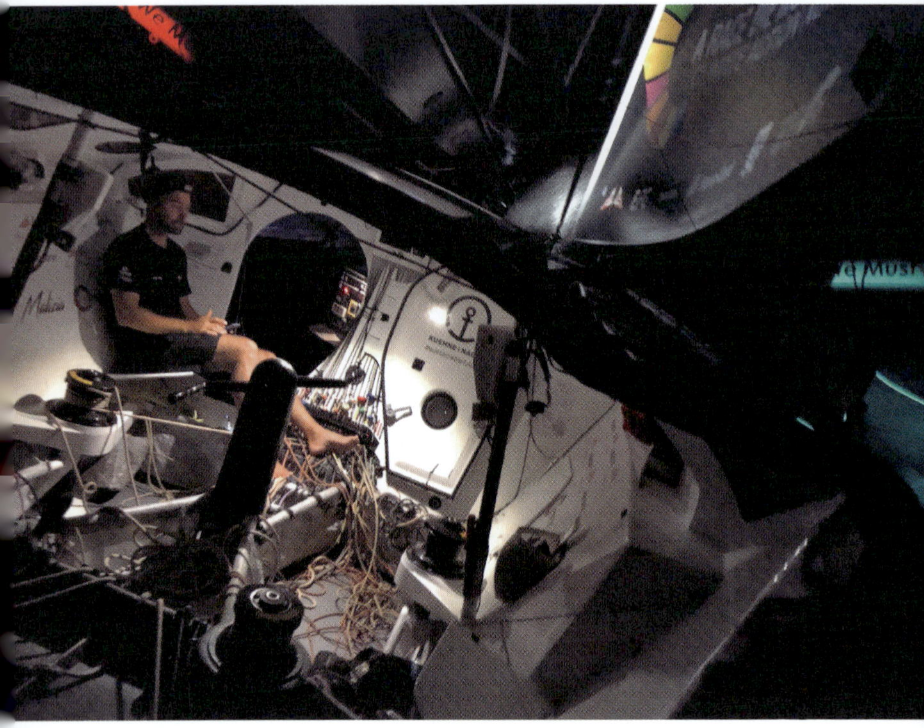

Nächtliche Fahrt im warmen Südostpassat entlang der brasilianischen Küste

5 Apollo 13

Heute passiere ich erneut eine dieser merkwürdigen Inseln entlang meiner Route, allerdings außerhalb meiner Sichtweite, ich entdecke sie nur auf der Seekarte. Sie heißt Ilha do Sul, liegt 1200 Kilometer vom Mutterland Brasilien entfernt – und ist damit der östlichste Punkt Südamerikas. Ich vermute, dass es bisher nur wenige Menschen geschafft haben, die Ilha do Sul zu betreten: Bei einem Durchmesser von gerade einmal 150 Metern erreicht das Eiland aus vulkanischem Gestein eine Höhe von 122 Metern. Steil und spitz ragt es aus dem Meer, eine Felsennadel mitten im Atlantik. Wie der Berg wohl unter Wasser aufsteigt?

Schon seit Tagen habe ich keine andere Yacht gesehen, selbst am Horizont nicht. Dennoch weiß ich ziemlich genau, wie sich die Flotte um mich herum verteilt. Die Rennleitung schickt uns alle drei Stunden die aktuellen Daten der Skipper. Wir erfahren ihre genaue Position, ihren Kurs, wie schnell sie segeln. Und wir bekommen das sogenannte Etmal genannt: die zurückgelegte Strecke und die Durchschnittsgeschwindigkeit einer Yacht in den letzten 24 Stunden. Ein wichtiger Leistungswert bei Langstreckenregatten.

Ich wusste, dass mein Schiff bei einem idealen Zusammenspiel von Wind und Wellen enorm schnell ist, wie gerade im Südostpassat. Der Zwischenstand von heute Vormittag hat mich trotzdem überrascht: Mein Etmal gehört zu den höchsten der ganzen Flotte. In den vergangenen 24 Stunden habe ich 465 Seemeilen zurückgelegt, gut 860 Kilometer. Damit habe ich quasi an einem Tag ganz Deutschland von Norden nach Süden durchquert, mit durchschnittlich 19,4 Knoten, gut 36 Stundenkilometern. Mein bester Schnitt seit dem Start.

Nach zwei Wochen auf See habe ich das Gefühl, im Rennen angekommen zu sein. Der Krach verstört mich nicht mehr, ich bewege mich sicher durch das springende, bockende Schiff, auch mein Schlafrhythmus pendelt sich ein, selbst wenn ich nie länger als eine Stunde am Stück schlafe. Auf anderen Schiffen hat es viel Bruch gegeben, bei uns keinen einzigen ernsthaften Schaden. Die *Seaexplorer* ist kein Lebewesen, trotzdem leide ich mit, wenn sie im Sturm durch die aufgewühlte See kracht, zügele oft das Tempo – und vielleicht belohnt sie meine Umsicht jetzt mit Verlässlichkeit. Wir sind ein Team. Ohne groß darüber nachzudenken, spreche ich in meinen Videos von Bord oft davon, was »uns« gerade passiert ist und wie »wir« uns auf das Südpolarmeer vorbereiten. Vor einigen Tagen habe ich meinem Schiff tatsächlich einen Kuss aufs Deck gegeben.

Und noch immer rauschen wir mit Full Speed durch den Südatlantik. Der Passat bläst konstant, die *Seaexplorer* ist optimal eingestellt, und ich hänge unter Deck in meinem Schalensitz und beobachte die Daten auf den Anzeigetafeln. Ich habe die Schale nach hinten geklappt und eingerastet und die Füße hochgelegt auf die Mittelkonsole. Eigentlich wie im Büro zum Feierabend: Man lehnt sich zurück im Stuhl, schwingt die Füße auf den Schreibtisch und schaut durchs Bürofenster nach draußen. Ich denke darüber nach, wie sehr sich diese Art zu segeln unterscheidet von dem Bild, das Menschen sich normalerweise von unserem Sport machen. Nein, ich stehe eben nicht am Ruder und steuere das Schiff und blicke gedankenverloren aufs Meer. Die meiste Zeit verbringe ich stattdessen unter Deck und überwache den Autopiloten und all die anderen Instrumente, ich analysiere die Wettermodelle und das Routing, tippe an meinem Rechner ständig neue Werte in die Steuerungssysteme des Schiffs. Ein Kontrolljob im Sitzen, unterbrochen von Work-outs im Cockpit: kurzen, körperlich anstrengenden Einsätzen für Manöver und Segelwechsel. Die wenigen Pausen nutze ich, um Listen kleiner Reparaturen abzuarbeiten, Videos zu drehen, Nachrichten zu verschicken, für Routinechecks durch den Rumpf zu kriechen, Essen zu machen, eine halbe Stunde Schlaf zu finden. Ich bin unentwegt beschäftigt, es gibt so gut wie keine Zeit für Muße.

Warum auch? Das ist die Vendée Globe. Die härteste Variante, unter Segeln die Erde zu umrunden. In manchen Momenten, etwa bei einem Sonnenuntergang oder in warmer, sternenklarer Nacht, spüre ich die Romantik des Fahrtensegelns. Aber das waren bisher nur: Momente.

Zur Realität der Vendée gehört auch, dass ich von der Welt um mich herum meist nur einen kleinen Ausschnitt sehe. Oben rauschen die Wassermassen über das Deck und prasseln in den offenen Heckbereich. Ich sitze geschützt in meiner Pilotenkanzel unter Deck und blicke durch die Einstiegsluke nach draußen ins Cockpit. Die gut drei Meter lange Schutzhaube über dem Cockpit steht hinten offen und gibt den Blick frei auf die schäumende Heckspur. Ich sehe das kobaltblaue Meer mit der weißen Linie bis zum Horizont, darüber einen hellblauen, mit kleinen Wölkchen betupften Passathimmel. Mein übliches Sichtfenster erfasst so vielleicht fünf Prozent des Horizonts; will ich mehr sehen, muss ich durch die kleinen Luken an der Decke schauen oder nach draußen treten in die fliegende Gischt. Mir reicht das Sichtfenster nach achtern, der Blick auf die wegzischende, zwischen den Wellenbergen pendelnde Schaumspur. Das Panorama der Geschwindigkeit. Die Dünung ist hoch und lang, mit kleinen Schaumkronen auf den Kämmen, und das Schiff, so flach wie ein riesiges Surfbrett, glitscht die Hänge mal schräg, mal geradewegs hinab, mancher Surf dauert mehr als hundert Meter. Ich glaube, dies hier ist, abgesehen vom Rudern, die einzige Sportart, bei der man ständig nach hinten blickt.

Der Passat bleibt stark und konstant. Wieder einmal bin ich froh über mein Team und die Akribie, mit der wir den ganzen Sommer über in der Biskaya getestet haben, auf welche Werte wir die neuen Foils, die einzelnen Segel, Kielwinkel und all die anderen Variablen einstellen müssen, um den maximalen Speed aus dem Boot zu holen. Mein Rekord-Etmal von gestern ist die Belohnung für den Aufwand. Auch wenn meine 465 Seemeilen noch weit entfernt sind vom weltbesten Etmal der Einhandsegler. Diesen Weltrekord hält Alex Thomson: Bei der Vendée Globe 2016 raste er 24 Stunden lang mit einer Durchschnittsgeschwindigkeit von 22,4 Knoten durch den Südatlantik, umgerechnet 42 km/h, sein Etmal betrug 537 Seemeilen. Derzeit liegt Alex weiterhin an der Spitze des Felds, etwa auf der Höhe von Rio de Janeiro, gemeinsam mit dem Franzosen Thomas Ruyant. Beide liefern sich einen erbitterten Zweikampf, bei konstant hoher Geschwindigkeit. Vielleicht bricht Alex seinen Rekord, noch bevor er das Südpolarmeer erreicht.

Doch dann, um 12.30 Uhr an diesem 14. Tag der Regatta, gibt die Rennleitung eine verstörende Erklärung heraus: Alex Thomson hat gestern Nacht einen Schaden im vorderen Teil seines Schiffs entdeckt. Mehrere tiefe Risse ziehen sich durch den mittleren Stringer, eine zentrale Stützleiste im Bugbereich. Alex hat Fotos der Risse an sein Team geschickt. Anschließend legte er sich schlafen, während in seiner Basis in England Bootsbauer und Schiffsdesigner die Nacht hindurch über einem Reparaturplan brüteten. Heute Morgen hat Alex die Fahrt auf vier Knoten gedrosselt, um mit der Arbeit zu beginnen. Der Technische Leiter seines Rennstalls erklärte: »Alex hat alle notwendigen Materialien an Bord, außerdem einen detaillierten Ablaufplan und ein Team von Weltklasse-Ingenieuren, das ihn berät. Wir haben deshalb volles Vertrauen in seine Fähigkeit, die Reparatur erfolgreich durchzuführen.«

Die Erklärung ist gestelzt, die Botschaft klar: Alex' Schiff ist ernsthaft beschädigt. Ich bin entgeistert. Der Abnutzungskrieg, von dem mein Freund vor dem Start in düsterer Vorahnung sprach, hat ihn nun selbst erwischt. Ausgerechnet Alex! Ich kenne niemanden, der dieses Rennen so detailversessen vorbereitet hat, so kompromisslos, so wissenschaftlich fundiert und zugleich so kühn und visionär im Design seines Schiffs. Vielleicht gab es die Schwachstellen im Bug schon vor dem Start, vielleicht hat er dem Schiff auch zu viel zugemutet in den letzten zwei Wochen; ich weiß es nicht, und es ist letztlich auch egal, ich hoffe einfach aus tiefstem Herzen, dass ihm die Reparatur gelingt und er rasch ins Rennen zurückkehrt. Ich schicke ihm eine Nachricht per WhatsApp: »Gib nie auf! Das Rennen ist lang, wir haben erst zwanzig Prozent hinter uns. Dein Boot wird im Süden zeigen, was in ihm steckt. Zeig's uns! Denk noch nicht mal daran zu zweifeln!«

Alex antwortet sofort: »Mir geht's gut, mein Freund. Hab nur eine ziemlich fette Reparatur vor mir.«

Alex' Herzschlag ist auf seiner Webseite nicht mehr zu verfolgen, die Teamleitung hat die Übertragung seiner Leistungsdaten gestoppt, einschließlich der kumulierten Stressrate. Es gibt auch keine Bilder mehr von Bord, keine Videos. Mich irritiert die Entscheidung seines Rennstalls. Es ist doch ein Zeichen von Stärke, auch in schwierigen Zeiten transparent zu bleiben, offen zu zeigen, dass man Probleme hat und wie man mit ihnen fertig zu werden versucht.

Einen Tag später meldet sich Alex dann doch zurück, mit einem Video auf seinem YouTube-Kanal. Er sitzt im Bauch des Schiffs und zeigt auf eine kleine Öffnung in einem Querschott: »Hi everybody. Ich werde dort reinkriechen und euch zeigen, was ich entdeckt habe.« Alex zwängt sich durch die Luke in die vorderste Schiffssektion, in eine enge, dunkle, fensterlose Höhle. Im Schein seiner Stirnlampe sind zentimeterdicke Quer- und Längsstreben aus schwarzem Karbon sichtbar – und weiße Striche, mit denen er die Risse markiert hat. Der zentrale Stringer ist mehrfach gebrochen. »Es ist unfassbar heiß und schwül hier unten«, sagt Alex, der gebückt in der Höhle steht. »Aber ich werde es hinbekommen. Ich habe genug Karbonplatten mit. Und zum Glück befinden wir uns noch nicht im Seegang des Polarmeers. Also, Leute, seid nicht betrübt. Solche Sachen gehören zur Vendée Globe. Und man muss zeigen, dass man damit umgehen kann. Ich werde den Job erledigen – und euch auf dem Laufenden halten.«

Für das, was jetzt vor ihm liegt, gibt es in der Vendée-Globe-Szene einen treffenden Begriff: Es ist ein »Apollo-13-Job«. Die Analogie passt gleich mehrfach. Wie Raumschiffe kurven unsere Yachten durch endlose Weiten, wir sind völlig auf uns allein gestellt, weit entfernt vom sicheren Boden. Einzig per Funk halten wir eine Verbindung nach Hause aufrecht. Geht etwas kaputt, können wir es nur mit Bordmitteln reparieren. Will das Basisteam uns dabei helfen, spielt es rasch mehrere Varianten der Reparatur durch, nutzt dafür lediglich Mittel, die wir an Bord haben, und schickt uns danach den Plan für die aussichtsreichste Variante.

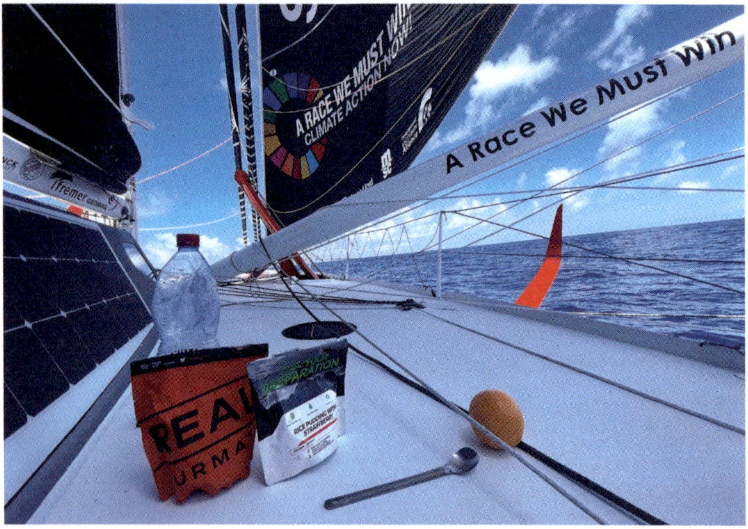

Noch ist es tropisch warm, und ich nutze die Chance für ein Essen an Deck.

Der Raumflug von Apollo 13 vor einem halben Jahrhundert ist zum berühmtesten Beispiel für diese Vorgehensweise geworden. Nach der Explosion eines Sauerstofftanks mussten die drei Astronauten in die angedockte Mondlandefähre wechseln, um zu überleben. Doch die CO_2-Filter in der Fähre passten nicht, die Männer hätten sich nach kurzer Zeit mit ihrem ausgeatmeten Kohlendioxid gegenseitig vergiftet. Ein Team der Bodenstation in Houston bastelte fieberhaft eine improvisierte Maske für den Filter: aus Schläuchen, Klebebändern, abgerissenen Buchdeckeln und einer Socke – ausschließlich Materialien, die sich in der Raumkapsel befanden. Als die Maske funktionierte, schickte Houston die Bauanleitung ins All. Gut drei Tage später landeten die Männer sicher auf der Erde. Der damalige Flugdirektor nannte die Rettungsaktion »die größte Stunde der NASA«.

Gerät in unserer Flotte jemand in Not, aktivieren Basisteam und Rennleitung sofort jede denkbare Hilfe. Droht keine Lebensgefahr, wird die Sache etwas komplizierter. Denn die Grundregel der Vendée Globe lautet ja: Du segelst allein, nonstop und ohne Hilfe von außen um die Erde. Die beiden ersten Voraussetzungen sind eindeutig, die dritte ist es nicht. Ab wann beginnt »Hilfe«? Bereits dann, wenn ein völlig übermüdeter, demoralisierter Segler lange mit der Ehefrau telefoniert, um seine Stärke zurückzugewinnen? Oder erst, wenn er präzise Tipps für Taktik und Routing erhält? Und wie weit darf die Unterstützung des Basisteams bei einem Apollo-13-Job gehen?

Die Gralshüter der Vendée Globe wollen, dass der Sieg jenen gebührt, die allein am besten zurechtkommen, auch unter schwierigsten Bedingungen. Das klingt erbarmungslos und ist es auch; aber das macht dieses Rennen nun mal aus. In den Wettfahrtregeln listet die Rennleitung genau auf, was den Seglern und ihren Teams verboten ist:

- *physische Hilfe außer in Notfällen*
- *Unterstützung des Skippers bei Wetteranalyse und taktischen Entscheidungen*
- *alle Hinweise, die generell die Leistung des Bootes verbessern könnten*
- *Webseiten zu besuchen, die nicht für jedermann zugänglich sind. Der Skipper darf seinen Browserverlauf erst vier Tage nach Zieldurchgang löschen.*
- *remote control, also eine weitgehende Fernsteuerung des Schiffs durch Menschen an Land oder eine Software an Bord.*

Auch beim Regelwerk für eine Reparatur im Apollo-13-Modus ziehen die Veranstalter eine klare Grenze zwischen erlaubt und verboten. Die Liste an Regeln ist lang, kein Graubereich soll übrig bleiben. Erlaubt ist jede Information, die es dem Skipper ermöglicht, »allein und mit Bordmitteln ein technisches Problem zu lösen«. Unzulässig hingegen wäre es etwa, dem Skipper Hinweise zu geben, wie er während der Reparatur das Boot am besten manövrieren sollte, um weniger Seemeilen zu verlieren. Oder ihm zu raten, wann genau er mit der Arbeit beginnen sollte. Weil hinter der empfohlenen Uhrzeit auch eine taktische Überlegung stecken könnte, mit Blick auf das Wetter und die Positionen der anderen. Um all das auch kontrollieren zu können, muss die Rennleitung einbezogen werden, wenn die Kommunikation zwischen Land und Schiff etwa über eine Chatgruppe läuft.

~

Als wir die Passatregion verlassen und uns der Flautenzone des St.-Helena-Hochs nähern, lässt der Wind nach. Alex ist auf Platz sechs zurückgefallen und liegt etwa auf meiner Höhe, gut fünfzig Seemeilen entfernt. Ich sehe ihn nicht, aber Alex hat Aufnahmen seiner Mastkamera geschickt. Sie zeigen eine schwimmende Werkbank: Bei Sonne, wenig Wind und glatter, flacher See sägt Alex auf seinem Vorschiff mit einem Winkelschleifer die Karbonplatten zurecht. Zum Glück hat er genügend Platten für eine Reparatur dieser Größe mitgenommen. Der Plan, den das Notfallteam ihm geschickt hat, enthält 3-D-Illustrationen, die millimetergenau zeigen, wie groß die Ausschnitte und Winkelprofile sein müssen, mit denen Alex die gebrochen Träger verstärken wird. Stundenlang sägt und schleift er, zwischendurch klettert er hinab ins Vorschiff, um Maß zu nehmen. Auch nachts arbeitet er. Die Infrarotaufnahmen zeigen eine helle Gestalt, die an Deck kniet, der Winkelschleifer kreischt, der Sägestaub steigt als weißes Wölkchen in die Nacht.

Die Bootsbauer an Land dirigieren Alex. In ihrer Reparaturanleitung haben sie aufgelistet, in welchen Kisten er welche Werkzeuge findet, wo die 50-mm-Schrauben liegen, wie körnig das Schleifpapier sein muss. Und sie erklären ihm, Schritt für Schritt, jeden einzelnen Handgriff. Zum Gegencheck schickt Alex ihnen regelmäßig Videos seiner Arbeit. Die Karbonplatten reichen nur für einen einzigen Versuch. Und das Ergebnis muss so stabil sein, dass die Ingenieure Alex und sein Schiff guten Gewissens den Gewalten des Südpolarmeers aussetzen können.

Am schlimmsten ist das Schleifen unter Deck. Die beschädigten Träger müssen gründlich angeschliffen werden, für das Epoxidharz, das später die Träger mit den Verstärkungen verkleben wird. Die Tropensonne hat das schwarze Schiff aufgeheizt, die Luft im Rumpf ist stickig, enorm schwül und selbst nachts noch 35 Grad heiß. Alex kauert im Overall am Boden des engen, stockdunklen Vorschiffs, verkeilt zwischen den Stützstreben, und schleift mit der Hand. Im Strahl seiner Stirnlampe wirbeln mikrofeine Kohlefasern durch die Luft. Es gibt keine Deckluke, durch die der Staub entweichen könnte. Nach dem Anschleifen reinigt er die Platten gründlich mit scharf riechendem Aceton. Fast die gesamte zweite Nacht hindurch schleift Alex in seiner Höhle, immer wieder klettert er zwischendurch an Deck und ringt nach Luft. Die Hitze, die Enge, der Gestank – es muss grauenhaft sein.

Immerhin sieht es so aus, als könnte die Operation gelingen. Sollte in meinem Schiff ein Schaden von diesem Ausmaß auftreten, hätte ich ein Problem: Kaum jemand hat so viele Karbonplatten für eine Reparatur mitgenommen wie Alex, auch ich nicht. Vielleicht müsste ich meine Eingangsluken oder die Wände eines Ballast-Tanks zersägen, um ausreichend Material zum Flicken zu erhalten.

Am nächsten Morgen steht Alex erschöpft, aber einigermaßen zufrieden an Deck und erklärt seinen Anhängern in einem Video, dass sein Schiff ziemlich zugemüllt sei, überall lägen Werkzeuge und Papiertücher herum, alles sei voller Staub. Doch die Vorarbeiten hätten geklappt, nun müsse er nur noch die Verstärkungen laminieren. Das wolle er in der nächsten Nacht tun, tagsüber halte er es in der Glut da unten nicht aus. »Wahrscheinlich denkt ihr, ich wüsste genau, was ich tue«, sagt er grinsend. »Glaubt mir, ich habe nicht die geringste Ahnung! Aber ich stehe hier unter der meisterhaften Führung von Pete, unserem Chefdesigner. Er und seine Ingenieure sind absolut zuversichtlich, dass ich auf einem sicheren Schiff ins Südpolarmeer fahren werde.«

Der Wind hat sich mittlerweile fast völlig gelegt, der Atlantik glitzert glatt in der Sonne. Alex profitiert von der seichten Brise: Die anderen fahren ihm nicht allzu weit davon, und seine Werkbank wiegt sich nur sanft in der Dünung. Ich mag diese lauen Bedingungen nicht, mir liegt das kraftvolle Surfen der letzten Tage mehr. Doch der Rausch im Passat hat geendet – und damit auch der taktisch eher anspruchslose Zwischensprint. Nun geraten wir in eine komplexe Wetterlage, die uns zu einer Entscheidung zwingt. Links voraus erstreckt sich das St.-Helena-Hoch, das Gegenstück des Azorenhochs. Die riesige Flautenzone liegt stabil im Süden des Atlantiks. Um den Windsumpf zu vermeiden, haben wir nicht direkt Kurs auf Kapstadt genommen, sondern segeln in weitem Bogen westlich vorbei, entlang der brasilianischen Küste.

Allerdings hat sich das Hoch inzwischen weiter nach Osten ausgedehnt und geteilt: der typische St.-Helena-Split. Zwischen den beiden Hälften liegt ein schmaler, gut 800 Seemeilen langer Korridor mit kräftiger Brise. Die neuen Spitzenreiter Thomas Ruyant und Charlie Dalin, die sich weit vom Feld abgesetzt haben, sind bereits bis zur Mitte des Korridors vorgedrungen. Es ist der aktuell kürzeste und schnellste Weg nach Süden.

Die Wettermodelle lassen jedoch vermuten, dass sich das geteilte Hoch in den nächsten Tagen wieder zusammenfügt. Dann würde dem Korridor dazwischen der Wind ausgehen und die Falle zuschnappen. Die Spitzenreiter und ihre direkten Verfolger würden in einem riesigen Flautenloch feststecken. Für mich und die umliegenden

Segler, die sich noch am Beginn des Korridors befinden, könnte es daher sinnvoll sein, jetzt den Blinker nach rechts zu setzen und in einem zweiten Bogen das Hoch vor uns zu umfahren. Der Weg wäre deutlich länger, aber dennoch schneller – falls bei den anderen die Flautenfalle tatsächlich zuschnappt. Falls nicht, werden sie uns geradewegs davonfahren.

Ich muss wieder einmal eine Entscheidung unter ungewissen Rahmenbedingungen treffen, mich auf eine merkwürdige Mischung aus harten Daten und meinem Bauchgefühl verlassen. Ähnlich wie Händler am Finanzmarkt. Zu Hause würde ich jetzt auf und ab gehen und ein paar Leute anrufen. Rücksprachen helfen beim Abwägen. Doch hier ist das verboten. Ich darf meinem Team zwar mitteilen, was mir beim Routing durch den Kopf geht, aber niemand darf es kommentieren. Ich bin bestimmt kein übertrieben konsensorientierter Mensch, ich mache gern mein eigenes Ding. Ratschläge von anderen helfen mir allerdings, mich zu orientieren, auch beim Entschluss, sie alle zu ignorieren. Es überrascht mich, wie sehr mir solche Gegenchecks hier draußen fehlen. Was ist gerade das beste Vorsegel, welchen Kurs soll ich wählen – über großen und auch kleinen Fragen kann ich quälend lange brüten. Treffe ich dann endlich eine Entscheidung, gibt es kein Feedback. Niemand sagt mir: Gut gemacht, Boris, oder: Was sollte der Unsinn? Ich glaube, ich muss mich vorsehen, nicht in einen Zustand zu geraten, in dem mir alles gleichermaßen richtig und falsch erscheint. Denn so ist es eben nicht, schon gar nicht auf hoher See, wo Fehler rasch fatale Folgen haben können.

Derzeit komme ich allerdings so langsam voran, dass ich mir Zeit lassen kann mit der Entscheidung über den besten Kurs. Seit inzwischen zwei Tagen schleiche ich mit flappenden Segeln durch die Randzone des St.-Helena-Hochs. Eigentlich hätte der Korridor mit mehr Wind hier schon beginnen sollen – doch der hat sich nach Süden verlagert. Unsere kleine Verfolgergruppe aus fünf Schiffen fährt brav dem Korridor hinterher, erst ein Segler ist nach rechts abgebogen.

Ich glaube, auch den anderen gefällt es, einander in der Nähe zu wissen. Wir sehen uns zwar nicht, haben aber die exakt gleichen Windbedingungen und können daher alle drei Stunden, wenn wir die aktuellen Positionsdaten erfahren, unsere Kurse und Geschwindigkeiten gut miteinander vergleichen.

Und dann passiert etwas, das mich herausreißt aus meinem Brüten über Flaute und Entscheidungszwänge. Ich bekomme Gesellschaft! Der Franzose Yannick Bestaven, der lange auf parallelem Kurs, aber weit entfernt von mir fuhr, hat sich langsam meiner Route genähert. Gestern Abend sah ich plötzlich sein Schiff als kleines schwarzes Dreieck am Horizont. Und seit heute Nacht segeln wir nebeneinander, mitunter nur ein paar Hundert Meter voneinander entfernt. Der 48-jährige Profisegler aus La Rochelle fährt wie ich eine Imoca-Yacht von 2015, entwickelt vom selben Konstrukteur. Unsere Schiffe sind etwa gleich schnell – weshalb wir in diesem Korridor wohl noch eine ganze Weile miteinander zu tun haben werden.

Meine Verdrossenheit wegen des schlappen Winds ist verflogen. Die Entscheidung, bei den anderen zu bleiben, hat mir einen Compagnon de route beschert. Ein Reisegefährte, wie großartig! Seit Tagesanbruch haben Yannick und ich mehrmals per Funk miteinander geplaudert. Einmal haben wir von Boot zu Boot gerufen. »Salut, Boris!«, schrie er und winkte. »Wie verrückt ist das denn?« Ich winkte zurück und rief: »Salut, Yannick!« Wir haben noch ein paar Sätze gewechselt. Es war bestimmt nicht die gehaltvollste Unterhaltung der Welt – aber es war eine echte Unterhaltung von Mensch zu Mensch.

Am Nachmittag lasse ich meine Drohne steigen und filme unsere Schiffe aus der Luft. Als ich mir das Video auf dem Tablet ansehe, beeindrucken mich vor allem die Aufnahmen aus großer Höhe; sie zeigen einen unermesslich weiten, leeren Ozean und tief unten zwei kleine Segelboote nahe nebeneinander. Was für eine Freude, nicht mehr allein zu sein!

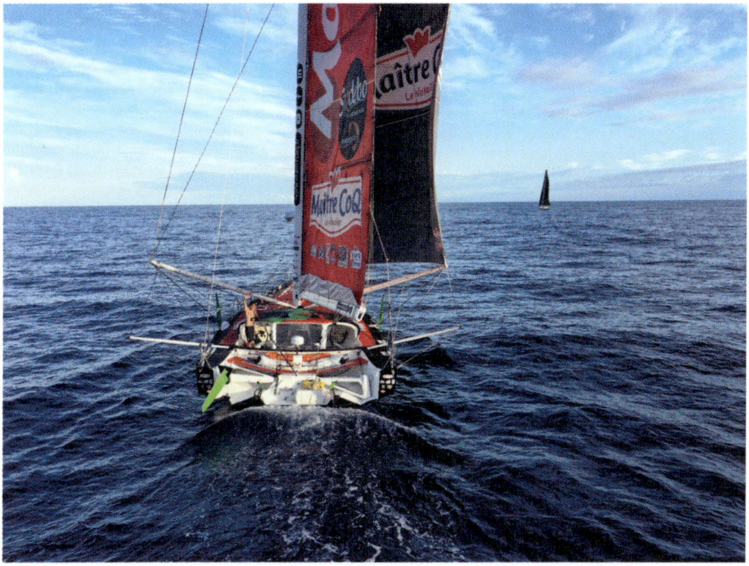

Begegnung mitten im Atlantik: Yannick Bestaven winkt meiner Drohne zu.

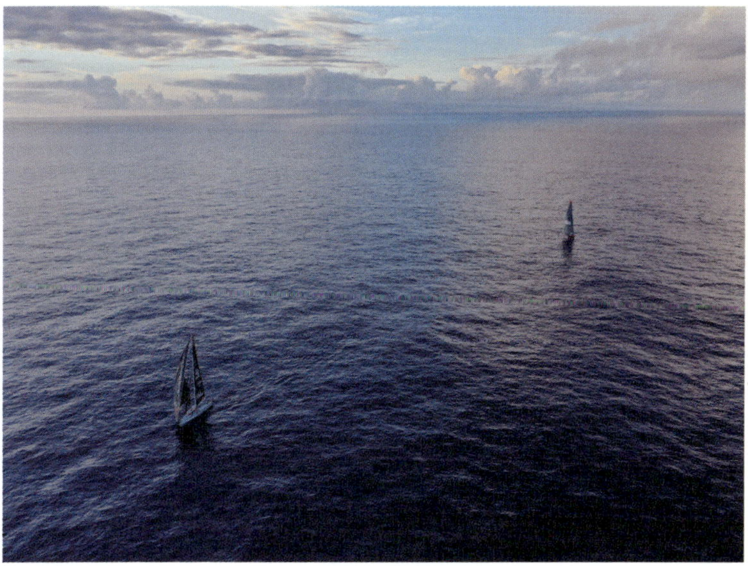

Mehrere Tage fahren wir ein Privatrennen, 1200 Seemeilen vom Land entfernt.

Etwas belustigt stelle ich fest, wie sehr wir uns gegenseitig dazu anspornen, alles zu tun, um ein wenig schneller zu sein als der andere. Mitten auf dem Atlantik veranstalten wir ein Match Race, nun geht es nicht mehr um die 44 000-Kilometer-Strecke, sondern darum, keinen Meter zu verschenken. Schon die letzte Nacht hindurch, bei Mondschein und glatter See, und auch heute tagsüber haben wir mehrfach einander überholt, im Moment liegt er etwa eine Seemeile voraus. Es macht Spaß, so enorm konzentriert bei der Sache zu sein, wie bei einem Inshore Race, einer kurzen Regatta in Küstennähe. Doch ich gebe zu, vor allem deshalb in Yannicks Nähe bleiben zu wollen, weil es mich so beflügelt, Gesellschaft zu haben. Deshalb kämpfe ich, als gäbe es kein Morgen, schaue alle paar Minuten auf die Windfäden, spiele mit den Schoten, den Foils, dem schwenkbaren Kiel.

Fast drei Tage und Nächte lang fahren Yannick und ich nebeneinander her und pendeln dabei innerhalb der Verfolgergruppe zwischen Platz acht und fünf. Wir haben uns beide für die riskante Abkürzung durch den Korridor entschieden. Bisher hält dort der Wind uns einigermaßen die Treue. Auch die Spitzenreiter kommen gut voran, sie nähern sich bereits dem Ausgang des Windkanals. Auf Platz drei liegt immer noch Jean Le Cam. Er beeindruckt mich. Seit zwei Wochen gelingt es den meisten hochmodernen Foiler-Yachten nicht, den ältesten Teilnehmer und sein 2007 gebautes Boot einzuholen. Jean hat das heute in einem Bord-Video kommentiert, auf seine typische Art. »Wenn die Leute mich hier so weit vorne sehen, denken sie bestimmt: Mein Gott, dabei ist der Le Cam doch uralt!«, sagte er und grinste. »Aber die Sache ist so: Je mehr beknackte Dinge du als junger Mensch machst, desto besser weißt du darüber Bescheid, was du nicht tun solltest. So war es bei mir. Jetzt bin ich 61 und habe sehr viel Erfahrung. Natürlich gibt es auch schlaue junge Leute und dumme Alte. Aber sollte ich mal jemanden in meiner Firma einstellen, würde ich lieber einen älteren Menschen wählen, der ist im Zweifelsfall smarter.«

Alex Thomson ist mittlerweile weit zurückgefallen, er liegt mehr als 600 Seemeilen hinter dem Spitzenreiter. Am Morgen nach der dritten Reparaturnacht steht er im frischen weißen T-Shirt, mit Datensensor am Oberarm und breitem Lachen in seiner Kommandokapsel, kurbelt am Coffee-Grinder und ruft in die Kamera: »Es ist vorbei. Yeah! Es hat viel länger gedauert als gedacht. Nun ist alles in Ordnung, mein Speed ging gerade auf zwanzig Knoten Fahrt hoch. Fantastisch!« Alex hält kurz inne, legt sich kraftvoll in die Kurbeln. »Endlich kann ich mich wieder aufs Rennen konzentrieren. Und die da vorne jagen! Ich denke, wir werden in zwei, drei Tagen das Südpolarmeer erreichen und dann vor dem Wind losdonnern. Ich kann es kaum erwarten.« Dann beugt Alex sich vor und brüllt: »The Boss is back!« Er hat es tatsächlich geschafft. Ich bin überzeugt, er wird nun eine furiose Aufholjagd starten.

~

Als ich kurz darauf die neuesten Wetterprognosen analysiere und überlege, wie lange sich der Windkorridor noch hält, geht erneut eine schlechte Nachricht der Rennleitung ein. Der Abnutzungskrieg hat das nächste Opfer gefordert. Und wieder erwischt es einen Spitzenreiter. Thomas Ruyant, der Zweitplatzierte, wurde heute Nacht von einem lauten Knacken geweckt. Im Licht seiner Stirnlampe entdeckte er mehrere breite Risse in dem Foil, das aus der linken Seite des Schiffs herausragt. Thomas bremste sofort das Boot und alarmierte seinen Rennstall. Seit heute Morgen 3 Uhr überlegt eine Task Force aus Bootsdesignern, Ingenieuren und Foil-Experten, wie das passieren konnte und was sie Thomas nun raten sollen. Die zweite Apollo-13-Operation hat begonnen.

Und schon wieder trifft es einen Freund von mir. Thomas kenne ich seit zehn Jahren, wir haben uns oft bei Trainings-Wettfahrten in der Bretagne getroffen. 2017 starteten wir zusammen in meinem Boot bei der Transat Jacques Vabre, einer legendären Zweimann-Regatta von Frankreich nach Brasilien, und holten uns den vierten Platz. Thomas ist ein zurückhaltender 39-jähriger Franzose, Vater von zwei Kindern, Profisegler – und der lebende Beweis, dass jemand, der bei der härtesten Regatta der Welt vorne liegen will, kein beeindruckendes Muskelpaket sein muss: Er ist 1,69 Meter groß, schlank und zäh.

2016 startete er zu seiner ersten Vendée. Vor Neuseeland kollidierte er mit einem UFO, einem »unidentified floating object«, so der offizielle Begriff für Treibgut. Thomas gelang es gerade noch, das schwer beschädigte Schiff in einen neuseeländischen Hafen zu bringen. Seither hat er mit der Vendée eine Rechnung offen. Um sie zu begleichen, haben Thomas und sein Team vor einem Jahr ein flaches, hellblaues Geschoss unter Segeln bauen lassen, bestückt mit den riesigen Foils der neuesten Generation. Was ist heute Nacht mit seinem linken Foil passiert?

Die Foils sind der Turbo der Rennyachten. Die fünf Meter langen und halb nach oben gebogenen Flügel ragen zu beiden Seiten einer Yacht ins Wasser. Ihre Profile sind geformt wie die Tragflächen eines Flugzeugs. Ab einer bestimmten Geschwindigkeit beginnen sie das Schiff in die Luft zu heben. Das Wettrüsten in der Imoca-Bootsklasse hat bei den Foils zu enormen Entwicklungssprüngen geführt, die schlicht aussehenden Flügel sind inzwischen wahre Wunderwerke der Technik. Sie bestehen aus 300 Lagen Kohlefasern, millimetergenau ausgerichtet und im Hochdruckofen miteinander verbacken. Um die Flughöhe zu regulieren, lassen sich die Foils bis zu fünf Grad anwinkeln, vergleichbar den Klappen eines Flugzeugflügels. An mehreren Stellen messen unsichtbare Sensoren die Drucklast und leiten sie über haarfeine Glasfaserkabel an den Rechner. Die Kontrolle soll verhindern, dass ein Foil bricht: Beim Flug in Schräglage gleitet das Schiff nur noch auf der hintersten Heckpartie übers Wasser – und auf dem Foil an der Leeseite. Der Druck auf dieses Foil ist enorm, bei starkem Wind kann er auf mehr als zwanzig Tonnen steigen. Ich will kein Risiko eingehen und habe das System auf 16 Tonnen Maximallast eingestellt, ab dann schrillt der Alarm.

Beim Boot von Thomas Ruyant ist der linke Turbo nun hinüber. Ein geborstenes Foil lässt sich nicht auf See flicken, das Schiff wird den Rest der Strecke quasi einarmig absolvieren. Das muss nicht heißen, dass Thomas nun nach hinten durchgereicht wird; knapp die Hälfte der Schiffe hat überhaupt keine Seitenflügel. Und Thomas liegt nicht zufällig auf dem zweiten Platz. Er zählt wie Alex zum engsten Favoritenkreis. Vielleicht hilft ihm die Großwetterlage, vorne zu bleiben: Erfahrungsgemäß kommt bei der Route der Vendée Globe der Wind über weite Strecken von der linken Seite. In dem Fall hebt das Boot auf dem rechten Foil ab, und das ist bei Thomas ja noch intakt.

Wie bei meinem Schiff kann auch er die Seitenflügel größtenteils in den Rumpf zurückziehen. Doch selbst dann ragen noch gut zwei Meter Flügel ins Wasser. Was passiert, wenn das beschädigte Foil in dieser Länge abbricht, etwa in schwerer See? Es könnte den Rumpf beschädigen oder, schlimmer noch, die Befestigung des Outriggers, jenes nach außen ragenden Rohrs, das den Mast sichert. Dann könnte der Mast brechen. »Unsere Experten berechnen gerade, welche Fälle wie wahrscheinlich sind«, erklärt der Teammanager von Thomas. »Wenn uns das Risiko zu groß erscheint, wird Thomas das Foil absägen müssen.«

Ich ahne, dass der Manager neben dem Apollo-13-Modus noch einen zweiten Notfallplan aktiviert hat: das sogenannte Kriseninformations-Management. Jedes Team hat einen solchen Krisenplan, bei uns umfasst das Dokument zwölf Seiten, bei Thomas sind es neun. Eine Art Regieanweisung, die vorschreibt, wie in einem Notfall die gesamte Kommunikation abzulaufen hat. Wer spricht mit dem Skipper, der Rennleitung, der Familie, der Öffentlichkeit? Die Medienarbeit hat enorme Relevanz: Bei keiner Vendée zuvor hat die Außenwelt jeden Tag so viel davon erfahren, was an Bord der Schiffe vor sich geht. Vielen Skippern folgen mehr als hunderttausend Fans in den sozialen Medien. Stößt ihrem Idol etwas zu, müssen auch sie sofort informiert werden, nach einem genau festgelegten Stufenplan, sachlich, transparent und ohne Spekulationen. Die Mitteilung sollten Menschen übernehmen, »die ihre Nervosität und Emotionen kontrollieren können und in der Lage sind, zuversichtlich zu kommunizieren«, heißt es im Krisenplan des Teams von Thomas Ruyant.

Am nächsten Tag fixiert Thomas sein Handy an der Reling und filmt, wie er über Bord steigt, hinab auf das Foil. Gesichert an zwei Leinen sitzt er rittlings auf dem Flügel und säbelt ihn mit einer Flex ab. Als er wieder an Deck steht, erklärt er, den Tränen nahe: »Ich habe gerade mein wunderschönes Foil durchgesägt! Es blieb mir keine andere Wahl.« Hinter ihm ist ein Stumpf erkennbar, der aus dem Schiffsbauch ragt. Die Amputation muss ihm schwer zusetzen. Kein Teil an Bord ist komplizierter im Bau, eleganter im Design und schwerer zu verstehen und zu beherrschen. Samantha Davies, die als derzeit schnellste Frau auf Platz neun liegt, hat ihren Tragflächen sogar Namen gegeben: Orville und Wilbur. Es sind die Vornamen der Gebrüder Wright, der Pioniere der Luftfahrt.

~

Ich sitze im Cockpit und sinniere über die Ursachen der Favoritenstürze. Wenn jemand mit seiner Yacht auf einen schwimmenden Container kracht, dann ist das Pech. Wenn aber bei Jérémie Beyou ein Beschlag aus dem Deck reißt, bei Alex das Vorschiff aus dem Leim geht und bei Thomas das Foil knackt, dann ist das kein Pech. Sondern vorherbestimmt. Ich bin der festen Überzeugung, dass der Verlauf der Vendée Globe zu achtzig Prozent schon vor dem Start entschieden ist. Weil irgendwo im Schiff unerkannt eine Schwachstelle schlummert: ein Bolzen, der brechen wird, ein Laminat, das sich auflöst, eine Karbonstrebe, bei deren Design ein winziger Berechnungsfehler passierte. Die Rennmaschinen, auf denen wir durch die Ozeane jagen, sind komplex, sensibel und anfällig, da gibt es Tausende möglicher Bruchstellen. Vielleicht hat das Team sie alle überprüft und doppelt abgesichert – bis auf diese ein, zwei unauffälligen

Details. Weshalb jeder von uns mit der Furcht losgefahren ist, das Verhängnis schon an Bord zu haben.

Meine Behauptung bedeutet allerdings umgekehrt auch, dass jemand, der mit einem absolut verlässlichen Schiff startet, mit achtzig Prozent Wahrscheinlichkeit das Ziel erreicht. Bei einem Rennen, bei dem üblicherweise nur die Hälfte durchkommt, sind achtzig Prozent Erfolgschance sehr viel. Das war der Grund, weshalb ich mich in den vier Jahren, in denen ich mich und das Schiff auf den Start vorbereitete, schier verrückt gemacht habe. Und unser Team auch. Ich war der Superperfektionist, der alle ununterbrochen genervt hat. Ich wollte, dass wir nichts auslassen. Jeden einzelnen Beschlag überprüften wir auf seine Bruchlast, wir verstärkten die Streben im Vorschiff, installierten alle elektronischen Systeme doppelt. Für mögliche Apollo-13-Fernreparaturen fotografierten wir jedes Detail im Schiff. Wir trugen Hunderte von Ersatzteilen zusammen, die meisten für mehrere unterschiedliche Zwecke zu gebrauchen. Zur Entgeisterung meines Teams entschied ich dann auch noch, nur wenige Monate vor dem Start, ein Ersatzruderblatt mitzunehmen. Ich weiß nicht, ob es mir gelingen wird, das 32 Kilogramm schwere Ruder allein am Heck eines schaukelnden Schiffs auszutauschen. Aber ich will die Chance haben, es zu versuchen.

Als ich mich in der letzten Woche vor dem Start in Quarantäne zurückzog und mein Schiff nicht mehr betreten durfte, war ich überrascht gewesen über meine Gelassenheit. Es gab nichts mehr zu prüfen, nichts mehr zu besorgen, sämtliche Listen waren abgehakt – ich wusste, wir hatten wirklich alles getan, um uns die achtzig Prozent Erfolgschance zu sichern. Natürlich kann mir immer noch ein Baumstamm, Container oder schlafender Wal in die Quere kommen. Aber mit Pech kann ich leben, mit Nachlässigkeit nicht.

Stuart, unser Boat Captain, hat mich vor ein paar Tagen gedrängt, durch den Rumpf zu kriechen und jeden Zentimeter der nackten Hülle und Stützstreben auf mögliche Risse zu untersuchen. Der Schaden bei Alex beunruhigt ihn. Stuart hat in unserem Team die wohl innigste Beziehung zur *Seaexplorer.* Wenn wir miteinander chatten und darüber sprechen, wie verlässlich das Schiff durch den Atlantik pflügt, sagt er zum Schluss oft: »Und pass auf sie auf!« Als ich heute in einen Winkel robbe, den ich noch nicht geprüft habe, entdecke ich an der Bordwand tatsächlich etwas Unerwartetes: nicht Risse im Karbon, sondern die Zeichnung eines kleinen, aufrecht sitzenden Waschbären. Es ist der zweite Cartoon dieser Art, mit weißem Stift an die Wand gestrichelt. Ich weiß, von wem er kommt. Greta Thunberg hatte mir beim Abschied in New York gesagt, sie habe auf meinem Schiff noch ein paar Tiere versteckt, ich würde die schon irgendwann entdecken.

Es mag albern anmuten – aber ich freue mich sehr über den Gruß. Ich bin ja wochenlang allein auf dieser Isolierstation und, abgesehen von den Fotos meiner Familie, nur von seelenloser Technik umgeben. Ich war daher geradezu gerührt, als ich nahe dem Äquator in meinem Lebensmittelbeutel einen Sonnenhut entdeckte, den mein Team dort versteckt hatte. Eine hellblaue Stoffkappe, echt nicht mein Geschmack, doch das war mir völlig egal: Als ich den Hut in die Hand nahm, war es, als sei plötzlich das Team an Bord gekommen. Ich vermute, dass sich in den Essensbeuteln fürs Südpolarmeer noch mehr Geschenke verbergen. In unserer WhatsApp-Gruppe erzählten andere Skipper, dass auch sie kleine Grüße ihrer Teams entdeckt haben. Samantha Davies hat am Äquator einen aufblasbaren Globus bekommen – damit sie weiß, wo es langgeht. Ari Huusela fand ein Rentier aus Blockschokolade, verpackt von seinen Kindern. Und das Team von Alan Roura hatte im Bugbereich unter der Decke ein kleines Päckchen befestigt, mit Faden und der Aufschrift »Bei schlechter Laune hier ziehen!«. Vor ein paar Tagen hatte Alan schlechte Laune. Als das Knallbonbon explodierte, regnete es Konfetti im Vorschiff. Leider hatte Alan dort kurz zuvor nasse Segelsäcke umgewuchtet, nun klebten überall die bunten, feuchten Papierschnipsel und färbten Rumpf und Segelsäcke ein.

Yannick Bestaven, der noch immer in Sichtweite von mir segelt, hat von seinem Team einige Geschenke zu Weihnachten mitbekommen. Na ja, darauf muss er noch vier Wochen warten. Ich kenne ihn schon seit 2001. Damals startete ich zu meiner ersten Hochseeregatta, der Mini-Transat, einer Einhandregatta von Frankreich nach Brasilien. 27 Segler nahmen in meiner Klasse teil, ich erreichte den elften Platz – und Yannick siegte. Er ist ein zäher, vor allem taktisch begabter Profisegler. Und er ist ein fröhlicher Mensch, der Spaß daran hat, sich auf unseren regelmäßigen Bord-Videos zu inszenieren. Als sein Schiff im Passatwind dahinrauschte, stand er grinsend im Cockpit und spielte Luftgitarre. Kürzlich hat er versucht, einen fliegenden Fisch zu kochen. Gestern schüttete er einen Eimer Wasser über sich aus, seine »erste Dusche seit 14 Tagen«. Danach rasierte er sich mit einer Klinge, was »eine ziemlich schwierige Angelegenheit ist, wenn man auf einem bockenden Schiff sitzt«.

Auch Yannick macht sich Gedanken über die Favoritenstürze seit dem Start. Alex Thomson und Thomas Ruyant segeln ja nicht tollkühner als andere in der Spitzengruppe. Jean Le Cam hat sich sogar noch tiefer ins Zentrum des Wirbelsturms gewagt als Alex. Die Skipper der Neubauten haben offenbar einfach zu wenig Zeit gehabt, ihre hochsensiblen Maschinen wirklich kennenzulernen – das ist, so glaubt auch Yannick, die entscheidende Ursache für die bisherigen Ausfälle.

Wie gut, dass wir beide mit Schiffen von 2015 unterwegs sind. Vier Jahre lang haben wir uns mit ihnen vertraut machen können. Wir haben gelernt, wie wir das Schnellste aus diesen Booten herausholen können. Und wir haben gelernt, wann wir sie zügeln, wann wir auf die Bremse treten müssen. Wer das vernachlässigt, wird die Vendée Globe nicht überstehen. Weil unsere Schiffe, seit wir sie mit Foils bestücken, darauf ausgelegt sind, sich selbst zu zerstören.

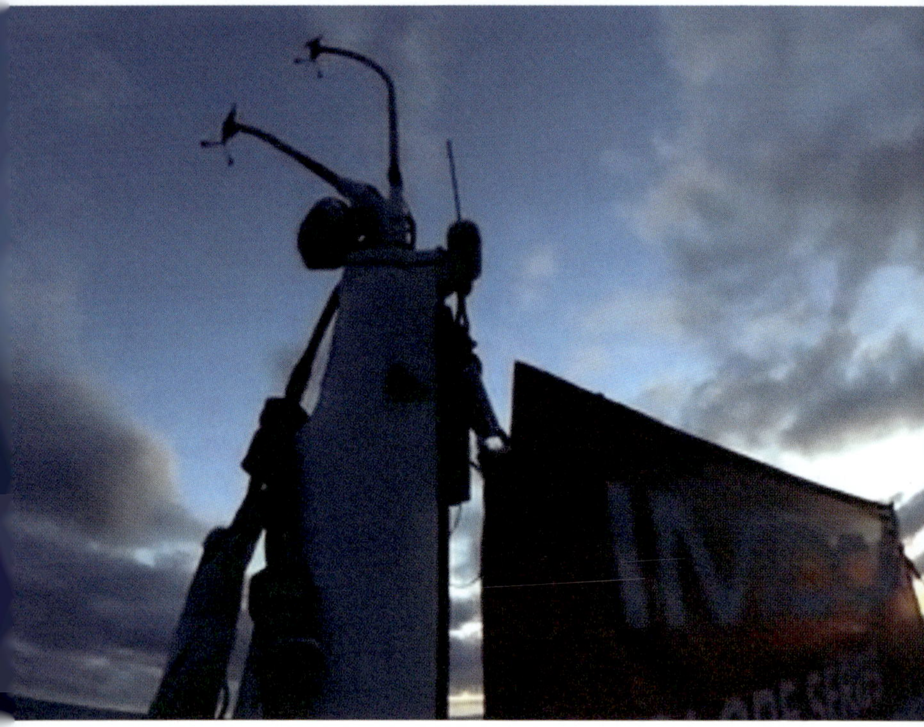

Ich erreiche die Spitze des Masts, für eine Reparatur in fast 30 Metern Höhe.

6 Der Albatros

Nur ein Windhauch ist spürbar, gerade genug, um den Autopiloten noch einen vernünftigen Kurs steuern zu lassen. Das Boot gleitet durch das glatte Meer, das Wasser schmatzt leise an der Bordwand. Eine flache, kaum spürbare Dünung hebt und senkt die Wasseroberfläche. Es ist, als atmete der Ozean.

Heute Mittag, als ich auf dem Vorschiff ein Segel wechselte, blickte ich zwischendurch hinunter ins Meer. Die Sonne stand fast genau über uns, und ich konnte sehen, wie ihre Strahlen senkrecht ins Meer fingerten. Gleißende Lichtbalken, die sich tief unten in der Schwärze verloren. Der Atlantik war eine durchsichtige Masse, auf der reglos mein Schiff schwebte. Lange stand ich an der Reling und blickte hinab. Ich sah keinen Fisch, keine Qualle, keinen Schatten; es gab nichts, woran mein Blick hängen bleiben konnte, nur diesen gläsernen Kosmos, der sich irgendwo da unten in völlige Dunkelheit verwandelte.

Jetzt ist es kurz vor Sonnenuntergang. Die Hitze und der Dunst des Tages sind verschwunden, die Luft schmeckt frisch, die Sicht ist sehr klar. Ich sitze in Shorts und T-Shirt im Cockpit. Das Meer ist nicht mehr gläsern, sondern eine blaue, leicht gekräuselte Fläche bis zum Horizont. Am Himmel hängen ein paar fette Quellwolken, die im Abendlicht rötlich zu glühen beginnen. Ich beobachte, wie die Wolken ihre Formen und Farben verändern. Mein Blick auf Himmel und Meer ist bewusster geworden, er verschafft mir Momente der Muße in meiner Konzentration auf das Rennen.

Wenn es gut läuft, gerätst du als Einhandsegler nach zwei, drei Wochen in einen Rhythmus, wie du ihn niemals an Land erlebst. Du löst dich komplett aus der Routine deines normalen Lebens. Jetzt zählt nur noch, was das Boot braucht und was du brauchst. Alles ordnet sich dem unter; wie du schläfst, was du isst, woran du denkst, wofür du lebst. Jeden Tag gibt es neue Herausforderungen, denen du dich stellst, darauf konzentrierst du dich: One day at a time! Nichts lenkt dich mehr ab. Es ist, als lebte man in einer eigenen Welt, in der es nur noch dich, dein Boot und das Meer gibt.

Niemand hat diese Verwandlung so eindringlich beschrieben wie der Franzose Bernard Moitessier. Sein Buch *Der verschenkte Sieg* ist die Bibel der Langstreckensegler, auch ich habe es mehrfach gelesen. Moitessier startete 1968 bei der Golden Globe Regatta, der ersten Einhandregatta nonstop um die Welt. Er hätte siegen können – doch auf der Zielgeraden im Atlantik entschloss er sich, einfach weiterzusegeln. Er wollte »nur noch mit der See und mit meinem Schiff leben, für die See und für mein Schiff«. Das Boot war ihm »ein kleiner Planet (geworden), geformt aus Raum, reiner Luft, Sternen, Wolken und Freiheit im tiefsten, natürlichen Sinn«. Nach anderthalb Weltumsegelungen warf er endlich den Anker, in einer Lagune von Tahiti.

Moitessier war ein ausgezeichneter Segler und ein empfindsamer Mensch, der die Einsamkeit auf See als mystische Erfahrung erlebte. Er schrieb, dass er stundenlang, tagelang, wochenlang, monatelang auf das Meer schauen könnte. »Ich betrachte diese gewaltige See, ich atme ihre Gischt, und ich fühle, wie sich hier in Wind und Raum etwas in mir auftut, was die Unermesslichkeit des Weltalls ersehnt, um sich vollenden zu können.«

So weit bin ich noch nicht. Ehrlich gesagt, ich glaube, dass ich solch einen Zustand der entrückten Harmonie sowieso nicht erreichen werde – auch wenn die Vendée viermal so lange dauert wie mein bisher längstes Einhandrennen. Das liegt auch an meinen täglichen Kontakten nach Hause. Gewiss, ich könnte mich einfach aus allem ausklinken, aus den Videocalls, den Chatgruppen. In einen Bernard Moitessier würde ich mich wahrscheinlich trotzdem nicht verwandeln.

Die Erfahrung, das normale Leben komplett hinter sich zu lassen, kann ein Vendée-Segler allerdings auch im Zeitalter von WhatsApp machen. Denn die Möglichkeit, mit anderen darüber zu sprechen, vermindert ja nicht die elementaren Herausforderungen, denen wir uns stellen müssen: allein im Sturm das Boot zu bändigen oder in den Mast zu steigen, monatelang ununterbrochen wachsam zu sein, mit der Einsamkeit klarzukommen, sich nie eine Auszeit nehmen zu dürfen. Anders als an Land ist jeder von uns nur auf sich gestellt, ob mit oder ohne Smartphone, und es kann schon dauern, bis man diesen Zustand wirklich verinnerlicht hat und in den Rhythmus des Einhandsegelns findet.

~

Nach 18 Tagen auf See nähern wir uns dem Südpolarmeer. Ich fühle mich bereit. Natürlich werde ich es vermissen, wie heute Abend bei milden Temperaturen draußen zu sitzen und auf das Meer zu schauen. Aber es wird nicht mehr diese Flautenfelder geben, nicht mehr dieses nervenzehrende Hin und Her zwischen taktischen Optionen. Dort unten erwarten uns klare Verhältnisse: ständig Stürme schräg von hinten, Wellenberge aus der gleichen Richtung, Kurs immer geradeaus nach Osten. Für diese Jagd durchs Eismeer sind wir gekommen, diese Etappe ist das Herz der Vendée Globe.

Derzeit mogeln sich die meisten Schiffe noch an den Rändern des St.-Helena-Hochs entlang. Alle wollen so schnell wie möglich nach Süden gelangen. Dort hat sich ein gewaltiges Tiefdruckgebiet von Argentinien aus auf den Weg nach Südafrika gemacht, es wird quer über den Atlantik rauschen, immer am Polarmeer entlang. Das ist der Zug, auf den wir aufspringen wollen. Die ersten zehn, vielleicht auch die ersten 15 Schiffe könnten es schaffen.

Spitzenreiter Charlie Dalin hat sich mittlerweile aus den Klauen des St.-Helena-Hochs befreit und nähert sich dem 40. Breitengrad, dem Beginn der sogenannten Roaring Forties, der Brüllenden Vierziger. Diese stürmische Region, die sich bis zum 50. Breitengrad erstreckt, ist der äußere Gürtel des Südpolarmeers. Dalin auf den Fersen sind Thomas Ruyant und Jean Le Cam. Unsere Verfolgergruppe traut dem Korridor allerdings nicht mehr, auch Yannick Bestaven und ich sind rechts abgebogen, um das Hoch vor uns zu umfahren. Der Weg wird so zwar länger, aber wir hoffen auf mehr Wind außerhalb der Hochdruckzone. Uns bleiben noch gut vierzig Stunden, um das Sturmtief zu erwischen.

Wir wissen, dass dies die letzten Tage mit ruhiger See sind, für sechs Wochen etwa. Wir nutzen sie, um unsere Schiffe aufzuräumen, Schäden zu reparieren, möglichst viel vorzuschlafen. Wir schleppen schwere Segelsäcke vom Vorschiff nach hinten, insgesamt rund 300 Kilo, und schnallen sie vor dem Heckkorb fest. Alles Gewicht nach achtern: Diese Regel kennt jeder Segler, der mit stürmischer Fahrt durch hohe See rechnet und vermeiden will, dass seine Yacht vorne zu schwer ist und sich brachial in eine Wasserwand bohrt. Warme Unterwäsche rauslegen, Ersatzteil- und Proviantsäcke festzurren, Notfallsender prüfen – die To-do-Liste für den kalten, erbarmungslosen Süden ist lang.

Wer sie abgearbeitet hat und die freie Zeit nicht für ein paar Einheiten Schlaf nutzen kann, der schickt Videos an Land, die zeigen, wofür sich solche Tage auch nutzen lassen.

Jean Le Cam, Platz drei, hat 14 kleine Kuscheltiere im Cockpit nebeneinandergesetzt. »Ladies and Gentlemen«, sagt er, »hier seht ihr das Team, das mit mir um die Welt segelt. Ich nenne euch ihre Namen, und ihr ratet, wer wer ist.« Und dann zählt er tatsächlich alle Namen auf, von Usho dem Pinguin über die Comicfigur Marsupilami bis zu Chipp and Dale, einem langhalsigen Kuschelmonster.

Samantha Davies, Platz neun, schickt einen Gruß an ihren Sohn in England, der jetzt allein bei den Großeltern wohnt – weil der Vater ebenfalls bei der Vendée Globe mitsegelt. Er heißt Romain Attanasio und liegt weit hinter seiner Frau auf Platz 16. Samantha war 2008 zu ihrer ersten Vendée gestartet. Damals sandte sie aus dem Südpolarmeer ein Video: Es zeigt, wie sie im Ölzeug ausgelassen an Deck tanzt, zur Musik von »Girls Just Want to Have Fun«. Bei der Vendée 2012 brach ihr Mast, sie musste aufgeben. 2016 blieb sie bei ihrem Sohn, weil Romain erstmals am Rennen teilnahm. Sie hatte ihn bei einer Regatta kennengelernt, wo auch sonst. Diesmal starten sie beide, die 46-jährige Samantha hat allerdings mehr Erfahrung und das schnellere Boot.

Giancarlo Pedote aus Italien, Platz zwölf, kocht Nudeln mit Pasta, darauf ein Berg frisch geriebener Parmesankäse.

Benjamin Dutreux, Platz 13, lässt eine Drohne steigen und filmt aus Wolkenhöhe sein kleines Boot auf spiegelglatter See.

Maxime Sorel, Platz 14, zeigt auf einen vorbeifahrenden Frachter. »Der Kapitän hat mich gerade angefunkt und gefragt, was ich hier draußen mache«, erzählt Maxime. »Ich sagte ihm, dass ich allein um die Welt segele. Warum das denn?, fragte er. Weil es ein Rennen ist. Na denn, sagte er bloß.«

Clarisse Crémer, Platz 17, liegt im Schlafsack und erklärt, in welcher Haltung sie am schnellsten einschläft.

Alan Roura, Platz 18, hat drei Stunden lang sein Schiff säubern müssen. Das Öl aus der Hydraulik seines schwenkbaren Kiels war ausgelaufen. Es schwappte durch den ganzen Rumpf, es drang in seine Nahrungssäcke, in seinen Schlafsack, »am Ende war es sogar in meinen Haaren«. Als Alan davon erzählt, bricht ihm die Stimme, der junge, bullige Schweizer fängt an zu weinen, minutenlang schüttelt es ihn.

Am Ende des Felds nähern sich zwei sehr unterschiedliche Männer dem Äquator. Als Ari Huusela, Platz 29, die Linie überquert, schüttet er finnischen Schnaps ins Meer, strahlt und ruft: »Ich bin so super happy!«

Ganz anders Sébastien Destremau, Platz dreißig. Er trägt zu

elegischer Cellomusik ein Gedicht über den mörderischen Flautengürtel vor, den er gerade durchquert: »Hier warfen sie die Sklaven über Bord/ich schäme mich so/ihr Betrüger und Schiffsbesitzer/ihr müsst dafür bezahlen.« Es ist eine fünfminütige Anklage, antikapitalistisch, surrealistisch: »Der Sklavenhandel, der Devisenhandel/Korruption und Umweltverschmutzung/mit eurer Profitgier vergiftet ihr die Welt/ihr werdet in der Hölle enden/ihr bringt mich zum Weinen/wer schaltet die Sterne aus?«

Auch das ist die Vendée Globe. Ein Panoptikum völlig unterschiedlicher Charaktere. Aktivisten und Perfektionisten, Ehrgeizige, Romantiker, Erfolgsbesessene. Frauen und Männer. Ich kenne viele von ihnen. Wir starteten bei denselben Regatten, trafen uns in Bootswerften oder haben stundenlang irgendwo gesessen und über unsere Vorbereitungen für die Vendée Globe gequatscht. Sie sind mir vertraut geworden, mit all ihren Verschiedenheiten.

Man könnte ja annehmen, die Teilnehmer des wohl härtesten Rennens der Welt müssten eine besondere Sorte Mensch sein, alle aus dem gleichen Mahagoni gemacht. Sind sie nicht. Weder im Körperbau noch in Alter und Ausstrahlung. Yannick Bestaven etwa oder Alex Thomson sind bullige, kräftig gebaute Gestalten. Thomas Ruyant ist hingegen ein schmales, drahtiges Wesen, ebenso wie die kleine Deutsch-Französin Isabelle Joschke. Die meisten sind zwischen 35 und 45 Jahre alt; Alan Roura ist allerdings erst 28, Jean Le Cam schon 61. Und auch in ihrem Auftreten ist nichts Einheitliches zu entdecken. Ich habe bescheidene und großspurige Vendée-Segler kennengelernt, penible, lustige, asketische, stille und gesellige. Also, alles vorhanden.

Lange Zeit war die Vendée Globe eine Männerangelegenheit, seit 1989 starteten nur sieben Frauen. Insgesamt. In diesem Jahr sind gleich sechs Frauen auf einmal dabei. Eine separate Wertung wie in vielen Sportarten erwartet keine von ihnen. Warum auch, meinte Isabelle Joschke, »wir Frauen sind belastbar, rücksichtslos und hartnäckig«. Die 43-jährige Deutsch-Französin ist nur 1,60 Meter groß und fünfzig Kilo leicht. Sie sagt von sich, sie sei ein »tough cookie«, ein zäher Knochen. Sie studierte an der Sorbonne in Paris Griechisch und Latein und zog dann für zwei Jahre in ein Wohnmobil, mit dem sie von Regatta zu Regatta fuhr. Wie ich begann sie beim Mini-Transat, dem Einhandrennen über den Atlantik, dann kämpfte sie sich hoch bis zur Vendée Globe. Isabelle startet hier auch als Botschafterin in eigener Sache. Die von ihr gegründete Organisation »Horizon Mixité« setzt sich dafür ein, dass Frauen bei Wettbewerben mit Männern endlich mehr Selbstvertrauen zeigen, im Beruf wie im Sport. Isabelle will zeigen, dass Kampfgeist sich lohnt: »Ja, man kann eine kleine, zarte Frau sein und trotzdem einen so anstrengenden Job hinbekommen wie das Weltumsegeln.«

Sechs Frauen bei der Vendée 2020/21 sind für Isabelle eindeutig zu wenig. Wenn Resilienz, Klugheit, Mut und handwerkliches Geschick die wichtigsten Disziplinen der Vendée seien, »warum sollten dann nicht genauso viele Frauen wie Männer teilnehmen können«? Da gebe es doch keine Unterschiede. Und die Tatsache, dass Frauen körperlich weniger kräftig sind als Männer, sei auch kein Hindernis. »Das können wir an Bord ausgleichen. Männer leisten es sich, einfach mal zu machen. Wir müssen mehr vorausplanen, mehr nachdenken über den genauen Ablauf jedes Manövers, das uns Kraft kosten wird.« Manchmal hilft auch angepasste Technik. Isabelle bedient ihren Coffee-Grinder im Sitzen: Statt mit den Armen zu kurbeln, tritt sie mit den Beinen in zwei Pedale.

Fünf der sechs Frauen sind das erste Mal dabei, auch Isabelle. Nur Samantha Davies, die 46-jährige Engländerin, weiß nach ihren zwei bisherigen Rennen genau, was sie erwartet. Ein Debüt ist ihre dritte Teilnahme dennoch: Mit ihr und ihrem Mann Romain tritt erstmals bei der Vendée Globe auch ein Ehepaar gegeneinander an.

Meines Wissens nach sind fast alle Teilnehmer verheiratet, viele haben Kinder. Ich finde das interessant. Vielleicht darf man, um diesen unfassbar langen, einsamen Wettkampf durchzuhalten, eben kein Eigenbrötler sein, kein »lone wolf«, der sein Glück im Alleinsein findet. Vielleicht braucht man gerade hier draußen die Gewissheit, der Wichtigste, der Liebste zu sein für einen oder mehrere Menschen zu Hause.

Mit der Trennung selbst gehen wir unterschiedlich um. Alan Roura, frisch verheiratet, hat mit seiner Frau abgemacht, dass sie während des Rennens keinerlei Kontakt miteinander haben. Die Sehnsucht würde ihn sonst verrückt machen, sagt er. Ich wiederum telefoniere fast täglich mit Birte, ihre Stimme und ihre kleinen Geschichten von zu Hause tun mir so gut. Manchmal bitte ich sie, das Handy neben den Kopf unseres schlafenden Kindes zu legen. Und dann höre ich Malou leise atmen. Friedlich seufzt und schnorchelt sie in ihrem Bettchen vor sich hin – und ich sitze einen halben Erdball entfernt im Cockpit und lausche ihr, manchmal mehrere Minuten lang. Es ist zum Heulen schön.

Ich vermute, es gibt noch einen zweiten Grund, weshalb unter den Vendée-Seglern so wenig Eigenbrötler oder Egozentriker anzutreffen sind, zumindest nicht nach meiner Einschätzung. Wer bei diesem Rennen starten will, muss zuvor viele Menschen für sich gewonnen haben, über Jahre hinweg. Etwa die Sponsoren: Sie unterstützen ja nicht nur eine Erfolgsaussicht, sie wollen sich auch mit dem Sportler als Mensch identifizieren können. Dann dein Team, meist ein Dutzend Experten und Profisegler, die jahrelang an deiner Seite damit beschäftigt sind, das Boot aufzurüsten und die Kampagne zu organisieren. Es reicht nicht, sie zu bezahlen, du musst sie begeistern können für die gemeinsame Mission. Die anderen Vendée-Segler: Auch ihre Wertschätzung ist wichtig. Als Elite der Offshore-Regattasegler treffen sie immer wieder aufeinander, bei Rennen in aller Welt, viele trainieren gemeinsam, unterstützen sich gegenseitig. Jeder Skipper sollte sich früh darum bemühen, Anschluss an diese verschworene Gemeinschaft zu finden. Und schließlich Familie und Freunde: Sie sollten nicht nur an dich glauben, sondern müssen auch bereit sein, es jahrelang mit jemandem auszuhalten, der immer nur an das Eine denkt.

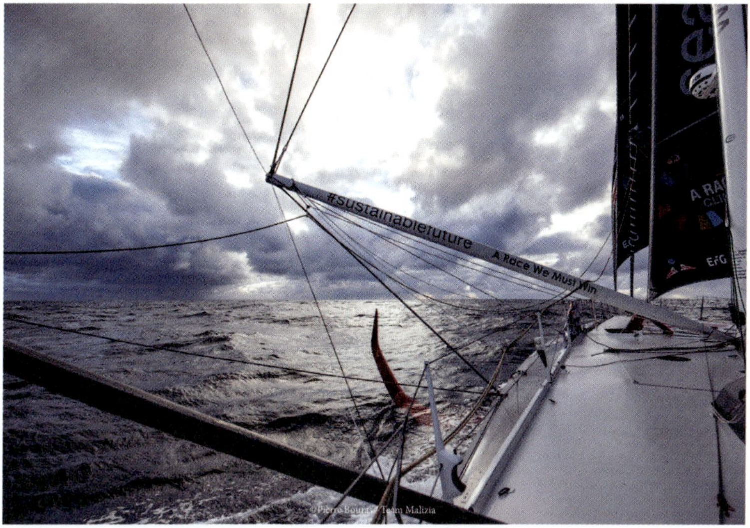

Segeln im Königreich Grau: Wolken und Wasser scheinen zu verschmelzen.

Die Vendée ist also auch eine Herausforderung in Sachen soziale Kompetenz. Nur jemand, der andere Menschen für sich einnehmen kann, ob Konzernchef, Handwerker, Konkurrenten oder sich vernachlässigt fühlende Freunde, nur so einer wird eine Kampagne auf die Beine stellen können. Auch Einhandsegler müssen Teamplayer sein.

Die Menschen, mit denen ich mich auf den Weg gemacht habe, zeichnet noch etwas aus: ihre Besessenheit. Oder netter ausgedrückt: ihre Zielstrebigkeit. Wir alle teilen den gleichen Traum, und wir wissen, dass dieser wahnwitzige Lebenstraum nur erfüllbar ist, wenn wir trotz der unzähligen Hürden und Risiken fest an ihn glauben, wenn wir über Jahre hinweg nicht zu oft zweifeln, sondern selbstsicher alles dafür tun, ihm Schritt für Schritt näher zu kommen. Leider liegt es in der Natur eines Lebenstraums, ziemlich unrealistisch zu wirken – andernfalls wäre er kein Lebenstraum. Eine Kampagne für die Vendée kostet Millionen; das Schiff, das Team, die Zeit der Vorbereitung und Qualifikationsregatten. Man braucht große

Unternehmen, die einen unterstützen. Jahrelang haben wir das nötige Geld nicht zusammenbekommen. Trotzdem haben wir weitergemacht. Ich war immer fest davon überzeugt, es irgendwann zu schaffen. Und nun bin ich dabei.

Und, wie fühlt es sich an? Ist es möglich, jeden Tag glücklich zu sein, weil man sich gerade seinen Lebenstraum erfüllt?

Ich glaube, dafür sind die Tage einfach zu unterschiedlich. Es war großartig, im Passatwind an Brasilien entlangzujagen. Aber ich kann nicht zufrieden und ausgeglichen in meinem Cockpit sitzen, wenn das Boot einen ganzen Tag lang in der Flaute dümpelt. Oder wenn mich wieder einmal das beklemmende Gefühl der Einsamkeit heimsucht.

Die Vendée Globe ist auch eine innere Reise, sie führt mich und meine Emotionen in unbekannte Regionen, und was ich dort entdecke, beschäftigt mich sehr. Ich kannte diese Stimmungsschwankungen von früheren Reisen, hatte aber nicht erwartet, dass sie so massiv werden. Vielleicht gehören sie zu solch einer extremen Reise und ich muss lernen, sie besser in Griff zu bekommen. Bestimmt ergeht es den anderen ähnlich, sie reden nur nicht darüber. Doch wie auch immer, die Momente der Zweifel und Verzagtheit stellen meinen Lebenstraum nicht infrage. Er hat doch gerade erst begonnen!

Heute ist jedenfalls wieder ein Genusstag. Der Wind hat leicht zugenommen, das Boot macht flotte Fahrt, die Sonne scheint, und ich habe Yannick immer noch bei mir, etwa zwei Seemeilen querab. Die See ist so ruhig, dass ich meinen Becher Kaffee gefahrlos auf der Konsole vor meinem Rechner abstellen kann. Ich lege meine tägliche Orange daneben und beobachte, wie sie langsam zur Seite rollt, mein Wasserkocher schaukelt ganz sanft hin und her. Wie großartig ist das denn! Kein Springen, kein Krachen, stattdessen rauscht das Schiff wie auf Schienen nach Süden.

Die Luft hat sich abgekühlt, und auf dem Datenmonitor sehe ich, dass die Wassertemperatur nur noch 15 Grad beträgt. Wir sind dabei, die subtropische Klimazone zu verlassen, und nähern uns den Hohen Breiten. Der Begriff bezeichnet zwei klimatisch ähnliche Regionen der Erde: das nördliche Drittel der Nordhalbkugel – und das südliche Drittel der Südhalbkugel. Ich bin an der Nordsee aufgewachsen, sozusagen am unteren Rand der Hohen Breiten, und ich liebe diese klimatische Wechselzone so viel mehr als die Tropen. In den Tropen gibt es eigentlich nur Tag und Nacht, gleißende Helligkeit, die sich in Minutenschnelle in stockdunkle Nacht verwandelt, und umgekehrt. Weiß und Schwarz, keine Zwischentöne. In den Hohen Breiten hingegen inszeniert die verschwindende Sonne ein üppiges Schauspiel, manchmal lässt sie den Himmel über dem Horizont noch stundenlang nachglühen, in allen Nuancen von Rot, Blau, Violett und Grau. Und das Gleiche macht sie, wenn der Tag dämmert, in den Stunden, bevor ihre hellrote Kuppe aus dem Meer steigt.

Ich bin einfach ein Nordlicht. Ich mag all diese unterschiedlichen Stimmungen innerhalb nur eines Tages. Außerdem kann ich mit Kälte besser umgehen als mit schwüler, drückender Hitze. Kurzum: Ich beginne, mich heimisch zu fühlen. Noch liegt die südliche Variante der Hohen Breiten weit entfernt von uns, doch der Wetterumschwung kündigt sich an.

Nachdem tagelang nur ab und zu einige Quellwolken am Himmel hingen, zieht am Nachmittag eine geschlossene Wolkendecke herauf. Auf dem Satellitenbild sehe ich, dass sie sich weit nach Süden erstreckt – und dass kräftige Winde in ihr stecken. Ich streife mir erstmals seit zehn Tagen wieder ein langärmeliges Funktionsshirt über und bereite im Cockpit alles für einen Segelwechsel vor. Der Code Three, mit 292 Quadratmetern mein größtes Vorsegel und ganz vorne am Bugspriet befestigt, hat im St.-Helena-Hoch verlässlich jeden Windhauch in Vortrieb verwandelt. Doch für das, was auf uns zukommt, ist er zu groß. Ich will ihn gegen den kleinen Gennaker austauschen. Yannick, mit dem ich kurz telefoniere, hat das Gleiche vor.

Eigentlich ist es ein Routinemanöver.

Als ich aufs Vorschiff steige, ziehe ich den Segelsack hinter mir her. Der Gennaker ist eingerollt zu einer beindicken Wurst, gut dreißig Meter lang und mehrfach zusammengeklappt, damit er in den Sack passt. Das eine Ende befestige ich am Bugspriet, das andere ziehe ich mit einem Fall bis zur Mastspitze und lasse es dort im Fallenschloss einrasten. Es klappt. Nur probehalber will ich das Fallenschloss wieder entriegeln. Es klappt nicht. Wieder und wieder reiße ich am Fall – doch das Segel lässt sich nicht mehr herunterholen. Etwas hakt da oben.

Für die nächsten Tage passt der kleine Gennaker, für die Stürme im Südpolarmeer wäre er zu groß. Ich muss ihn auf jeden Fall vorher bergen. Mir ist klar, dass ich den Riegel nur öffnen kann, wenn ich hinauf in den Mast steige. Am besten sofort. Heute ist einer der letzten Tage mit ruhiger See, und in gut einer Stunde geht die Sonne unter. Jede Minute zählt.

Ein Albtraum! Der Mast ragt 29 Meter auf, fast so hoch wie ein zehnstöckiges Gebäude. Und ich leide seit meiner Kindheit unter Höhenangst. Meinen letzten Versuch im Hafen, allein den Mast hochzuklettern, habe ich auf halber Höhe abgebrochen. Mir war übel vor Angst, obwohl das Schiff reglos am Steg lag. Hier schwankt es in der Dünung, zwar nur sanft, aber die Ausschläge da oben an der Mastspitze werden mehrere Meter weit sein. Das einzig Gute an der Situation ist: Mir bleibt keine Wahl. Es gibt nicht zwei Optionen, die ich, wie so oft und gern, endlos gegeneinander abwägen kann. Und ich habe auch keine Zeit, mir auszumalen, was alles schieflaufen kann. Ich muss da hoch. Jetzt.

Rasch suche ich alles zusammen. Messer, Zange, Hammer, Gleitspray, Taue, Taschenlampe. Dann Sturzhelm mit Kamera, feste Schuhe und Knieschützer. Und die professionelle Bergsteiger-Ausrüstung: Sitzgurt, Steigklemmen, Karabiner, Trittschlingen. Das Kletterset ist nötig, weil mich ja niemand hochkurbelt, ich muss mich selber an einem straff gespannten Tau neben dem Mast hinaufziehen. Und auch das Handy nehme ich mit, für den Fall, dass ich aus welchem Grund auch immer in der Spitze hängen bleibe. Dass diese Situation eintritt, ist völlig unwahrscheinlich. Unmöglich aber ist es nicht. Ich würde da oben baumeln und zusehen müssen, wie der Autopilot mein Schiff ungerührt weiter Richtung Antarktis segelt. Meine einzige Chance wäre Yannick. Ich müsste ihn anrufen und bitten, herbeizukommen, an Bord zu springen und mich runterzuholen. Ob und wie genau er das überhaupt schaffen könnte, darüber will ich jetzt nicht weiter nachdenken.

Gegen 20 Uhr beginne ich mit dem Aufstieg. Ich wiege 85 Kilo, hinzu kommen gut zehn Kilo Ausrüstung. Langsam robbe ich mich das Seil hinauf, nach einem bewährten, schrittweisen Ablauf: Ich hänge in einem Sitzgurt, der mit einer selbstklemmenden Rolle am Seil fixiert ist. Das rechte Bein ist angewinkelt, der Fuß steckt in einer Trittschlinge. Nun drücke ich das rechte Bein durch, bis ich in der Trittschlinge stehe, gleichzeitig ziehe ich mich mit beiden Armen an einem Klettergriff oberhalb meines Kopfs hoch – und schiebe mich so mitsamt Gurt an dem Seil nach oben. Der Gurt klemmt sich automatisch in der neuen Position am Seil fest. Frei hängend kann ich nun mein rechtes Bein mit der Trittschlinge hochziehen und erneut anwinkeln. Mit dem rechten Arm schiebe ich den selbstklemmenden Klettergriff wieder am Seil hinauf. Kurz ausruhen. Dann der nächste Durchgang: Bein durchdrücken, Körper einen halben Meter hochschieben, Bein nachziehen, ausruhen. So geht das etwa zwanzig Minuten lang. Ich schaue nicht nach unten. Ich rede mit mir: »Ruhig, Junge, ganz ruhig!« Ich schließe die Augen, wenn ich eine Pause mache.

Dann bin ich oben. Fast oben. Das Seil, an dem ich mich hochgezogen habe, verschwindet etwa einen Meter unterhalb der Spitze im Mast. Das verdammte Fallenschloss hängt aber direkt an der Spitze. Ich muss noch höher! Am lang ausgestreckten Arm fummele ich eine Leine durch eine Öse am Masttopp, ziehe sie durch meinen Gurt, fummele sie wieder durch die Öse, bis ich mir einen sechsfachen

Flaschenzug gebaut habe. Es hilft, mich dabei mit leiser Stimme zu kommandieren, mir jeden Handgriff vorzuschreiben, als wäre ich ein emotionsloser Roboter. Schließlich gelingt es mir, mich bis zum Fallenschloss hochzuziehen.

Ich hänge in knapp dreißig Metern Höhe an einem brutal hin- und herschwankenden Mast. Das Schiff unter mir sieht sehr klein aus. Die Höhenangst schlägt zu. Mein Bauch zieht sich zusammen, und ich blicke schnell zum Horizont. Die Sonne ist gerade untergegangen, der Himmel glüht aber noch hell genug, um die Beschläge an der Mastspitze genau zu erkennen. Ich untersuche das Fallenschloss. Es gelingt mir nicht, es mit der Hand zu entriegeln, der darunter hängende Gennaker ist zu schwer. Ich müsste einen zweiten Flaschenzug an der Mastspitze montieren, um das ganze Segel etwas weiter nach oben zu ziehen und so das Schloss zu entlasten. Da ich mit so etwas rechnete, habe ich alle notwendigen Leinen und Umlenkrollen dabei. Ich schalte die Stirnlampe ein und beginne wieder, mir selbst Anweisungen zu geben. Kein Blick nach unten, kein Zögern, nur auf den Moment konzentrieren! Tief atmen! Aus Angst, dass mir ein Tau oder Werkzeug aus der Hand fällt, bewege ich mich die ganze Zeit wie in Zeitlupe, zugleich klammere ich mich mit beiden Beinen an den Mast.

Als das Fallenschloss entlastet ist, fummele ich daran herum, minutenlang – bis plötzlich etwas klickt und die Verriegelung sich löst. Geschafft!

Knapp eine Stunde nach meinem Aufstieg lasse ich mich langsam am Seil hinab, mit der gleichen Technik wie beim Aufstieg. Mein Boot tief unten kann ich in der dunklen Nacht kaum erkennen, das hilft. Als ich an Deck stehe, arbeite ich weiter, emotionslos und wie programmiert. Ich setze wieder den Gennaker, nun mit einem anderen Fall, die probeweise Entriegelung klappt, ich kehre zurück ins Cockpit, stelle die Segel neu ein, prüfe den Kurs, registriere, dass Yannick mir zehn Seemeilen davongefahren ist, räume Werkzeug, Leinen und Kletterausrüstung weg, versuche einen Nussriegel zu essen, stelle fest, dass ich keinen Hunger habe, und lege mich in die Koje. Im Mast hatte ich mir vorgenommen, mich nach dieser ganzen Aktion zu belohnen: Zum ersten Mal auf dieser Reise wollte ich mir auf dem Laptop einen Film anschauen. Doch es geht nicht. Ich liege in meinem Schlafsack und zittere.

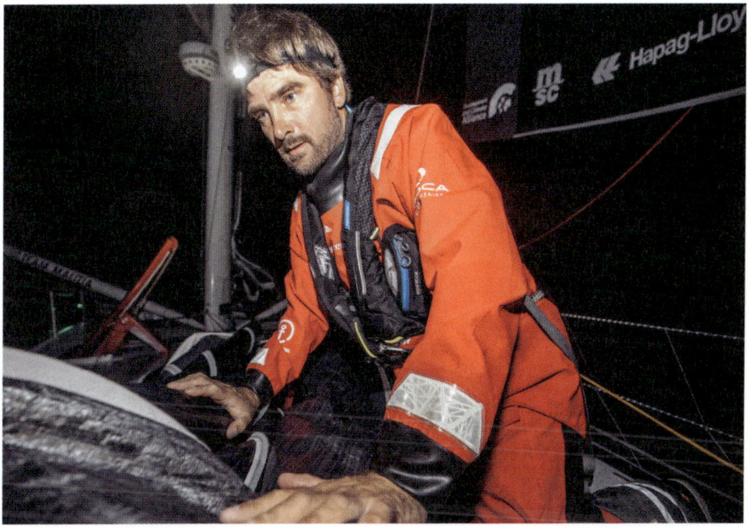

Nächtlicher Wechsel eines Vorsegels, mit Stirnlampe und Sicherheitsgurt

Am nächsten Morgen steckt mir der Schrecken noch tief in den Knochen. Mein Team, mit dem ich die Aktion bespreche, spürt offensichtlich, wie verstört ich bin. »Check mal den Dieseltank auf der Steuerbordseite. Da liegt was drunter«, schreibt Holly. Ich entdecke in einem kleinen Hohlraum eine Flasche Rum, eingewickelt in ein Foto des Teams, das an Deck der *Seaexplorer* steht und die Daumen hebt. Auf der Rückseite des Fotos hat jeder seinen Glückwunsch geschrieben: zur erfolgreichen Rundung vom Kap der Guten Hoffnung. »Gratuliere zum ersten Linksabbieger!«, schreibt Edwin. »Ein kleiner Schluck, und du bleibst warm im Südpolarmeer«, schreibt Will. »Wir geben alle acht auf dich, Boris!«, schreibt Lucia.

Was für eine wunderbare Mannschaft! Das Kap erreiche ich erst in etwa fünf Tagen, aber das ist völlig egal. Das Geschenk und die Grüße hätten zu keinem besseren Zeitpunkt kommen können. Ich öffne die Flasche und schnuppere das Aroma des Rums. Ich will nicht trinken, ich will ihn nur riechen. Tief atme ich ein.

Der würzige Duft ist wirklich ein ungewohnter Genuss für mich. Hier an Bord riecht ja gar nichts, ich bin ausschließlich von künstlichen Werkstoffen umgeben – bis auf meinen kleinen Kaktus. Auch die Welt um mich herum ist geruchslos, das Meer riecht nur in Landnähe und in Häfen, nach Fisch, Tang, getrocknetem Salz. Die Hohe See hingegen ist pures Wasser, der Ozean hier draußen kann schäumen, kochen, er kann eiskalt sein wie im Polarmeer oder lauwarm wie in den Tropen – aber er hat keinen Geruch.

Ich schließe die Augen und spüre, wie der Duft des Rums durch meine Nasenflügel strömt. Was für ein sinnliches Vergnügen! Mein Geruchssinn ist in dieser reizarmen Welt offenbar so empfindsam geworden, dass schon eine geöffnete Rumflasche mich betört. Ich schraube die Flasche zu – und überlege, ob ich dem Ozean unrecht tue, wenn ich ihm einen eigenen Geruch abspreche. Vielleicht gibt es ja einen Atlantikgeruch, und ich nehme ihn nur deshalb nicht wahr, weil ich ihn seit drei Wochen ununterbrochen einatme, ohne den Kontrast auch nur zu einer einzigen anderen Duftnote.

Der Himmel hat sich bis zum Horizont zugezogen. Die Wolkendecke hängt wie eine dunkle, ausgebeulte Matratze über mir. Von nun an werde ich die Sonne nur noch selten sehen, die meiste Zeit werden wir unter einem grauen Himmel über ein graues Meer segeln, von Stürmen gejagt, fünf, sechs Wochen lang. Das ist in Ordnung, ich fühle mich bereit für das Südpolarmeer. Auch meine Kletteraktion gestern hat dazu beigetragen. Noch immer krampft sich mein Bauch zusammen, sobald ich an den Blick von da oben denke, zugleich aber fühle ich Stolz. Ich hatte inständig gehofft, niemals in den Mast steigen zu müssen, ich hatte es ja schon im Hafen vor lauter Höhenangst nicht fertiggebracht. Nun habe ich die Bewährungsprobe bestanden. In unserem Alltag an Land passiert es selten, dass wir etwas tun müssen, wovor wir unfassbare Angst haben. In den meisten Fällen ist Angst ein gesunder Instinkt. Aber wenn wir nie unsere Grenzen überschreiten, verpassen wir womöglich die Chance zu erkennen, dass wir im Ernstfall viel mehr zu leisten vermögen, als wir uns je zugetraut haben.

~

Nach der Aktion heute Nacht bin ich von dem fünften auf den siebten Platz zurückgefallen. Unerheblich. Entscheidend ist jetzt, rechtzeitig die große Tiefdruckzone zu erreichen, die quer zu unserem Kurs nach Osten zieht. Um sie reiten zu können, müssen wir uns direkt vor ihr platzieren, dann ebenfalls auf Kurs Ost gehen und uns so lange wie möglich von dem Sturm durch das Südpolarmeer jagen lassen. Wer das Tempo nicht halten kann und sich von der Front überholen lässt, wird bestraft: von der aufgewühlten, chaotischen See, die jedes Sturmtief wie eine Schleppe hinter sich herzieht. Mir bleibt noch etwa ein Tag, um auf den Polarzug aufzuspringen.

Am Nachmittag informiert uns die Rennleitung, dass im Süden des Indischen Ozeans einige Eisberge entdeckt wurden, die auf unsere Route zudriften. Sie werde die AEZ deshalb ausdehnen. Die »Antarctic Exclusion Zone« ist Sperrgebiet für uns, eine Art Bannmeile rund um die Antarktis.

Bei der allerersten Vendée Globe segelte ihr Erfinder, der Franzose Philippe Jeantot, noch selbst mit. Als er im äußersten Süden auf Eisberge stieß, funkte er nach Frankreich: »Das ist russisches Roulette hier! Wir müssen die Regeln ändern!« Aber nichts passierte. Zehn Jahre später filmte die Engländerin Ellen MacArthur, mit ihrem zweiten Platz bis heute die beste Vendée-Seglerin, mehrere riesige Eisberge in der Nähe ihres Bootes. Trotz der Gefahr war auch sie einer taktischen Verlockung erlegen: Sie wollte den Weg abkürzen.

Vom Südatlantik aus führt die Route einmal um die Antarktis. Da die Erde eine Kugel ist, verkürzt sich die Strecke, wenn die Segler dichter an der Antarktis entlangfahren. Je näher dran, desto schneller drumherum – desto größer aber auch das Risiko, auf einen Eisberg zu prallen. Manche Abbrüche von Antarktisgletschern schwimmen wie riesige Landmassen durch das Meer, andere haben immer noch die Größe von Containerschiffen. Eisberge dieser Ausmaße fürchten die Segler nicht, sie werden vom Radargerät erkannt. Tückisch sind die Eisbrocken, kaum größer als die Rennyacht selber. Das Radar kann sie nicht erfassen, und der Skipper sieht sie auch nicht, da er sich in der tosenden See meist unter Deck verschanzt. Er muss auf sein Glück hoffen.

Die Teilnehmer der ersten Rennen waren Hasardeure. Der Vendée-Segler Pete Goss, 1996 Welt-Segler des Jahres, erklärte freimütig nach seiner Rückkehr: »Meine Einstellung war fatalistisch. Wenn das verdammte Zeug es auf dich abgesehen hat, dann rammst du es; wenn nicht, geht alles klar.« Herbert »Blondie« Hasler ging noch weiter. Der britische Marineoffizier hatte 1960 die erste Einhandregatta über den Atlantik organisiert und auch selber teilgenommen. Nach Hasler Meinung hat jemand, der freiwillig solch ein Risiko auf sich nimmt, kein moralisches Recht, bei Seenot nach Hilfe zu rufen. Einhandsegler sollten »absaufen wie Gentlemen«.

Das alles hört sich an, als sei die Vendée Globe damals ein nahezu selbstmörderischer Wettkampf gewesen. Tatsächlich sind in dreißig Jahren Renngeschichte zwei Menschen ums Leben gekommen: 1992 ein Brite in der Biskaya, 1996 ein Kanadier im Südpolarmeer. Seither ist die Vendée mit jeder Ausgabe sicherer geworden. Veranstalter und Segler tun alles, um die Risiken zu minimieren, mit verschärften Bauvorschriften für die Yachten, umfangreicher Sicherheitsausstattung und permanenter Überwachung der Flotte. Wir haben Satellitentelefone, automatische Notrufsender, AIS und Wolkenradar, enorm präzise Wettermodelle. Und es gibt seit 2016 eine rote Linie rund um die Antarktis. Sie markiert die AEZ, die

»Antarctic Exclusion Zone«: das mit Eisbergen gespickte Sperrgebiet.

Weil Eisberge treiben, muss die rote Linie regelmäßig aktualisiert werden. Die Rennleitung hat damit die französischen Firma CLS beauftragt. Von Toulouse aus kontrolliert das Unternehmen die Weltmeere: Es nutzt satellitengestützte Radar- und Bildaufnahmen, um aufzuspüren, was immer ihre Kunden finden wollen auf den Ozeanen. Wie eine Detektei arbeitet CLS für Regierungen, Umweltschutzorganisationen, auch für Reedereien und Bergbaukonzerne. Die Firma ist ein Hidden Champion, ein unbekannter Weltmarktführer, ohne eigene Kameras im All, aber mit hoch spezialisierten Datenanalysten, die genau wissen, von welchen Satellitenbetreibern sie welche Bilder kaufen müssen, um dann an den Monitoren auf Jagd zu gehen: nach illegal operierenden Fischtrawlern, Ölteppichen, Speedbooten von Piraten, Eisbergen in der Nähe von Frachtrouten. Sie lokalisieren Treibinseln aus Plastikmüll, registrieren, wenn sich irgendwo der Meeresspiegel plötzlich hebt oder unterseeische Ströme ihren Lauf ändern.

Gute Satellitenaufnahmen sind teuer, auch deshalb können die Experten von CLS nur einen Bruchteil der globalen Meeresfläche überprüfen. Doch wenn sie präzise wissen, in welcher Region sie fündig werden könnten, entgeht ihnen wenig.

Das Problem sind die Eisbrocken. Zu klein für die Satellitenkameras, aber schon mit drei, vier Metern groß genug, um einer aufprallenden Rennyacht das Ruder abzureißen oder den Rumpf aufzuschlitzen. Jeder dieser Brocken ist einige Wochen oder Monate zuvor von einem Eisberg abgebrochen – was den CLS-Spähern die Chance gibt, ihn doch noch aufzuspüren. Sie berechnen bei jedem Eisberg, den sie entdecken, wie groß mögliche Abbrüche sein könnten und in welche Richtung sie davontreiben würden, abhängig von Strömung, Seegang, Wind und Wassertemperatur. Das Ergebnis sind fächerartige Zonen, in denen die Wahrscheinlichkeit, auf Eisbrocken zu treffen, relativ hoch ist. Die Rennleitung hat eine Außenlinie um all diese Zonen gezogen. Das ist die Grenze unseres Sperrgebiets: eine rote Linie, die sich rund um die Antarktis durch das Meer zieht, mit Ausbeulungen nach oben und unten, im Schnitt knapp tausend Seemeilen von der Eiskappe des Kontinents entfernt. Wer in das Sperrgebiet eindringt, muss sofort zum Ort des Grenzübertritts zurücksegeln, andernfalls wird er disqualifiziert.

Zwei Wochen vor dem Start hatten wir die Koordinaten der aktuellen Grenzmarkierungen erhalten und in unsere Navigationsrechner eingegeben. Die Rennleitung hat uns heute einige neue Markierungen geschickt: Die CLS-Experten, die unsere Route entlang des Eismeers überwachen, haben festgestellt, dass südöstlich von Kapstadt mehrere Eisberge etwas schneller driften als vorausberechnet. Die rote Linie beult dort nun nach Norden aus, zur Sicherheit.

Als ich die neuen Daten in den Rechner einspeise, sehe ich, dass ich voraussichtlich morgen Abend Tristan da Cunha passieren werde, die abgelegenste aller bewohnten Inseln weltweit. 270 Menschen leben dort, die meisten arbeiten als Langustenfischer. Es gibt keinen Flughafen, die einzige Verbindung zur Außenwelt ist ein Versorgungsschiff, das etwa alle zwei Monate aus Kapstadt herüberkommt, 2800 Kilometer entfernt. Vielleicht sollte ich das nächste Mal, wenn ich mich einsam fühle, an Tristan da Cunha denken.

~

Es ist kalt geworden, draußen schwindet das Tageslicht. Der Wind hat weiter zugenommen, und ich entschließe mich, die Segelfläche zu verkleinern. Es wird mich gut eine Stunde Arbeit kosten, das Vorsegel auszutauschen und das Großsegel zu reffen – doch die Befürchtung, dass wie schon so oft der Wind direkt danach wieder nachlässt, muss ich diesmal nicht haben: Die Ausläufer des Tiefs haben mich erreicht, und ich gehe davon aus, morgen Mittag vor die Front des Sturmtiefs zu gelangen, das mich Richtung Südafrika treiben wird.

Ich zwänge mich in mein Ölzeug, steige in die Stiefel, schalte die Stirnlampe ein und klettere an Deck. Als ich den Segelsack aufs Vorschiff zerre, klicke ich wie immer den Karabiner meines Rettungsgurts in eine umlaufende Sicherungsleine. Ein Einhandsegler, der über Bord geht, ist verloren. Inzwischen bewege ich mich zwar wie eine Katze über das Schiff, was dazu führt, dass manchmal, wenn ich etwa nur kurz zum Mast gehen will, ich es eigentlich für unnötig halte, dafür den Gurt rauszuholen, anzulegen und mich einzuhaken. Doch auch auf See gilt die Gurtpflicht, sie ist oberstes Gebot.

Und dann, als ich vom Vorschiff zurück ins Cockpit gehe, sehe ich ihn plötzlich. Einen dunklen Umriss, der etwa dreißig Meter entfernt über der Heckwelle schwebt: ein Albatros! Das Sinnbild des Südpolarmeers. Für Seeleute ist es seit jeher ein besonderer Moment, wenn sie ihren ersten Albatros sehen; er gilt als Zeichen, dass sie nun im Südpolarmeer ankommen. Ich hatte mit diesem Moment erst in ein paar Tagen gerechnet, wenn ich in die Roaring Forties gelange. Weiter südlich folgen die Furious Fifties und die Screaming Sixties, die Tosenden Fünfziger und die Kreischenden Sechziger. Dort, zum Glück verborgen hinter der roten Linie für uns, erstreckt sich das eigentliche Polarmeer, mit seinen Orkanen, Wellenbergen und umhertreibenden Eismassen.

Ich setze mich ins Cockpit und beobachte den Flug des Albatros. Schon bei meinen beiden früheren Weltumsegelungen konnte ich den Vögeln endlos zuschauen. Auch jetzt bin ich ergriffen von der Eleganz, dem mühelosen Dahingleiten. Flügel von dreieinhalb Metern Spannweite tragen ihn, kein anderer Vogel hat so lange Flügel. Monatelang lässt sich der Albatros von den Stürmen über das Südpolarmeer treiben, unter ihm die rollende See. Oft schwebt er zwischen den Wellenbergen, nur wenige Meter über dem Wasser, und nutzt die Aufwinde an besonders steilen Wellen. Er fliegt, ohne mit den Flügeln zu schlagen, und er schläft, ohne sein Dahingleiten zu unterbrechen. Manchmal legt er über tausend Kilometer zurück, um seinem Küken eine Mahlzeit zu bringen, auf irgendeiner entlegenen Insel.

Ohne Wind kann ein Albatros nicht fliegen, kein Wunder, dass seine Heimat das Südpolarmeer ist.

Irgendwo hinter der Wolkendecke geht jetzt die Sonne unter. Wie ein Scherenschnitt hebt sich der Albatros von dem fahl schimmernden Himmel ab. Wie lange er mir wohl schon gefolgt ist? Manchmal lässt er sich über die Seite kippen und verschwindet in einem Wellental. Suchend blicke ich umher, bis er an einer ganz anderen Stelle als erwartet wieder aus der Dünung auftaucht. Seine Flügelspitzen scheinen die Kämme der Wellen zu streifen, es sieht aus, als spiele er mit ihnen. So gleitet er durch die See, mal links, mal rechts von meinem Schiff, dann wieder schwingt er sich hinauf auf seinen Beobachtungsposten und schwebt stoisch über der weißen Schaumspur hinter mir her. Und nie schlägt er mit den Flügeln.

Von nun an werden Albatrosse mich häufiger begleiten, über sechs Wochen hinweg. Der Himmel bleibt verhangen, das Licht wird härter, das Meer verdunkelt sich. Die Sterne, sollten die Wolken einmal aufreißen, funkeln und strahlen heller als in den Tropen. Eiskaltes Wasser wird ständig über das Cockpitdach rauschen und wie ein Sturzbach ins offene Heck prasseln. Ich werde den Ausgang des Cockpits mit einer Persenning verschließen und versuchen, etwas Wärme im Schiff zu halten. Ich werde einen dicken Pullover über meine Fleece-Pullis ziehen und auch im Schlafsack eine Wollmütze tragen. Ich weiß, was mich erwartet. Bei meinen drei Weltumsegelungen fuhr ich wochenlang durch das Südpolarmeer.

Eines aber wird anders sein. Immer hatte ich Mitsegler an Bord, jetzt nicht. Mit allem, was vor mir liegt, werde ich allein klarkommen müssen. Das Südpolarmeer ist die entlegenste, unberührteste Wildnis der Erde, und ich habe nur den Wind an meiner Seite, um sie durchqueren zu können. Ähnlich wie ein Albatros.

Ich steige hinunter in die Kabine, schalte das Deckenlicht ein, setze Wasser auf und fische eine Tüte gefriergetrockneter vegetarischer Fleischbällchen aus dem Proviantbeutel. Zum Nachtisch esse ich einen Nussriegel und schnuppere an der Rumflasche. Ich kontrolliere am Rechner die Wind- und Schiffsdaten, die Positionen der anderen Schiffe, überprüfe das Routing, verschicke einige Textnachrichten und schwinge mich in die Koje. Ich will versuchen, mehrmals je neunzig Minuten zu schlafen. Das Südpolarmeer wird uns viel abverlangen, ich rechne mit einer harten Zeit. Ich rechne allerdings nicht damit, schon mehrere Nächte später in stürmischer See nach einem Mitsegler suchen zu müssen.

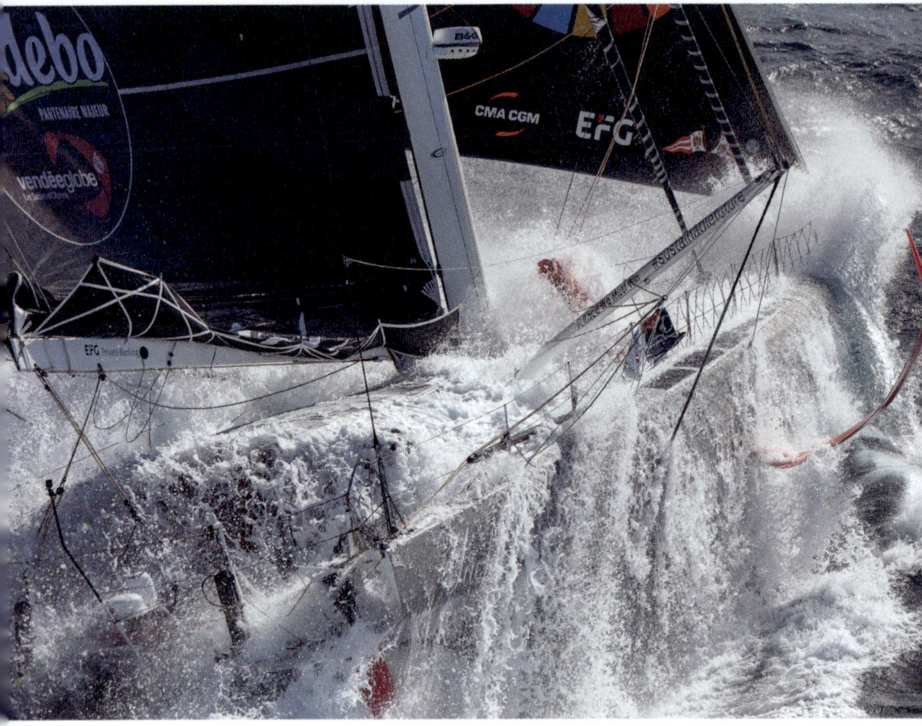

Mehr Schnelligkeit oder Sicherheit? In harter See hört das Abwägen nie auf.

7 Die längste Nacht

An dem Tag, an dem sein Schiff auseinanderbrechen wird, legt Kevin Escoffier eine beeindruckende Aufholjagd hin. Wir sind seit 23 Tagen unterwegs und seit zwei Tagen im Südpolarmeer. Wir hatten gehofft, dort auf unseren ersten Polarzug aufspringen zu können, auf ein großes Sturmtief, das quer über den Südatlantik Richtung Kapstadt zog. Doch es war zu schnell für uns. Nur Spitzenreiter Charlie Dalin schafft es, das Tief zu reiten: Er hält sich eisern vor der Kaltfront, lässt sich mit Rückenwind von ihr nach Osten jagen und hat bereits einen Vorsprung von mehr als 200 Seemeilen.

Die Verfolgergruppe, zu der auch ich gehöre, ist von der Kaltfront überholt worden. Im Rücken der Front sind wir in die typische Kreuzsee geraten: eine Buckelpiste aus kurzen, steilen, wirr durcheinanderlaufenden Wellen, aufgewühlt von stürmischen Böen, die nun aus einer anderen Richtung übers Wasser fegen als kurz zuvor noch in der Tiefdruckzone. Die französischen Segler nennen es »mer hachée«, gehacktes Meer. Ich hasse es. Unsere Foils nutzen uns hier gar nichts. Im Gegenteil: Wenn plötzlich eine Böe mit dreißig Knoten vom Himmel fällt, wenn das Schiff dann wie entfesselt auf den Foils über vier Meter hohe Wellen springt, nur um brutal von der nächsten Wasserwand gestoppt zu werden, dann spüre ich, dass die *Seaexplorer* sich selbst zerstören würde, ließe ich sie gewähren. Also zügele ich mein Schiff. Ich nehme Druck aus den Segeln, bis das Springen und Krachen mir einigermaßen erträglich erscheint.

Auf dem Tracker sehe ich, dass der Franzose Kevin Escoffier in den letzten 24 Stunden mit durchschnittlich 18,4 Knoten durch die Kreuzsee gebrettert ist. Was für ein Speed! Und das nicht bloß während einer Sturmböe, sondern als 24-Stunden-Schnitt! Das ist das höchste Etmal der gesamten Flotte, niemand segelt gerade schneller als Kevin. Seine Strategie für das Südpolarmeer heißt offensichtlich: All in! Nachdem er Jean Le Cam überholt hat, liegt er nun auf Platz drei, nur noch zwanzig Seemeilen hinter Thomas Ruyant. Der hält sich trotz seines abgesägten linken Foils bisher erstaunlich gut auf dem zweiten Platz – doch ich gehe davon aus, dass Kevin ihn noch heute überholen wird. Und dann wird er zur Jagd auf den Spitzenreiter ansetzen.

Ich kenne den vierzigjährigen Kevin Escoffier gut, wir haben oft gemeinsam im »Pôle Finistère« trainiert, dem französischen Leistungszentrum der Vendée-Segler. Kevin ist Profisegler, die Weltmeere sind sein Stadion, von Kindheit an. Sein Vater hat mehrere Atlantikregatten gewonnen, sein Bruder arbeitet als Muschelfischer vor Saint-Malo. 2012 gewannen Kevin und seine Crew auf einem Trimaran die Jules-Verne-Trophäe: den legendären Preis für die schnellste Nonstop-Weltumsegelung. Sie benötigten 45 Tage und 13 Stunden. 2018 gehörte er zur Besatzung des Siegerboots beim Volvo Ocean Race, einer Regatta um die Welt in mehreren Etappen.

Kevin hat Maschinenbau studiert und gilt als begnadeter Techniker, ein MacGyver unserer Szene, der alle denkbaren Schäden auf hoher See irgendwie in den Griff bekommt. Als etwa beim Volvo Ocean Race auf seinem Boot die Meerwasserentsalzungsanlage ausfiel und die Mannschaft sich darauf einstellte, aufgeben zu müssen, da improvisierte und fummelte Kevin so lange an der Anlage herum, bis sie wieder Trinkwasser produzierte. Er rettete so seinem Schiff den Sieg. Und als jetzt, drei Tage nach dem Start der Vendée Globe, plötzlich kniehoch Wasser in seinem Schiff stand, da filmte er kurz die Überschwemmung, witzelte über sein »neues Aquarium« und kroch dann auf Knien durchs Wasser, um systematisch nach dem Leck zu suchen. Er entdeckte schließlich ein schadhaftes Ventil, tauschte es aus, pumpte sein Schiff trocken – und weiter ging's.

Genau wie ich startet Kevin in diesem Jahr zum ersten Mal bei der Vendée Globe. Er ist der neue Skipper der *PRB*, ein zehn Jahre altes Schiff, das bei den letzten beiden Vendées aufgeben musste, jedes Mal nach einer Kollision mit Treibgut. Das leichte, sehr schnelle Schiff wurde vor drei Jahren mit Foils aufgerüstet. Seither ist es ein Fluggerät, das schnellste der älteren Generation. Beim Atlantikrennen Transat Jacques Vabre 2019 surfte das Schiff an vielen hypermodernen Neubauten vorbei auf den zweiten Platz.

Kevin fürchtete allerdings, dass die *PRB* nicht stabil genug gebaut war, um mit den neuen Foils als Beschleuniger dem brachialen Seegang im Südpolarmeer standzuhalten. Als wir uns Mitte 2020 in der Bretagne trafen, schilderte er mir, wie er gerade mit 200 Kilogramm Karbonwerkstoffen das vordere Deck verstärkt hatte. Er wollte es dem Polarmeer auf keinen Fall erlauben, sein Schiff zu zermürben. Kevin, der sich während seines Ingenieurstudiums auf Werkstoffe und Strukturen beim Bootsbau spezialisiert hatte, wusste genau, was er tat. Kaum jemand hätte das Schiff besser für die Torturen präparieren können als er. Ich vermute, er kann sich in jede Karbonfaser seines Boots hineinfühlen – auch jetzt, bei dem Höllenritt durch die Kreuzsee. Ich bin sicher, er wird genau spüren, wie viel er seinem Schiff bei der beeindruckenden Aufholjagd zumuten kann.

~

Um 14.46 Uhr deutscher Zeit empfängt der *PRB*-Teammanager eine Textnachricht von Kevin Escoffier:

»SOS!

Je descends!

Ce n'est pas une blague!«

Auf Deutsch: »SOS! Ich gehe unter! Dies ist kein Witz!«

Die nächsten zwölf Stunden werde ich wohl nie vergessen, auch wenn ich es gern täte. Erst im Rückblick ist mir klar geworden, wie alles ineinandergegriffen hat, das Planbare und das Schicksalhafte.

Bei keiner Vendée Globe je zuvor sind so viele Sicherheitsnetze aufgespannt worden; alles hat perfekt funktioniert, die Notfallpläne, die Ortungssysteme, die Kommunikation. Doch das Meer bleibt immer stärker. Und wer ihm einen Schiffbrüchigen entreißen will, dem wird es mit moderner Technik allein nicht gelingen. Er muss erfahrene Seeleute an seiner Seite haben – und oft auch unfassbar viel Glück.

Ebenfalls erst danach habe ich erfahren, welche Versuche weltweit unternommen wurden, die Suche vor Ort zu unterstützen. Gemeinsam mit drei anderen Seglern durchkämmte ich bis tief in die Nacht das Meer nach Kevin. Es gab nur uns, unsere Schiffe und die dunkle, leere See. Meine Verzweiflung wuchs, und ich fühlte mich trotz des ständigen Kontakts zur Rennleitung allein und schier erdrückt von der Verantwortung. Ich wusste nichts von der fiebrigen Kommunikation zwischen den Akteuren des internationalen Rettungseinsatzes. Sie saßen in Les Sables-d'Olonne, Kapstadt, Paris, Hamburg, Abu Dhabi und Norfolk/USA in ihren Kommandozentralen. Sie blickten auf ihre Monitore und beobachteten, wie sich dort vier Punkte hin und her bewegten. Vier Schiffe in einem Seegebiet gut 1100 Kilometer südlich von Südafrika, auf der Suche nach einem fünften Schiff.

Ich wusste nichts von den Optionen, die international diskutiert wurden. Die auf dem Festland wiederum hatten keine Ahnung, wie wir uns hier draußen fühlten. Erst die im Nachhinein zusammengetragenen Untersuchungsberichte, Protokolle, Interviews und Chat-Verläufe ermöglichen es, die Ereignisse dieser Nacht lückenlos zu erzählen, aus unterschiedlichen Perspektiven.

30. November 2020, 14.42 Uhr, Südpolarmeer: Dunkle, tief hängende Wolken. Kalter Wind aus Süden, von der Antarktis her, mit Böen bis zu sieben Windstärken. Schäumende Kreuzsee aus fünf Meter hohen Wellen, elf Grad Wassertemperatur. Normale Wetterbedingungen in den Roaring Forties, rund 1100 Kilometer südwestlich von Kapstadt. Kevin Escoffier steht im Cockpit, als seine dahinsurfende Yacht nach einer Böe mit 27 Knoten Speed in ein Wellental kracht, wieder einmal. Als Kevin nach vorn blickt, sieht er, wie plötzlich der gesamte Bugbereich senkrecht nach oben klappt. Das Schiff ist vom Aufprall quer zerrissen worden, klafft vor dem Mast offen. Wie eine Autofähre bei der Beladung.

Kevin springt unter Deck. Dort rauscht ihm das Wasser entgegen, das Meer dringt ins Schiff. Kevin kann noch den kurzen Hilferuf an sein Team absetzen, dann zerstört ein Kurzschluss die Elektronik, Rauch quillt aus der Schalttafel. Er schnappt seinen Überlebensanzug und wirft ihn hinaus ins Cockpit. Inzwischen steht im Rumpf das Wasser hüfthoch. Kevin klettert ins Cockpit und zwängt sich in den Anzug aus Neopren, der ihn im Meer eine Weile warm halten würde. Er aktiviert den am Heck befestigten Notsignalsender und schnallt die Rettungsinsel los. Jetzt fehlt nur noch der kleine Notfallsack mit Satellitentelefon, Funkgerät und GPS-Sender. Der Sack ist am Boden des Cockpits festgebunden. Das Schiff liegt bereits so tief, dass nun auch das Cockpit überspült ist. Kevin beugt sich ins Wasser, fummelt nach dem Sack. Da bricht eine gewaltige Welle über das Schiff und reißt ihn mitsamt der Rettungsinsel ins Meer. Der Notfallsack bleibt auf der *PRB*, die zu sinken beginnt.

Die Rettungsinsel bläst sich innerhalb von zehn Sekunden auf: ein sechseckiges, hochwandiges Schlauchboot mit Einstiegshilfe und rundum verschließbarem Dach. Auch bei schwerstem Seegang schwimmt es in aufrechter Lage auf dem Wasser. Kevin klettert hinein und befördert das Wasser im Inneren der Insel außenbords. Dann schließt er das Dach und streckt sich auf dem Boden aus.

Seit dem Auseinanderbrechen seines Boots sind knapp fünf Minuten vergangen. Kevin weiß, dass seine Textnachricht an das Team in Frankreich angekommen ist. Er weiß, dass die EPIRB-Notfunkbake, die er aktiviert hat, ein Alarmsignal und die Schiffsposition über Satelliten an Rettungsleitstellen weltweit sendet. Er weiß, dass wir in der Nähe sind. Sein Überlebensanzug hält ihn warm. Seine Rettungsinsel enthält wie vorgeschrieben: sechs Liter Wasser, zwei Kilogramm hochenergetische Nahrung, zwei Fallschirmfackeln, drei Handfackeln, drei schwimmende Rauchgranaten und auf dem Dach ein Blinklicht. In seiner Hosentasche hat er einen kleinen AIS-Signalgeber, der funkt die Position der Rettungsinsel etwa zwei, drei Seemeilen weit.

Kevin ist durch und durch Ingenieur, er glaubt an Fakten und an Wahrscheinlichkeiten. Er hält es für sehr wahrscheinlich, gefunden zu werden.

14.48 Uhr, Les Sables-d'Olonne: Der Rennleiter der Vendée Globe, Jacques Caraes, wird informiert, dass Kevin Escoffier einen Notruf an sein Team geschickt hat. Caraes versucht vergeblich, den Segler per Satellitentelefon zu erreichen. Der Satz »Dies ist kein Witz!« macht ihn misstrauisch. Handelt es sich um einen üblen Scherz?

14.53 Uhr, Cap Gris-Nez: Kein Ort in Frankreich liegt dichter an England als die Klippen von Gris-Nez. Wer den Ärmelkanal durchschwimmen will, startet hier. In einer Turmanlage am Rand der Klippen ist »Cross Gris-Nez« stationiert, die zentrale staatliche Rettungsleitstelle für Zwischenfälle auf See. Geraten irgendwo auf den Weltmeeren französische Staatsbürger in Not, koordiniert Cross Gris-Nez den Hilfseinsatz. Seit Jahren arbeitet die Leitstelle mit den Veranstaltern der Vendée Globe zusammen, es gibt gemeinsame Krisenpläne, und in den Rechnern sind die Daten der Notfunkbaken aller teilnehmenden Schiffe gespeichert. Das Signal, das um 14.53 Uhr eintrifft, kann die Leitstelle deshalb sofort identifizieren. Sie benachrichtigt den Wettfahrtleiter Caraes. Er weiß nun, der erste Notruf war kein Scherz.

14.58 Uhr, Kapstadt: Die südafrikanische Zentrale für Rettungseinsätze auf See wird über den Schiffbruch der *PRB* informiert. Sie erhält von Cross Gris-Nez die Koordinaten der Unglücksstelle: 40 Grad 53'15 Süd/9 Grad 16'8 Ost. Das ist über 1100 Kilometer vom Festland entfernt, weit außerhalb der üblichen Einsatzzone. Die Südafrikaner sichern den Franzosen ihre Hilfe zu.

15.15 Uhr, Les Sables-d'Olonne: Die Rennleitung bittet Jean Le Cam, nach Kevin zu suchen. Jean segelt ja genau hinter ihm, ist nur 26 Seemeilen entfernt. Dank des starken Rückenwinds wird er in gut zwei Stunden die letzte bekannte Position von *PRB* erreicht haben. Niemand weiß, ob Kevin noch an Bord ist, ob er mit dem Schiff gesunken ist, ob er es in die Rettungsinsel geschafft hat.

Die Rennleitung unterscheidet bei Notfällen generell zwischen drei Alarmstufen. Ein kränkelnder Segler oder kleine Schäden am Boot fallen in Alarmstufe Gelb. Für Traumata, starke Verletzungen, massive Schäden am Boot, kein Kontakt für 24 Stunden gilt Alarmstufe Orange. Sind die Vorfälle so schwerwiegend, dass Lebensgefahr besteht, greift Alarmstufe Rot: bei schwersten Verletzungen, Kentern, abgebrochenem Kiel oder Mann über Bord. Für jede Alarmstufe liegt ein ausgefeilter Ablaufplan vor. Er regelt, wer im Krisenteam sitzt, wer den Kontakt zum Skipper hält, wer externe Hilfe koordiniert. Und auch, wer mit der Familie spricht, den Medien. Gerade bei Notfällen können unbedachte Formulierungen fatale Folgen haben; die meisten Teams haben deshalb abgestufte Presseerklärungen vorbereitet, von Mastbruch über Kenterung bis Tod.

Wettfahrtleiter Jacques Caraes löst Alarmstufe Rot aus.

17.00 Uhr, Segelyacht Seaexplorer: Fassungslos starre ich auf den Tracker. Die Rennleitung hat gerade die Flotte informiert, dass Kevin und seine *PRB* verschwunden sind, nun erhalten wir wie alle drei Stunden die aktuellen Positionen sämtlicher Schiffe. Auf dem Tracker, einer Art digitaler Seekarte, lässt sich die Uhrzeit zurückstellen und dann im Schnelldurchlauf beobachten, welche Kurse die Segler in den letzten Tagen oder Stunden genommen haben.

Ich stelle die Zeit um drei Stunden zurück, auf 14.00 Uhr, und drücke auf Start. Wie in einem Videospiel zuckeln die Piktogramme unserer Schiffe über die Seekarte, Kevin in Orange, Jean Le Cam im Weiß, Yannick in Rot, ich in Grau. Alle bewegen sich dicht hintereinander. Unten am Rand des Trackers läuft die Uhrzeit mit. Um

14.58 Uhr stoppt Orange. Mitten auf der Seekarte bleibt das Symbol für Kevins Boot einfach stehen. So harmlos. So grauenvoll. Ich kann mich nicht erinnern, so etwas schon einmal auf einem Tracker gesehen zu haben.

Dann, gegen 16.45 Uhr, nähert sich Weiß, also Jean Le Cam, dem eingefrorenen Standort von Orange. Aus der geraden Linie von Weiß wird ein Zickzackkurs auf engstem Raum. Le Cam hat ein Signal von einem AIS-Positionsmelder erhalten und am Unglücksort mit der Suche begonnen. Kevin muss hier irgendwo treiben, in einem Umkreis von nur wenigen Seemeilen.

17.04 Uhr, Segelyacht Yes We Cam!: Fünf Meter hohe Wellen, sieben Windstärken, schlechte Sicht. Plötzlich entdeckt Jean Le Cam die Rettungsinsel ganz in seiner Nähe! Er schreit mit aller Kraft über die See. Da öffnet sich ein Spalt im Dach der Insel, Kevin schaut heraus.

»Ich sah ihn. Er hatte seinen Überlebensanzug an. Ich rief ihm zu, dass ich gleich wiederkommen werde. Es gab ja keinen Grund, überstürzt zu handeln. Ich wollte erst meine Segel verkleinern und den Motor anwerfen. Anders würde ich ihn in diesem Seegang nicht von seiner Insel runterbekommen.«

Doch der Motor, seit dem Start verplombt, springt nicht an. Wieder und wieder drückt Jean den Anlasser. Endlich heult der Motor auf, Jean steuert zurück zur Fundstelle.

»Aber da war niemand mehr. Fast zwei Stunden habe ich Kevin gesucht. Sechsmal bin ich hin und her gefahren. Das heißt, ich musste sechsmal wenden – was bei dieser Scheiß-Kreuzsee die Hölle ist. Gleichzeitig die ganze Zeit auf die Wellenberge starren, alles absuchen. Irgendwann trieb mein Schiff auf einmal rückwärts. Da habe ich mich entschieden, es reicht. Pause!«

18.33 Uhr, Segelyacht Seaexplorer: Die Rennleitung bittet nun auch die Skipper der drei nächstgelegenen Schiffe um Hilfe: Yannick Bestaven, Sébastien Simon und mich. Wir nehmen Kurs auf die

Unglücksstelle. Mir bleiben noch fünf Stunden, und ich versuche zu schlafen, um einigermaßen fit zu sein für die bevorstehende Nacht. Doch es gelingt mir nicht, ich bin viel zu aufgewühlt. Wie geht es Kevin jetzt in der Rettungsinsel? Und wie fühlt sich Jean? Er hat Kevin gefunden, er hat mit ihm gesprochen – und dann hat er ihn aus den Augen verloren. Fürchterlich! Ich hoffe, er kriegt es irgendwie hin, sich keine Vorwürfe zu machen. Dies ist seine fünfte Vendée Globe, niemand hier draußen hat so viel Erfahrung wie er.

Aber warum kennt eigentlich niemand die genaue Position der Rettungsinsel? Auch Kevin wird den Notfallbeutel ja im Cockpit befestigt haben, griffbereit für den Sprung in die Rettungsinsel. Er müsste den Beutel doch jetzt dabeihaben, mit Satellitentelefon, Funkgerät und GPS-Sender – drei Möglichkeiten, uns zu informieren. Warum zum Teufel schickt er uns nicht seine verdammte Position?

19.30 Uhr, Rettungsinsel: Nachdem Jean Le Cam ihm zugerufen hatte, dass er gleich zurückkehren würde, hatte Kevin die Sichtluke wieder geschlossen und abgewartet. »Als ich Jean erkannte, wusste ich, dass ich gerettet werde. Er ist der Größte. Als er nicht zurückkam, habe ich trotzdem weiter an ihn geglaubt.«

Inzwischen ist es stockdunkel. Kevin kann seine Koordinaten nicht senden: Der Notfallbeutel ist auf dem Schiff geblieben, und die Positionssignale des kleinen AIS-Senders, den er bei sich hat, dringen nicht durch die hohen Wellen um ihn herum. Nur wenn die Insel für einen kurzen Moment auf dem Kamm eines Wasserbergs schwimmt, können sich die Funkwellen des Senders ausbreiten. Kevin bleibt ruhig. Er weiß, dass im Laufe der Nacht Wind und Seegang deutlich nachlassen werden. Bei Sonnenaufgang um 4.40 Uhr wird das AIS-Signal konstant zu empfangen sein, mehrere Seemeilen weit, und die Sicht wird gut sein. »Ich war fest davon überzeugt, dass Jean oder die anderen mich am nächsten Tag finden werden.«

Das Meer hat eine Temperatur von elf Grad, die Lufttemperatur beträgt zehn Grad. Kevin friert nicht, der Überlebensanzug hält ihn warm, und in seiner Rettungsinsel ist es trocken. Er isst einen Energieriegel, dann legt er sich auf den Boden der schaukelnden Insel und versucht zu schlafen. Um Strom für die morgige Suche zu sparen, nimmt Kevin die Batterien aus dem AIS-Sender.

Wettfahrtleiter Jacques Caraes: »Das war kein Fehler. Das war einfach nur die Entscheidung zwischen zwei Möglichkeiten. Kevin rechnete nicht damit, noch in der Nacht gefunden zu werden, deshalb hat er auch keine Leuchtraketen gezündet. Später sagte er mir, er habe sofort in den Überlebensmodus geschaltet. Keine Panik, nur noch kaltes Funktionieren.« Kevin hat funktioniert. Er hat nicht mit Glück gerechnet, sondern mit Wahrscheinlichkeiten.

20.13 Uhr, Les Sables-d'Olonne: Die Rennleitung stellt über WhatsApp die Chatgruppe »PRB Rescue« zusammen und fügt Yannick, Sébastien und mich hinzu. Die Suche vor Ort kann nur Erfolg haben, wenn alle Beteiligten sich permanent absprechen. »Wir bereiten bis zu eurer Ankunft einen genauen Suchplan vor«, schreibt Wettfahrtleiter Caraes.

Zur Chatgruppe stößt von Land aus auch Vincent Riou, der Sieger der Vendée Globe 2004. Als langjähriger Skipper der *PRB* hat er das Schiff 2017 an Kevin Escoffier übergeben, seither ist er der Teammanager des Vermissten. Außerdem ist Vincent Riou Experte für Seenotrettung: Bei der Vendée Globe 2008 gelang ihm mit der damaligen *PRB*-Yacht ein Meisterstück vor Kap Hoorn. In stürmischer See holte er Jean Le Cam an Bord, der nach einer Kenterung 16 Stunden in seiner kieloben schwimmenden Yacht ausgeharrt hatte. Nun sind die Rollen vertauscht, nun sucht Jean Le Cam nach dem neuen *PRB*-Skipper.

20.18 Uhr, Hamburg: Holly Cova, Managerin unseres Teams, stellt eine Chatgruppe mit Co-Skipper Will Harris und Boat Captain Stuart McLachlan zusammen. Sie sollen mich bei der Suche mit Ratschlägen unterstützen. Will kümmert sich von England aus um Wetter und Navigation, Stuart von Neuseeland aus um die technischen Details. Er erinnert mich daran, die Wurfleine mit dem Rettungsring zurechtzulegen und Scheinwerfer und Stirnlampe aufzuladen. Holly schickt in Rücksprache mit der Rennleitung eine Pressemitteilung hinaus, dass ich und drei weitere Segler das Rennen unterbrochen haben, um nach einem vermissten Mitsegler zu suchen.

20.20 Uhr, Cross Gris-Nez: In der Rettungsleitstelle in Frankreich wächst der Ärger über die Kollegen in Südafrika. Die Leitstelle in Kapstadt hatte zwar mitgeteilt, sie »erwäge, ein Flugzeug in das Gebiet zu schicken«, doch was genau seither geschehen ist, wissen die Franzosen nicht. Laut internationaler Vereinbarung soll ein Notfalleinsatz auf See immer vor Ort koordiniert werden, von der jeweiligen nationalen Rettungsleitstelle. Aber Cross Gris-Nez will nicht länger warten und alarmiert die französische Marine. Die Einsatzzentrale für Operationen im Atlantik meldet zurück, derzeit keine Schiffe im Südatlantik verfügbar zu haben. Vielleicht auf der anderen Seite von Afrika? Die für Operationen im Indischen Ozean zuständige Kommandozentrale, stationiert in Abu Dhabi, antwortet, dass sich die Fregatte *Nivose* nahe den Kerguelen-Inseln befinde. Eine Inselgruppe im Südpolarmeer, gut 3000 Kilometer entfernt. Viel zu weit weg. Kann die Luftwaffe helfen? Auf La Réunion, einer französischen Insel nahe Madagaskar, gibt es einen Militärflughafen. Einige Flugzeuge sind mit Wärmebildkameras ausgestattet, die Besatzungen für Suchflüge auf See geschult. Um 23.18 Uhr meldet La Réunion, dass die Maschinen gerade auf Madagaskar im Einsatz seien.

21.12 Uhr, Chatgruppe »PRB Rescue«: Die Rennleitung schickt uns erneut die Koordinaten des Unglücksorts. Vor sechs Stunden hat Kevin dort seinen Notruf abgesetzt; sollten Teile der *PRB* noch im Wasser schwimmen, wären sie pro Stunde etwa zwei Seemeilen nach Norden getrieben. Wir müssen uns also vorsehen, nicht mit möglichen Wrackteilen zu kollidieren. Um 21.33 Uhr erreicht Yannick Bestaven als zweiter Segler die Suchzone. »Ok, bin jetzt dort. Empfange kein AIS-Signal von Kevin«, meldet er.

21.51 Uhr, Cross Gris-Nez: Eine Rettungsinsel hat meistens wenig Wasserwiderstand und treibt davon. Wohin genau, ist abhängig von Windrichtung und Windstärke, von Höhe und Richtung der Wellen, von der Strömung sowie der Zeitdauer seit Aufblasen der Insel. Die französische Rettungsleitstelle schickt all diese Daten aus unserem Suchgebiet an Météo-France, eine staatliche Überwachungszentrale für Wetter und Klima. Dort, in der Abteilung für Ozeanografie, sitzen Experten, die präzise Driftmodelle errechnen können: wenn etwa ein Schiff Öl verliert und Einsatzkräfte und Anliegerstaaten wissen wollen, wohin genau der Ölteppich treiben wird. Nun sollen die Experten eben das Gleiche mit Kevins Rettungsinsel machen.

Météo-France beeilt sich. Um 22.14 Uhr erhält die Rettungsleitstelle das Driftmodell der Ozeanografen und schickt es sofort an die Rennleitung.

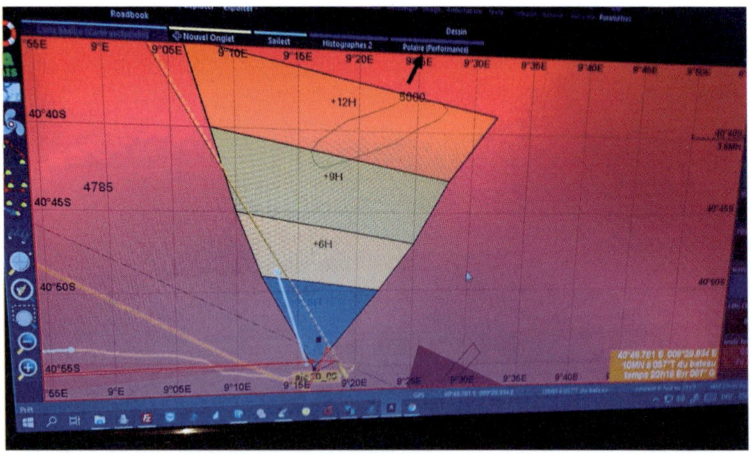

Das Suchdreieck, eingepflegt in meine elektronische Seekarte. Ozeanografen in Frankreich haben berechnet, innerhalb welchen Zeitraums die Rettungsinsel von Kevin wohin getrieben sein kann. Von den Suchzonen für die vier Segler habe ich den grünen Streifen »9H« zugewiesen bekommen, die Neun-Stunden-Zone.

22.24 Uhr, Kapstadt: Die südafrikanische Einsatzzentrale teilt den Franzosen mit, dass sie nicht in der Lage sei, Schiffe oder Flugzeuge in das entlegene Suchgebiet zu senden. Die Franzosen wissen inzwischen, dass sich nicht nur keine Militär-, sondern auch keine Handelsschiffe in erreichbarer Nähe aufhalten. Der Einsatz französischer Marineflieger ist frühestens in 48 Stunden möglich. Die Einzigen, die Kevin nun finden können, sind die vier alarmierten Segler der Vendée Globe.

22.27 Uhr, Chatgruppe »PRB Rescue«: Die Rennleitung hat das Driftmodell der Ozeanografen genutzt, um eine präzise Suchzone zu definieren. Sie schickt uns die Koordinaten der Zone, die ich sofort in meine Seekarte übertrage. Die Zone sieht aus wie ein auf der Spitze stehendes Dreieck. Die Spitze ist der Ort, an dem Jean Le Cam vor gut fünf Stunden die Rettungsinsel gesehen hat. Von dort öffnet sich V-förmig ein Dreieck nach oben, nach Nordosten, in die Richtung, in die Wind, Wellen und Strömung die Insel mit hoher Wahrscheinlichkeit befördert haben. Beide Seitenlinien sind etwa 25 Seemeilen lang. Irgendwo in dem Dreieck zwischen den Linien treibt Kevin, davon sind die Driftexperten überzeugt.

Die Rennleitung hat das Dreieck in vier Querstreifen unterteilt. Es sind die jeweiligen Suchzonen für uns. »Sucht eure Zonen im Zickzack ab«, schreibt die Rennleitung, »und zwar so langsam wie möglich: unter Motor im Leerlauf, mit drei Reffs im Großsegel, ohne Vorsegel. Schaltet die Scheinwerfer ein. Wenn Kevin sie sieht, wird er eine Signalrakete zünden. Und lasst ständig das Nebelhorn heulen.«

22.35 Uhr, Segelyacht Seaexplorer: Ich passiere den Ort, an dem Jean Le Cam die Rettungsinsel gesehen hatte, und wende mein Schiff nach Norden, fahre mit Rückenwind in das Suchdreieck hinein. Von hier aus soll Kevin mit seiner Insel nach Nordosten gedriftet sein. Aber wie weit? Ich habe den dritten Querstreifen im Dreieck zugewiesen bekommen. In etwa zwei Stunden werde ich ihn erreichen. Auf dem Weg dorthin durchkreuze ich den Suchsektor von Sébastien Simon, der erst gegen Mitternacht hier ankommen wird. Ich habe mein AIS-Empfangsgerät laut gestellt, den Scheinwerfer eingeschaltet, das Radargerät und auch die Infrarot-Kamera auf der Mastspitze. Bei langsamer Fahrt starre ich auf die im Mondschein glänzende See. Vielleicht treibt Kevin ja doch noch irgendwo hier umher, nahe der Unglücksstelle.

Yannick durchkämmt bereits seinen eigenen Suchsektor. Jean wiederum fährt ganz langsam am Rand seiner Zone entlang, die Rennleitung hat ihm gesagt, er solle sich eine Weile ausruhen. Sie rechnet mit einer langen Nacht. Inzwischen geht sie davon aus, dass Kevin seinen Notfallbeutel mit den Telefonen nicht bei sich hat. Aber was ist bloß los mit seinem AIS-Sender? Ich begreife nicht, warum der Sender die Position nicht mehr funkt. Jean hatte die Signale doch noch empfangen!

23.54 Uhr, Paris: Auf Bitte der Rettungsleitstelle informiert das Pariser Außenministerium die französische Botschaft in Südafrika, kurz darauf wird der Botschafter aus dem Bett geholt. Als Diplomat würde er das anders formulieren – aber im Kern wird es bei dem Telefonat darum gegangen sein, was sich tun lässt, um die südafrikanischen Behörden auf Trab zu bringen. Die würden einfach tatenlos bleiben und so gut wie keine Informationen preisgeben, klagt Wettfahrtleiter Caraes. Kurz darauf meldet sich die amerikanische Rettungsleitstelle aus Norfolk/Virginia: Auch die USA hätten derzeit keine Militärschiffe im Südatlantik im Einsatz.

1. Dezember, 00.02 Uhr, Chatgruppe »PRB Rescue«: Ein neues Signal der *PRB*-Notrufbake wurde in Frankreich empfangen! Ist die Yacht doch nicht versunken? Oder hat Kevin eine zweite Notsignalbake bei sich in der Rettungsinsel? Mysteriös auch, dass die Position zwölf Seemeilen außerhalb des Dreiecks liegt – und außerdem in der Richtung, aus welcher der Wind kommt. Kein Wrack, keine Rettungsinsel kann gegen den Wind treiben.

»Wir wissen nicht, von welcher Bake das Signal ist«, schreibt die Rennleitung. »Aber wir denken, dass es falsch wäre, nicht dorthin zu fahren. Sébastien, bitte übernimm du das.«

Sébastien: »Ok, ich schaue nach. Wer checkt meinen Suchsektor?«

Rennleitung: »Du, wenn du bei der Bake warst.«

Sébastien: »Ich kann nicht beides machen. Das dauert zu lang.«

Rennleitung: »Dann übernimmt Jean deine Zone.«

Die Signale von Notrufbaken werden von Satelliten in 20 000 Kilometern Höhe empfangen und an Bodenstationen weitergeleitet. Manchmal führen atmosphärische Störungen zu winzigen Fehlern bei der Positionsangabe. Vielleicht befindet sich die Bake also doch innerhalb des Dreiecks? So viele Ungewissheiten. Sébastien macht sich dennoch auf den Weg zu der Außenposition. Man muss dem Glück auch eine Chance geben.

00.30 Uhr, Segelyacht Seaexplorer: Ich erreiche das westliche Ende meines Suchstreifens. Nach der Fahrt geradewegs durch das Dreieck beginnt nun der systematische Teil meiner Suche. Ich wende das Schiff und fahre am unteren Rand des Streifens zum östlichen Ende. Für die zehn Seemeilen brauche ich bei langsamer Fahrt gut anderthalb Stunden, dann werde ich erneut wenden und zurücksegeln. Auf einem engen Zickzackkurs werde ich so in meiner Suchzone hin- und hersegeln. »Achte auf 500 bis 700 Meter Abstand zwischen den einzelnen Schenkeln des Dreiecks«, rät mir die Rennleitung. Ich denke, dass ich nach Sonnenaufgang den Abstand vergrößern kann, bei guter Sicht. Trotzdem wird es bestimmt 15 bis zwanzig Stunden dauern, bis ich meine Zone komplett durchkämmt habe. Nach einem langen, anstrengenden Tag bezweifele ich, dass ich das ohne Pause durchhalte. Aber ich werde es versuchen.

Die Rennleitung hat mir gestattet, vorsorglich das Siegel an meinem Motorantrieb zu brechen. Ohne Vorsegel, nur mit stark verkleinertem

Großsegel gehe ich auf Kurs, bei langsamer Fahrt. Der Wind weht mit gut sechs Windstärken immer noch bitterkalt aus dem antarktischen Süden. Ich stehe im Ölzeug, mit Wollmütze und Handschuhen, im offenen Heckbereich, stütze meine Arme auf das Cockpitdach vor mir und blicke auf die dunkle See. Der Mond steht mittlerweile sehr hoch, manchmal verschwindet er hinter Wolkenfetzen, doch die meiste Zeit wirft er sein helles Licht auf das Meer. Dort, wo er sich spiegelt, glänzt eine breite Lichtstraße, die sich vom Horizont über die Wellenberge bis zu mir zieht. Ich schaue in alle Richtungen – aber mein Blick wandert immer wieder in diese Lichtstraße. Ich hoffe so sehr, in dieser glitzernden See plötzlich einen dunklen Punkt zu entdecken, den Umriss einer Rettungsinsel. Was bei dieser hohen Dünung eigentlich ausgeschlossen ist. Nur wenn mein Schiff und die Insel gleichzeitig auf einem Wellenkamm schwimmen, könnte ich sie sehen. Mich ergreift ein Gefühl grenzenloser Hilflosigkeit.

Normalerweise gehe ich bei solchem Wetter lediglich für Manöver kurz an Deck. Nun harre ich seit mehr als zwei Stunden hier draußen aus. Die Kälte schneidet mir ins Gesicht, die Augen brennen. Ich habe seit zwanzig Stunden nicht geschlafen. Ich muss mich ununterbrochen konzentrieren – auch wenn es sich aussichtslos anfühlt, was ich hier mache: mal hierhin, mal dorthin zu starren. Ich überlege, wie viele Sekunden ich maximal in die falsche Richtung schauen darf, damit Kevin mir nicht auf der anderen Seite durchrutscht.

Seit 2008 verbringe ich etwa ein Drittel des Jahres auf dem Meer. Doch ich glaube, ich habe niemals zuvor so intensiv gespürt, wie klein wir hier draußen sind. Wir meinen, mit all unserer Technik und Erfahrung das Risiko in Griff zu haben. In Wirklichkeit schützt uns nur eine dünne Karbonhülle vor der lebensfeindlichen See, und wenn sie zerbricht, sind wir ausgeliefert.

Ich sehe Kevin vor mir, ein bulliger Kerl, geradlinig, zupackend, meist guter Laune und ständig eine E-Zigarette in der Hand. Ich weiß, dass er Frau und Tochter hat. Ich will nicht, dass eine Familie den Vater verliert.

01.15 Uhr, Segelyacht Yes We Cam!: Cross Gris-Nez hat ein neues Signal einer *PRB*-Notrufbake erhalten. Diesmal liegt die Position innerhalb des Dreiecks. Die Rennleitung kann sich die verwirrenden Signale nicht erklären. Gibt es gar drei Baken, gibt es Fehler in der Übertragung? Die neueste Position befindet sich im Suchsektor von Sébastien. Der aber ist immer noch auf dem Weg zum Ort des letzten Signals. Die Rennleitung schickt deshalb die neuen Koordinaten an Jean Le Cam. Als der Bretone den Ort erreicht und die Kreuzsee durchkämmt, entdeckt er niemanden. »Da hatte ich die Nase voll. War fertig! Ich wollte auf Standby gehen und auf den Sonnenaufgang warten.«

Doch dann entscheidet er sich anders. Jean vermutet, dass auf der Rettungsinsel eine Lampe leuchtet. »Und so ein Licht zu entdecken, ist nachts natürlich ein bisschen einfacher.« Le Cam zwingt sich, die Suche fortzusetzen. Mit zwei Knoten, dem Tempo eines Spaziergängers, fährt er weiter durch den Sektor von Sébastien.

01.50 Uhr, Segelyacht Seaexplorer: Wie vermutet, erreiche ich nach knapp anderthalb Stunden das östliche Ende meines Suchstreifens. Ich wende und segele annähernd parallel die gleiche Strecke zurück, nun 600 Meter versetzt. Ich bin erschöpft und durchgefroren. Kalte Gischt klatscht mir ins Gesicht, aber ich darf nicht unter das schützende Cockpitdach, dort habe ich keinen freien Blick aufs Meer. Mit aller Anstrengung versuche ich, die Augen offen zu halten. Etwa jede halbe Stunde klettere ich hinunter in meine Sitzschale und schließe die Augen. Für zwei Minuten. Länger halte ich es nicht aus, weil ich jedes Mal denke, dass genau jetzt, in diesem Moment, mein Schiff an Kevin vorbeifährt.

Wie geht es ihm wohl in seiner Rettungsinsel? Ist ihm kalt, hat er Angst, kann er schlafen, hat er was zu trinken, ist er verletzt oder unterkühlt? Weiß er, dass sein Positionsgerät kein Signal sendet?

Das Meer ist erbarmungslos. Wir neigen ja dazu, es zu verklären, schwärmen von den Erfahrungen, die es uns schenkt, von der reinen Schönheit, der Ursprünglichkeit und der Freiheit auf hoher See.

Selbst wenn wir vom Meer als der letzten unberührten Wildnis auf Erden sprechen, romantisieren wir es. In Wirklichkeit ist die See unser Feind – nicht, weil sie etwas gegen uns hätte, sondern weil wir ihr völlig gleichgültig sind. Niemand hat das besser formuliert als Joseph Conrad, der Seemann war, bevor er Schriftsteller wurde. Seine schonungslosen Zeilen über das Meer sind mir vertraut:

Denn die See war dem Menschen niemals freundlich gesinnt,
trotz aller Verherrlichungen in Poesie und Prosa.
Wer sein Vertrauen in die Freundschaft der See setzt
und die eigene Stärke und Geschicklichkeit darüber vernachlässigt,
der ist ein Narr!
Das Meer kennt kein Mitleid, keine Treue, kein Gebot, kein Entrinnen.
Als wäre es zu groß, zu allmächtig für gewöhnliche Tugenden.

Das Südpolarmeer hat es nicht auf Kevin abgesehen. Aber es wird ihn töten, wenn wir ihn nicht finden. Und die Chance, ihn ohne Positionssignal zu finden, wird immer geringer. Ich spüre, wie mich der Rest meiner Zuversicht verlässt. Das Suchdreieck ist riesig, und mit jeder Stunde dehnt es sich weiter nach Norden aus. Es wäre einfach nur Glück, schier unfassbares Glück, wenn wir ihn hier noch entdeckten sollten.

02.00 Uhr, Les Sables-d'Olonne: Weil Jean Le Cam es nicht mag, auf Handys herumzutippen, hält die Rennleitung per Skype-Video Kontakt zu ihm. Seit gestern Nachmittag steht die Leitung, ununterbrochen. Über eine Kamera in Jeans Kommandopult sieht die Rennleitung live, wenn er unter Deck kommt, im Strahl seiner Stirnlampe die Instrumente und den Kurs prüft, vor sich hin grummelt und dann wieder nach draußen klettert, in die Nachtschwärze. Als er vor inzwischen neun Stunden Kevin in seiner Rettungsinsel entdeckte, erlebte man in Les Sables-d'Olonne sein Freudengebrüll – und auch, wie er Kevin aus den Augen verlor.

Wettfahrtleiter Caraes: »Jean gibt gern den harten Kerl, mürrisch und brummig. Dabei ist er ein ziemlich sensibler Typ. Er war unendlich verzweifelt, als er Kevin verlor. Er hat so gelitten. Ich habe sofort mit ihm darüber gesprochen. Wir haben uns erzählt, was wir fühlen und wie wir weitermachen können. Es war meine Pflicht, ihn zu beruhigen, nicht als Regattachef, sondern als sein Freund.«

Gegen 2 Uhr nachts hört die Rennleitung, wie Jean Le Cam laut ruft. Auf ihrem Monitor ist nichts zu sehen außer einigen Anzeigetafeln, die im dunklen Inneren des Schiffs glimmen. Jean steht draußen im Cockpit und ruft erneut. Dann, den Geräuschen nach zu urteilen, stiefelt er an Deck, geht hin und her. Etwas poltert zu Boden, es klingt wie ein Bündel Taue.

Danach ist es still. Die Minuten verstreichen. Wettfahrtleiter Caraes wird fast wahnsinnig. Was geht da vor?

02.00 Uhr, Segelyacht Yes We Cam!: In der dunklen See sieht Jean plötzlich etwas aufblinken. Dann ist es weg, scheint wieder auf, diesmal etwas stärker, manchmal an zwei Stellen gleichzeitig, alles sehr unregelmäßig. Le Cam kommt es vor, als reflektierten die Wellen ein Licht. Oder machen ihm die überanstrengten Augen etwas vor?

Auf einmal entdeckt er einen festen Lichtpunkt. Die Wellenberge verschlucken ihn, doch der leuchtende Punkt taucht immer wieder auf, an gleicher Stelle, in gleicher Stärke. »Das war ein so irrer Moment. Die ganze Zeit totale Verzweiflung – und plötzlich fühlst du, wie die Hoffnung dich packt.«

Es ist das Licht auf der Rettungsinsel. Jean brüllt in die Nacht. Der Sichtschlitz auf der Insel öffnet sich, Kevins Kopf taucht auf.

»Jean!«, schreit Kevin. »Was hast du vor? Kommst du nachher zurück?«

»Nein, wir machen das jetzt! Sofort!«

Eine Imoca-Yacht ist dafür gebaut, über Wellenberge zu surfen, nicht dafür, in chaotischer Kreuzsee auf der Stelle zu verharren. Ohne Fahrt schaukelt die *Yes We Cam!* wild hin und her. In knapp zwei Stunden wird die Dämmerung anbrechen und sich die Sicht verbessern, der Wind wird nachgelassen haben, eine Rettungsaktion wäre deutlich einfacher. Doch Jean will es keinesfalls riskieren, Kevin ein zweites Mal zu verlieren.

Jean startet den Motor und bugsiert das heftig schwankende Schiff in Luv von der Schwimminsel. Gleichzeitig versucht er, diese ständig im Lichtkegel seines Scheinwerfers zu halten. Bloß nicht den Sichtkontakt unterbrechen! Als das Schiff langsam rückwärts auf Kevin zutreibt, wirft er eine Leine mit Rettungsring in seine Richtung. Der Ring treibt mit dem Wind auf die Insel zu.

Kevin greift den Ring, legt ihn sich um und beginnt, die Rettungsinsel an der Leine zum Schiff zu ziehen. Er hat die Ausstiegsluke weit geöffnet, stemmt sich vor und zurück – bis, nur noch wenige Meter vom Schiff entfernt, die Insel in einer steilen Welle auf die Seite rollt und Kevin ins Wasser stürzt.

Kevin klammert sich an die Leine, zieht sich durchs Wasser. Direkt vor ihm hebt der Seegang das Heck des Schiffs ruckartig in die Höhe, lässt es dann wieder herunterkrachen. Wenn der Propeller dabei aus dem Wasser gerät, heult der Motor mit höchster Drehzahl auf. Irgendwie gelingt es Kevin, das Gestänge der Ruderanlage zu greifen und sich festzuklammern. Er schiebt sich hoch. Jean greift nach seinem Kragen, zerrt ihn hinauf.

Und dann taumelt Kevin Escoffier ins Cockpit.

02.16 Uhr, Les Sables-d'Olonne: Die Rennleitung starrt auf den Monitor. Noch immer sieht sie nur schemenhaft den dunklen Innenraum des Schiffs. Sie hat gehört, wie Jean den Motor startete. Warum hat er das gemacht? Und wo ist er? Da zuckt ein Lichtstrahl durch das Dunkel. Jean, eine Stablampe in der Hand, klettert aus dem Cockpit hinunter in die Kabine. Er lässt sich in seinen Kommandositz fallen und blickt breit grinsend in die Kamera.

Hinter ihm taucht eine zweite Person auf, in einem knallroten Überlebensanzug: Kevin Escoffier.

02.18 Uhr, Chatgruppe »PRB-Rescue«: Eine Nachricht an Yannick, Sébastien und mich: »Es ist alles gut, Leute! Kevin ist an Bord mit JEAN!!!!!«

02.23 Uhr, Segelyacht Yes We Cam!: Kevin ruft seine Freundin an. Dann sein Team, danach seinen Sponsor, einen französischen Baustoffkonzern. Atemlos erzählt er von den elf Stunden in der Rettungsinsel, er lacht schrill in die Kamera, er ist überdreht. Doch als er schildert, wie das Boot auseinanderbrach, gerät er ins Stocken, man hört den Kloß in seinem Hals.

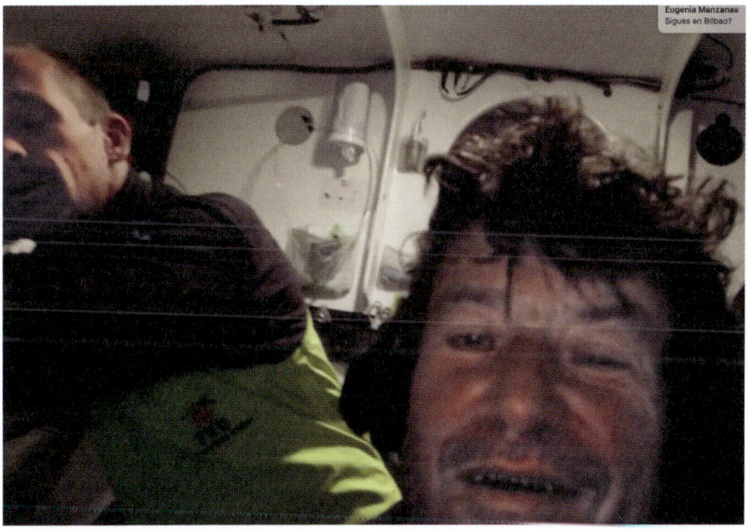

Kurz nach der Rettung melden sich Jean (re.) und Kevin bei der Rennleitung.

»Ich verstehe das nicht. Ich habe das Boot so verstärkt!«

Jean steht hinter ihm, ruft: »Es ist doch nur ein Ding! Es ist völlig unwichtig!«

»Es tut mir so leid«, sagt Kevin. Er schlägt die Hände vors Gesicht, ringt um Fassung.

»Kevin, hör auf!«, ruft Jean. »Alles ist gut. Zen! Zen!«

02.28 Uhr, Segelyacht Seaexplorer: Ich stehe noch immer im Cockpit und suche das Meer ab. Die Hälfte der zweiten Strecke quer durch meinen Suchsektor habe ich gleich geschafft. Das Handy liegt auf dem Navigationstisch. Erst als ich nach unten gehe, um in meiner Sitzschale wieder kurz die Augen zu schließen, sehe ich die Nachricht von Kevins Rettung.

Unfassbar! Erstarrt hänge ich in der Sitzschale, ich muss heulen vor Erleichterung, Glück und Erschöpfung. Ich schreibe zurück an die Rennleitung: »Wie hat Jean ihn gefunden?«

»Wir haben ein neues Signal der Bake bekommen und Jean dorthin geschickt. Er hat nichts gesehen. Dann ist er weitergefahren nach Südosten. Nach einer Stunde entdeckte er Kevin.«

Wie viel Glück kann ein Mensch haben? Schon der Umstand, dass gleich vier Mitsegler in Kevins Nähe waren, als er sein Boot zu Bruch fuhr, war ein glücklicher Zufall. Aber noch unwahrscheinlicher war es, nachts in stürmischer See eine Rettungsinsel zu entdecken, die ihre Position nur mit einer kleinen Lampe auf dem Dach signalisieren konnte. Und dann hatte Kevin auch noch das Glück, dass Jean ihn gefunden hat! Dem Erfahrensten von uns allen ist etwas Unwahrscheinliches gelungen: Mitten in der Nacht manövrierte er, ein 61-jähriger Mann, allein eine 18 Meter lange Rennyacht präzise zu einer Rettungsinsel und holte, bei starkem Wind und drei Meter hohen Wellen, einen Schiffbrüchigen da raus.

Vor zwölf Jahren wurde Jean von dem damaligen *PRB*-Skipper aus dem Meer gefischt. Nun ist es genau umgekehrt. Verrückt.

Ich rufe Jean an. Wir reden kurz miteinander, dann sage ich ihm, dass ich Kevins Stimme hören will. Kevin klingt quirlig, aufgedreht, wahrscheinlich noch überflutet von Adrenalin. Er bedankt sich bei mir, dann spricht er nur noch davon, dass er sein Schiff doch so massiv verstärkt habe. Er könne einfach nicht verstehen, wieso es zerbrochen sei! »Das war unglaublich. Ich hätte ein Foto von dem Bug machen sollen. Der klappte einfach nach oben!«

Ich habe den Eindruck, Kevin realisiert noch gar nicht, dass er eigentlich keine Chance gehabt hat. Vielleicht ist das ein Schutzmechanismus, und er begreift es erst in ein paar Monaten, wenn er einmal nachts an den Strand geht und das Meer im Mondlicht glänzt und die Erinnerung ungeschützt hochkommt: Vielleicht begreift er erst dann, wie unfassbar knapp das heute gewesen ist.

~

Bei fast jedem Rennen bisher haben Segler einen Mitsegler aus Seenot gerettet. Für die Zeit, die sie dabei verloren, haben sie später einen Bonus erhalten. Auch diesmal wird die Jury errechnen, wie viele Stunden uns für die Suche gutgeschrieben werden. Im Moment ist mir das völlig egal. Nachdem die Rennleitung mich heute Nacht von Kevins Rettung informiert hatte, brachte ich mein Schiff wieder auf Kurs und versuchte etwas zu schlafen. Den ganzen Vormittag über saß ich dann unter Deck und starrte teilnahmslos auf die Monitore. Mittags schlief ich eine Stunde, nach dem Aufwachen hatte ich immer noch keinen Hunger und konnte eine Weile nur verschwommen sehen. Es ist nicht die Erschöpfung, es ist diese Nacht voller Angst, die mich fertigmacht. Gerade hat mir Yannick Bestaven geschrieben, dass er heulend im Cockpit sitze.

Am Nachmittag lässt sich der französische Staatspräsident Emmanuel Macron per Videocall mit der Segelyacht *Yes We Cam!* im Südpolarmeer verbinden. Der Präsident sitzt in einem goldgetäfelten Salon im Élysée-Palast, streicht über seine Krawatte und freut sich, als er auf dem Laptop die Gesichter von Jean Le Cam und Kevin Escoffier sieht.

Kevin: »Bonjour, Monsieur le Président!«

Macron: »Bonjour. Geht's euch besser?«

Kevin: »Deutlich besser!« Und dann sprudelt seine Beschreibung des Unfalls aus ihm heraus.

Der Präsident lauscht mit offenem Mund. Dann unterbricht er Kevins Redefluss: »Wie lange waren Sie denn in der Rettungsinsel?«

Kevin: »Etwa zwölf Stunden.«

Macron: »Meine Güte!«

Kevin: »Es ist sehr nett von Ihnen, Monsieur le Président, uns anzurufen. Sie haben bestimmt ganz andere Sorgen.«

Macron: »Nein, nein. Ehrlich, ich war so erleichtert, die Nachricht von der Rettung zu hören. Ich bin ein großer Fan von Jean. Ich ziehe den Hut vor Ihnen, Jean!«

Le Cam: »Danke, dass Sie etwas Zeit mit uns verbringen.«

Macron: »Es ist mir eine Freude. Wir sind sehr stolz auf das, was Sie geschafft haben.«

Le Cam: »Monsieur le Président, ich sage Ihnen: Yes We Cam!«

Macron lacht auf: »Davon habe ich gehört.« Er hebt beide Daumen: »Bring es zu Ende, Jean!«

Der Staatspräsident wünscht den zwei Männern noch eine gute Reise, dann wird der Bildschirm schwarz.

Der Einhandsegler Jean Le Cam hat nun einen zweiten Mann an Bord. Er wird seinen Proviant mit Kevin teilen, vielleicht auch seinen geliebten Rotwein – aber er darf sich nicht von ihm helfen lassen. Nicht bei den Manövern, nicht beim Kochen; offiziell dürfte Kevin noch nicht einmal strategische Entscheidungen von Jean kommentieren. Ich bin mir sicher, die beiden halten sich an die Regeln. Schon allein deshalb, weil Jean sich sowieso nichts sagen lässt. In etwa fünf Tagen wird Kevin auf die französische Fregatte *Nivose* umsteigen. Die Übergabe ist auf hoher See geplant, nördlich der Kerguelen-Inseln. Marinesoldaten werden Kevin mit einem Schlauchboot von Bord holen und Jean Le Cam einen Beutel Lebensmittel zuwerfen; genau die Menge, die Kevin von seinem Proviant verzehrt hat. Die Wettfahrtleitung ist da sehr genau.

Am späten Nachmittag reißt zum ersten Mal seit Tagen der Himmel wieder auf. Ich sitze im Cockpit, spüre mit geschlossenen Augen die Wärme auf meinem Gesicht und denke über einen Spruch von Alex Thomson nach: dass man bei der Vendée immer mit dem Unerwarteten rechnen muss. Mein Aufstieg in den Mast hatte mir tagelang in den Knochen gesteckt, gerade hatte ich mein Gleichgewicht wiedergefunden – und nun diese traumatische Suche nach Kevin. Was kommt als Nächstes?

Stürme, Unfälle, Einsamkeit, Rettungsaktionen: All diese Geschehnisse sind schon für sich genommen enorme Herausforderungen. Doch die größte Herausforderung ist ihre ständige Abfolge. Im normalen Leben würde man alles tun, um nach solchen Geschehnissen ein paar Tage Ruhe zu bekommen. Aber Normalität gibt es hier nicht. Achtzig Tage und Nächte ohne Pause.

Morgen werde ich das Kap der Guten Hoffnung passieren und in den Indischen Ozean gelangen. Laut Wetterbericht erwartet uns dort ein Tiefdruckgebiet nach dem anderen. Nicht ein einziger Leichtwind-Tag bis Australien. Und von nun an begleitet uns auch noch die Erfahrung, dass in dieser See eine 18-Meter-Yacht einfach durchbrechen kann.

Natürlich wusste ich es schon vorher, nun erlebe ich es: Wer bei der Vendée Globe das Ziel erreichen will, der braucht viele unterschiedliche Fähigkeiten und Eigenschaften. Eine der wichtigsten hat nichts mit Seemannschaft zu tun. Es ist das schiere Durchhaltevermögen.

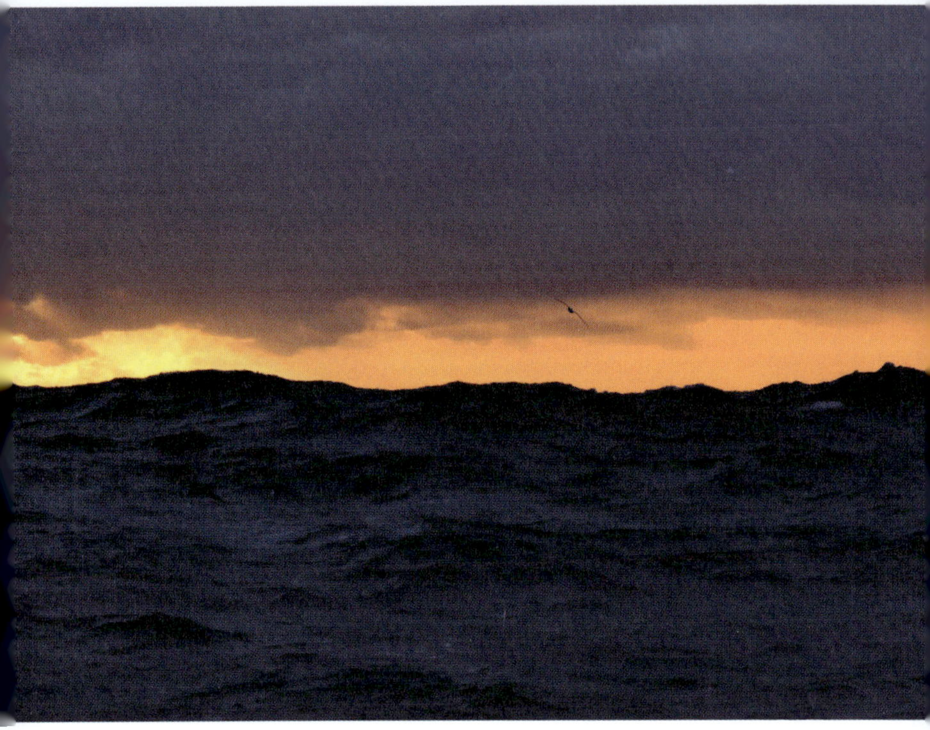

Himmel und Meer im Indischen Ozean – und dazwischen schwebt ein Albatros.

8 Dantes Meer

Heute ist Sonntag, der 6. Dezember. Nikolaustag! Gestern Abend habe ich einen Bordschuh nach draußen gestellt. Und weil man sich häufiger selbst überraschen sollte, lag heute Morgen ein Stück Schokolade darin. Ha! Der Tag fängt gut an. Jetzt ist es 10 Uhr, ich habe die Schokolade gerade gegessen, dazu gab es meinen ersten Kaffee seit einer Woche, einen kleinen, starken Espresso. Er hat wunderbar geschmeckt.

In der Nacht habe ich nicht gut geschlafen, ich mache mir einfach zu viele Gedanken, sorge mich um alles Mögliche. Zweimal habe ich den Generator angeworfen, damit er die Batterien auflädt – und dann liege ich hellwach in der Koje und lausche, ob der Keilriemen so klingt wie immer. Das ist doch verrückt, fast schon manisch!

Deshalb habe ich heute Morgen entschieden, dass der Nikolaustag ein guter Tag werden wird. Nach Espresso und Schokolade habe ich einen Ratschlag von Birte befolgt und aufgeschrieben, auf was ich mich heute freue. Auch banale Nebensächlichkeiten können hier draußen zum besonderen Genuss werden, und so hatte ich schnell eine Liste mit verschiedenen Punkten zusammen: einen Apfel essen, eine Orange essen, kurz schlafen legen, einen Albatros beobachten, ein Video von meinem Halsenmanöver am Nachmittag drehen. Und mit Birte telefonieren.

Der Himmel ist verhangen, das Meer schäumt weiß. Es ist kalt. Ein starker Westwind treibt die Spitzengruppe der Flotte vor sich her, am südlichen Rand des Indischen Ozeans, immer dicht an der verbotenen

Eiszone entlang. Mit dem Wind genau von hinten könnten wir auf geradem Kurs direkt bis Australien segeln – allerdings nicht schneller als der Wind selbst. Sobald der Wind etwas seitlicher einfällt, erhöht sich sprunghaft die Geschwindigkeit unserer Yachten. So sehr, dass es sich lohnt, bei Wind von achtern nicht geradeaus zum Ziel zu segeln, sondern sich ihm auf einem Zickzackkurs zu nähern. Der Weg verlängert sich, die Zeit bis ins Ziel verkürzt sich. Das Ergebnis ist unser Halsenslalom entlang der roten Linie rund um die Antarktis.

Am Nachmittag bereite ich die Halse vor, meine erste seit drei Tagen. Bei starkem Wind ist das ein heikles Manöver, weil das Großsegel plötzlich von der einen auf die andere Seite umschlägt. Ich werde knapp eine Stunde lang schuften und hoch konzentriert arbeiten – ohne Platz im Kopf für schwermütige Gedanken über Kevins Beinahe-Tod.

Wie vor jedem Halsen- und Wendemanöver ziehe ich unter Deck mit meinem Wohnbüro um. Segel- und Proviantsäcke, Kommandostuhl, Bettzeug, Ersatzteile, Klamotten: Wieder einmal wuchte ich alles von der einen Bordwand zur anderen, insgesamt rund 300 Kilogramm. Ich brauche den mobilen Ballast als ausgleichendes Gewicht auf der neuen Luvseite. Es ist jedes Mal eine elende Schinderei. Außerdem muss ich aufpassen, mich in dem dunklen, hin und her springenden Schiff nicht zu verletzen; ich trage daher Knieschützer und auf dem Kopf einen Rugbyhelm. Vor allem wegen der Schlepperei wäge ich vor jeder Halse oder Wende lange Zeit ab, ob ich sie wirklich brauche.

Als alles an der anderen Bordwand gestapelt und festgezurrt ist, steige ich hinauf ins Cockpit und kurbele gut zwanzig Minuten am Coffee-Grinder. Ich muss Vorsegel ein- und ausrollen, zahlreiche Leinen und Lasten neu einstellen, die Foils ein- und ausfahren, das luvseitige Ruderblatt runterklappen, den Mast rotieren. Ich habe Tausende solcher Halsen hinter mir, ich kenne ihren Ablauf wie im Schlaf. Und doch spiele ich jedes Mal die Handgriffe vorher durch.

Gleichzeitig zerlege und ordne ich ständig das Leinen-Wirrwarr im Cockpit, damit sich nichts verheddert. Einhandsegler dürfen sich keine Fehler erlauben. Es gibt eben niemanden, der dich korrigieren könnte. Und auch niemanden, der dir zur Seite steht, wenn du etwas übersehen hast. Schließlich schalte ich den Autopiloten ab und greife nach der Pinne. Das eigentliche Manöver fahre ich lieber selbst.

Ich warte ab, bis eine besonders hohe Welle den Rumpf hebt, lege das Ruder um und drehe das Schiff langsam in 20-Grad-Schritten. Das vorher dichtgeholte Großsegel schlägt um und füllt sich mit Wind von der anderen Seite. Auf neuem Kurs surft die *Seaexplorer* schließlich den Wellenhang hinab. Ich bin schweißnass. Und zufrieden, wie gut alles geklappt hat. Ich lasse mich im Cockpit auf den Klappsitz fallen und beobachte die Schaumspur hinter der Yacht.

Charlie Dalin führt mit großem Vorsprung die Spitzengruppe aus zehn Schiffen an, hinter der Gruppe klafft eine Lücke von 600 Seemeilen zum nächsten Schiff. Ich liege auf Platz sieben, direkt hinter Jean Le Cam und Yannick Bestaven. Die Suche nach Kevin hat uns weniger Seemeilen gekostet als zunächst befürchtet. Natürlich würde die Jury uns auch größere Einbußen mit einer entsprechenden Zeitgutschrift ausgleichen. Aber wie sollte sie ausgleichen, wenn ich den Anschluss an meine Gruppe verloren hätte? Wie viel Bonusstunden wäre der Verlust meines Gefühls der Geborgenheit wert gewesen? Ich bin so froh, die vertrauten Mitsegler weiter um mich zu haben, gerade jetzt. Der Indische Ozean ist der wildeste, der unberechenbarste der drei Ozeane. In den Wettermodellen, die wir mehrmals täglich erhalten, verändern die Sturmtiefs, die von hinten auf uns zujagen, ständig ihre Richtung und Stärke; nicht viel, aber genug für ein neues Routing. Konstant bleibt nur die Aussicht, bis Australien keinen halbwegs entspannten Tag erwarten zu dürfen.

Aber ich mag es ja, bei Starkwind zu segeln – solange der Seegang mein Freund ist. Und tatsächlich laufen seit der Halse, nun auf dem neuen Kurs, die Wellenformationen von schräg hinten auf das Schiff zu. Perfekte Surfbedingungen, zum ersten Mal seit mindestens einer Woche.

Majestätische, lang gezogene Wellenberge überholen die *Seaexplorer*. Sobald eine Welle von achtern das Heck des Schiffs langsam hebt, ändert der Autopilot den Kurs so, dass das Schiff nun schräg den Hang hinabsurft, so lange wie möglich, die Geschwindigkeit springt von 17 auf 25, 28 Knoten, manchmal jagen wir mehrere Hundert Meter an der sanft abfallenden Wasserwand entlang, bis der Wellenkamm unter uns durchläuft und der Autopilot das Schiff wieder auf alten Kurs bringt. Er muss heftig arbeiten, der elektronische Steuermann, das zeigt die Schlangenlinie aus Schaum, die wir durch das Meer ziehen.

Was wäre das für ein Genuss, auf diese Weise bis nach Australien zu surfen! Mit Höchstgeschwindigkeit – und ohne Springen, ohne Krachen, ohne Aufprallen. Die Foils heben den Rumpf weitgehend aus dem Wasser, aufrecht und ruhig, geradezu unmerklich fliegen wir über die Dünung. Ab und zu touchiert der Bug eine Welle, dann zischen beidseitig Fontänen hoch. Aber nur ab und zu brechen Wassermassen über das Deck. Ich stehe hinten, halte mich am Cockpitdach fest und spüre die wiegenden Bewegungen. Die *Seaexplorer* hat den Rhythmus der Wellen aufgenommen. Sie pendelt und gleitet die Hänge entlang, trotz der irrwitzigen Geschwindigkeit so sanft und harmonisch, als liebkose sie die Dünung.

Auch Yannick Bestaven, mein Compagnon de route aus dem Südatlantik, ist hingerissen vom Rausch des Surfens. Er dreht ein Video, das zeigt, wie er im Cockpit hüpft und tanzt und Luftgitarre spielt zum laut dröhnenden Song »Smells Like Teen Spirit« von Nirvana. Hinter ihm hebt sich das Meer fünf, sechs Meter hoch, eine Wand aus Wasser scheint gleich in das Cockpit zu stürzen. Doch Yannick dreht sich nicht einmal um. Sein Autopilot ändert minimal den Kurs, und schon rauscht das Schiff den Wellenberg schräg hinab, immer wieder. »Das ist der pure Exzess!«, ruft er. »Wir surfen auf der Dünung des Südens. Genau deshalb sind wir hier!«

Der Italiener Giancarlo Pedote, zwei Plätze hinter mir liegend, sagte mir gestern, das sei die Musik des Indischen Ozeans. Die Dünung gebe den Takt vor, an ihn müssten wir uns halten, dann würden Schiff und Mensch Teil der Musik. Ich habe ihm lachend geantwortet, auf meinem Schiff würde man nur die jaulenden Foils hören. Wir haben noch etwas rumgealbert, auch über seine Hingabe, mit der er an Bord kocht.

Aber hinter dem, was Giancarlo sagt, steckt ja nicht nur die Magie des Moments, sondern ein generelles Empfinden, eine Wahrnehmung von größerer Bedeutung: das Ende der Reizüberflutung. All die Geräusche, Gerüche, Stimmen und Farben des Festlands sind verschwunden. Seit dem Start leben wir in einem vergleichsweise kargen Universum. Nur Himmel, Meer und Boot. Kein Wunder, wenn da unsere Sinne empfänglicher werden und die Wahrnehmung sich schärft. Pedote hört die Musik der Wellen, ich merke, wie sich mein Blick auf Raum und Zeit verändert. Ich sehe seit fünf Wochen immer nur Wasser, bewegtes Wasser. Ununterbrochen wechselt es seine

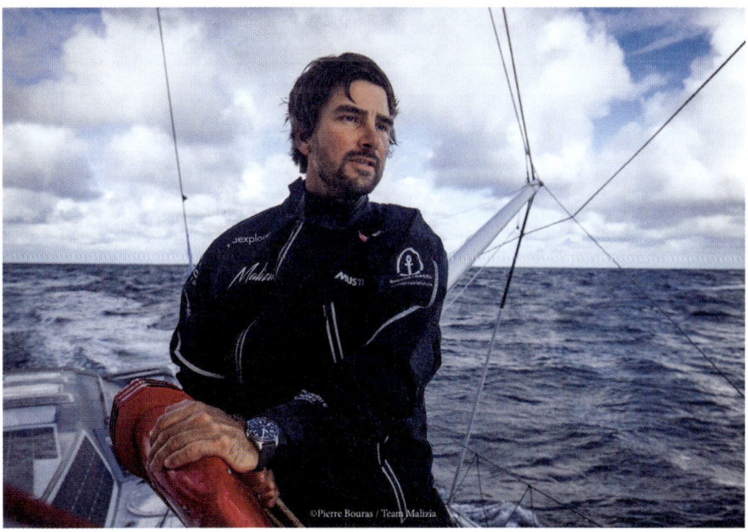

Kurz mal umherschauen? In den Stürmen des Südmeers nur selten möglich

Form und seinen Glanz, verändert von Wind und Sonne. Zugleich ist dieses Universum von ewiger Gleichförmigkeit, denn eigentlich verändert sich überhaupt nichts, Tag für Tag bietet sich mir das gleiche Bild. Es gibt auf dem Ozean keine festen Punkte, keine sichtbaren Wegmarken, die mir zeigen, dass ich überhaupt vorwärtskomme.

Und so kam mir kürzlich der Gedanke in den Sinn, woher ich eigentlich wissen will, dass ich gerade um die Welt segele. Nein, ich habe es mich nicht ernsthaft gefragt. Aber Tatsache ist, dass ich die Umrundung des Erdballs nicht wahrnehme. Laut Seekarte ziehen weit nördlich von mir gerade Madagaskar, der Jemen und der Iran vorbei, demnächst passiere ich Afghanistan und Indien. Stimmt das eigentlich? Befände ich mich mit meinem Schiff die ganze Zeit am selben Ort und jemand triebe bloß Wellen und Wolken an mir vorbei: Ohne Elektronik an Bord würde ich es womöglich gar nicht merken.

Mir fällt Donald Crowhurst ein. Vielleicht waren es auch solche absurden Gedankenspiele, die ihn in den Wahnsinn getrieben haben. Crowhurst war einer der acht Segler, die 1968 zum Golden-Globe-Rennen antraten, dem berühmten Vorläufer der Vendée Globe. Als Bernard Moitessier damals auf den sicheren Sieg verzichtete und stattdessen von Kap Hoorn aus weitersegelte bis Tahiti, galt Crowhurst plötzlich als Favorit. Auch er schien sich nach der Weltumrundung wieder im Atlantik zu befinden und hatte nur noch einen langsameren Mitsegler vor sich, alle anderen Teilnehmer hatten inzwischen aufgegeben.

Niemand wusste, dass der 36-jährige Engländer den Südatlantik nie verlassen hatte. Schon bald nach dem Start war ihm klar geworden, dass sein hastig zusammengebautes Boot den Gewalten des Südpolarmeers keinesfalls standhalten würde. Aus Angst vor der Blamage wollte er aber nicht aufgeben. Und so kreuzte Crowhurst monatelang unentdeckt im Südatlantik hin und her, schickte regelmäßig per Funk imaginäre Positionsmeldungen und schrieb ein gefälschtes Logbuch. Die Furcht, trotzdem aufzufliegen, muss übermächtig gewesen sein. Er versank schließlich in Verzweiflung und Wahnvorstellungen und verfasste ein langes philosophisches Traktat. »Die Erklärung für all unsere Sorgen ist, dass kosmische Existenzen ihre Spiele mit uns spielen«, schrieb er. Die Menschen müssten lernen, das Raum-Zeit-Kontinuum zu manipulieren.

Acht Monate nach dem Start sprang Donald Crowhurst über Bord. Kurz darauf entdeckte ein britisches Postschiff die leere Yacht mitsamt all den Aufzeichnungen auf dem Navigationstisch. Robin Knox-Johnston, der spätere Sieger, spendete sein gesamtes Preisgeld der Witwe von Crowhurst.

Es verändert den Menschen, wenn er monatelang allein auf dem Ozean verbringt. Doch bevor er über Bord springt, muss schon enorm viel zusammenkommen, um so verzweifelt und hoffnungslos zu sein wie Donald Crowhurst. Ich kenne kein vergleichbares Schicksal eines Regattaseglers. Und anders als 1968 können wir heute jederzeit an Land anrufen. Wir können also die Chancen nutzen, die uns die lange Abgeschiedenheit auf See bietet, können Neues über uns und unsere Stärken und Schwächen erfahren – und zugleich brauchen wir nicht zu fürchten, unerreichbar im Einsamkeitsstrudel zu versinken.

An Tagen wie heute merke ich, wie sehr meine Wahrnehmung von mir und meiner Eintracht mit dem Ozean von den Segelbedingungen beeinflusst wird. Surft die *Seaexplorer* elegant und schnell durch die See, haben Zweifel und Verzagtheit keine Chance, ich kann alles genießen, sogar das Alleinsein. Wie das Schiff lasse ich mich ein auf den Rhythmus der Wellen. Ihr unablässiges Anrollen hat auch mein Zeitgefühl verändert. Ich zähle nicht mehr die Tage und Wochen, die ich schon auf See verbracht habe; nur die durchnummerierten Beutel, in denen meine tägliche Essensration verpackt ist, erinnern mich daran. Das Datum selber ist unerheblich geworden, oft vergesse ich es. Und auch der an Land so wichtige Unterschied zwischen Tag und Nacht hat an Bedeutung verloren. Ich wechsle ein Segel, wenn ich es muss, ich plane mein Routing, wenn neue Wettermodelle eintreffen, ich schlafe, wenn ich kann.

Es gibt feste Uhrzeiten, etwa für die Übermittlung der aktuellen Positionen aller Schiffe. Oder für ein TV-Interview, das Holly für mich arrangiert hat. Frühstück, Mittagessen und Abendbrot versuche ich immer zu den gleichen Zeiten einzunehmen, um den Tag etwas zu gliedern. Ich richte mich nach der Ortszeit. Da wir genau nach Osten segeln und uns sehr weit im Süden befinden, geht die Sonne allerdings jeden Morgen merklich früher auf. Knapp alle zwei Tage stelle ich die Uhr um eine Stunde vor. Ich mag das kleine Ritual, denn es zeigt: Schon wieder bin ich etwas näher dran an zu Hause. Ansonsten schaue ich selten auf die Uhr.

Was für ein Unterschied zu meinen bisherigen Regatten! Auf jeder Yacht mit zwei oder mehr Crewmitgliedern gibt es feste Zeiten, um Wache zu gehen oder sich zu erholen, die mehrstündigen Abschnitte gliedern präzise die Tage und Nächte. Segelst du aber allein, beginnt dein Tag mit der Morgendämmerung, und geht die Sonne unter, hast du wahrscheinlich immer noch zu tun – und wie lang oder kurz dir der Tag und die nun folgende Nacht vorkommen, das bestimmt einzig das Wetter. Auch dieses archaische Zeitgefühl trägt dazu bei, dass viele Einhandsegler nach ein, zwei Monaten das Gefühl haben, sich der Natur hinzugeben, so intensiv wie niemand sonst, der auf dem Meer unterwegs ist.

Am frühen Nachmittag reißt mich die Regattaleitung aus dem Nachsinnen. Sie informiert die Flotte, dass der Spanier Didac Costa mit seinem Boot einen Wal gerammt hat. Didac fuhr nur etwa zehn Knoten, als das Schiff plötzlich abbremste. Er stürzte an Deck und sah wenige Meter entfernt einen großen Wal. Der Spanier hatte Glück: Sein Kiel, den er mithilfe einer Kamera am Stab sofort untersuchte, war unbeschädigt geblieben. Und auch der Wal schien unverletzt zu sein, langsam schwamm er davon.

Wale dösen oft dicht unter der Wasseroberfläche, selbst bei ruhiger See können Segler sie kaum rechtzeitig entdecken. Zusammenstöße mit den tonnenschweren Tieren sind in allen Ozeanen möglich, passieren aber vergleichsweise selten. Meist kommen beide Seiten mit dem Schrecken davon. Unsere Rennyachten mit ihrem hohen Tempo könnten die Tiere allerdings heftig verletzen, zugleich kann bei dem Aufprall der Kiel oder ein Foil abreißen. Um uns und die Wale zu schützen, habe ich wie viele Vendée-Segler einen »Wal-Pinger« installiert. Der im Kiel eingebaute Sender gibt Töne in hoher Frequenz ab, um Wale in der Nähe aufzuschrecken und zu vertreiben.

Auch Sébastien Simon, der noch vor sechs Tagen mit mir nach dem schiffbrüchigen Kevin gesucht hatte, erlitt einen Zusammenstoß. Wenige Stunden nachdem er sich, erleichtert über Kevins Rettung, wieder ins Rennen eingefädelt hatte, krachte seine Yacht mit 18 Knoten gegen ein UFO, ein »unidentified floating object«. Sein rechter Tragflügel wurde schwer beschädigt, durch einen Riss in der Bordwand strömte Wasser in das Schiff. Sébastien brachte das Schiff in starke Schräglage, um das Leck oberhalb der Wasseroberfläche zu halten, und machte sich auf den Weg in den rettenden Hafen von Kapstadt.

Noch in der gleichen Nacht erwischte es auch Samantha Davies, die als beste Frau auf Platz elf lag: Als ihr Schiff ebenfalls auf ein UFO prallte, flog Samantha durch das Cockpit und brach sich mehrere Rippen. Die Kollision beschädigte die Aufhängung des Kiels schwer. Samantha legte sich einen Verband an, warf mehrere Schmerztabletten ein, reffte die Segel und nahm Kurs auf Kapstadt. Beide Segler liefen gestern fast zeitgleich in dem südafrikanischen Hafen ein – wo Alex Thomson sie schon erwartete. Nach der Reparatur seines Vorschiffs hatte Alex von Platz zwölf aus mit der Aufholjagd begonnen. Nur einen Tag später fuhr sein Boot auf einen treibenden Gegenstand, eines der Ruderblätter riss. Diesen Schaden konnte Alex nicht mehr beheben. Mit einem emotionalen Video hatte er sich öffentlich aus dem Rennen verabschiedet und war nach Kapstadt abgelaufen.

Die Zusammenstöße von Didac, Sébastien und Samantha ereigneten sich alle südlich von Südafrika. Im gleichen Seegebiet kam es auch bei früheren Rennen häufig zu Unfällen. Ozeanografen verweisen auf den Agulhasstrom, eine Art Golfstrom des Indischen Ozeans. Die warme Meeresströmung wälzt sich von Indonesien aus an Indien und der afrikanischen Ostküste entlang bis hinunter nach Südafrika. Viele Gelegenheiten also, unterwegs Treibgut einzusammeln. Am Kap der Guten Hoffnung stößt der Agulhasstrom auf den kalten Benguelastrom, der ihm aus dem Atlantik entgegenfließt, und teilt sich. In den großen Wirbeln sammelt sich Treibgut, zugleich lockt die Nährstoffkonzentration viele Fischschwärme an und eben auch Wale und tonnenschwere Mondfische. Eine hohe Dichte möglicher Hindernisse für Segler also. Hinzu kommt die berüchtigte Kreuzsee, aufgewühlt von den nach Osten ziehenden Sturmtiefs und dem gegenläufigen Agulhasstrom.

Beides zusammen, die UFOs und die Kreuzsee, machen die Passage um das Kap der Guten Hoffnung seit jeher zum unfallträchtigsten Abschnitt der Vendée Globe. In diesem Jahr endete hier für vier Segler das Rennen – einschließlich Kevin Escoffier, dessen Schiff in dem Seegebiet auseinandergerissen wurde.

Ich bin ohne Bruch durch die Passage gekommen. Doch der anhaltende, erbarmungslose Seegang und die traumatische Suche nach Kevin haben mich tagelang bedrückt. Mein Team spürt so etwas schnell. Vorgestern organisierte Holly von Hamburg aus ein »solidarisches Abendessen«: mit 35 Freunden und Freundinnen, die während einer Videokonferenz allesamt um ihre Esstische herumsaßen und gefriergetrocknete Nahrung aus Tüten löffelten, gemeinsam mit mir. Ich habe nicht viel gesagt. Draußen war tiefschwarze Nacht, das Schiff stampfte durch die wirre See, und ich hing in meiner Sitzschale und lauschte, wie Eltern und Kinder das Tütenessen kommentierten und einander von ihrem Tag erzählten, von ihren profanen und aufregenden Erlebnissen im Büro, beim Einkaufen, in der Schule. Wunderbar.

Inzwischen ist auch der Seegang auf meiner Seite. Der Nikolaustag ist tatsächlich ein guter Tag geworden, der Abend rötet den Himmel und das Schiff surft weiterhin ungezügelt durch das Meer. Ich sitze im Cockpit und beobachte den Flug zweier Albatrosse, die mir seit Stunden folgen. Ich kann mich nicht satt daran sehen, wie sie ohne einen einzigen Flügelschlag über diese Hügellandschaft aus Wasser gleiten, in den Tälern verschwinden, um sich dort vom Aufwind wieder emportragen zu lassen und über den nächsten Wellenberg zu segeln. Manchmal verharren sie hinter mir in der Luft, dann wieder gleiten sie in weiten Schwüngen mal nach rechts, mal nach links. Fast so, als zeichneten sie das sanfte Pendeln der Schaumspur nach, die sich hinter dem Schiff über die Wellenberge legt. Vielleicht hat Giancarlo Pedote ja doch recht, alles hier pulsiert im Rhythmus der Dünung.

Einsamkeit

Hier, in den hohen Breiten der Brüllenden Vierziger und der Tosenden Fünfziger, ist alles größer, gewaltiger. Die Stürme sind stürmischer, die Wogen monströser, die Sterne heller. Das Licht ist härter und klarer, und reißt der massige Wolkendeckel einmal auf, setzt die untergehende Sonne den Himmel in Brand wie nirgendwo sonst. Die Abgeschiedenheit und Unberührtheit des Südpolarmeers ähneln der des Weltalls. Und weil die Küsten so weit entfernt sind und die Wege hierher so gefahrenreich, sind auch die Geschichten größer und dramatischer, die von den Menschen erzählt werden, die versucht haben, in dieser Einöde Fuß zu fassen, auf irgendwelchen winzigen, tristen Inseln.

Ein Dutzend Inselgruppen liegen in den Brüllenden Vierzigern, verloren zwischen Afrika und Australien. Etwa 300 Tage im Jahr regnet es, an gut hundert Tagen im Jahr stürmt es mit Windstärke zehn und mehr, die Temperatur liegt durchgehend bei rund fünf Grad. Nur Moose und Flechten bedecken den Felsboden, Bäume halten es hier nicht aus. Mehrere Jahrhunderte lang waren die schroffen Flecken Land immer nur kurzzeitig bewohnt: von Robbenschlägern und Walfängern – und von Schiffbrüchigen. Sie waren an Bord von Frachtseglern gewesen, die sich, so wie wir gerade, von den Weststürmen nach Australien treiben ließen. Ihr Verhängnis waren die fehlerhaften Seekarten. Mehrfach zerschellten Segelschiffe an den kaum bekannten, nachts unbeleuchteten Felsspitzen im Südpolarmeer.

Vor einer Woche habe ich die Crozetinseln passiert, sie lagen südlich von mir in der verbotenen Eiszone. Im 19. Jahrhundert strandeten dort mehrfach Schiffe von Robbenjägern. Oft dauerte es Monate, bis die überlebende Besatzung von den Inseln gerettet werden konnte. Bei den Männern der britischen *Princess of Wales* waren es sogar zwei Jahre, in denen sie sich von Robben, Pinguinen und Flechten ernährten. Nachgewiesen ist auch das Schicksal französischer Schiffbrüchiger, die 1887 einem Albatros einen Blechring mit einer Nachricht um den Hals binden konnten. Sieben Wochen später wurden Vogel und Blechring in Australien gefunden, vier Monate später erreichte ein französisches Kriegsschiff die Crozetinseln. Doch die Retter fanden nur noch das Tagebuch des Kapitäns. In seinem letzten Eintrag schreibt er, dass sie versuchen wollten, mit einem Floß eine größere der Crozetinseln zu erreichen. Sie sind dort nie angekommen.

Die Hälfte des Indischen Ozeans liegt hinter mir, als ich heute eine andere Insel passiere. In nur fünfzig Seemeilen Entfernung fahre ich am Gipfel eines unterseeischen Vulkans vorbei: der Sankt-Paul-Insel. Die nur sieben Quadratkilometer große, kraterförmige Felsinsel war einst bevölkert von Robben, Pinguinen, Albatrossen, die umliegenden Gewässer reich an Walen und Schwarzem Seehecht. Eine unwiderstehliche Verlockung für die Schlägertrupps der Robbenfellhändler, für Fischer und Walfänger. Als von den großen Tierarten nicht mehr viel übrig war, errichtete Anfang des 20. Jahrhunderts eine französische Firma eine Langustenfabrik auf der Insel. Die Fischer aus der Bretagne hielten es immer nur eine Fangsaison auf dem unwirtlichen Eiland aus, dann wollten sie ausgewechselt werden. Nach drei Jahren war die Firma pleite. Spätere Versuche, die Fischereistation wieder in Betrieb zu nehmen, scheiterten.

Die Crozetinseln und das Sankt-Paul-Eiland sind inzwischen zu Naturschutzgebieten erklärt worden, wie viele Inseln im Südpolarmeer. Wissenschaftler und Soldaten dürfen sie bisweilen betreten, sonst niemand. Aber wer sollte sich hier auch niederlassen wollen, auf den nassen, öden, sturmumtosten Felssplittern in ozeanischer Einsamkeit? Selbst auf dem französischen Kerguelen-Archipel, immerhin 7000 Quadratkilometer groß und knapp außerhalb unseres Eisberggürtels gelegen, hält sich nur eine Forschungsstation. Die Roaring Forties wollen keine Siedler in ihrer Wildnis. Die Tierwelt holt sich die Inseln langsam zurück.

Seit gestern scheinen die Roaring Forties zeigen zu wollen, wie hart sie auch Durchreisenden das Leben machen können. Die bisher schwerste Sturmfront des Rennens hat uns überrollt, wie angekündigt mit Böen bis Windstärke zehn und sieben Meter hohen Wellen. Im Rücken der Front kämpfen wir nun mit dem aufgewühlten Meer. Die See schäumt und kocht, die Wellen sind kurz und steil und kommen aus allen Richtungen. Vorbei die zwei Tage des Dahinfliegens, stattdessen erneut das zermürbende Gehacke durch konfuse See. Heute Mittag hat außerdem starker Regen eingesetzt; er prasselt so heftig, dass die Wellen in dem aufspritzenden Wasser kaum noch zu erkennen sind. Der Sturm fegt die Gischt über das Meer, so dicht, als legte sich eine zweite Schicht Wasser über das Wasser, die Konturen verschwimmen. Wie bei allen schweren Gewittern auf See zieht sich die Welt zusammen zu einer fahlen, bräunlich-grauen Suppe, die sich über das Schiff stülpt. Die Schaumspur hinter uns verschwindet schon nach knapp fünfzig Metern im Nichts.

Ich hänge unter Deck in meiner Sitzschale und beobachte den Monitor. Um die Geschwindigkeit zu drosseln, habe ich die Foils eingefahren und das Vorsegel gewechselt. Trotzdem hört das Schiff nicht auf zu bocken und zu springen. Ich leide mit der *Seaexplorer*, doch würde ich noch langsamer fahren, riskierte ich, dass ein Wellenberg von hinten in mein Cockpit bricht. Der Lärm im Schiffsinneren ist infernalisch: der krachende Aufprall, der heulende Sturm, das Trommeln des Regens auf Deck. Ich setze meinen Kopfhörer mit Lärmschutz auf und tausche ein paar Nachrichten mit anderen Seglern aus. Alle sind schwer erschöpft. Der Schlafmangel, die pausenlose Konzentration, die Monotonie, der Sturm, die Einsamkeit – all das setzt jedem von uns zu. Dies sei Dantes Meer, sagt einer.

Die meisten Segler haben inzwischen kleine und größere Schäden am Schiff, die sie wegen des starken Windes nicht reparieren können. Bei mir sind vor zehn Tagen, als das Schiff in einer Sturmbö plötzlich lospreschte, beide Hydrogeneratoren am Heck abgerissen. Zum Glück hatte ich sie mit einer Leine gesichert und konnte sie wieder an Bord ziehen. Doch bis ich bei besserem Wetter die Befestigung reparieren kann, fehlt mir eine Energiequelle, um die Batterien zu laden. Die aufs Deck geklebten Solarpaneele allein reichen nicht aus, und so muss ich jede Nacht mehrmals die Lichtmaschine laufen lassen. Was meinen Schlafmangel weiter verstärkt. Wann lässt der Wind endlich nach?

»Dieses Meer mag uns nicht«, sagt Thomas Ruyant, immer noch auf Platz zwei. »Ich lebe nur von Tag zu Tag und rede mir ein, dass mich jede Stunde besseren Zeiten entgegenbringt.« Yannick Bestaven hat sich mittlerweile auf Platz drei vorgekämpft: »Ich frage mich trotzdem, was zum Teufel ich hier draußen eigentlich mache, im absoluten Nirgendwo.« Isabell Joschke, als beste Frau nun auf dem neunten Platz, ringt jeden Tag mit sich: »Da sind einfach diese Zweifel: Wird mein Boot das alles überleben? Werde ich das überleben? Ich fühle mich hier unten viel verletzlicher als im Atlantik.«

Ich halte mich auf dem achten Platz, was mir aber gerade nicht sonderlich wichtig ist. Seit der Suche nach Kevin haben sich meine Prioritäten verschoben. Ich will nur noch, dass die *Seaexplorer* und ich hier heil durchkommen. Nur das zählt.

Am nächsten Tag lässt der Wind ein wenig nach, die Kreuzsee bleibt hoch und erbarmungslos. Ich lasse mich in der Sitzschale durchrütteln und träume mit offenen Augen von dem Moment, in dem ich die Ziellinie überquere. Demut stellt sich ein. Abends bin ich einfach nur froh über einen weiteren Tag, der glimpflich vorübergegangen ist.

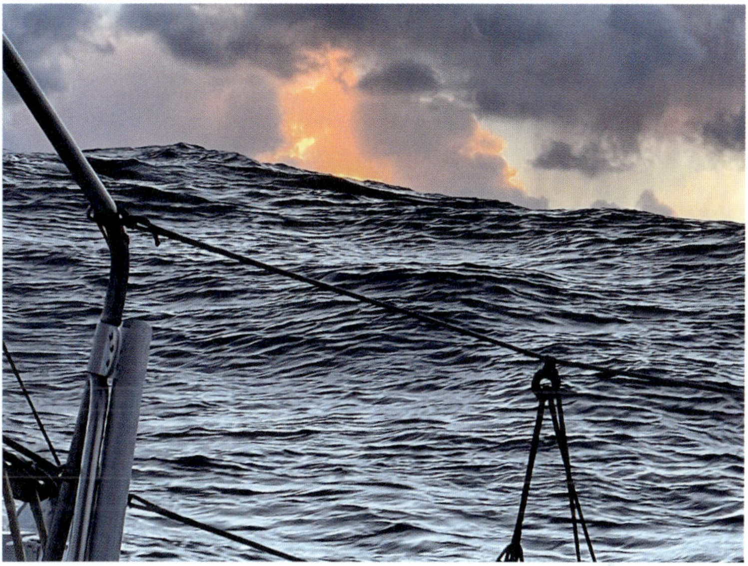

Wasserberge, Wolken, mein Schiff, alles ist ununterbrochen in Bewegung.

Auch am folgenden Tag hält das Wüten da draußen an. Es hilft mir, mich nur auf den Moment zu konzentrieren, auf ein Manöver, das Kochen, die Routenplanung. Ich will der Grübelspirale entrinnen, dem Nachdenken über das große Ganze, der Frage, welchen Sinn diese Tortur eigentlich hat. Nimm dir immer nur den aktuellen Tag vor, hatte mir ja vor dem Start der Mentalcoach geraten: One day at a time! Auch auf der Seekarte versuche ich, mich nur mit dem Naheliegenden zu beschäftigen. Ich zoome mich selten raus, ich bleibe im kleinen Maßstab, fixiert auf meine Gruppe.

Einen Tag später halte ich es nicht länger aus. Ich sitze im Cockpit, greife zum Handy, schalte den Aufnahmemodus ein und rede mir die Seele vom Leib. Das ist eigentlich nichts Neues. Seit dem Start zeichne ich regelmäßig Videos und Sprachnachrichten auf; einige verschicke ich privat an Freunde, andere an das Team, das sie auf unsere Social-Media-Seiten stellt. Der Unterschied zwischen beiden Kategorien wird für mich zunehmend unwichtiger. Ich mache öffentlich, was mich bewegt. Ich erzähle vom Rausch des Surfens, von der Anmut der Albatrosse, ebenso von den Stunden der Furcht, Einsamkeit und Beklommenheit. Seit jeher teile ich anderen gern mit, was ich erlebt habe, es macht mir einfach Spaß und ich habe ein gutes Gedächtnis für Details.

Doch je länger ich unterwegs bin, desto entscheidender für meine Nachrichten an Land wird ein zweites Motiv: Es tut mir gut, ins Handy zu reden! Ich erzähle und weiß, dass ich gehört werde. Und schon bin ich weniger einsam. Ich führe ja keine Selbstgespräche, sondern einen Dialog mit dem Festland. Da meine Stimmung stark von den Segelbedingungen abhängt, klingen meine Momentaufnahmen häufig widersprüchlich, so wechselhaft wie das Wetter. Aber darüber mache ich mir keine Gedanken. Es sind spontane, aufrichtige Momentaufnahmen, und sie anderen mitzuteilen, mildert mein Alleinsein. Ich rede, also bin ich.

Heute schicke ich eine fast zehnminütige Sprachnachricht – und weil das Gestampfe durch die See einfach nicht enden will, bündelt sich in der Nachricht all meine Ernüchterung über die bisherigen Wochen im Südpolarmeer:

Ich sitze eingekeilt an der Cockpitwand, mit dem Rücken zur Fahrtrichtung. Ich will beim Abstoppen nicht nach vorn geschleudert werden. Der Tag ist dahingekrochen, ich finde keine Freude. Ihr könnt euch nicht vorstellen, wie das Boot durch die Wellen mördert, es springt und stoppt und springt und stoppt. Ich habe Angst, dass etwas kaputtgeht. Es ist sehr kalt, und ich habe alle Lagen Fleece an. Ich könnte jetzt auch in der Koje liegen. Aber Birte hat gesagt, wenn ich mich düster fühle, soll ich ans Tageslicht gehen. Ha, von wegen Tageslicht! Das ist das Königreich Grau hier draußen, Himmel und Wasser, alles nur grau. Auch das drückt mir auf die Seele. Bleibt das jetzt für Tage oder Wochen so, sehe ich die Sonne gar nicht mehr? Die See ist ein einziger Haufen Geröll, eine Schrottpiste. Das Boot segelt so scheiße. Und es hört einfach nicht auf.

Leute, ich bin so ein Sensibelchen! Ich will jetzt einfach bloß durchhalten. Die Vendée Globe auch noch genießen – das können nur die ganz Harten. Ja, ich gestehe ein, dass ich nicht der harte Typ bin, der ich zu sein glaubte. Die anderen Weltumsegelungen waren auch heftig. Aber da waren immer die Kameraden, der Blick ins Gesicht des anderen, die Chance, jemanden zu fragen: Sollen wir das Segel wechseln, wie findest du den Wetterbericht, was kann ich dir zu essen bringen? Aber hier ist einfach niemand. Dieses Alleinsein macht mich mürbe.

Ich bereue es nicht, hier zu sein. Einhand und nonstop um die Erde ist eine irre Herausforderung. Ich glaube, es gibt nichts, was den Menschen so komplett fordert, alles an Körper und Geist, seine Kraft, seinen Verstand, sein Durchhaltevermögen. Hier draußen zeigt sich, dass wir viel mehr schaffen, als wir geglaubt haben. Das ist eine unglaubliche Erfahrung. Aber deshalb muss ich das Alleinsein doch nicht lieben! Innere Einkehr ist was für andere. Ich bin nicht so ein Typ. Ich hätte jetzt gern ein paar von euch hier.

Mein Gott, diese Vendée. Beim Start hatte ich noch das Messer zwischen den Zähnen. Pure Kampfeslust. Ich konnte mir nicht vorstellen, wie hart es wird. Vielleicht wiederholt sich die Täuschung, wenn ich die Ziellinie überquere. Ich glaube, dieser Moment wird wie eine Betäubungsspritze wirken. Ich werde alle Qualen auf der Stelle vergessen. Also, bitte erinnert mich daran, das nie wieder zu machen! Es ist wichtig, einmal dabei gewesen zu sein. Und es wäre großartig, ins Ziel zu kommen. Das reicht.

Eine Sprachnachricht wie eine Grundsatzrede. Aber werde ich den Vorsatz, es nie wieder zu machen, auch noch ernst nehmen, wenn das Boot wieder sanft über die Wellen fliegt? Ich weiß es nicht. Im Moment bin ich jedenfalls davon überzeugt. Natürlich würde es mich sehr reizen, eine neue Kampagne zu starten und ein neues Schiff zu bauen, für die Vendée Globe 2024. Es wäre meine erste Vendée mit Vendée-Erfahrung. Und ich denke oft darüber nach, was ich anders machen würde, in der Vorbereitung, im Design des Boots. Das Ganze wäre ein zweites großes Abenteuer. Mein sportliches Ziel wäre höher gesteckt als bloß anzukommen. Ich würde um den Sieg kämpfen wollen, ganz klar.

Aber ich frage mich eben auch, ob andere Ziele nicht relevanter sind für mich. Wir haben in den nächsten Jahren enorm wichtige Aufgaben zu erfüllen, um die Klimakrise halbwegs in den Griff zu bekommen. Warum sollten wir so viel Innovation, Energie und Ressourcen nur dafür nutzen, noch schneller um die Erde zu segeln? Ich würde gern in den nächsten zehn Jahren etwas Sinnvolles zum Klimaschutz beitragen. Eine Vision von mir ist das emissionsfreie Frachtschiff, vorangetrieben von Wasserstoff und großen Segeln. Ich weiß schon, mit welchen Partnern und Ingenieurbüros ich das Projekt in Angriff nehmen würde. Das könnte meine neue Vendée Globe werden.

Oder wäre es am besten, beides zu verbinden? Also vor allem deshalb an Ozeanregatten teilzunehmen, weil dann unsere Klimaschutz-Botschaft stärker gehört würde? »A Race We Must Win« steht auf meinen Segeln geschrieben. Es geht um den Wettlauf gegen den Klimawandel; wir können es uns nicht leisten, diesen Wettlauf zu verlieren. Die Fotos und Videos der letzten Wochen haben diese Botschaft bereits zu Millionen Menschen gebracht.

So sitze ich im Cockpit und lasse mich von meinen Gedanken hin und her werfen. Ich grübele, ich hadere. Die *Seaexplorer* wühlt sich in die Wellen, ich empfinde die Schläge auf ihren Rumpf fast wie Schläge auf den eigenen Körper. Es schmerzt mich zu spüren, was ich meinem Schiff in dieser grottigen See zumute. Wann hört das endlich auf?

Die Begegnung

Gestern habe ich Kap Leeuwin passiert, die Südwestspitze von Australien, das zweite der drei legendären Kaps entlang unserer Route. Der Indische Ozean ist fast geschafft. Es war mir egal. Wichtiger war: Ich hatte gut geschlafen, und die rote Linie um die Eisbergzone machte auf der Seekarte einen scharfen Knick. Ich witterte eine Chance.

Das Spitzentrio aus Charlie Dalin, Thomas Ruyant und Yannick Bestaven ist uns im Indischen Ozean davongeprescht, sie haben mehr als einen Segeltag Vorsprung. In der Verfolgergruppe haben sich die Abstände vergrößert, ich liege immer noch auf dem achten Platz. Doch dann habe ich gestern Nacht den Punkt erreicht, an dem die Grenze unserer polaren Verbotszone schräg nach Süden abwinkelt, Richtung Antarktis. Vom 46. Breitengrad können wir nun bis zum 56. Breitengrad hinabfahren, tief hinein in die Tosenden Fünfziger. Von dem Moment an, als ich um die Grenzecke bog und auf den neuen Südostkurs ging, fiel der Wind endlich wieder aus dem idealen Winkel in die Segel ein, und auch die Wellenrichtung passte. Foiling-Bedingungen. Ich zog das letzte Reff aus dem Großsegel, entfaltete es also auf seine Maximalfläche, und setzte ein größeres Vorsegel. Bis nach Mitternacht stellte ich Segel, Foils, Kielwinkel, Mastwinkel, die Last auf den Backstagen ständig neu ein; es macht einfach Spaß, all diese Variablen zu ändern, bis sich eine Konfiguration ergibt, die das Schiff wieder einen halben Knoten schneller gleiten lässt. Die vier Segler vor mir hatten etwas weniger Wind, und auf dem Tracker sah ich, wie sich in der Nacht der Abstand langsam verringerte.

Der neue Tag, der mein schönster im Indischen Ozean werden wird, beginnt allerdings ungut. Im Halbschlaf spüre ich, dass etwas nicht stimmt. Es ist nur eine leichte innere Unruhe, aber ich kann mich auf sie verlassen. Nach sechs Wochen auf See haben sich die Sinne meines Körpers zu einer Art Messfühler zusammengeschlossen. Ununterbrochen und ohne mein Zutun prüfen sie, ob an Bord alles in Ordnung ist. Seit dem Start hat sich dieser Messfühler entwickelt, ein Instinkt, der mit jedem Tag verlässlicher wird. Weil er eine wichtige Erfahrung speichert: Für jede Kombination von Windstärke, Windrichtung und Wellenhöhe gibt es einen Idealzustand, eine jeweils bestmögliche Einstellung des Boots. Habe ich sie gefunden und lasse das Boot laufen, dann registriert mein Unterbewusstsein eine Art Melodie dieses Idealzustands: zusammengesetzt aus dem Klang des Winds, dem Rauschen des vorbeiströmenden Wassers, dem Jaulen der Foils. Hinzu kommen die Bewegungen des Schiffs im Seegang. Das gleichmäßige Gurgeln der Heckwelle. Die Vibrationen der Bordwand.

All das ergibt eine Melodie, die ich höre und auch spüren kann. Bei jeder Windstärke klingt sie anders. Offensichtlich kennt mein Unterbewusstsein inzwischen all die Melodien des Einklangs von Mensch, Boot und Meer. Und deshalb registriert es schon die kleinste Abweichung, jeden winzigen Misston – und lässt mich sofort aufschrecken, auch dann, wenn ich in der Koje vor mich hin dämmere. So wie jetzt, früh am Morgen. Irgendetwas stimmt da draußen nicht. Ich denke nicht weiter darüber nach, sondern steige in mein Ölzeug, lege den Lifebelt an und klettere schlaftrunken an Deck. Es ist noch dunkel, aber im Schein der Mastlampe erkenne ich, dass der schützende Umnäher an der Unterseite eines Vorsegels eingerissen ist. Auf gut drei Metern Länge flappt er im Wind – ein kleiner Misston. Der Riss wird leicht zu reparieren sein. Ein Punkt mehr auf meiner langen Arbeitsliste für heute. Ich lege mich wieder in die Koje.

Kurz nach Sonnenaufgang lässt der Wind nach. Auf das davongeeilte Sturmtief ist diesmal kein neues gefolgt, stattdessen bringt ein Hochdruckkeil einen schnellen Wetterwechsel. Die Wolkendecke reißt auf, blauer Himmel, die See flacht ab, die Sonne wärmt. Endlich! Mit einem Becher Kaffee gehe ich an Deck. Es ist so mild draußen, dass ich erstmals seit dem Südatlantik keine Jacke zu tragen brauche. Ich setze mich auf das Kajütendach, schließe die Augen und hebe den Kopf Richtung Sonne. Meine Augenlider glühen in dunklem Rot, ich spüre, wie mein Gesicht, mein Körper sich in der Wärme entspannt. Innere Ruhe, bis in die Fingerspitzen. Bestimmt zehn Minuten lang genieße ich mit geschlossenen Augen diesen Moment, dieses so lang vermisste Gefühl.

Kurz darauf meldet sich die Medienzentrale der Veranstalter in Frankreich bei mir. Andi Robertson, Moderator der täglichen Online-Sendung, will mich interviewen, per Videoschalte. Ich filme mich gemütlich im Cockpit sitzend, hinter mir ein wolkenloser Himmel, das Meer glitzert in der Sonne. »Mein schönster Moment seit dem St.-Helena-Hoch«, rufe ich in die Kamera.

Bei flacher Dünung und konstanten, mittleren Winden rauscht das Boot schnurgerade durch das Südpolarmeer, ich kann es sich selbst überlassen und endlich meine Reparaturliste abarbeiten. Mein Cockpit wird zur Werkbank. Mit Bohrer, Schraubzwinge und Flex fertige ich einen neuen Beschlag für einen der beiden am Heck abgerissenen Hydrogeneratoren. Stuart, der Boat Captain, hat mir eine Zeichnung geschickt. Und tatsächlich, nach zwei Stunden lässt sich der Generator wieder am Heck anschrauben und ins schäumende Kielwasser absenken. Der Zeiger der Ladestation zuckt hoch! Endlich kann ich wieder die Wasserkraft nutzen, um meine Batterien zu füllen, anstatt wie im Indischen Ozean jede Nacht die Lichtmaschine anzuwerfen. Das Aufladen der Batterien hatte meine Nächte zerhackt und wertvollen Diesel gekostet. Vorbei, vorbei!

Der zweite Hydrogenerator war abgerissen, als eine Fallböe das Schiff sprungartig auf 35 Knoten beschleunigt hatte. Der Schlitten, an dem der Generator auf einer Schiene am Heck nach unten rutscht, zerbrach unter dem enormen Druck. Wieder einmal bin ich erleichtert, so viele Ersatzteile mit an Bord genommen zu haben: Ein

Reserveschlitten ist dabei. Wenig später läuft auch der zweite Hydrogenerator wieder.

Den Riss im Vorsegel flicke ich mit einem Streifen selbstklebender Folie aus Kohlefasern. Auch einen zerschlissenen Keilriemen am Motor bekomme ich nach fast einstündiger Fummelei ausgetauscht. Irgendwann am frühen Nachmittag schaue ich auf den aktualisierten Positionsmelder. Und bin entgeistert. In der Nacht hatte ich sechzig Seemeilen hinter meiner vertrauten Vierer-Gruppe gelegen, jetzt trennen mich nur noch 15 Seemeilen von ihnen. Die Gruppe ist in eine Zone mit wenig Wind geraten.

Jeder Regattasegler kennt die Situation: Auf der Kreuzstrecke, wenn also der Wind von vorn kommt, hast du dich mit schnellen Wendemanövern und guter Taktik ins Spitzenfeld gekämpft – und dann, wenn nach der Luvtonne die Schiffe zurücksegeln, mit Wind von achtern, dann fährst du plötzlich in ein Flautenloch. Und du kannst nur ohnmächtig zusehen, wie all die anderen von hinten wieder aufschließen, mit frischem Wind, ohne eigenen Verdienst.

Diesmal ist das Glück auf meiner Seite, ich komme von hinten auf. Der Wind bleibt mir treu, und gebannt warte ich auf die ersten AIS-Signale. Habe ich gleich Gesellschaft?

Normalerweise sehe ich die Positionen der Schiffe nur online, auf einer Webseite mit Tracker, den die Regattaleitung alle drei Stunden aktualisiert. Gerate ich allerdings in die Nähe eines anderen Schiffs, empfange ich sein AIS-Signal und sehe sein Symbol auf meiner digitalen Seekarte auftauchen. In den letzten fünf Wochen ist das nur wenige Male passiert.

Nun ist es wieder so weit. Die AIS-Signale kommen rein – und kurz darauf entdecke ich die Schiffe unserer Verfolgergruppe am Horizont! Mehrere kleine schwarze Dreiecke! So schnell habe ich bei diesem Rennen noch nie aufgeholt. Jean Le Cam und Damien Seguin waren als Erste in die flauen Winde gesegelt, die beiden anderen, Louis Burton und Benjamin Dutreux, hatten sie eingeholt und hingen dann auch fest. Und so liegen die vier Boote bereits nah beieinander, als ich mich abends langsam von hinten der Gruppe nähere.

Es ist unfassbar. Gut 1700 Kilometer südlich von Australien, in der Weite und Leere des Südpolarmeers, treffen mitten im Nichts fünf Boote aufeinander. Den halben Erdball haben wir umrundet, den letzten Konkurrenten habe ich im Südatlantik gesehen – und nun segeln wir, vier Franzosen und ein Deutscher, unvermittelt in Sichtweite nebeneinander.

Der Wind ist eingeschlafen, nur eine Brise kräuselt bisweilen das Wasser. Das Meer liegt friedlich da, kaum merkbar hebt und senkt es sich in der flachen Dünung, langsam und regelmäßig. Der Pulsschlag des Ozeans.

Damien Seguin treibt nur noch 200 Meter entfernt voraus, Louis Burton etwa 500 Meter rechts querab, die beiden anderen etwa einen Kilometer. Langsam schiebt sich mein Schiff durchs Wasser, im Tempo eines Spaziergängers und eine Spur schneller als Damien. Er steht im Cockpit und winkt und filmt mit dem Handy, wie ich in seinem Heckwasser näher komme. Und dann ist es so weit, unsere Schiffe segeln Seite an Seite. Zum ersten Mal seit der Begegnung mit Yannick im Atlantik kann ich wieder mit jemandem auf normale Weise reden. Mit einem Menschen, der nicht bloß Stimme im Kopfhörer ist, sondern der da leibhaftig steht, schwarzer Vollbart, schwarzer Pullover. Damien reißt beide Arme hoch und lacht und ruft mir zu.

»Boris, wie verrückt ist das denn!«

»Ja, irre. Und es tut so gut, deine Stimme zu hören.«

»Wenn dein Boot keine Foils hätte, könnte ich jetzt bei dir anlegen und wir trinken einen Aperitif.«

Ich muss lachen. »Gute Idee! Ich kann dir allerdings nur etwas Wein anbieten.«

»Schon in Ordnung. Hauptsache, der Wein kommt aus Frankreich.«

Damien überlegt kurz, dann verzieht er in gespielter Verzweiflung das Gesicht: »Ich habe aber keine Ahnung, wie die Rennleitung das sehen würde. Gilt ein Sundowner als unerlaubte Hilfe von außen?«

»Ha! Das würden die echt fertigbringen. Aber es kann ja jeder sein eigenes Glas füllen. Und dann stoßen wir von Bord zu Bord an.«

So blödeln wir noch eine Weile herum. Es tut gut, sich wieder mit einem Menschen zu unterhalten, von Angesicht zu Angesicht. Ich lehne mich an die Reling und schaue hinüber in sein Cockpit, das genauso unaufgeräumt aussieht wie meins, auch Damien hat Sonne und flauen Wind genutzt, um einen Reparaturtag einzulegen. Wir sprechen über Ersatzteilvorräte und das Wetter und die Route der nächsten Tage, es ist eine entspannte Plauderei, und genau diese Harmlosigkeit macht unser Zusammentreffen am Ende der Welt noch bizarrer. Damien hat sich etwas zu trinken besorgt, hebt sein Glas und prostet mir zu.

Wir sind Einhandsegler, wie alle Menschen, die allein auf einem Boot über die Meere segeln. Die Bezeichnung leitet sich ab vom englischen Wort »hand«, dem Ausdruck für »Hand« – aber auch für »Besatzungsmitglied«. Die Vendée Globe ist ein »single-handed race«, weil auf jedem Boot die Besatzung lediglich aus einer Person besteht. Nimmt man den deutschen Begriff allerdings wörtlich, gibt es bei dem Rennen nur einen einzigen Einhandsegler: Damien Seguin. Dem 41-Jährigen fehlte schon bei der Geburt die linke Hand, sein Unterarm endet in einem Stumpf.

Der Mann aus den französischen Alpen ist ein erfolgreicher Profisegler geworden, mit fünf Weltmeistertiteln und zwei Goldmedaillen bei den Paralympischen Spielen. Für seine erste Vendée Globe hat Jean Le Cam persönlich ihn trainiert. Damiens Schiff ist bereits zwölf Jahre alt und muss, wie das Boot von Le Cam, ohne Foils auskommen. Offenkundig kein Problem: Eine halbe Weltreise nach dem Start liegen beide, der Altmeister und sein Schüler, in der Spitzengruppe, im Moment nur ein paar Seemeilen voneinander entfernt.

Ich mag Damien, er hat eine offene, herzliche Art – und seine enorme Willenskraft und Zähigkeit hat er im Indischen Ozean bewiesen. Am linken Griff seines Coffee-Grinders ist eine Metallhülse angeschweißt. In die steckt er seinen linken Unterarm, und dann kurbelt er mit beiden Armen genauso schnell und kraftvoll wie wir alle, wenn wir den Grinder nutzen, um ein Segel zu setzen oder eine Schot dichtzuholen. Es ist mir allerdings ein Rätsel, wie Damien im Notfall mit nur einer Hand ein Segel flicken oder sich gar den Mast hochziehen würde. Aber ich bin überzeugt, dass er sich auch für solche Herausforderungen einen genauen Plan und angepasste Werkzeuge zurechtgelegt hat.

»Hey, Boris«, ruft Damien und droht mit dem Finger, »stell deinen Motor ab.«

Der Mann ist gut drauf. Ich bin inzwischen an ihm vorbeigesegelt, zwei Bootslängen liegt er schon hinter mir und gerät langsam außer Rufweite. Ich hatte kurz überlegt, meinen Speed zu verringern. Aber dies ist ja kein Urlaubstörn. Zudem wird unsere Gruppe wohl noch mehrere Tage beieinanderbleiben: Vor uns dehnt sich ein Hoch mit wenig Wind aus, und um daran vorbeizukommen, segeln wir weit nach Süden, dicht an der roten Linie entlang. Zwischen dem Hoch und unserem Sperrgebiet gibt es laut Vorhersagen nur einen schmalen Windkorridor, durch den wir gemeinsam schlüpfen werden, dicht nebeneinander.

~

Es herrscht Stille. Nur leise gluckst das Heckwasser, glatt und leer dehnt sich der Ozean um mich herum. Die vier anderen Boote sind im schwindenden Tageslicht kaum noch zu erkennen. Der Abendhimmel hat sich zugezogen, mit einer massigen, geschlossenen Wolkendecke, nur im Westen klafft eine Lücke über dem Horizont. Dort ist die Sonne gerade untergegangen und es beginnt ein magisches Naturschauspiel: Die Strahlen der verschwundenen Sonne fingern über die Erdkrümmung hinweg an der Unterseite der Wolkendecke. Die tief hängenden Wolkenspitzen glühen hell im letzten Sonnenlicht. Darüber, nachtblau und nur noch schemenhaft erkennbar, ballen

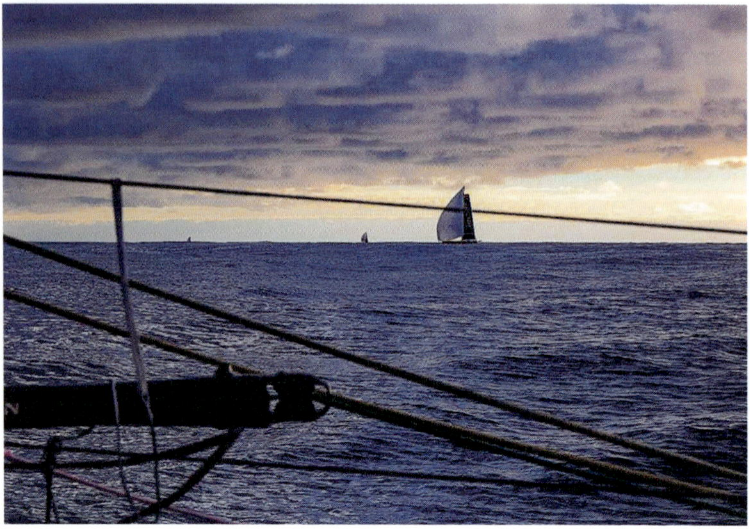

Unter tief hängenden Wolken segeln wir entlang der Eisgrenze in die Nacht.

sich die dicken Wolkenmassen mit dunklen, in den Himmel hinaufragenden Schluchten.

Es wirkt, als erstreckte sich dort oben eine auf dem Kopf stehende Berglandschaft.

Etwas fällt ab von mir. Es ist so weit. Ich werde eins mit dem Meer, dem Wind, den Wolkengebirgen. Alles gehört zusammen, ich fühle mich aufgehoben, geborgen in etwas Großem. Reglos sitze ich im Cockpit und beobachte, wie die letzten Wolkenspitzen verglühen. Im Osten beginnen die ersten Sterne zu funkeln. Dies ist das Zentrum der Welt. Die Vendée Globe ist weit weg.

Ich schlafe gut in dieser Nacht, mehrfach für jeweils zwei Stunden. Kurz nach Sonnenaufgang reiße ich eine Porridgetüte auf, gieße heißes Wasser hinein und gehe an Deck. Ein kräftiger, kalter Südwind weht, die Antarktis liegt nur 500 Seemeilen entfernt. Ich fühle neue Energie. Die abgrundtiefe Verzweiflung, die mich noch vor einigen Tagen so niedergedrückt hatte, scheint verschwunden.

Mein Team schickt mir ein paar überraschende Luftaufnahmen

von gestern. Louis Burton, der bei unserem Zusammentreffen gut eine Seemeile von mir entfernt lag, hatte seine Drohne steigen lassen und über das Meer zu mir geschickt. In etwa fünfzig Metern Höhe flog sie eine Weile hinter meinem Schiff und filmte unbemerkt, wie ich im Cockpit hin und her ging. Burton übermittelte das kurze Video nach Frankreich, der Moderator der täglichen Talkshow über das Rennen zeigte den Clip, jemand aus meinem Team machte ein paar Aufnahmen davon, schickte sie mir per WhatsApp zurück – und auf diesem Weg einmal um die Welt habe ich erfahren, wie mein Schiff im Südpolarmeer von oben aussieht. Das Video wurde auch auf Instagram gepostet und kommentiert, unter anderem wurde die Frage diskutiert, ob ich, mit Blick auf den Windeinfallswinkel, eigentlich meine Segel optimal eingestellt hätte. Tja. Einsamkeit in Zeiten von Drohnenkameras und Internet.

Als ich vor ein paar Tagen Kap Leeuwin passierte, habe ich das vorgesehene Fläschchen Whiskey nicht aufgeschraubt. Ich hatte einfach nicht das Gefühl, dass die gut 800 Seemeilen entfernte Landspitze irgendeine Relevanz für meine Reise hätte. Der Moment, in dem ich die Hälfte der Strecke geschafft haben werde, sollte mich mehr beeindrucken. In drei Tagen, auf Höhe der Insel Tasmanien, ist Halbzeit. Und noch etwas kann ich dort feiern: Der Längengrad, auf dem die Südspitze von Tasmanien liegt, markiert nach internationaler Übereinkunft die Grenze zwischen Indischem Ozean und Pazifik. Dort werde ich in den größten aller Ozeane eindringen.

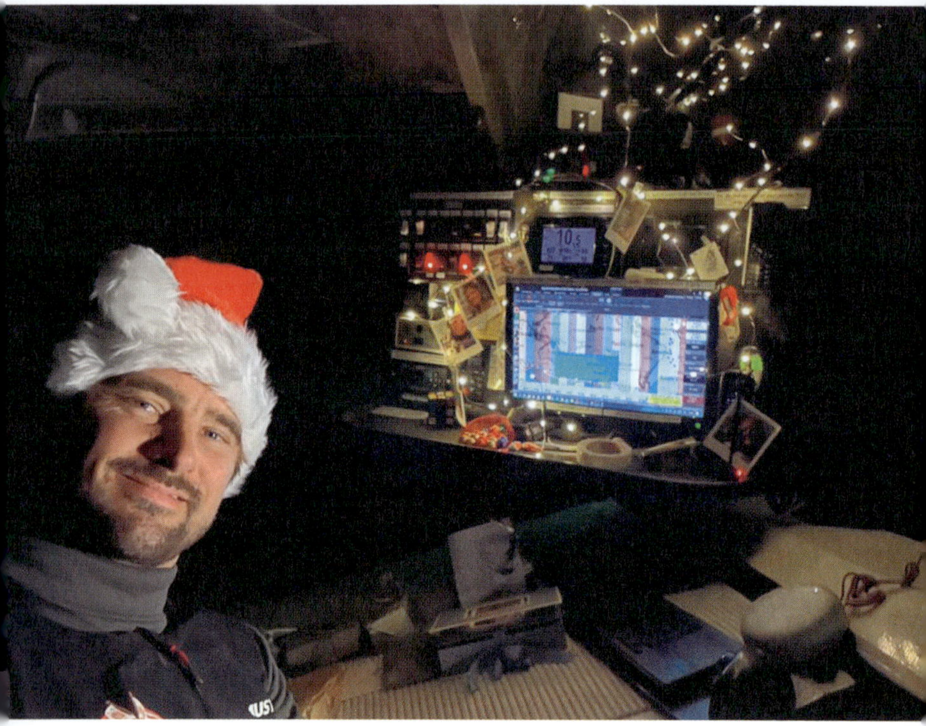

Weihnachten im Südpazifik, mit Fotos meiner Liebsten am Schaltpult

9 Weihnachten

Für Segler der Vendée Globe ist der Weihnachtstag normalerweise ein schwieriges Datum. Nach gut sechs Wochen auf See hat sich das Feld auseinandergezogen, die Spitzengruppe kämpft sich durch den stürmischen Südpazifik, jeder Segler ist mehrere Hundert Meilen vom nächsten entfernt. Viel einsamer kann man das Fest der Familie nicht feiern. In diesem Jahr liegen die ersten zehn Boote innerhalb von 300 Meilen. Die See ist ruhig, die Sonne scheint. Besinnliches Segeln in den Tosenden Fünfzigern.

Ich habe mir einen Weihnachtsstern in Bronze geschenkt: Heute Morgen habe ich Jean Le Cam überholt und liege nun erstmals auf dem dritten Platz. Ich sitze draußen in der Sonne, angelehnt an die Cockpitwand, und löffele Rougail aus der Tüte, mein Festtagsmenü. Die Geschenke von Birte und dem Team habe ich geöffnet, nun höre ich einen Podcast, 110 Minuten lang, die Weihnachtsgrüße von zahlreichen Freunden. Kirchenglocken und Gedichte, Kinder spielen »Jingle Bells« auf der Flöte, Eltern singen, auch ein Hund bellt, und immer wieder gute, innige Wünsche für eine sichere Heimkehr.

Der Zusammenschnitt rührt mich. Ich fühle mich aufgehoben unter den Freunden. Und vor allem: bei Birte und unserer kleinen Tochter Malou. Jeden Tag spreche ich mit Birte, wie niemand sonst kann sie mir bewusst machen, was wirklich zählt, hier draußen und an Land. Heute ist der beste Tag, ihr einmal das Wort zu geben.

Vor einer Woche hat Boris die Hälfte der Strecke geschafft. Seither segelt er nach Hause. Das ist ein gutes Gefühl, für ihn und für mich. Zur Halbzeit hatte ich ihm eine Nachricht geschickt: »Du kannst dich ruhig mal kurz feiern. Und es dir auf der Zunge zergehen lassen: Ich bin Sechster, mit guten Chancen nach vorn. Ich bin schon halb um die Welt. Meine Frau und mein Baby lieben mich. Sie warten sehnsüchtig auf mich.«

Ich finde, Boris sollte sich mehr auf die Schulter klopfen, ich sage es ihm jeden Tag. Es ist doch großartig, was er schon geschafft hat. Mit einem Platz in der Spitzengruppe, mit seiner wissenschaftlichen Mission. Und mit seinen Erzählungen vom Rennen: Boris hatte ja immer vorgehabt, das Abenteuer zu teilen, um viele Menschen zu inspirieren, vor allem die Kinder in unserem Schulprogramm. Doch er macht es sich nicht leicht, mit all den Ansprüchen an sich. Wenn die Segelbedingungen unerträglich werden, dann sagt er mir, dass er vor allem die Mission erfüllen will und es ihm deshalb wichtig sei, überhaupt ins Ziel zu gelangen, die Platzierung sei nicht so wichtig. Aber natürlich kommt ständig auch der Regattasegler in ihm durch. Er will einfach nicht zurückfallen. Und ich denke schon, dass es einen Unterschied für ihn macht, ob er sich auf Platz 13 einsam fühlt oder auf Platz fünf.

Wir haben beide unterschätzt, wie schwer dieses Rennen wirklich ist. Und wie sehr ihm das Alleinsein zusetzt. Bei früheren Einhandrennen ging es meist nach einer Woche vorbei – eben auch, weil er wusste, dass die Zeit an Bord nicht so lange dauern würde. Jetzt sind es drei Monate, allein die Aussicht darauf macht aus der Einsamkeit einen großen, schmerzhaften Kloß, der einfach nicht verschwindet.

Im Moment haben wir elf Stunden Zeitunterschied. Das macht die Sache nicht leichter. Wenn Boris aufsteht, gehen in Deutschland die Leute zu Bett, mit denen er vor ein paar Wochen noch tagsüber kommunizierte. Nun herrscht Ruhe auf allen Kanälen. Einerseits tut es ihm gut, er kann jetzt mehr bei sich und dem Rennen sein. Andererseits stärkt es ihn zu erfahren, wie inzwischen Hundertausende mit ihm mitfiebern. Und es hilft enorm, wenn er Freunden zuhören kann, wie sie von zu Hause erzählen, und er sich eingebunden fühlt in unseren Alltag. An Land heißt es ja manchmal, dass jemand nicht allein sei, aber einsam. Boris geht es jetzt umgekehrt.

Die größte Herausforderung bei diesem Rennen ist wirklich der Kampf mit der eigenen Psyche.

Ich glaube, Boris zahlt nun auch einen Preis für seinen Perfektionismus. In den Jahren der Vorbereitung hat er das Rennen immer wieder durchgespielt, an jede

Kleinigkeit hat er gedacht, nachts ist er hochgeschreckt und hat irgendeine Idee notiert. Seinen Satz, dass achtzig Prozent des Rennens schon beim Start entschieden sind, verstehe ich erst jetzt so richtig, nach den vielen Ausfällen auf anderen Schiffen.

Da draußen aber täte es ihm gut, manchmal die Dinge einfach laufen zu lassen. Er ist so wahnsinnig angespannt. Zu Hause würde er spazieren gehen oder sich mit Freunden treffen, das relativiert viele Probleme. Nun lebt er ununterbrochen in dieser isolierten Welt, es gibt keine Ablenkung, und deshalb ist in jedem Moment alles so wichtig, dass er an nichts anderes denken kann. Er will keine Fehler machen. Doch weil er jede Entscheidung allein treffen muss, zermürbt ihn das Grübeln über den richtigen Kurs oder das richtige Segel. Und nie kann er sich zwischendurch mal erholen von der Situation. Er bleibt immer drin, es gibt keine Atempause, achtzig Tage lang.

Bei diesem ganzen Rennen gehe es im Kern ums Annehmen, sagte Boris einmal. Man müsse jeden Moment so akzeptieren können, wie er komme, egal ob gut oder schlecht. Wir haben darüber gesprochen, dass ich gerade eine ähnliche Erfahrung mache. So unberechenbar wie bei ihm das Wetter ist bei mir das Baby: Ich weiß nicht, wie die Nacht wird, ich weiß noch nicht mal, was in einer Stunde sein wird. Ich war daran gewöhnt, meine Tage genau planen zu können, das ist nun vorbei. Und an massivem Schlafmangel leide ich auch. Es war lustig, die Parallelen zu entdecken, zwischen Einhandsegler und Einhandmutter.

Vor einigen Tagen war Boris wieder einmal extrem genervt von dem Seegang, der das Boot einfach nicht durchfahren ließ. Ich schlug ihm vor, die Wellen laut zu beschimpfen. Das hat er gleich gemacht, es brach richtig aus ihm raus; legt euch gehackt, verzieht euch, wütete er. Danach haben wir beide gelacht. Weil der Lärm an Bord gleichfalls unerträglich war, meinte ich, er könne ruhig auch mal das Schiff anpfeifen. Da hat er gesagt: Das Schiff ist mein Freund, das beschimpfe ich nicht. Boris sagt das nicht nur so. Wenn er erzählt, was er da draußen erlebt, spricht er immer von »wir«; damit meint er sein Boot und sich, für ihn sind sie beide eine Einheit. Ich glaube, er nutzt das »wir« dabei völlig unwillkürlich, das ist kein aufgesetztes Bekenntnis, sondern einfach selbstverständlich.

Boris kann nicht singen. Trotzdem singt er jeden Abend das gleiche Lied für unsere Tochter. Es heißt »Guten Morgen, guten Morgen, Sonnenschein«, eigentlich ein schreckliches Lied, weshalb ich mir den Rest des Textes neu ausgedacht habe. Er schickt es mir als Sprachnachricht, die ich morgens zum Aufstehen unserer Tochter vorspiele. Malou strahlt dann meistens, und ich bin mir ziemlich sicher, sie erkennt die Stimme ihres Vaters.

In den ersten Wochen versuchten wir möglichst dann zu telefonieren, wenn ich etwas Ruhe hatte. Inzwischen ist mir das egal, Boris soll ruhig mitbekommen, wenn Malou hier Rabatz macht – und er will es auch. Boris möchte Teil unseres Alltags sein, und zwar live. Vor der Reise haben wir uns versprochen, einander nichts zu verschweigen. Und so erzähle ich ihm auch, wenn hier mal etwas schlecht läuft. Anfangs fürchtete ich, dass ihn das belasten könnte. Das Gegenteil ist der Fall: Es tut ihm gut, dass nicht nur ich ihm beistehen kann, sondern er mir auch. Die Telefonverbindung ist großartig; er segelt gerade durch den Pazifik, doch wenn wir sprechen, höre ich ihn so deutlich, als stände er im Nachbarhaus. Wir reden jeden Tag miteinander, eine halbe Stunde, oft länger. All diese Gespräche, auch über Banales, geben uns die Sicherheit, dass der andere immer noch der ist, der er vor dem Start war. Und über das, was neu hinzukommt, reden wir sofort. Wenn Malou zwischendurch zu schreien beginnt oder ich sie wickeln muss, lege ich den Hörer daneben und Boris hört zu. Manchmal filme ich das Babyphone ab, wenn sie im Schlaf zu summen beginnt. Es ist keineswegs alles rosig, aber wir drei erleben eine Zeit miteinander, die intensiver ist, als ich es erwartet hatte.

Gestern war Weihnachten. Kein leichter Tag für Menschen, die allein sind. Boris sagt, es war einer der bisher schönsten Tage des Rennens. Als ich ihn auf seinem Bord-Video sah, musste ich lachen: Mit roter Nikolausmütze saß er draußen, aß guter Dinge sein Mittagessen und hörte eine Grußbotschaft von vielen Freunden ab. Sie hat ihn sehr bewegt. Unser Weihnachtsmoment verlief dann nicht ganz so wie geplant. Ich hatte die Kleine im Arm, telefonierte mit Boris und wollte gleichzeitig seine Geschenke öffnen. Das war zu viel auf einmal, und Malou, müde von der ganzen Aufregung, fing an zu quaken und ich brachte sie ins Bett. Nachts haben wir noch länger miteinander gesprochen, auch darüber, dass Weihnachten eben oft mit Erwartungen aufgeladen wird und man sich daher schnell enttäuscht fühlt.

Ich bin gespannt, was für einen Boris ich zurückbekomme. Er hat sich verändert, ich habe mich auch verändert. Er sagt, der Wert von Familie sei für ihn noch viel größer geworden. Und auch die Wertschätzung für alltägliche Situationen, etwa zusammen spazieren zu gehen, einzukaufen, mit der Kleinen zu spielen; darauf würde er sich so freuen. Wie oft sagt das eigentlich ein Mann, der ständig zu Hause ist?

Nach seiner Rückkehr wird er wieder unter Menschen sein – und genau deshalb, das fürchte ich, wird er sich noch eine Weile einsam fühlen. Weil er spürt, dass niemand wirklich nachempfinden kann, durch was er da draußen gegangen ist. Doch seine Tochter wird ihn da rausholen. Die Kleine wird morgens auf dem Boden sitzen und ihn anlachen: Hey, hier bin ich, und was machen wir jetzt? Sie wird ihm gar nicht die Zeit lassen, in ein Loch zu rutschen oder die Sinnfrage zu stellen. Ich denke, Boris wird eine neue Kampagne aufbauen, und dann, sobald es warm wird, gehen wir segeln. In Dänemark.

Jemand hat eine Überraschung in mein Navigationsprogramm eingebaut: Als ich es heute Morgen einschaltete, poppte eine Grußkarte auf, und es ertönte »We Wish You a Merry Christmas«. Mit Jean Le Cam, der in Sichtweite liegt, habe ich mich über Funk unterhalten, wir sprachen über unsere gemeinsame Leidenschaft für Kaffee und Kaffeemaschinen. Ich habe den Podcast meiner Freunde gehört und zweimal mit Birte telefoniert. Weihnachten war kein Tag der Einsamkeit für mich.

»Um die Welt zu segeln, ist der kürzeste Weg zu sich selbst.« So lautete das Motto, mit dem Bernard Moitessier sein berühmtes Buch begann. In seinem Fall traf das bestimmt zu, er hatte viel Zeit zum Reflektieren, und er mochte die Einsamkeit. Wenn ich 300 Tage auf einem Schiff wie Moitessiers *Joshua* segeln würde, auf einem richtigen Schiff also, und dann wie er in der Kajüte auf einer Couch vor dem Bücherregal sitzen, in Ruhe einen Kaffee trinken und ein Zigarettchen rauchen würde – da würde ich schon zu mir finden. Aber als Vendée-Segler hast du dafür keine Chance. Du bist ununterbrochen auf die Regatta fixiert und freust dich einfach, zwischendurch die Stimmen der anderen zu hören.

Ohne meine Kontakte zu Birte und meiner Tochter und meinen Freunden wäre der Stille Ozean wirklich still. Das entspricht mir nicht. In ein paar Tagen werde ich am abgelegensten Ort der Welt vorbeifahren. Begleitet von mehreren Mitseglern und auch den Freunden zu Hause. Das gefällt mir besser.

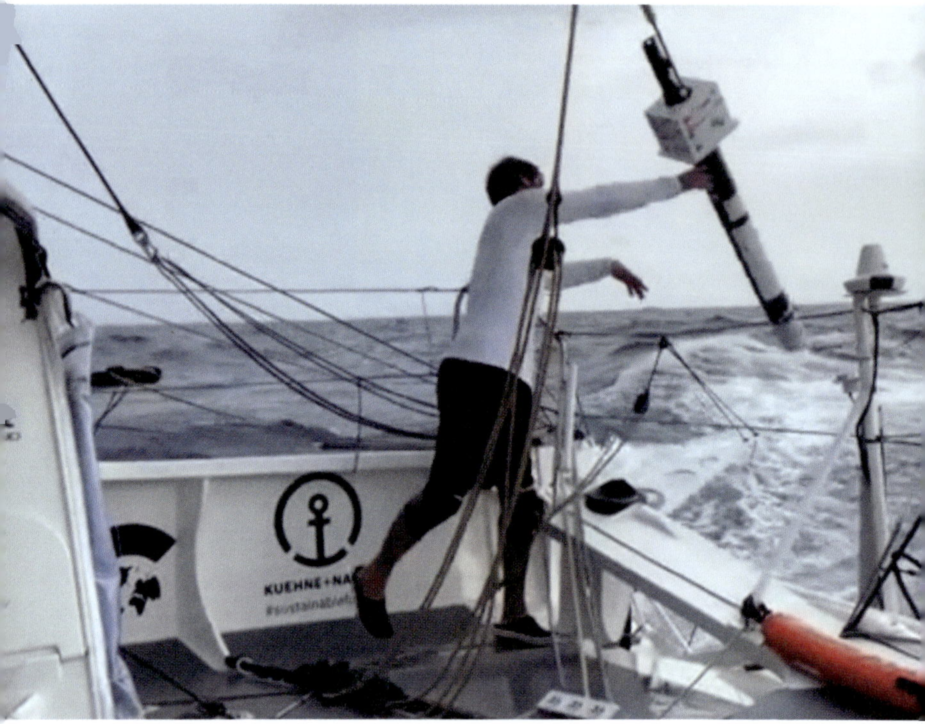

Meine Mess-Bake beginnt ihre jahrelange Wanderung durch den Ozean.

10 Point Nemo

Die meiste Zeit des Rennens sind wir vom Festland weiter entfernt als die Astronauten der ISS von der Erde.

Der Vergleich wird oft genutzt, er hört sich nach einer unermesslich großen Distanz an, eben weil die ISS uns so weit weg erscheint. Tatsächlich schwebt sie nur 400 Kilometer entfernt, das entspricht der Breite der Biskaya, in der wir im Sommer trainieren. Während des Rennens trennt uns meist die doppelte oder dreifache ISS-Distanz vom Festland.

Am 29. Dezember, in der Mitte des Südpazifiks, bin ich von so viel Ozean umgeben wie zu keinem anderen Zeitpunkt des Rennens. An diesem Tag passiere ich in knapp 300 Seemeilen Entfernung Point Nemo, den »Pol der Unzugänglichkeit«, den entlegensten Ort auf Erden. 1992 hatte sich ein kanadisch-kroatischer Vermessungsingenieur an den Computer gesetzt, um mithilfe einer speziellen Software den Punkt im Meer zu finden, der am weitesten von jeglichem Land entfernt liegt. Er berücksichtigte für seine Suche nicht nur Kontinente und Inseln, sondern sogar unbewohnte Felsspitzen. Nichts als Wasser sollte den Ort umgeben, eine schier endlose Wasserwüste. Der Ingenieur fand den virtuellen Punkt im Stillen Ozean. In der Mitte zwischen Neuseeland und Chile, in den Roaring Forties: auf 48 Grad 52 Minuten Süd/123 Grad, 23 Minuten West. Das Zentrum der Einsamkeit erhielt später den Namen Point Nemo, nach Kapitän Nemo, dem Helden in Jules Vernes Roman *20 000 Meilen unter dem Meer.*

Die nächsten Landsplitter sind drei Inseln. Jede liegt genau 2700 Kilometer entfernt: im Norden das polynesische Ducie-Atoll, im Nordosten die chilenische Osterinsel und im Süden, vor der Küste der Antarktis, die kleine Maher-Insel. Fast die siebenfache ISS-Distanz trennt alle drei Eilande von Point Nemo. Nur auf der Osterinsel leben Menschen. Die riesige Leere hat die Region zu einem beliebten Friedhof für Weltraum-Schrott gemacht. Europäer, Japaner und Russen ließen hier mehr als hundert unbrauchbare Satelliten und Raumfahrzeuge ins Meer stürzen.

Auch unter Wasser ist kaum Leben anzutreffen. Eine riesige, kreisförmige Ozeanströmung, der Südpazifik-Wirbel, rotiert nördlich von Point Nemo und verhindert, dass nährstoffreiche Wassermassen von außen eindringen. Und der Wind, der Staub und Nährstoffe vom Land aufs Meer transportiert, hat sich längst leer geweht, wenn er im Zentrum des Südpazifik-Wirbels ankommt. Das Ergebnis ist eine, wie Wissenschaftler sagen, »extrem niedrige Primärproduktivität«. Anders ausgedrückt: Es gibt hier nichts zu fressen. Keine Mikroorganismen, kein Plankton, keine Algen, keine kleinen und großen Tiere, auch all die dazugehörenden Sedimente und Partikel fehlen – und so ist das Wasser nördlich von Point Nemo so klar und durchscheinend blau wie nirgendwo sonst in den Ozeanen.

Keine Schifffahrtsroute führt durch das Meer der Leere. Die einzigen Lebewesen, die bisweilen hier vorbeikommen, sind Touren- und Regattasegler. Und alle vier Jahre die Teilnehmer der Vendée Globe. Diese Tatsache macht die Vendée-Segler interessant für Ozeanografen und Klimaforscher. Zumal unsere Route uns ja nicht nur an Point Nemo vorbeiführt, sondern durch das gesamte Südpolarmeer, die einsamste und unerforschteste Region der Weltmeere. Um das zu ändern, brauchen Wissenschaftler aktuelle Daten von dort, und da kommen wir in ihr Blickfeld.

Seit zwanzig Jahren segele ich Hochseeregatten, seit gut zehn Jahren verbringe ich ein Drittel des Jahres irgendwo auf den Ozeanen. Das Meer ist mein Arbeitsplatz. Und ich merke, wie sich mein Arbeitsplatz verändert. Es gibt deutlich sichtbare Veränderungen, etwa die polare Eisschmelze. Als ich 2015 mit der Crew eines Trimarans die Nordostpassage durchfuhr, also von Norwegen an der russischen Nordküste entlang nach Alaska, stellten wir einen neuen Weltrekord für die Strecke unter Segeln auf – was uns auch deshalb gelang, weil so wenig Eis wie nie zuvor die Passage blockierte. Keine Region weltweit ist so stark vom Klimawandel betroffen wie die Arktis, in den letzten zwanzig Jahren ist dort die Temperatur um drei Grad gestiegen. Vom Schelfeis der Antarktis wiederum brechen gigantische Flächen ab, zuletzt eine Eisinsel größer als Rügen. Im Atlantik dehnen sich die Seegrasfelder aus; vor sechs Wochen haben wir nahe dem Äquator Stunden gebraucht, um einen besonders großen Teppich zu durchqueren. Auch die Tierwelt scheint sich bereits verändert zu haben. Ich habe den Eindruck, dass weniger Delfine unsere Schiffe begleiten, auch Wale sehe ich seltener auftauchen als bei früheren Atlantikquerungen.

Die größte und folgenreichste Bedrohung der Meere aber ist nicht sichtbar: die Erwärmung des Wassers. Und seine Versauerung durch Kohlenstoffdioxid, das sich in immer größeren Mengen im Oberflächenwasser löst.

Zu was das führt, war schon bekannt, als ich 2001 das erste Mal über den Atlantik segelte: Der Meeresspiegel steigt, Artenvorkommen verschieben sich, Korallen sterben, Sturmfluten nehmen zu, Polkappen schmelzen ab, Meeresströme ändern ihren Lauf. Doch welche Bedeutung der Ozean vor allem als Klimaanlage der Erde hat, ist mir erst im Laufe der Jahre immer deutlicher geworden, im Kontakt mit Wissenschaftlern. Die Meere, die siebzig Prozent des Erdballs bedecken, mildern die Folgen des Klimawandels ab. So komplex der Vorgang auch ist, es reicht aus, zwei Eckdaten zu kennen:

Die Ozeane nehmen neunzig Prozent der Wärmeenergie auf, die der Treibhauseffekt in der Atmosphäre erzeugt. Und sie nehmen ein Viertel des menschengemachten CO_2 auf.

Ohne die Weltmeere gäbe es kein Leben auf der Erde. Einst ließ ihr Wasser die ersten organischen Zellen entstehen, heute schützt es unseren Planeten vor der Überhitzung. Doch die globale Klimaanlage ist mittlerweile überlastet, warnen Wissenschaftler. Die Pufferfunktion der Meere schwächt sich ab, die Folgen verändern die Ökosysteme weltweit, in der Tiefsee ebenso wie im Inneren der Kontinente.

Seit Jahren treibt mich die Frage um, was sich dagegen tun lässt. Das Meer ist ja ein besonderer Ort für mich, seit jeher: In der Kindheit, zwischen Prielen und Sandbänken, war es mein Spielplatz, dann wurde es mein Sportplatz, schließlich mein Arbeitsplatz. Wenn ich mich jetzt für seinen Schutz einsetze, dann tue ich das aus einer Art staatsbürgerlicher Verantwortung – vor allem aber, weil ich mich dem Meer emotional verbunden fühle. Ich verehre es nicht, ich verkläre es nicht, es ist mir einfach nur sehr vertraut. Ich bin gern auf hoher See. Und ich habe großen Respekt vor diesem System, in dem alles ineinandergreift, vom Plankton bis zu Buckelwalen, vom Golfstrom bis zum Südpazifik-Wirbel.

Natürlich muss man nicht erst über die Ozeane segeln, um sich für sie einzusetzen. Es reicht, aufmerksam lesen und sich informieren zu können, um zu erkennen: Meeresschutz braucht Klimaschutz.

Vielleicht liegt es an meiner Leidenschaft für Technologie, dass ich noch einen zweiten Satz verinnerlicht habe: Man kann nur schützen, was man messen kann. Um die Meeresforschung dabei zu unterstützen, habe ich, wie andere Langstreckensegler auch, vor einigen Jahren begonnen, auf hoher See Messbojen auszusetzen. 2018 bauten wir auf der *Seaexplorer* ein kleines Bordlabor ein, das seither bei den Rennen unablässig Wasserproben analysiert.

Als 2019 Greta Thunberg und ihr Vater entschieden, sich von uns emissionsfrei zur UN-Klimakonferenz bringen zu lassen, machte mich die Überfahrt erstmals über Seglerkreise hinaus bekannt – was unserem Anliegen sehr geholfen hat. Seit Jahren nutzen wir die Bühnen des Sports, um auf die Bedeutung der Weltmeere fürs Klima aufmerksam zu machen: bei Interviews und öffentlichen Auftritten, auf Konferenzen, in Gesprächen mit den Partnern unserer Kampagne. Auch im Vorstand der Klassenvereinigung versuchen wir das

Thema voranzutreiben. Anfang 2020 unterzeichnete der Dachverband der Imoca-Rennyachten einen Vertrag mit der UNESCO: für gemeinsame Projekte zur Erforschung der Meere. »Unsere Segler sind in den entlegensten Regionen der Erde unterwegs – und erleben, wie sich auch dort die Umwelt verändert. Wir wollen daher dazu beitragen, die Ozeane besser zu verstehen und zu schützen«, erklärte der Präsident des Weltverbands.

Beim Start der aktuellen Vendée Globe hatten neun Segler Messbojen an Bord, die sie inzwischen an verschiedenen Orten im Meer ausgesetzt haben. Auf zwei Yachten sind Bordlabore installiert, die entlang unserer gesamten Route Wasserproben analysieren, eines davon misst auch die Konzentration von Mikroplastik.

Die Ozeanografen und Meteorologen brauchen vor allem eines: aktuelle Daten vom Ort des Geschehens. Sie brauchen sie, um lokale Ökosysteme zu analysieren und um zu erkunden, was mit den globalen Meeresströmen passiert. Und sie brauchen sie zur Berechnung langfristiger Klimamodelle. Die entscheidenden Daten lassen sich dabei nicht aus der Ferne gewinnen, etwa mithilfe von Satelliten. Sie müssen *in situ* erhoben werden, unmittelbar vor Ort. Zu was das geführt hat, ist selbst vielen Hochseeseglern wenig bekannt: Die Weltmeere sind gespickt mit derzeit fast 10 000 Messinstrumenten. Frei umhertreibende Bojen gehören dazu und solche, die mitten im Ozean an kilometerlangen Leinen verankert sind. Autonom umhertreibende Sensor-Baken sammeln Daten, ferngesteuerte Miniroboter sind im Einsatz, Schiffe mit Messgeräten – und sogar Meeressäuger wie Seeelefanten, an deren Körper winzige Sensoren befestigt worden sind.

Die globale Datensuche wird von *OceanOPS* koordiniert, einer UN-Einrichtung in Frankreich. Die Wissenschaftler und Ingenieure steuern den Einsatz der Messgeräte. Und sie stellen sicher, dass die Rohdaten in Archive gelangen, die von Forschungsstätten weltweit genutzt werden. Reedereien unterstützen die Durchleuchtung der Meere, indem sie die Geräte von ihren Frachtern ins Wasser lassen, auch Forschungsschiffe, Kreuzfahrer und private Segler aus über vierzig Ländern beteiligen sich. Die ausgesetzten Instrumente übermitteln inzwischen mehr als eine Million Daten täglich.

Das Problem sind die weißen Flecken. Regionen mit geringer Datenmenge, die sich vor allem im Südpolarmeer erstrecken, in den Breiten der Furious Fifties, der Tosenden Fünfziger. Für Frachter gibt es keinen Grund, hier entlangzufahren, für Weltumsegler gibt es gute Gründe, hier nicht hinzufahren. Außer sie beteiligen sich an Regatten um die Erde. *OceanOPS* bittet daher seit 2013 Teilnehmer großer Segelrennen, Messbojen mit auf die Reise zu nehmen. Wie Pioniere und Kartografen früherer Zeiten sollen sie dazu beitragen, die weißen Flecken zu verringern, nun auf einem Datenatlas.

Zur Vendée 2020 haben sechs Segler je eine Drifter-Boje mitgenommen, eine achtzig Zentimeter lange Boje, die auf dem Meer treibt und alle sechs Stunden den lokalen Luftdruck und die Wassertemperatur an Land funkt. Zwei weitere Segler und ich haben uns für die größere Variante entschieden, eine bojenartige Argo-Bake: eine 1,70 Meter lange Röhre mit einem weißen Kasten in der Mitte. Das autonom funktionierende Minilabor wiegt zwanzig Kilogramm. Kinder einer französischen Schulklasse, die unser Lehrprogramm »Malizia Ocean Challenge« nutzen, haben ihre Namen auf den Kasten meiner Bake geschrieben. Ein kleiner Gruß an die Tiefsee.

Ich mochte die Vorstellung, dass meine Bake, sobald ich sie über Bord werfe, zu einer mehrjährigen Expedition in die Welt unter mir aufbrechen wird. In aufrechter Haltung sinkt sie in die Dunkelheit hinab. Nach mehreren Stunden verharrt die programmierte Bake in einer Tiefe von tausend Metern, lässt sich dort neun Tage lang vom Tiefenstrom seitlich wegtreiben, sinkt dann weiter ab auf 2000 Meter. Am zehnten Tag kehrt sie aus dieser Tiefe zügig zur Meeresoberfläche zurück. Während des Aufstiegs registriert sie unablässig die Temperatur und den Salzgehalt des Wassers. Sobald die Bake auftaucht, sendet sie die Daten der zwei Kilometer langen Wassersäule in ein internationales Archiv. Danach verschwindet sie wieder in der Tiefe.

Mindestens fünf Jahre lang wird sie auf diese Weise durch das Meer schweben, auf und ab, eine von weltweit knapp 4000 Argo-Baken. Wie mobile Fieberthermometer messen die Baken die Erwärmung der Ozeane.

Vor dem Start hatte der *OceanOPS*-Koordinator ausgelost, an welchen vorher festgelegten Orten im Meer wir unsere Boje oder Bake über Bord werfen können. Ich hatte einen Slot nahe dem Äquator erhalten. Zehn Tage nach dem Start hob ich dort meine Argo-Bake über die Reling und ließ sie ins Wasser fallen. Sie pendelte kurz hin und her, dann versank sie. Da die Bake außer den Messwerten auch ihre Positionsdaten sendet, kann ich online ihre Reise durch den Atlantik verfolgen. Die ersten Wochen driftete sie unentschlossen hin und her, inzwischen treibt ein kräftiger Tiefenstrom sie nach Westen, Richtung Brasilien.

Mit Tausenden anderer Baken wird meine Argo-Bake dazu beitragen, eine zentrale Frage der Klimaforschung zu beantworten: Wie verteilt sich die Erderwärmung, wohin genau fließt all die zusätzliche Energie? Hitzesommer und Dürren führen zu dem Eindruck, das Festland trage die Hauptlast. Der Eindruck ist falsch. Im letzten halben Jahrhundert speicherten die Kontinente nur sechs Prozent des »langfristigen Wärmegewinns«, wie Wissenschaftler den Temperaturanstieg nennen. 52 Prozent der zusätzlichen Wärmeenergie mussten die Ozeane in den oberen 700 Metern schlucken. Weitere 28 Prozent gelangten in die mittlere Schicht bis 2000 Meter Tiefe. Und neun Prozent in die Tiefsee unterhalb von 2000 Metern.

Würden die Ozeane diese rund neunzig Prozent der Erderwärmung nicht speichern und damit den Klimawandel stark abpuffern, wäre das Leben auf Erden längst unerträglich geworden. Den Preis für diesen Schutz zahlt das Meer: Die Erwärmung bringt alle marinen Ökosysteme aus dem Gleichgewicht.

Vor drei Jahren haben wir eine kniehohe Box unterhalb meines Navigationspults einbauen lassen, ein 17 Kilogramm schweres Bordlabor. Das *Ocean Pack,* eine Spezialanfertigung eines Kieler Unternehmens für Meerestechnik, funktioniert seither einwandfrei, selbst wenn die *Seaexplorer* durch die Wellen des Südpolarmeers springt und kracht: Unentwegt analysiert das Gerät das Meerwasser, das von einer Öffnung im Kiel aus durch das Gerät gepumpt wird. Wie die Argo-Bake misst das Labor die Temperatur und den Salzgehalt des Wassers – und außerdem die CO_2-Konzentration, einen Schlüsselwert des Klimawandels. Sollten mein Schiff und das *Ocean Pack* die Vendée Globe unbeschädigt überstehen, ergäben all die Messwerte eine ununterbrochene Datenreihe rund um die Erde. Es wäre der erste globale Datensatz dieser Art.

Vor allem die CO_2-Daten sind bei Wissenschaftlern begehrt. Als Multi-Klimaanlage des Erdballs entziehen die Ozeane der Atmosphäre ja nicht nur Wärmeenergie, sondern auch das Treibhausgas CO_2. Doch wie lange funktioniert das noch?

Seit jeher speichern die Weltmeere einen Großteil des natürlichen Kohlenstoffvorkommens. Meeresströme, biologische Prozesse und

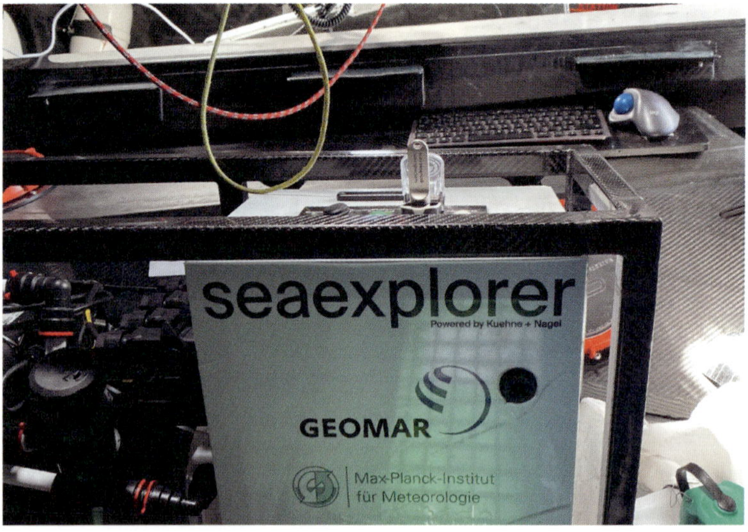

Daten für die Klimaforschung: Mein Minilabor, seit 2018 an Bord, misst auf Reisen unter anderem laufend den CO_2-Gehalt des Meerwassers.

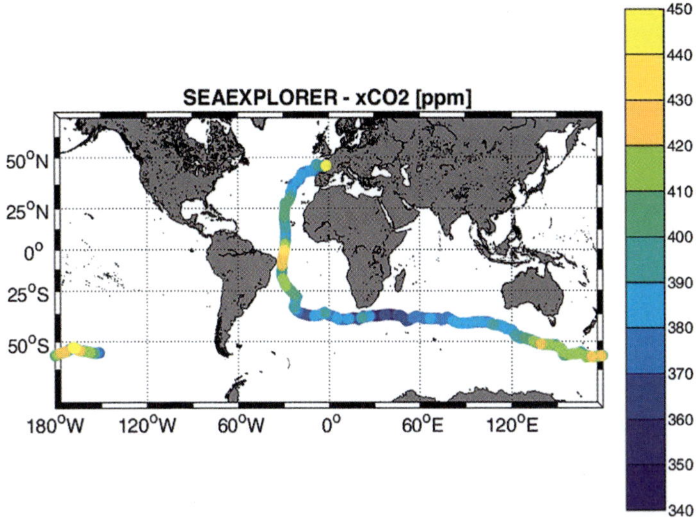

Die CO_2-Datenreihe bis auf Höhe von Point Nemo. Am Ende des Rennens soll die erste lückenlose Datenreihe dieser Art rund um die Erde vorliegen.

saisonale Erwärmung und Abkühlung bewirken, dass ein Teil davon unablässig als Kohlendioxid in die Atmosphäre entweicht. Es ist eine enorme Menge, gut das 13-Fache des von Menschen freigesetzten Kohlendioxids. Allerdings nehmen die Ozeane einen Großteil ihres Ausstoßes auch wieder auf. Rotierende Wassermassen transportieren die CO_2-Mengen in die Tiefsee, Wasser mit geringerem Kohlenstoffanteil strömt zurück nach oben.

Ein natürlicher Kohlenstoffkreislauf – dessen Gleichgewicht gestört wird, seit die Meere auch noch von Menschen erzeugtes CO_2 aufnehmen müssen. Die ozeanische Umwälzpumpe arbeitet nämlich sehr langsam. Etwa 75 Prozent des CO_2, dass seit Beginn des Industriezeitalters zusätzlich in die Meere gelangte, ist bisher nicht tiefer als tausend Meter gesunken. Je gesättigter aber diese oberste Schicht ist, desto weniger CO_2 kann sie künftig der Atmosphäre entziehen. Im Prinzip eine Funktionsstörung wie bei einem Luftentfeuchter: Auch er schwächelt, wenn das Kondenswasser nicht mehr abfließen kann.

Neben dem CO_2-Anteil und der Temperatur misst mein Bordlabor auch den Salzgehalt der Stichprobe, die sogenannte Salinität. Sie beeinflusst die Dichte des Wassers, also sein Gewicht. Verändert sich das Gewicht des Oberflächenwassers, verändern sich nach einer Weile auch die Ströme der ozeanischen Umwälzpumpe – was wiederum die Fähigkeit des Meers beeinflusst, Kohlendioxid aufzunehmen und in die Tiefsee zu befördern. Kurzum, auch am Salzgehalt erkennen die Wissenschaftler, wie gut die Klimaanlage noch läuft.

Mein *Ocean Pack* sendet unentwegt all diese Rohdaten an Land. Praktisch in Echtzeit sind sie auf einem Dashboard auf unserer Webseite zu sehen, gemeinsam mit den aktuellen Leistungsdaten der *Seaexplorer*, etwa Kurs, Geschwindigkeit, Schräglage, Windstärke. Etwa alle zwei Wochen leite ich sie gebündelt weiter an die wissenschaftlichen Partner bei diesem Projekt: das Hamburger Max-Planck-Institut für Meteorologie und das Geomar Helmholtz-Zentrum für Ozeanforschung in Kiel. Seit 2018 arbeiten wir mit den beiden Instituten zusammen. Die Forscher werden die Qualität der Daten untersuchen, sie werden sie sortieren und aufbereiten und dann weiterleiten an das SOCAT-Projekt, eine Art CO_2-Atlas der Meeresoberfläche. Dessen Daten wiederum fließen ein in das internationale Forschungsprogramm »Global Carbon Budget«: eine Analyse des globalen Kohlenstoffkreislaufs, die jedes Jahr aktualisiert wird. Das Zahlenwerk gehört zu den wichtigsten Dokumenten bei internationalen Klimakonferenzen.

Das Global Carbon Budget 2020 erschien vor gut zwei Wochen. Im Anhang sind unter anderem die Namen von 39 Schiffen aufgelistet, deren weltweit eingesammelte Meeresdaten für die globale CO_2-Bilanz verwertet wurden. Auch die *Malizia* ist genannt, bis 2019 der Name unseres Schiffs.

Seit seinem Einbau hat das Minilabor gut 70 000 Kilometer an Bord der *Seaexplorer* zurückgelegt und dabei ununterbrochen Klimadaten gesammelt. Für die Wissenschaft ist unser Beitrag einer der größten seiner Art. Für mich ist er ein entscheidender Grund, all das hier auf mich zu nehmen. Ich bin nicht bloß angetreten, um erfolgreich zu segeln.

Ich will die Vendée Globe auch als eine Art Forschungsreise nutzen, für die Erstellung der ersten kompletten Datenreihe um den Globus. Vor allem aber will ich das weltweite Interesse an dem Rennen nutzen, um für unser Anliegen zu werben: »Unite Behind the Science«. Seit der Atlantikpassage mit Greta steht dieser Aufruf auf unserem Großsegel. Wie sie bin ich davon überzeugt, dass wir auf Wissenschaftler hören und sie bei der Forschung unterstützen sollten.

Unsere zweite Botschaft zieht sich über jedes der großen Vorsegel: »A Race We Must Win.« Es ist das Rennen gegen die Zeit bei der Suche nach Lösungen für die Klimakrise. Wir können es uns nicht erlauben, diesen Wettlauf zu verlieren. Und so, wie ich bei der Vendée ununterbrochen um jede Meile kämpfe, müssen wir auch gegen die Erderwärmung vorgehen, wir dürfen nie nachlassen in unserem Engagement, jeder Tag zählt. »Climate Action Now« haben wir noch auf die Vorsegel geschrieben, außerdem leuchtet dort das farbenfrohe, kreisförmige Emblem der 17 UN-Ziele für nachhaltige Entwicklung.

Man könnte sagen, meine Besegelung ist die Visitenkarte meiner klimapolitischen Überzeugungen.

Vor dem Start hatte ich mich mit Samantha Davies darüber unterhalten, was wir tun würden, lägen wir nach einem Schaden am Boot plötzlich ganz hinten. Sie meinte, sie würde alles versuchen, um irgendwie ins Ziel zu gelangen, egal auf welchem Platz. Ihr Antrieb ist die Hilfsinitiative, in deren Namen sie segelt: »Initiatives Cœur« sammelt Spenden, um Herzoperationen von Kindern aus Entwicklungsländern zu finanzieren. Und Samantha sammelt Aufmerksamkeit für die Initiative. Mich treiben gleich drei Motive an, neben dem sportlichen Ehrgeiz: Ich will die Wissenschaft unterstützen. Ich will unser Bildungsprojekt stärken. Und ich will vom Abenteuer meiner Reise erzählen, um damit vor allem jüngere Menschen für die Ozeane zu begeistern und ihren Schutz zu gewinnen.

Wie Samantha werde auch ich diese Ziele erreichen, wenn ich bis Frankreich durchhalte, die Platzierung ist dafür zweitrangig. Die Gewissheit beruhigt mich. Sie hilft mir gegen übertriebenen Ehrgeiz oder wenn ich mal wieder an dem kurzen, steilen Seegang verzweifele, der sich uns in den Weg stellt. Meine zusätzlichen Missionen funktionieren, ohne dass ich es darauf angelegt hätte, so auch als Rückversicherung, falls es sportlich nicht laufen sollte.

Wenn Menschen sich über Jahre hinweg für eine gute Sache einsetzen, dann resultiert ihr Engagement oft aus einer persönlichen Erfahrung, einem Erlebnis, das sie geprägt hat. Das Schlüsselerlebnis für mein Umweltengagement war die Nordostpassage im Sommer 2015. Die Magie der Arktis hat mich tief beeindruckt, die schroffen, unberührten Küsten und Inseln, die kurzen Nächte, die flackernden Polarlichter, das Walross, das neben unserem Boot auftauchte. Doch das Eismeer war: eisfrei. Keine Schollen, keine Eisberge. Das Nordpolarmeer lag glatt, friedlich und in der Sonne glitzernd vor uns. 13 Jahre zuvor hatte sich der deutsche Abenteurer und Forscher Arved Fuchs noch mühsam mit seinem Segelboot durch das Eis der Nordostpassage kämpfen müssen. Diesmal sahen wir umhertreibendes Meereis nur, als wir eine Tiefdruckzone nördlich umfuhren und uns dabei der Eisgrenze näherten.

Ich hatte zuvor viel über die Arktis gelesen, ich wusste, um wie viel Prozent das Packeis in jedem Jahr zurückgeht, in Fläche und Dicke, und dass auch das Treibeis schwindet. Doch den Verlust mit eigenen Augen zu sehen, ist bedrückender als jede Studie. Wir segelten durch eine Arktis ohne Eis. Und ich wusste, dass tief unter uns nun auch der Permafrostboden zu schmelzen beginnt und Methan freisetzt, ein viel stärkeres Treibhausgas als Kohlendioxid. Es wird durch das Meer nach oben in die Atmosphäre dringen. Nahe der Beringstraße trafen wir schließlich ein kleines Boot mit Eskimos auf Fischfahrt. Ich sah nun auch die Menschen, von denen ich aus Studien wusste, wie die Erwärmung der arktischen See ihre Lebensgrundlagen gefährdet.

So eindringlich wie keine andere Reise hatte mich die Polarfahrt 2015 zum Augenzeugen der Klimakrise gemacht. Schon zuvor trieb mich das Thema um, und wenn ich Vorträge an Schulen hielt, verzahnte ich gern Abenteuer und Umweltschutz. Seit der Polarfahrt nutzen das Team und ich alle Möglichkeiten, die der Profisport bietet, um für die Dringlichkeit von Klima- und Meeresschutz zu werben. Der Klimawandel ist die größte Herausforderung unserer Zeit, die wir nur gemeinsam bewältigen können. Ich bin froh, dafür in Kühne + Nagel und auch mit Hapag Lloyd, MSC und CMA CGM engagierte Partner aus der Schifffahrt gefunden zu haben.

~

An dem Tag, an dem die *Seaexplorer* Point Nemo passiert und das Bordlabor das Meerwasser am entlegensten Ort der Erde analysiert, liege ich auf dem siebten Platz. Seit Weihnachten bin ich in unserer eng zusammenliegenden Verfolgergruppe etwas zurückgefallen. Ein eisiger, kräftiger Wind bläst genau von hinten und zwingt uns wieder einmal zum Halsenslalom entlang der Sperrzone. Die virtuelle Grenze verläuft nicht genau nach Osten, sondern in etwas südlichere Richtung, und so tauchen wir immer tiefer ein in die Furious Fifties. Wir befinden uns im südpolaren Hochsommer, daher sind hier, bei 55 Grad Süd, die Nächte nur ein paar Stunden lang, die Temperatur beträgt immerhin sechs Grad. Yannick Bestaven und Charlie Dalin sind uns enteilt, doch zwischen Platz drei und Platz zehn liegen nur 140 Meilen. Das vermittelt ein beruhigendes Gefühl. Sollte jemand von uns in dieser Region in Not geraten, könnten wir ihm rasch zu Hilfe eilen; für Rettungsflugzeuge ist die Distanz zu groß, Schiffe vom Festland bräuchten gut eine Woche.

Ich bin also nicht einsam am einsamsten Ort der Erde. Trotzdem fühle ich mich niedergeschlagen und frustriert. Ich kann mich einfach nicht daran gewöhnen, wie das Schiff durch diese See donnert. Es ist, als säße ich in einer Maschine, die unvermittelt losrast. Die sich aufbäumt und abhebt und dahinfliegt, bis sie brutal in eine Wellenwand kracht. Vollbremsung von dreißig auf 15 Knoten. Vor allem dieses Aufstoppen macht mich fertig. Liege ich in der Koje, die Füße nach vorn, schiebt mich die Vollbremsung jedes Mal zusammen. Und dann grübele ich, ob ich nicht das zweite Reff einziehen und das kleine J3-Vorsegel setzen sollte, um die *Seaexplorer* zu schonen, auch wenn es mich Meilen kostet. Aber die Böe, die mich endgültig davon überzeugen könnte, sie kommt einfach nicht. Eine Weile noch bange ich, dann beruhige ich mich – und schon rast das Schiff wieder los.

Es reibt mich auf. Mein Freund, der Schweizer Bergsteiger-Coach, hatte mir für solche Situationen Tipps aufgeschrieben: zum Entspannen, zum Loslassen, ich sollte mich nur auf mich konzentrieren. Bin ich Buddha? Außerdem braucht die *Seaexplorer* mich. Und so sitze ich vor dem Rechner und horche auf das Schiff und in mich hinein und habe das Gefühl, im Moment einfach nicht gut zu sein. Die Anspannung und die permanenten Selbstzweifel machen es mir schwer, in den Schlaf zu finden, obwohl ich todmüde bin.

Seit einiger Zeit schreibe ich unregelmäßig ein Schlafprotokoll. Oft weiß ich abends nicht, ob ich wirklich jede Ruheminute notiert habe. Aber für gestern liest es sich recht vollständig, beginnend um Mitternacht:

0100 – 0130 lag in Koje. Kein Schlaf. Böen und Stress
0215 – 0300 nur gedöst. Böen. Batterie mit Generator geladen
0325 Generator ausgestellt
0330 – 0750 erste halbe Std. noch wach. Dann eingeschlafen. Alle 20 min. Wecker, auf Instrumente geschaut
1240 – 1300 geträumt, dass ich die Vendée genau hier und jetzt verliere
1310 – 1330 Boot macht Rodeo. Kaum geschlafen
1500 – 1540 Nase dicht, alles kalt. Kann nicht schlafen. Emotionen
2030 – 2125 geschlafen. Danach Reff ins Groß. Und Batterie geladen

Meine ununterbrochenen Schlafphasen dauern fast nie länger als eine Stunde. Entscheidend ist, dass ich auf vier, fünf Stunden täglich komme. Schon vor meiner ersten Atlantikregatta vor zwanzig Jahren habe ich systematisch den intensiven Kurzschlaf trainiert. Als ich während meines Zivildienstes als Fahrer arbeitete, habe ich vor roten

Ampeln sogar den Sekundenschlaf geübt. Kurz weggedämmert – und sofort wieder wach, wenn hinter mir jemand hupte. Vor dem Start zur Vendée half mir ein Hamburger Schlafarzt, meine Power-Napping-Technik gezielt zu verbessern. An Land hat das alles gut funktioniert.

Der Arzt sagte mir allerdings auch, dass bei einem Menschen die Emotionen durcheinandergeraten, wenn er über längere Zeit immer nur kurze Schlafphasen hat. Er wird dann jedes Gefühl viel intensiver empfinden, egal welcher Art. Ich glaube, ich habe diesen Zustand inzwischen erreicht. Gäbe es eine Topografie der Emotionen, die sich über die Weltkarte meiner Reise legen ließe, dann verschwände Point Nemo in einem tiefen, dunklen Loch.

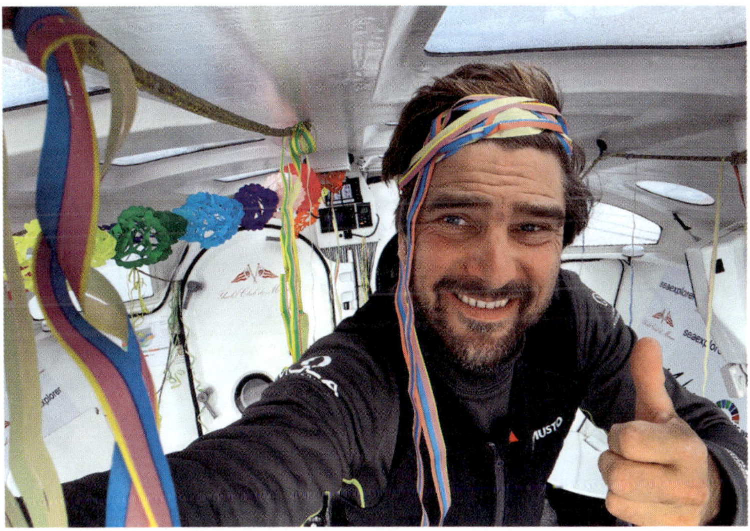

In Silvesterstimmung bringt mich hier wenig. Dann mache ich sie eben selbst.

Zwei Tage später bin ich wieder draußen aus dem Loch. Der Wind und die See haben sich etwas beruhigt, und schon lässt das Wetter, der große Stimmungsmacher meiner Reise, den Tag verheißungsvoll aussehen. Heute ist Silvester! Die Kontraste zwischen den Tagen, die emotionalen Ausschläge sind wirklich enorm, und sie belasten mein

Gemüt bestimmt stärker, als ich es mir bewusst mache, doch darüber will ich jetzt nicht weiter nachdenken. Gestern habe ich den Elektromotor für die Kiel-Hydraulik ausgewechselt, nachdem etwas Wasser eingedrungen war. Stundenlang hing ich kopfüber in der Tiefe des Rumpfs, um den 18 Kilo schweren Ersatzmotor in einer engen Box zu montieren. Es war eine kniffelige Reparatur, danach habe ich noch den großen Gennaker gesetzt, mit achtzig Kilo mein schwerstes Segel. Noch heute Morgen war ich fix und fertig, aber auch stolz, dass alles geklappt hat. Die *Seaexplorer* funktioniert wieder zu hundert Prozent. Soweit ich weiß, lässt sich das mittlerweile nur noch von wenigen Schiffen im Rennen sagen.

~

In Deutschland wird das neue Jahr acht Stunden früher beginnen als hier. Ich muss meine Silvestergrüße bis 16 Uhr gesendet haben. Gleich nach dem Frühstück beginne ich damit, bei moderater See und blauem Himmel. Ich spanne bunte Girlanden unter Deck und durchs Cockpit, wickele mir Papierschlangen um den Kopf und schicke Fotos und Videos an meine Freunde. Ohne Papierschlangen führe ich ein Interview mit dem ZDF, das heute kurz vor Mitternacht in der Silvestershow ausgestrahlt wird. Ich stelle mich aufs Vorschiff, fotografiere mich vor den Logos unserer Partner und Unterstützer in den Segeln und schicke ihnen einen Dankesgruß. Morgen beginnt die UN-Dekade der Ozeane. Ein guter Anlass, in einem langen Video für unsere Webseite noch einmal die Bedeutung der Ozeane und ihres Schutzes zu erläutern – und unseren kleinen Beitrag dazu. »Diese Reise ist auch eine wissenschaftliche Mission. Und sie ist schon jetzt ein Erfolg, mit einer geschlossenen Datenreihe durch fast das ganze Südmeer.«

Schließlich schicke ich ein Foto mit Gruß an mein Kernteam: »Ich bin so stolz auf das Team Malizia! Ihr habt euch großartig um das Boot gekümmert. Es arbeitet tadellos. *Seaexplorer* und ich sind bereit, im neuen Jahr anzugreifen, im Atlantik.« Ich fotografiere mich vor dem Mastfuß, dort haben wir die Namen des Kernteams aufgeklebt, daneben die Flaggen ihrer Heimatländer. Sieben Nationen, zehn Namen: Pierre Casiraghi, Boris Herrmann, Stu McLachlan, Holly Cova, Will Harris, Mike Yates, Ryan Breymaier, Edwin Delaat, Lucia Nebrada, Birte Lorenzen-Herrmann.

Als in Deutschland das neue Jahr schon fünf Stunden alt ist, leuchtet der Himmel hier noch immer in einem hellen Blau, nur am Horizont rötet die Abendsonne eine breite Wolkenbank. Der Wind hat etwas aufgefrischt, auf der lang auslaufenden Dünung zeigen sich erste Schaumkronen. Der Pazifik hat mir ein unerwartet friedliches Jahresende beschert, mit der Muße, allen zu danken, die mich hierhergebracht haben, und der Zeit, zwischendurch zahlreiche Neujahrsgrüße abzuhören. Ein wunderbarer Tag, wie Weihnachten schon: zehn von zehn Punkten!

Mein Abendessen zelebriere ich. Schon seit einiger Zeit habe ich die Lust daran verloren, immer nur Thermotüten mit heißem Wasser zu füllen und auszulöffeln. Man muss Essen doch auch anfassen, krümeln, mischen können. Und so habe ich mir angewöhnt, für jede warme Mahlzeit Appetizer zuzubereiten. Ich schneide kleine Ecken von einem italienischen Hartkäse ab und dünne Scheiben von einer Salami. Heute, wir haben ja Silvester, kommen auch noch Schwarzbrot, Leberwurst und ein Schluck Wein dazu. Und für eine halbe Stunde werfe ich die Heizung an! Einem Freund schreibe ich: »Zum neuen Jahr lasse ich es mir mal so richtig gut gehen!«

Mir ist klar, wie fragil diese Hochstimmung ist. Schon heute Nacht wird der Wind stark zunehmen, ab morgen erwartet uns schweres Wetter. Noch etwa vier Tage brauche ich bis Kap Hoorn, vier Tage über die Buckelpiste, dann um die legendäre Landspitze. Eigentlich muss ich doch nur durchhalten, um an einem Stück in den Atlantik einbiegen zu können. Ich ahne nicht, dass die schwerste Prüfung, die das Südpolarmeer für mich bereithält, noch vor mir liegt.

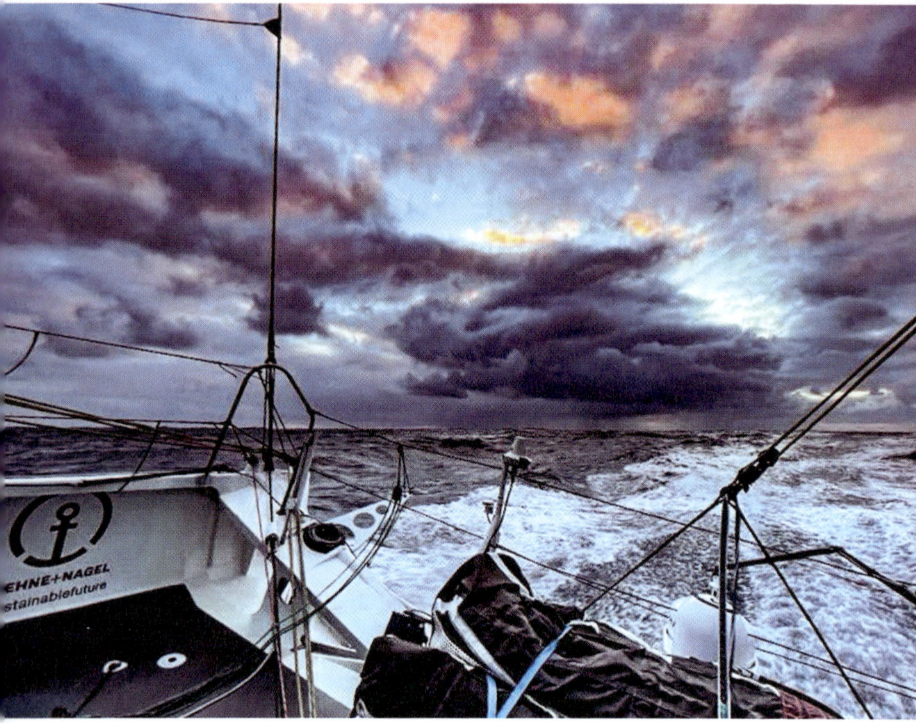

Stürmische Fahrt nach Osten. Jeden Abend versinkt die Sonne im Heckwasser.

11 Kap Hoorn

Noch zwei Tage bis Kap Hoorn.

Vor dem Start hatte ich mir überlegt, welche Platzierungen ich unterwegs erreichen wollte. Ich stellte einen präzisen Wunschfahrplan auf: am Kap der Guten Hoffnung unter den besten zehn, am Kap Hoorn auf Platz sieben, und dann Angriff im Atlantik.

Und nun? Kurz vor Kap Hoorn liege ich tatsächlich auf Platz sieben. Mein Schiff hat den Indischen Ozean und den Pazifik ohne größeren Schaden hinter sich gebracht, wir können unversehrt in die letzte Etappe starten. Eine Punktlandung! Aber es gelingt mir nicht, mich davon zu überzeugen, dass es gute Gründe gibt, stolz zu sein. Die tiefe, alles erfassende Müdigkeit hat meinen Körper ausgezehrt und lähmt nun auch mein klares Denken. Ich empfinde nur noch eine unfassbare Sehnsucht nach Ruhe, nach einem Ende der Mühsal. Was soll ich dieser Sehnsucht, die noch für mehrere Wochen unerfüllbar bleibt, bloß entgegensetzen? Es gibt keinen Trost, keinen Trotz, kein hilfreiches Abstumpfen.

Und es gibt auch keinen Gedankengang, der neue Kräfte aktivieren könnte. Dass schon mein Start ein Erfolg gewesen ist, dass mein monatelanges Durchhalten seither mich glücklich machen sollte, dass die Reise auch eine wissenschaftliche Mission ist: All diese Argumente, die mich so oft stärkten, haben an Überzeugungskraft verloren. Vielleicht ist das normal, wenn man sie zu häufig wiederholt. Sie beginnen, schal zu klingen, wie Durchhalteparolen. Zumindest jetzt, nach acht Wochen allein auf See.

Hinzu kommt die Ahnung, dass die 600 Seemeilen bis Kap Hoorn noch ruppig werden. Der Pazifik ist offenbar entschlossen, uns einen stürmischen Abschied zu arrangieren. Wieder einmal hat sich eine gewaltige Tiefdruckzone entlang des Südpolarmeers nach Osten geschoben. Auf dem Satellitenfoto sehe ich rund um das Zentrum des Tiefs einen makellosen Wolkenwirbel von gut tausend Kilometern Durchmesser, der auf die untere Hälfte von Südamerika zurauscht. Von keinem Festland behindert, haben die Windströme über dem Ozean seit Tagen an Kraft gewonnen, waren immer schneller um das Tief rotiert. Nun blockieren die bis zu 3000 Meter hohen Berge Patagoniens ihren Weg und drängen die Sturmfront nach Süden ab. Die gewaltige Luftmasse wird entlang der Küste zusammengepresst, die Windgeschwindigkeiten nehmen zu, und wie in einem Trichter braust das ganze Gebilde immer schneller der Öffnung entgegen, dem südlichen Ende der störenden Bergkette, der Südspitze des Kontinents. Kap Hoorn. Es ist genau dieses Wetterszenario, das Kap Hoorn zum gefürchtetsten Ort der Seefahrt macht.

Den beiden führenden Seglern, Yannick Bestaven und Charlie Dalin, gelingt es seit mehreren Tagen, die Front abzureiten, sich nicht von ihr überholen zu lassen. Der Sturm treibt ihre Boote vor sich her, zugleich ist die See noch vergleichsweise flach, mit ein, zwei Metern Wellenhöhe, wie meist an der Vorderseite eines Sturmtiefs. Strategisch hätten sich die beiden Franzosen nicht besser platzieren können; sie haben nicht gezögert, große Segel gesetzt, Foils ausgefahren und sind auf den Zug aufgesprungen. Sie wissen, dass die Sturmfahrt ihnen die Chance bietet, sich weit von uns, dem Verfolgerfeld, abzusetzen. Wir segeln hinter der Front, mit weniger starken Winden, aber in aufgewühlterer See.

Die beiden Franzosen wissen allerdings auch, dass die Front ihr Tempo erhöhen und sie überholen wird. Und zwar genau in der Enge vor Kap Hoorn, mit orkanartigen Stürmen und Wellen von bis zu acht Metern Höhe.

Mit wenig Schlaf schlage ich mich durch die Nacht. Der Wind

gebärdet sich störrisch, weht mit 17 Knoten, springt dann plötzlich auf bis zu dreißig Knoten und jagt das Schiff krachend mit dem Bug in den nächsten Wellenberg. Ich reffe das Großsegel, setze ein kleines Vorsegel. Wieder einmal trete ich auf die Bremse. Den Preis dafür entdecke ich gegen Mitternacht auf dem Bildschirm des AIS-Geräts: Das Schiff von Isabelle Joschke nähert sich langsam von achtern. Ich öffne meine Schutzplane am Ausgang der Kajüte und blicke nach hinten. Der Mond scheint durch die vom Sturm zerrissene Wolkendecke, und in seinem Licht glänzt mein Kielwasser wie ein silberner Streifen, der sich über den Ozean legt. Gern würde ich nach draußen treten, doch ständig brechen Wellen über das Schiff, schäumen wie Sturzbäche vom Dach der Kajüte ins offene Heck.

Und so starre ich durch den Spalt in der Plane, bis ich einen roten Punkt in der Dunkelheit glühen sehe: das Backbord-Positionslicht von Isabelles Boot. Normalerweise freue ich mich über jeden Mitsegler und jede Mitseglerin in meiner Nähe. Dieses Treffen in stürmischer Nacht macht mich allerdings nervös. Gern würde ich eine Stunde schlafen, doch was ist, wenn unsere Boote sich zu nahe kommen und ausgerechnet dieses eine Mal die Alarmfunktion des AIS versagt? Natürlich ist das völlig unwahrscheinlich. Aber ist es auszuschließen?

Mit brennenden Augen starre ich in die Nacht. Irgendwann erkenne ich Isabelles Segel, ein kleines, im Mondschein schimmerndes Dreieck. Ich rufe sie per WhatsApp an. Es ist 3 Uhr morgens, und natürlich schläft sie nicht.

»Boris, wie schön, dich zu hören!«

»Na ja, eigentlich will ich dich nur ablenken, damit du mich nicht überholst.«

Isabelle lacht. »Danke für die Ablenkung«, sagt sie. »Das kann ich gerade gut gebrauchen.«

Vor zwei Tagen, am Neujahrsmorgen, ist ihr Windmessgerät oben auf dem Mast ausgefallen, ein zentrales Steuerelement für den Autopiloten: Bei jeder Winddrehung signalisiert es, um wie viel Grad der

Autopilot den Kurs ändern muss, damit der Wind weiterhin im gleichen, optimalen Winkel auf die Segelfläche trifft. Ohne Windmesser kann Isabelle die Selbststeueranlage nur noch stur nach Kompasskurs fahren lassen – oder sie muss, bei wechselhaftem Wind, die Pinne selbst in die Hand nehmen.

Gestern hat dann auch noch eine Sturmbö ihren Spinnaker zerrissen. Der lasse sich vielleicht flicken, sagt sie, der Windmesser aber nicht.

»Hast du kein Ersatzgerät mit?«

»Doch. Dieses Gerät war mein Ersatz. Der erste Windmesser ist im Atlantik abgestürzt.«

Knapp eine Viertelstunde reden wir miteinander, etwa zwei Kilometer voneinander entfernt, verbunden über einen Satelliten in 780 Kilometern Höhe. Isabelle klingt müde und erschöpft.

~

In der Morgendämmerung nähere ich mich der verbotenen Zone. Ein paar Seemeilen von der roten Linie entfernt muss ich halsen. Wie immer wuchte ich unter Deck meine Säcke mit Proviant und Ersatzteilen auf die neue Luvseite, in der bockigen See kostet mich das ganze Manöver etwa 45 Minuten. Der Wind weht jetzt konstant mit mehr als zwanzig Knoten, er kommt genau von hinten, was alle Schiffe der Verfolgergruppe zu einem Halsenslalom entlang der Eisgrenze zwingt. Mehrfach kreuzen sich unsere Kurse, an Schlaf ist nicht zu denken. Die Temperatur ist auf sechs Grad gefallen, trotz des dicken Wollpullovers und zweier Schichten Thermowäsche friere ich, wahrscheinlich vor Übermüdung. Als die Sonne schließlich vor uns aus dem Meer steigt, haben Isabelle und Jean Le Cam mich überholt, ich liege knapp hinter ihnen auf dem neunten Platz.

Yannick Bestaven hat inzwischen als erster Segler Kap Hoorn passiert. Die Bedingungen waren so grauenhaft wie vorhergesagt. Zur Sicherheit rundet Yannick so weit südlich, dass er das Kap nicht sieht.

Kurz darauf, im Windschatten der Landspitze, kauert Yannick mit fahlem Gesicht unter Deck, für ein Liveinterview mit einem französischen Fernsehsender. »Das war der schwerste Sturm, den ich je auf See erlebt habe«, sagt er mit tonloser Stimme. »Orkanböen von sechzig Knoten. Die See war völlig verrückt. Riesige Wellen aus allen Richtungen. Ich habe noch nie so große Wellen gesehen.« Yannick keucht, macht lange Pausen zwischen den Sätzen.

Von den bisher acht Rennen der Vendée Globe wurden sieben von den Männern gewonnen, die jeweils als Erste um Kap Hoorn fuhren. Auch Yannick Bestaven kennt die Statistik. Doch die interessiert ihn jetzt nicht, Yannick kann nicht mehr, er verzieht kurz das Gesicht und tippt auf die Aus-Taste seines Smartphones. Ende der Liveschalte.

15 Stunden nach Yannick erreicht Charlie Dalin als Zweiter das Kap. Für den 36-Jährigen ist es eine Premiere, und vielleicht fährt er auch deshalb mit einer Entfernung von nur sechs Seemeilen im Morgengrauen an der berüchtigten Felsnase vorbei. Charlie ruft den Leuchtturmwärter an, einen chilenischen Marineoffizier, der die meteorologische Station und den Leuchtturm überwacht. Er und seine Frau sind die einzigen Bewohner der Insel, für ein Jahr, dann wird die Armee ihren nächsten Offizier an dieses Ende der Welt schicken.

Der Franzose versteht nur wenig vom Englisch des Chilenen, aber das sei ihm, wie er kurz darauf im französischen Fernsehen erklärt, egal gewesen, er wollte einfach die Stimme jenes Menschen hören, der da oben auf dem Felsmassiv lebt, neben seinem Leuchtturm. Schon von Weitem hat Charlie den weißen Lichtstrahl gesehen, der unbeirrt durch die stürmische Nacht blitzt, alle zwölf Sekunden, ein stoisches Signal aus einer anderen Welt. Nach einer Weile konnte er erkennen, wie sich die schwarzen Schemen des Kaps aus der Dämmerung schälten. »Nach zwei Monaten auf dem Meer habe ich vergessen, dass es so etwas wie Küste und Berge überhaupt gibt. Was für ein Anblick.«

Doch Charlie sinniert nicht lange über die Wiederentdeckung des Festlands, er ist ein rational denkender Mensch. Er hat den Atlantik erreicht, das zählt. »Endlich kann ich den Schalter umlegen.«

Charlie Dalin liebt es, die Welt und ihre Herausforderungen methodisch zu analysieren, mit geradezu mathematischer Strenge. An den Kaps von Südafrika und Australien segelte er der Flotte weit voraus, nun, am letzten Kap, liegt vor ihm ein Mann mit einem fünf Jahre alten Schiff. Ein Mann, dessen längste Regatten lediglich über den Atlantik führten, den niemand zu den Favoriten gezählt hatte und der sich Mitte Dezember nur deshalb an die Spitze setzen konnte, weil Charlie sein Schiff stoppen musste, um eine beschädigte Foil-Halterung zu reparieren. Ich vermute, dass Charlie, der sich als »Perfektionist und Optimalist« bezeichnet, das schon aus Gründen der Logik nicht hinnehmen will. »Nun beginnt ein neues Rennen«, sagt er. »Schon seit mehreren Tagen arbeite ich an meiner Strategie für den Atlantik.« Die neuesten Wettervorhersagen seien komplex, »da lässt sich noch viel reißen«.

Für mich ergeben die Routing-Berechnungen der nächsten Tage zwei mögliche Strecken. Die eine führt dicht an Kap Hoorn vorbei und später links an den Falkland-Inseln. Die andere Strecke ist länger, aber mit stabileren Winden, ein geschwungener Bogen viel weiter im Osten des Atlantiks. Eigentlich gefällt mir die erste Route besser. Ich möchte Kap Hoorn sehen.

Ein nüchterner Kartograf würde an Kap Hoorn nichts Besonderes bemerken. Dieser Ort ist noch nicht einmal ein echtes Kap, keine Landspitze, sondern nur eine Insel. Das amerikanische Festland endet bereits 400 Kilometer nördlich, der Rest sind Tausende von Inseln, Klippen, Felsbuckeln, grau und glatt gewaschen von den ewigen Regenstürmen. Der Archipel verlängert den Kontinent in einem schwungvollen Bogen, geformt wie der Stachel eines Skorpions, dessen Spitze sich Richtung Atlantik krümmt. Eine der Inseln dort liegt südlicher als alle anderen. Die Isla Hornos ist ein fünf Kilometer breiter, von Moos und Flechten überzogener Felsklotz,

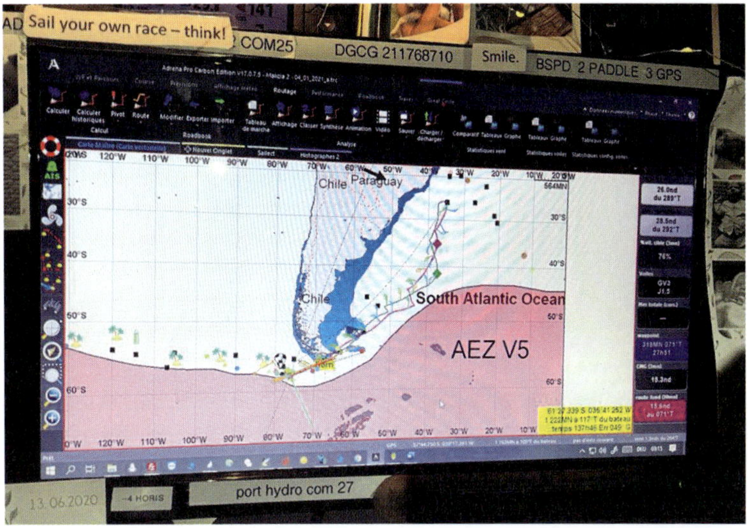

Schweres Wetter voraus im Korridor zwischen Kap Hoorn und der AEZ-Sperrzone

an dessen südlichem Rand eine hohe Klippe aufragt. Sie heißt Kap Hoorn.

Hier endet die Landmasse Amerikas. Kein anderer Kontinent ragt so tief ins Polarmeer, so dicht an die Antarktis heran. Das Kap der Guten Hoffnung am Südende von Afrika liegt auf dem 35. Breitengrad. Etwa auf gleicher Höhe befindet sich Kap Leeuwin, der Südwestzipfel von Australien, die zweite Wegmarke bei der Vendée Globe. Kap Hoorn aber liegt auf dem 56. Breitengrad, fast 2500 Kilometer weiter südlich, im Reich der bitterkalten Stürme.

Genau gegenüber streckt sich, von der Antarktis aus, eine gewaltige Halbinsel aus Fels und Eis dem amerikanischen Kontinent entgegen. Sie verengt den Durchlass zwischen beiden Kontinenten auf 800 Kilometer. Wenn hier die Tiefdruckzonen des Südpazifiks anrauschen, nach ihrem unbehelligten Sturmlauf über den weltgrößten Ozean, müssen sich Wind und Wellen durch eine vergleichsweise schmale Passage zwängen. Sie nehmen rasch an Stärke zu.

Hinzu kommt die mächtigste Meeresströmung des Planeten. Der

antarktische Zirkumpolarstrom kreist ringförmig um die Antarktis, wie ein unterseeisches Förderband nimmt er ununterbrochen warme und kalte Wassermassen aus dem Norden auf und gibt sie einen Ozean weiter wieder ab. Vom Golfstrom bis zum Nordpazifik-Wirbel ist die Tiefsee in ständiger Bewegung, ein globaler Austausch der Weltmeere, in Gang gehalten vom Förderband um die Antarktis. Dessen Wassermassen wälzen sich ungehindert durch das Südpolarmeer – bis sie, vom Pazifik kommend, die Drake-Passage erreichen.

Dort wird es eng: links Kap Hoorn, rechts die antarktische Halbinsel, und unter Wasser auch noch die Ausläufer des amerikanischen Festlandsockels, die den 4000 Meter tiefen Meeresgrund plötzlich steil ansteigen lassen. Durch dieses Tor zum Atlantik zwängt sich der Zirkumpolarstrom, mit einer Wassermenge, die mehr als hundertmal so groß ist wie die aller Flüsse der Erde zusammen. Die langen, majestätischen Wasserberge des Pazifiks geraten ins Stocken. Vor allem über dem flacheren Festlandsockel türmen sie sich zu steilen, kreuz und quer laufenden Wellen, über acht Meter hoch. Die See kocht.

Schon die Reise vom Pazifik in den Atlantik, vom Westwind getrieben, verlangt von Seglern viel ab. Der umgekehrte Weg aber, das Aufkreuzen gegen Wind und Strom, wird unter diesen Bedingungen zur Tortur. Drei Jahrhunderte lang hatten die Besatzungen der großen Frachtsegler keine Wahl. Wer auf die andere Seite Amerikas wollte, musste um das Kap, auch gegen den Wind und manchmal auch im Winter. Bei Sturm und Schneetreiben hangelten sich die Männer dann durch die Masten der schwankenden Rahsegler und kämpften mit dem schweren, klammen Segeltuch. Im Norden der Passage drohen Kreuzseen, im Süden Eisberge. Es ist immer kalt, es regnet neun Monate im Jahr, an den trockenen Tagen liegen oft Nebelbänke auf dem Meer. Die schwerfälligen Handelssegler brauchten bei diesem Wetter üblicherweise mehrere Wochen, um das Sturmkap zu runden.

Andere verloren den Kampf. Die Drake-Passage zwischen Kap Hoorn und Antarktis ist der größte Schiffsfriedhof der Welt. Etwa 800 Schiffe liegen auf dem Meeresgrund, mehr als 10 000 Seeleute sind hier ertrunken. Unweit des Leuchtturms von Kap Hoorn erinnert ein Denkmal an die Opfer, ein stilisierter Albatros aus Stahlplatten und ein Gedicht:

Ich bin der Albatros, der am Ende der Welt auf dich wartet.
Ich bin die vergessene Seele der toten Seeleute,
die zum Kap Hoorn segelten, von allen Meeren der Erde.
Aber sie sind nicht gestorben im Toben der Wellen,
denn jetzt fliegen sie auf meinen Schwingen für alle Zeit in die Ewigkeit,
wo am tiefsten Abgrund der antarktische Sturm heult.

In einem Buch klingen die Zeilen kitschig. Wer sie am Rand der Klippe liest und dann ins Meer blickt, versteht sie.

Die meisten Segler bei dieser Vendée Globe nähern sich dieser Passage zum ersten Mal. In der Spitzengruppe haben nur Jean Le Cam, Louis Burton und ich das Kap bereits passiert. Jean ist es siebenmal gelungen, mir viermal. Dreimal mit dem Wind – und einmal verkehrt herum, auf einer 22 Meter langen Rennyacht auf dem Weg von New York nach San Francisco. Es waren anstrengende, aber sichere Passagen, nicht zu vergleichen mit den Gefahren und Entbehrungen, denen Segler früherer Zeiten ausgesetzt waren. Trotzdem packt mich dieses Kap, jedes Mal, wie vermutlich alle Segler.

Denn diese verdammte Klippe, diese unbarmherzige, arrogant aus dem Meer ragende Felswand bedeutet für uns das Gleiche wie damals den zu Tode erschöpften Männern der Großsegler: Gleich haben wir es geschafft! Wer die Südspitze Amerikas runden will, der muss mit Kälte und Sturm rechnen, mit Hunger, Schmerz, Mühsal, Wut und Furcht. Wer dann diese Felsinsel sieht, der weiß, dass es nur noch ein paar Stunden dauert, vielleicht ein, zwei Tage, hoffentlich nicht länger.

Kap Hoorn ist so die reale und die emotionale Wendemarke jeder Fahrt durch das Südpolarmeer. Die Geschichte hat diesen Ort mythisch aufgeladen, seine Schrecken begründen bis heute seine Anziehungskraft.

~

Vergangene Nacht habe ich keine drei Stunden geschlafen, der Halsenslalom entlang der Eisgrenze und die beunruhigende Nähe der anderen Boote hielten mich wach. Im Mondschein konnte ich Isabelle beobachten, die mehrere Stunden neben mir fuhr, mal etwas voraus, dann wieder fiel sie zurück. Und so sah ich, wie ihr Boot plötzlich aus dem Ruder lief und sich auf die Seite legte. Die Bö muss aus einer kompakten, tiefschwarzen Wolke über ihr herabgestürzt sein. Das bleich schimmernde Segel verschwand, ebenso das rote Positionslicht. Ich stand am Cockpitaustritt und starrte in ihre Richtung. Auch mein Schiff hatte sich im Pazifik häufiger auf die Seite gelegt, aber jedes Mal rasch wieder aufgerichtet. Nach zwei, drei Minuten sah ich, wie das rote Licht erneut aufglühte. Das Schiff hielt Kurs, als sei nichts geschehen. Ich rief Isabelle an. Sie sprach leise, in kurzen Sätzen, ihre Stimme war voller Wut. Sie habe diesen Pazifik so satt, sie wolle endlich an Kap Hoorn vorbei.

Auf das Frühstück folgt ein zerhackter Vormittag: Zwanzig Minuten Schlaf, 45 Minuten Halsenmanöver, 45 Minuten Schlaf, dann schrillt ein Signalton. Ich muss die Batterien aufladen. Ich könnte dafür die Hydrogeneratoren am Heck ins Wasser senken. Doch das Schiff surft mit gut zwanzig Knoten durch die See, in Böen beschleunigt es sprungartig, und ich will es nicht riskieren, mir bei diesem Speed erneut die Hydrogeneratoren abzureißen. Ich schalte den Stromgenerator ein. Er lädt eine halbe Minute, dann stoppt er, ein Alarm piept los. Ich checke den Generator, finde nichts. Wie schon vor einigen Wochen tausche ich zur Sicherheit den Antriebsriemen aus, schraube den Generator wieder zusammen, schalte den Motor ein. Kein Erfolg. Der Zeiger des Lademessers bewegt sich nicht.

Erneut zerlege ich den Generator. Als plötzlich eine Bö das Schiff losrasen lässt, hocke ich zu tief im Rumpf, um noch eingreifen zu können. Der Bug kracht in eine Welle, beim Aufprall fliegen Werkzeuge, Schrauben, Ersatzteile ins dunkle Vorderschiff. Ich hätte es mir denken können. Ich klaube alles zusammen und versuche, systematisch zu denken, um die aufkommende Angst zu stoppen. Ohne elektrische Energie habe ich kein Trinkwasser mehr, keinen Autopiloten, keine Navigationsinstrumente. Die Solarpaneele produzieren zwar auch Strom, aber eben nur tagsüber, und für die Hydrogeneratoren ist das Schiff zu schnell. Ich verkleinere das Großsegel mit einem weiteren Reff, danach folge ich dem bewährten Ratschlag, in solchen Situationen zuallererst mir etwas Gutes zu tun. Ich entscheide mich für ein warmes Müsli, esse es mit geschlossenen Augen und versuche, jeden Löffel bewusst zu genießen.

Dann fummele ich gut eine Stunde lang am Generator herum. Ich säubere Anschlüsse, prüfe Schalterhebel, spanne den Treibriemen. Nichts. Als ich erneut die daumendicken Stromkabel langsam zwischen Daumen und Zeigefinger durchrutschen lasse, kann ich an einer Stelle die Isolierung etwas stärker durchdrücken. Ich schneide sie auf. Und sehe ein gebrochenes Kabel.

Was für eine Erleichterung! Ich ersetze das Kabel und schalte den Motor ein. Der Zeiger des Ladegeräts zuckt hoch. Ich balle die Faust und schreie mein Glück heraus.

Draußen hat sich der Himmel zugezogen, Sturmböen mit bis zu 35 Knoten fegen über die See. Ich räume unter Deck auf, dann steige ich auf den Großbaum und prüfe, dass die Reffleinen nirgendwo das Großsegel wund scheuern. Seit 24 Stunden habe ich mich kaum ausruhen können, doch als ich mich endlich in die Koje rolle, finde ich keinen Schlaf. Die überstandene Angst drückt mir noch immer die Kehle zu. Ich verstehe das nicht, es hat doch alles geklappt. Tief ein- und ausatmen, auf den Bauch konzentrieren, die Gedanken stoppen. Tja. Ich liege da und starre an die Decke. Wie stoppt man Gedanken?

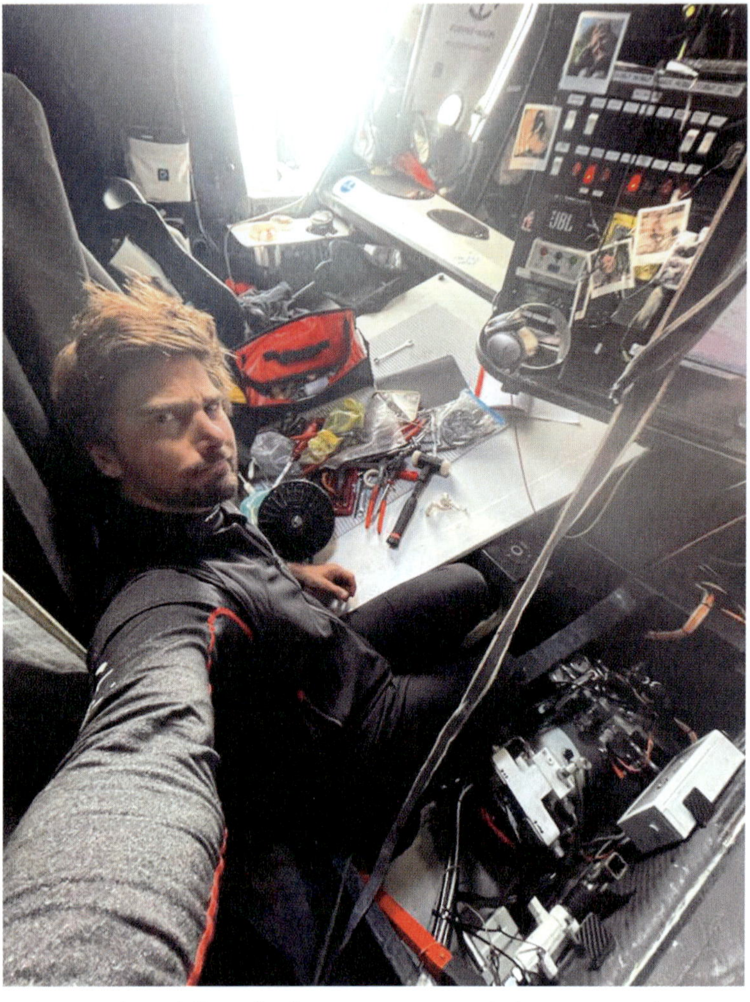

In der Enge des Schiffs wird jede Reparatur zur stundenlangen Fummelei.

Die Spirale endet erneut in grundsätzlichem Zweifel. Vielleicht bin ich einfach nicht gemacht für so ein unerbittliches Rennen. Vielleicht wäre es besser, sturer zu sein, dickfelliger, mechanischer im Handeln und Denken. Und natürlich sollte ich entschlusskräftiger sein. Noch immer habe ich nicht entschieden, ob ich die Route dicht unter Land nehme oder in größerem Bogen um Kap Hoorn herumfahre. Im Moment weist mein Kurs noch schräg Richtung Antarktis. In etwa sechs Stunden werde ich mich der Eisgrenze nähern und meine letzte Halse im Pazifik fahren, danach schwenke ich in die Drake-Straße ein. Auf beiden Routen werde ich nach gut zwanzig Stunden Kap Hoorn passieren. Aber nur auf einer könnte ich dieses verfluchte Kap auch sehen.

Abends höre ich Sprachnachrichten von Freunden ab. Heute, am Sonntag, war offenbar Boris-Herrmann-Tag im öffentlich-rechtlichen Fernsehen: Das *ZDF-Sportstudio* fasste meine Woche zusammen, wie an jedem Wochenende seit dem Start, die *ARD-Sportschau* strahlte ein Videointerview mit mir aus, ebenso der NDR, und die *Tagesthemen* endeten mit einem Drei-Minuten-Bericht »von der Buckelpiste des Südpazifiks«, wie der Sprecher sagt. Zu sehen sind Ausschnitte meiner Videos der letzten Tage. Was für ein Kontrast: erst Nachrichten zur Corona-Politik und dem Lockdown, wie seit Wochen schon Bilder aus Krankenhäusern, aus Seniorenheimen mit maskierten Bewohnern, die allein an ihren Tischen sitzen. Und dann die Weite des Ozeans, eine Segelyacht kurz vor Kap Hoorn, darin ein Mann mit rotem Ölzeug und nassen Haaren, der erschöpft, aber glücklich wirkt, weil er gerade das Abenteuer seines Lebens erlebt. Holly hat mir geschrieben, dass ich zurzeit der am häufigsten in den deutschen Medien erwähnte Sportler bin – und ich frage mich, wie viel dieser Präsenz ich der Sehnsucht der Menschen verdanke, dem grauen Corona-Alltag zu entfliehen, wenigstens für drei Minuten.

~

Kurz nach Mitternacht erreiche ich den südlichsten Punkt meiner gesamten Reise, bei 58 Grad, 15 Minuten, tief in den Tobenden Fünfzigern. Nur noch hundert Seemeilen, und ich würde in die Kreischenden Sechziger eindringen. Dazwischen liegt aber die rote Linie, in etwa dreißig Seemeilen beginnt die verbotene Eiszone. Ich fahre eine Halse, die letzte Halse im Pazifik, denn auf dem neuen Kurs kann ich endlich direkt auf Kap Hoorn zusteuern. Das letzte Wetterbulletin hat mich bestärkt, die nördliche Route zu wählen, dicht unter Land. Ich will das Kap sehen.

Der Sturm nimmt zu, das Schiff kracht und bockt durch die aufgewühlte See. Die Temperatur beträgt nur noch vier Grad, ich hänge dick vermummt in meinem Schalensitz und starre auf den Rechner. Draußen tiefschwarze Nacht, kein Mondlicht. Wassermassen stürzen unaufhörlich über das Schiff und die Sichtfenster über mir; es ist, als blickte ich von unten in einen gurgelnden Fluss, angestrahlt von den Deckscheinwerfern. Ich empfinde keine Furcht, nur tiefe Erschöpfung.

Kurz vor Sonnenaufgang nehme ich einen schwachen Geruch wahr, es riecht verschmort. Ein Kabelbrand? Ich prüfe sofort die wichtigsten Leitungen, ergebnislos. Dann alarmiere ich mein Team. Stuart will wissen, ob es nach Gummi, Plastik, Kupferkabel oder Diesel riecht. Mein Gott, sind wir hier bei einer Weinprobe? Systematisch gehen wir die Schaltkreise durch: Hauptmaschine, Generator, Autopilot, Instrumententafel, Kielhydraulik, Beleuchtung, Drucksensoren, das Bordlabor. Im Grunde genommen ist mein Boot ein einziges, üppig ausgestattetes Elektrofachgeschäft unter Segeln. Das macht die Suche nicht leichter. Schließlich entdecke ich zwei kleine, braun verkohlte Stellen an den Kabeln der Elektropumpe, die ich nutze, um bei geringer Bootsgeschwindigkeit Wasser in die Ballasttanks zu pumpen.

So viel Stress aus so nichtigem Anlass.

»Danke! Und sorry für die Störung«, schreibe ich dem Team. »Aber es gibt hier gerade jeden Tag ein neues Problem. Dabei brauche ich dringend Schlaaaaf!«

Isabelle Joschke hat weniger Glück. Am Morgen informierte sie ihr Team, dass die Hydraulik ihres beweglichen Kiels nicht mehr funktioniert. Ein lautes, metallisches Knirschen hatte sie aus dem Schlaf gerissen. Der Kiel, normalerweise hydraulisch schwenkbar nach beiden Seiten, pendelte nach einem Bruch im Steuergetriebe unkontrolliert unter dem Schiff. Ein irreparabler Schaden. Und im Sturm eine gefährliche Situation. Isabelle blockierte die Drehachse, der Kiel ist nun in senkrechter Position starr fixiert.

Mittags strahlt die Rennleitung ein Video von ihr aus. Isabelle, eine kleine, zarte Frau, hockt in ihrem Cockpit, sie hat eine weiße Wollmütze bis über die Ohren gezogen, das Gesicht ist gerötet vor Kälte. »Ich wünsche euch allen ein gutes neues Jahr«, sagt sie. »Ich hoffe, es hat für euch besser begonnen als für mich.« Mit versteinerter Miene zählt sie die Schäden der letzten Tage auf: Erst gab es den Defekt am Windmesser, dann den gerissenen Spinnaker. Und nun den unbeweglichen Kiel. »Das alles raubt mir Speed und Sicherheit. In 24 Stunden werde ich Kap Hoorn passieren: glücklich, raus aus dem Südpolarmeer zu sein. Und total enttäuscht, jetzt nur noch darum kämpfen zu können, überhaupt anzukommen. Aber ich verspreche euch, ich gebe nicht auf.«

Der übellaunige Pazifik setzt auch Maxime Sorel zu, der zwei Plätze hinter mir liegt. Bei ihm zickt plötzlich der Autopilot, das Schiff läuft aus dem Ruder, legt sich platt auf die Seite. Schwere Brecher spülen zwei Segelsäcke über Bord, an Haltegurten schleifen sie durchs Wasser. Als das Schiff sich wieder aufgerichtet hat, kämpft Sorel noch eine Stunde, um im Sturm das Vorsegel zu bergen und über Umlenkrollen die schweren, voll Wasser gelaufenen Säcke an Bord zu hieven. Er ist völlig durchnässt, aber zu kraftlos, sich umzuziehen. Für eine halbe Stunde schläft er auf dem Boden des Cockpits.

Etwa zur gleichen Zeit erreichen weitere Segler Kap Hoorn. Damien Seguin, das erste Mal am Kap und gleich auf Platz vier, steht am Heck, drückt mit seinem Arm eine Flasche Champagner gegen den Bauch, dreht mit der anderen Hand den Korken raus, schüttelt die Flasche, spritzt den Champagner ins Wasser, ins Cockpit und nimmt einen tiefen Schluck. Er verbirgt seine Tränen nicht.

Jean Le Cam, der bei der Vendée Globe 2008 kurz vor Kap Hoorn den Kiel verloren hatte und aufgeben musste, sitzt nun unter Deck vor dem Bildschirm und filmt die digitale Seekarte. Sie zeigt den Moment, als sein Schiff den magischen Längengrad überquert: »Also, Kinder, wir sind ja alle keine Weltmeister in Geografie. Das hier ist Amerika, dort Chile, und hier unten das berühmte Kap Hoorn.« Die Anfahrt sei diesmal etwas anstrengend gewesen, sagt er. Deshalb wolle er die Gelegenheit nutzen, sich bei allen zu bedanken, die ihn während der ganzen Zeit begleitet hätten. Jean hat 60 000 Follower bei Facebook und 50 000 bei Instagram. »Nun werden wir zusammen durch den Atlantik pflügen. Ich setze auf euch. Denn wir sind hier, weil ihr dort seid!«

Louis Burton, der im Windschatten der Macquarie-Insel dreimal bis zur Mastspitze geklettert war, hatte nach der Reparatur auf dem elften Platz gelegen, nun passiert er das Kap als Fünfter. »Die Quälerei sich gelohnt«, schreit er in die Kamera. »Wir sind im Atlantik. Wir können aufdrehen. Es ist nicht mehr unsere erste Priorität, das Boot zusammenzuhalten!«

Giancarlo Pedote ist noch nicht so weit, ihm fehlen gut 200 Seemeilen bis zum Kap. Er steht im rot glänzenden Ölzeug im Cockpit, mit Sturmhaube aus Neopren. »Es wird Zeit, das Spielzeug wegzulegen«, sagt der Italiener. »Es bläst hier mit 45 Knoten. Wir sind jetzt im Kampfmodus.«

Pedote und ich durchqueren beide zur Mittagszeit das Zentrum des Sturm. Die sechs, sieben Meter hohen Wellen rollen nicht mehr, der Sturm zerreißt sie, verweht ihre Kämme, Gischt füllt die Luft. Himmel und Meer sind ein einziges tobendes Grau. Durchhalten, einfach nur durchhalten!

Als ich ein drittes Reff einlegen will, um das Großsegel auf seine minimale Fläche zu verkleinern, passiert es: Ein paar Sekunden flattert das Segel im Sturm und schlägt dabei heftig gegen die leeseitige Want, eines der Kabel, die den Mast absichern. Als ich das Großsegel wieder straffe, entdecke ich den Riss. Am oberen Rand, dem Achterliek, ist das Tuch etwa 15 Zentimeter eingerissen, ein horizontaler Spalt. Reißt das Segel weiter ein, gar quer durch bis zum Mast, muss ich das Rennen aufgeben. Ich habe nicht mehr viel Flickzeug übrig – und nur mit mei-

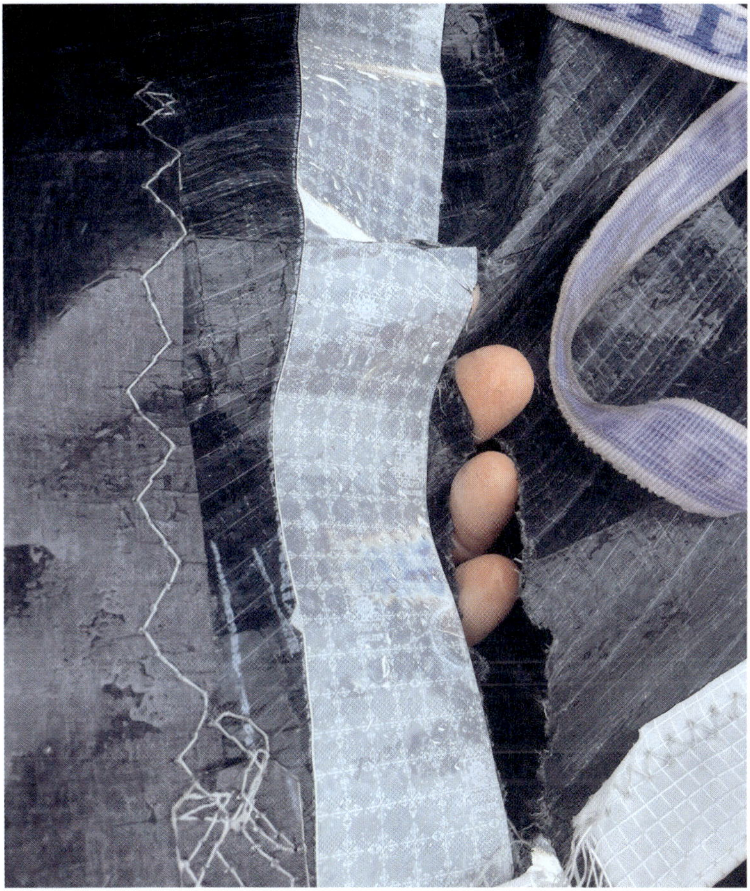

Fataler Riss im Achterliek, der hinteren Kante des Großsegels.

nen Vorsegeln käme ich zwar auch bis Frankreich, aber für die deutlich langsamere Fahrt würde der Proviant nicht reichen.

Ich lasse das Großsegel runter, zurre es mit Bändern irgendwie am Großbaum fest. Dann fotografiere ich den Riss und schicke die Bilder meinem Team. Gut zwei Stunden besprechen wir die Reparatur, auch ein Segelmacher des US-Herstellers schaltet sich ein. Nur unter kleinem Vorsegel taumelt das Schiff durch die See, schmerzhaft langsam. Egal! Besser Meilen verlieren als schlecht vorbereitet die Reparatur beginnen. Wenn ich bei diesem Wetter nach draußen klettere, will ich nicht mehr überlegen müssen, ich will funktionieren wie eine Maschine; das Team soll mir helfen, jeden Schritt, jeden Handgriff vorab ins Hirn zu programmieren.

Das Segel ist mithilfe der neuen 3Di-Technologie hergestellt worden, wegen der dunkelgrauen Farbe des Materials auch »schwarzes Gold« genannt. Die Hersteller überziehen dabei eine dreidimensionale Positivform computergesteuert mit Tausenden hauchdünnen Garnbündeln, die anschließend unter Hitze und Vakuum zu einer festen Form verbacken. Das Ergebnis ist ein Segel, das sich im Einsatz kaum noch verformt. Unbeeindruckt von Seegang und Windstärke sorgt es, fast so steif wie eine Tragfläche, immer für optimalen Vortrieb. Ein Meisterwerk der Ingenieurskunst – aber vielleicht ein bisschen zu empfindlich für solch ein Rennen. Dies ist bereits der dritte Riss seit dem Start.

Ich habe mehrere 3Di-Bahnen und Spezialkleber an Bord. Wie groß müssen die Flicken sein? Wie lange braucht der Kleber zum Trocknen? Wie verstärke ich zusätzlich das Achterliek, also die Segelaußenkante auf Höhe des Risses? Als ich mich genug gebrieft fühle, steige ich an Deck und setze mich rittlings auf den Großbaum, die Segelfläche mit dem Riss zwischen den Beinen. Ich verteile den weißen Kleber beidseitig auf das schwarze Tuch und presse die Flicken auf. Manchmal erwischt mich ein Brecher, der über Deck rauscht, zudem regnet es. Mein Ölzeug schließt mit einer engen Gummimanschette am Hals ab, und über den Kopf habe ich eine Kappe aus Neopren gezogen – doch als ich endlich wieder vom Großbaum hinuntersteige und mich an die Wand des Cockpits lehne, bin ich nass und kalt bis auf die Haut.

Wenn die beiden Lagen verhärtet sind, muss ich das Ganze noch vernähen. Der Segelmacher hat dem Kleber vorhin beim Briefing sechs Stunden gegeben, dann sei er trocken und hart, trotz des Regensturms da draußen. Weitere sechs Stunden nur unter kleinstem Vorsegel, ich werde wahnsinnig! Die Wellen brechen inzwischen von beiden Seiten über das Schiff, der unter mir ansteigende Festlandsockel erzeugt die befürchtete kabbelige See. Ohne das stabilisierende Großsegel wird mir das Gebolze zu heikel, zudem liegt das Festland nicht mehr weit entfernt. Ich halse und fahre wieder auf die offene See, Richtung Antarktis. Soll Kap Hoorn mich diesmal eben nicht sehen.

Nachts halse ich zurück und nehme wieder Kurs auf den Atlantik. Um 3 Uhr morgens passiere ich Kap Hoorn. Nichts geschieht. Der Lichtstrahl des fünfzig Seemeilen entfernten Leuchtturms erreicht mich nicht, die Nacht bleibt finster, die See brodelt weiter, der Kompasskurs ändert sich nicht, und mein Herz macht keinen Sprung. Ich empfinde weder Erleichterung noch Stolz. Ich habe kein Bedürfnis, das Fläschchen Whiskey zu öffnen, das ich für diesen Anlass durch drei Ozeane gesegelt habe.

In der Morgendämmerung klettere ich zurück zu meiner schwankenden Werkbank. Mit Tauen binde ich mich auf dem Großbaum fest, zwischen den Beinen das zusammengezurrte Segel. Die Flicken sind ausgehärtet, nun muss ich entlang der Außenkante noch ein Gurtband annähen. Die Löcher für die Nähnadel bekomme ich nur mit einem Handbohrer durch die harte Schicht aus Gurt, Flicken und Segel getrieben. Das Schiff bockt, die Wellen klatschen über mich, mein Rücken schmerzt. Langsam und mechanisch bohre ich weiter, dann fädele ich das Takelgarn durch die Löcher und ziehe es mit erfrorenen Fingern zusammen. Eine Nähnadel nach der anderen bricht ab, zum Schluss sind nur noch zwei übrig.

Nach der Reparatur lege ich mich in meinen Schalensitz. Ich brauche gut eine Stunde, bis ich in der Lage bin, endlich das Großsegel zu setzen. Mit dem breiten, weiß verschmierten Flicken auf schwarzem Tuch sieht es arg demoliert aus, doch es hält.

Kap Hoorn liegt inzwischen hundert Seemeilen achteraus, und Sturm und Seegang haben im Windschatten der patagonischen Berge deutlich nachgelassen. Die Schinderei durch das Südpolarmeer ist beendet! Ich hocke im Cockpit und stiere auf die Wellen, merkwürdig ungerührt. So oft habe ich ihn beschworen, nun könnte er starten:

der Angriff im Atlantik. Ich sollte ein größeres Vorsegel setzen, sollte die Foils, den Kielwinkel, die Lasten auf Schoten und Wanten neu einstellen, sollte die jüngsten Wettermodelle analysieren, den Kurs überprüfen. Ich sollte essen, schlafen, tief atmen und mich laut loben. Ich sollte und sollte.

Mit einer Mischung aus Trotz und Gleichgültigkeit verweigere ich mich. All die Schäden der letzten Zeit habe ich behoben, alle Rückschläge konnte ich überwinden, alle Verpflichtungen habe ich eingehalten. Nun will und kann ich nicht mehr. Auf dem Tracker sehe ich, dass die *Seaexplorer* und ich auf Position elf zurückgefallen sind, unser schlechtester Platz seit der zweiten Regattawoche. Und?

Als Bernard Moitessier, der große Einhandsegler und Poet der Meere, bei der ersten Regatta um die Welt Kap Hoorn endlich hinter sich gelassen und den warmen Atlantik erreicht hatte, da wich alle Kraft aus seinem Geist und Körper. Er erkannte, so schrieb er später, »was totale Erschöpfung in Wirklichkeit bedeutet. Eine weite Leere, die alles infrage stellt.« Moitessier überwand sie, indem er ihr nachgab. »Nicht mehr denken, nicht mehr handeln, nichts entscheiden, die Zeit wirken lassen, die alles heilt … So schied mein Gehirn allmählich die Giftstoffe der Erschöpfung aus, und die Frage stellte sich nicht mehr, welche Route ich verfolgen wollte.«

Bin ich schon so weit? Moitessier lag damals an erster Stelle, er hätte nur noch ein paar Wochen weitersegeln müssen, bis ins Ziel im englischen Plymouth, wo viel Ruhm und eine hohe Siegprämie auf ihn warteten. Doch er bog im Atlantik nach rechts ab, segelte ohne zu stoppen wieder an Südafrika vorbei, ließ Australien links liegen, durchquerte den halben Pazifik, bis er zehn Monate nach dem Start zum ersten Mal wieder den Anker fallen ließ, in einer Bucht von Tahiti. Dem Veranstalter des Rennens, der englischen Tageszeitung *Sunday Times*, hatte Moitessier noch im Atlantik eine Nachricht zukommen lassen: »Ich setze die Fahrt zu den Inseln des Pazifischen Ozeans ohne Zwischenaufenthalt fort. Weil ich auf See glücklich bin, und vielleicht auch, um meine Seele zu retten.«

Moitessier war damals 44, fünf Jahre älter als ich. Es gibt manchmal Tage auf See, an denen ich verstehe, warum er sich entschieden hat, einfach weiterzusegeln. Dieser Tag gehört nicht dazu. Ich glaube, heute ist der Tiefpunkt meiner Reise. Ich will nicht länger funktionieren, nicht länger ununterbrochen auf der Hut sein müssen. Und ich will nicht mehr allein sein. Ich sehne mich nach meiner Frau und meiner Tochter, nach meinen Freunden und, anders als der zivilisationskritische Moitessier, nach der Vielfalt unseres Lebens an Land.

Ich werde nicht nach rechts abbiegen. Ich werde auf Kurs bleiben, irgendwie.

Ich bin so müde.

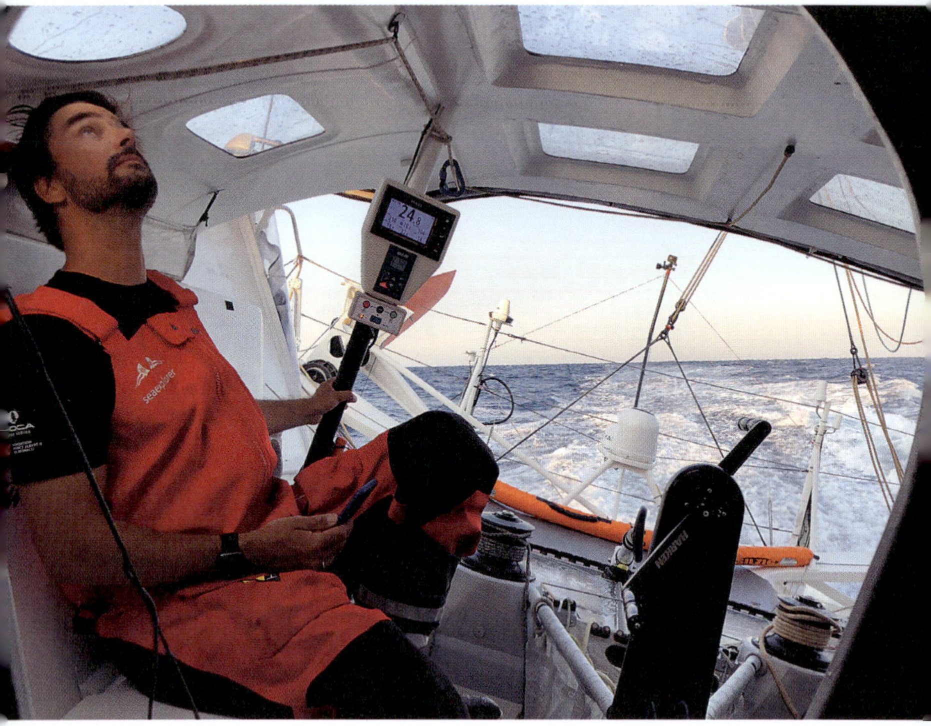

Flache See, starker Passat: ideale Segelbedingungen im Atlantik

12 Aufholjagd im Atlantik

Mein persönliches Kap Hoorn heißt Isla de los Estados. Die unbewohnte, von Gletschern durchzogene Insel liegt östlich von Feuerland, am Eingang in den Atlantik. Einen Tag nachdem ich das echte Kap Hoorn umrundet habe, ohne es zu sehen, fahre ich an der gut 500 Quadratkilometer großen Insel vorbei. Zum ersten Mal seit zwei Monaten erblicke ich festes Land! Im Dunststreifen am Horizont ist deutlich eine gezackte Linie erkennbar, die Kammlinie der Berge. Ich kann den Blick nicht von den festen Schemen am Horizont wenden.

Im Windschatten des südamerikanischen Kontinents hat sich die See beruhigt. Die gleichmäßig anrollenden Wellen sind zwei, drei Meter hoch, der Wind hat auf 17 Knoten nachgelassen. Und es wird wärmer: Die Lufttemperatur beträgt schon zwölf Grad. Gute Bedingungen für meine erste richtige Körperwäsche seit mehreren Wochen. Für eine Dusche aus dem Eimer ist mir das Seewasser noch zu kalt. Ich stelle mich ans Heck, ziehe mich aus und verbrauche einen Packen Feuchtigkeitstücher, dann wasche ich mir die Haare und rasiere den Bart. Anschließend steige ich in frische Thermo-Unterwäsche, darüber ziehe ich eine neue, mit Fleece gefütterte Salopette. Wie herrlich ist das denn!

Zum frühen Abend bricht auch noch die Sonne aus den Wolkenbergen, erstmals seit langer Zeit. Ich sitze im Cockpit und komme mir vor wie ein Höhlenmensch, der zurückkehrt ans Tageslicht, frisch gemacht und wohlriechend. Es ist schon erstaunlich, wie wenig ausreichen kann für solch einen Stimmungswechsel. Ich fühle mich gestärkt, meine Zuversicht kehrt zurück. Der elfte Platz ist jetzt mein Startblock: 6500 Seemeilen liegen noch vor mir, einmal diagonal durch den ganzen Atlantik. Durch mein Hausrevier! Mein Schiff und ich können mit konstanten Winden und gleichmäßigem Wellengang rechnen, den lange vermissten Idealbedingungen für die großen Foils. Gut drei Wochen bleiben mir noch, unsere Stärken voll auszuspielen.

Ich habe es tatsächlich geschafft, die *Seaexplorer* unversehrt bis hierher zu bringen, sämtliche Schäden habe ich reparieren können. Nun kann ich alle acht Segel uneingeschränkt nutzen. Vor allem aber: Beide Foils, der Kiel, der Rumpf und das Rigg sind heil geblieben, trotz der harten, wochenlangen Belastung. So oft habe ich ja mit meiner Zögerlichkeit gehadert, mit meinem ständigen Auf-Nummer-sicher-gehen, doch jetzt könnte es sich auszahlen: Die *Seaexplorer* biegt als einziges Schiff der Spitzengruppe mit voller Waffenkammer auf die letzte Etappe ein.

Die Isla de los Estados, mein gefühltes Kap Hoorn, markiert eine mentale Wendemarke. Das Grau des Südpolarmeers liegt mir nicht länger auf der Seele. Die Aufholjagd im Atlantik kann beginnen.

Platz elf

Am ersten Weihnachtstag hatte ich noch auf dem dritten Platz ge legen, seitdem war ich nach hinten durchgereicht worden. Zugleich ist Yannick Bestaven davongejagt. Im Südatlantik waren wir nebeneinander gesegelt, vor Südafrika hatten wir beide nach Kevin gesucht – doch heute, am 6. Januar, liegt er fast 800 Seemeilen vor mir auf Platz eins. Ein Vorsprung von mehr als zwei Tagesstrecken. Unsere Schiffe sind baugleich, aber Yannick fährt noch die Foils der ersten Generation. Anders als erwartet haben sich die kleineren »Hühnchenflügel« nicht als Nachteil erwiesen: Mit ihnen konnte er auf der rabiaten Buckelpiste des Südpolarmeers mehr riskieren als wir mit unseren übergroßen, sensiblen Foils. Südlich von Australien hatte er dem wochenlangen Spitzenreiter Charlie Dalin die Führung abgenommen und sie den ganzen Pazifik hindurch nicht mehr abgegeben.

Auch Louis Burton fährt ein beeindruckendes Rennen. Der 35-jährige Bretone ist mit dem Siegerboot der letzten Vendée Globe unterwegs. Anders als Charlie Dalin hat Louis, der Außenseiter aus St. Malo, nicht im »Pôle Finistère« trainiert, der Kaderschmiede der Hochseesegler. Vor dem Start der Vendée zählte ihn niemand zu den Favoriten. Nahe Neuseeland hatte Louis im Windschatten einer Insel eine Reparaturpause einlegen müssen. Die Wettfahrtregeln erlauben es den Skippern, in solchen Fällen Anker zu werfen, sie dürfen allerdings nicht an Land gehen. Louis verzichtete aufs Ankern. Während sein Autopilot das Schiff in der ruhigen See hinter der Insel auf und ab fuhr, kletterte er dreimal hintereinander bis zur Mastspitze, um die Führungsschiene des Großsegels zu reparieren. Er filmte sich, wie er da oben baumelte und bastelte, wie er schrie und fluchte, im Hintergrund die Macquarie-Insel, die Hänge überzogen mit einer grauen Schicht aus Hunderttausenden Pinguinen. Als Louis kurz vor Einbruch der Dunkelheit das Rennen fortsetzte, war er auf den elften Platz zurückgefallen. Seine Aufholjagd im Pazifik hat ihn inzwischen wieder vorgebracht bis auf Platz fünf.

Isabelle Joschke liegt immer noch direkt vor mir auf dem zehnten Platz. Seit dem Hydraulikschaden kann sie den Kiel ihrer Yacht nicht mehr zum Gewichtsausgleich seitlich nach Luv schwenken. Was bedeutet, dass sie bei stärkerem Wind früher als wir die Segelfläche verkleinern müsste. Eigentlich. Doch laut der letzten Daten auf dem Tracker segelt sie seit Kap Hoorn sogar noch etwas schneller als ich.

Isabelle tritt hier ja auch als Botschafterin einer Empowerment-Organisation an; sie will zeigen, dass Frauen mindestens so viel Resilienz und Kampfgeist haben wie Männer. Das zeigen auch zwei andere Frauen. Die Engländerin Pip Hare entdeckte vor ein paar Tagen

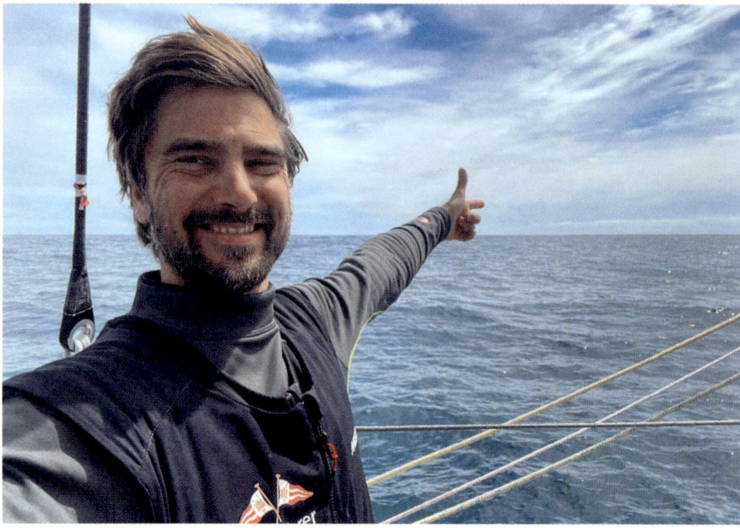

Land in Sicht! Im Dunst am Horizont der Schemen der Isla de los Estados

einen tiefen Riss in ihrem Backbordruder. Mit Tränen vor Wut in den Augen erzählte sie in einem Video, dass sie zwar ein Ersatzruder dabei- und im Hafen auch schon einmal geübt habe, allein das Ruder auszutauschen. Doch ob ihr das hier in dem hohen Seegang gelinge, rund tausend Seemeilen vor Kap Hoorn, das wisse sie nicht. Heute Morgen hat sie es dann versucht. Mit improvisierten Flaschenzügen senkte sie das Ruderblatt, eine etwa dreißig Kilogramm schwere, flossenförmige Platte, am Heck des Schiffs ins Wasser. Eine Millimeterarbeit, bei der das Blatt, als sie es in das Führungsrohr einsetzte, nicht verkanten durfte, trotz des schaukelnden Schiffs. Fast zwei Stunden schuftete Pip, dann triumphierte sie: »Yes! Jeder Teil meines Körpers schmerzt. Ich habe blutige Knöchel an den Finger, blaue Flecken an den Beinen und Muskeln, von denen ich nicht wusste, dass sie brennen können. Aber: Das neue Ruder ist drin und ich bin wieder im Spiel!«

Samantha Davies, bis Südafrika die beste Frau im Rennen, hat ihre Zähigkeit auf andere Weise bewiesen: Nach einer Kollision mit

Treibgut hatte sie ja in Kapstadt einlaufen müssen. Als neun Tage später das Boot repariert und ihre beim Aufprall gebrochenen Rippen versorgt waren, setzte sie kurzerhand das Rennen fort. Zwar außer Konkurrenz, weil sie fremde Hilfe angenommen hatte – aber Samantha will vor allem Werbung für die Hilfsorganisation »Initiatives-Coeur« machen, in deren Namen sie segelt. Außerdem hat ihr eine Stiftung eine Spende für jeden zusätzlich Follower auf Instagram versprochen. Und ihr Weitermachen erregt viel Aufmerksamkeit in den sozialen Medien. Gut 800 Seemeilen hinter dem Letzten, dem wackeren Finnen Ari Huusela, war sie Mitte Dezember von Kapstadt aus wieder auf Kurs gegangen. Inzwischen nähert sie sich Neuseeland und hat bereits drei Boote überholt. Die Rennleitung hat sich entschlossen, sie weiterhin auf dem Tracker zu zeigen – allerdings nur mit einem schemenhaften Symbol, wie ein Geisterschiff.

Ich greife nach meinem Notizblock, reiße eine Seite heraus und notiere eine Zahl: 260. Das ist, in Seemeilen, meine Distanz zu Louis Burton auf Platz fünf. Vor dem Start hatte ich immer erklärt, dass es mein Ziel sei, unter die Top Ten zu gelangen. Tatsächlich geträumt habe ich vom fünften Platz – was ich fahrlässigerweise in mehreren Interviews verraten habe. Es ist natürlich vermessen, gleich beim Debüt den fünften Platz unter 33 Schiffen erreichen zu wollen. Andererseits: »On n'est jamais à l'abri d'une bonne surprise!« Diesen Satz habe ich von Francis Joyon gelernt, dem Skipper des Trimarans *IDEC*, als wir 2016 den Rekord für die schnellste Weltumsegelung brechen wollten: Man kann nie sicher sein vor einer guten Überraschung!

Der Satz gehört inzwischen zu meinen Lieblingssprüchen. Ich greife nach dem Zettel mit der Zahl 260 und klebe ihn an den Rand des Monitors. Sechs Schiffe müsste ich noch überholen.

Die erste gute Überraschung: In den letzten 24 Stunden war die *Seaexplorer* das schnellste Schiff der Flotte! Mein Etmal betrug 365 Meilen, meine Geschwindigkeit durchschnittlich 15,2 Knoten. In der Nacht habe ich Isabelle Joschke und Maxime Sorel überholt und liege nun, am Morgen des 7. Januar, auf dem neunten Platz. Der Wind kommt schräg von vorn, mit einem Einfallswinkel von 65 Grad, ist aber stark genug, dass wir bei flacher See ins Foilen geraten. Perfekte Bedingungen. Die *Seaexplorer* summt vor Vergnügen.

Ich habe zwei Nächte gut geschlafen, ich habe nach mir auch das Schiff gesäubert, ich fühle mich aufgeladen mit Energie und neu motiviert. Im Pazifik war es nur ums Durchhalten gegangen, nun bin ich zurück im Regattamodus. Ständig kontrolliere ich die Segeleinstellung, die neuesten Wettermodelle, mein Routing. Voraus kreiselt eine Hochdruckzone mit etwas weniger Wind und verlangsamt die vorderen Schiffe, mein Abstand zum Spitzenfeld schrumpft. Zu Yannick beträgt er zwar noch immer 750 Seemeilen, aber gegenüber Louis Burton habe ich kräftig aufgeholt. Auf dem Zettel am Monitor notiere ich die neue Distanz zu Platz fünf: 170 Seemeilen.

In den nächsten fünf Tagen muss ich noch mehrere schwierige Windfelder und ein Tief mit ungemütlichem Seegang abwettern, dann erreichen wir die Passatzone. Dort werde ich wieder davonrauschen können, mehrere Tage und Nächte lang, in der Wärme der Tropen. Ich nehme mir vor, dann endlich die Flasche Champagner zu öffnen, die mir der Rennarzt der Vendée Globe vor dem Start geschenkt hat, für einen »moment de plaisir particulier«, einen besonders genussreichen Moment. Es ist schon ein bisschen verräterisch, dass ich den Champagner immer noch ungeöffnet um die Welt segele. Aber nun sollte es bald passen.

Der Wind bleibt mir treu, der Abstand zu den drei nächsten Booten voraus verringert sich weiter. Wir segeln auf gleichem Kurs, auch Wind und Seegang sind gleich, jetzt zählt nur noch, wer bei diesen Bedingungen die höchste Geschwindigkeit aus seinem Boot herausholen kann. Etwa auf Höhe von Buenos Aires überhole ich den Italiener Giancarlo Pedote. Unsere Schiffe sind gleich alt, Giancarlo fährt aber noch mit den »Hühnchenflügeln« von 2015.

Von den sieben Booten vor mir sind zwei ebenfalls mit den kleineren Foils ausgestattet, geskippert von Yannick Bestaven und Louis Burton. Drei weitere Boote haben gar keine Foils. Nur die Schiffe von Charlie Dalin und Thomas Ruyant verfügen über die Tragflügel der neuesten Generation, so groß und ausladend wie bei der *Seaexplorer*.

Thomas hat einen Teil seines Backbord-Foils allerdings vor Kapstadt absägen müssen. Und Charlie hat ebenfalls Probleme mit dem Backbord-Foil; seit einer Notreparatur im Indischen Ozean, deren Ursache er nur wolkig beschrieb, kann er das Foil offenbar nicht voll belasten. Beide Schiffe sind links also etwas flügellahm. Im Südpolarmeer war das nicht weiter ins Gewicht gefallen, dort mussten die großen Tragflügel sowieso häufig eingezogen werden, außerdem fuhren wir in der vorherrschenden Windrichtung über weite Strecken auf Steuerbordbug. Doch im Atlantik, vor allem in den beiden Passatzonen, wird die meiste Zeit der Wind von rechts kommen – was Segeln auf Backbordbug bedeutet, also Abheben auf dem Backbord-Foil. Nachteil Thomas und Charlie. Ginge es bei dem Rennen durch den Atlantik nur noch um Geschwindigkeit, wären meine Aussichten ziemlich gut.

Hinzu kommt ein rechnerischer Aspekt: Die Segler, die sich vor Südafrika an der Suche nach Kevin Escoffier beteiligt hatten, bekamen dafür Zeitgutschriften. Die Jury errechnete sie nach jeweiliger Einsatzdauer, möglicherweise verpassten Wetterchancen und anderen, uns nicht allesamt bekannten Faktoren. Jean Le Cam erhielt

16 Stunden und 15 Minuten, Yannick Bestaven zehn Stunden und 15 Minuten und ich sechs Stunden. Nach Ankunft wird uns die Zeitspanne von der tatsächlich gesegelten Zeit abgezogen. Kann es sein, dass am Ende einer Regatta um die Welt eine Handvoll Stunden über die Platzierung entscheiden? Ich glaube es nicht und will mich damit auch nicht beschäftigen. Ich segele gegen die anderen in meiner Nähe, nicht gegen die Uhr.

Gut 2300 Seemeilen hinter mir kämpft sich der Spanier Didac Costa noch durch den Pazifik. Gestern Abend legte eine Sturmböe sein Schiff flach auf die Seite. In einer Nachricht beschreibt er den Moment: »Die Böe hatte sechzig Knoten, volle Windstärke elf. Das Boot schlug einfach um. Ich werde diese See nie vergessen, es war alles weiß, wie aufgeschäumte Milch, die Luft voller Gischt. Ein brüllender Lärm. Ich hatte geahnt, dass es schlimm wird, und die Segel geborgen. Es war kalt, nur vier Grad unter Deck, und dann musste ich auch noch in das nasse Ölzeug steigen. Das sind die Momente, wo du nicht nachdenken darfst. Raus aus der Koje, anziehen, Hirn abschalten, funktionieren. Irgendwann richtete sich das Schiff wieder auf. Es war das Schlimmste, was ich hier bisher erlebt habe. Aber wir haben es überstanden.«

Didacs Nachricht erreicht mich wie aus einer anderen Welt. Ich bin so froh, im Atlantik zu sein. Auch weil es endlich sommerlicher wird. Die Luft ist 18 Grad warm, das Wasser 16 Grad. Fette, schneeweiße Cumuluswolken schweben am blauen Himmel und bescheren mir, wie so oft in den Subtropen, prachtvolle Sonnenuntergänge. Ich muss mich nicht mehr ständig unter Deck verbarrikadieren, auch nachts trete ich manchmal nach draußen und blicke in den Himmel. Wegen der geschlossenen Wolkendecke waren meine Nächte wochenlang stockdunkel, nun sehe ich den Mond wieder, die Sterne, auch das Kreuz des Südens. Ich schalte alle Lampen aus und lasse nur den Himmel leuchten.

Heute Morgen habe ich mich eine Weile im Bugkorb verkeilt und einfach nur zugesehen, wie der Bug durch die Wellen schneidet.

Ich saß so weit vorne, dass das Spritzwasser mich nicht erreichte. Es ist schon verrückt, wie selten ich bisher das genossen habe, was beim Fahrtensegeln völlig normal ist: draußen sitzen und übers Meer schauen. Das lag an den schweren, eiskalten Brechern, die ständig übers Schiff schossen – aber es liegt, wie mir kürzlich auffiel, auch daran, dass es nirgendwo an Deck einen Platz gibt, wo ich mich bequem und sicher hinsetzen könnte. Egal. Wir sind ja auch nicht zum Spaß hier.

An der Spitze der Flotte entwickelt sich inzwischen ein Drama. Yannick Bestaven, Spitzenreiter seit vier Wochen und vor ein paar Tagen noch 400 Meilen vor Dalin gelegen, hat sich beim Routing verkalkuliert. Er hängt in einer stabilen Hochdruckzone mit wenig Wind vor Brasilien fest. Charlie Dalin und Thomas Ruyant nähern sich ihm mit hoher Geschwindigkeit – und werden rechtzeitig einen Bogen um die Falle schlagen. Die Wetterlage vor Brasilien ist komplex, auf Höhe von Rio zieht eine schwer einzuschätzende Kaltfront über den Atlantik, unser letztes Taktikspiel vor der Passatzone.

Ich bin gerade ganz froh über meine Position. Die da vorne werden mir schon zeigen, welche Fehler ich nicht machen sollte. Nach wie vor rauscht die *Seaexplorer* wie entfesselt dahin, unter den ersten zehn Schiffen ist sie derzeit das schnellste, mit einer Durchschnittsgeschwindigkeit von 17,2 Knoten in den letzten 24 Stunden. Jean Le Cam wird der Nächste sein, er liegt nur noch 15 Meilen vor mir.

Platz sieben

Am 11. Januar, in den frühen Morgenstunden, passiere ich Jean Le Cam, in einer seitlichen Entfernung von gut 50 Meilen. Ich sehe sein Boot nur auf dem Tracker.

Kompasskurs fast genau Nord, 14 Knoten Wind aus Südost, 18 Knoten Geschwindigkeit, Wellenhöhe zwei Meter.

Wassertemperatur 22 Grad, Lufttemperatur 22 Grad. Sternenklare

Nacht. Morgens barfuß und in Shorts im Cockpit gesessen. Kaffee getrunken.

Gestern nur ein paar WhatsApp-Nachrichten verschickt, keine Videos. Was soll ich auch groß filmen und erzählen? Keine Lust. Ich bin am Segeln.

Ha!

Platz sechs

Am gleichen Tag, später Vormittag, überhole ich Benjamin Dutreux. Der Wind bläst unverändert mit 14 Knoten, Windstärke vier, aber er hat etwas nach Osten gedreht und fällt nun in einem Winkel von gut achtzig Grad in meine Segel. Perfekter Windwinkel zum Foilen. Fast wie auf Knopfdruck beschleunigt die *Seaexplorer* auf zwanzig Knoten. Wellenhöhe nur noch einen Meter. Der Atlantik wird zur flachen, hindernisfreien Rennstrecke.

Yannick tut mir leid. Er ist in dieser windarmen Zone verhungert, rund 400 Kilometer vor der brasilianischen Küste. Seine Geschwindigkeit der letzten 24 Stunden betrug durchschnittlich fünf Knoten, Charlie Dalin und Thomas Ruyant fuhren fast dreimal so schnell. Yannicks großartiger, wochenlanger Vorsprung ist auf mickrige vierzig Seemeilen zusammengeschmolzen, wie Schnee in brasilianischer Sonne. Charlie und Thomas segeln weiter draußen um die flaue Zone mit Yannick herum. Sie werden ihn kriegen.

Einen Tag später, zur Mittagszeit, rutscht Yannick auf Platz zwei – und es passiert etwas Bemerkenswertes: Die ersten fünf Boote haben sich so angenähert, dass sie nur noch 25 Meilen unterschiedlich weit vom Ziel entfernt sind. Mehr als zwei Monate nach dem Start liegen sie praktisch gleichauf, nun gibt es für die fünf auf der Höhe von Rio de Janeiro eine Art Neustart. Es ist, als würden sie zu einer klassischen Transatlantikregatten starten, mit überschaubaren 4500 Seemeilen bis ins Ziel – allerdings deutlich erschöpfter und gezeichneter. Die Verfolger der Fünfergruppe konnten ebenfalls mit kräftigem Wind aufschließen. Lediglich 130 Seemeilen Distanz trennen Jean Le Cam auf Platz neun von Platz eins. Erst hinter Le Cam klafft eine mehrere Hundert Meilen große Lücke zum nächsten Schiff.

Ein so enges Finale hat es in der Geschichte der Vendée Globe noch nie gegeben. Beim Rennen 2016/17 lagen im Südatlantik die ersten drei Schiffe mehr als 1500 Seemeilen auseinander.

Im Südpolarmeer hatten all die Zwischenstände und Distanzen für uns wenig Bedeutung. Nun ändert sich das. Die Zahlen können allerdings ein falsches Bild erzeugen. Der Tracker errechnet die aktuelle Rangfolge immer aus den unterschiedlichen Distanzen der Schiffe ins Ziel. Wenn Schiff eins also hundert Seemeilen Vorsprung vor Schiff zwei hat, ist damit nicht die direkte Entfernung zwischen beiden Schiffen gemeint, sondern dass der Weg von Schiff eins bis ins Ziel hundert Seemeilen kürzer ist. Wir segeln selten direkt hintereinander, meist auf Kursen, die mal parallel verlaufen, mal auseinanderlaufen. Die fünf Schiffe, die nur noch 25 Meilen unterschiedlich weit vom Ziel entfernt sind, trennen deshalb untereinander viel längere Strecken: So liegen zwischen Yannick nahe Brasilien und Damien Seguin, rechts außen im Atlantik, gut 250 Meilen.

Und auch die offizielle Rangfolge selbst kann in die Irre führen: Ein Segler, der noch einen längeren Weg bis ins Ziel hat als der Segler vor ihm, kann trotzdem de facto bereits vor ihm liegen, weil ihn der längere Weg zweifellos durch günstigere Windregionen führt. Wir können die tatsächliche Reihenfolge also durchaus erkennen, der Tracker kann es nicht.

Das Fieber des Finales hat uns gepackt. Wir rechnen, analysieren ständig die Wettermodelle, vor allem aber segeln wir hier vorne hoch konzentriert. Jetzt gerade erscheinen mir meine strategischen Optionen allerdings eher simpel: Geht das mit dem hohen Tempo der *Seaexplorer* so weiter, brauche ich noch einen Tag. Dann habe ich meinen ersehnten fünften Platz!

Ich brauche zwei Tage. Dann, auf der Höhe von Salvador de Bahia, passiere ich Yannick Bestaven, der nur mühsam aus seiner Schwachwindfalle herauskommt und inzwischen auf den fünften Platz zurückgefallen war. Nun liegt er auf Platz sechs.

Wir haben die Tropen erreicht. Tagsüber ist es bis zu 35 Grad heiß, nachts um die 28 Grad. Ich trage nur noch Shorts; manchmal, wenn ich nach einem Manöver schwitze, gehe ich kurz aufs Vorschiff und nehme eine Wellendusche, das Meer ist 27 Grad warm. Der Wind benimmt sich launisch, er kitzelt ständig an der Foiling-Grenze: Weht er mit zwölf Knoten, segeln wir noch brav und breit durchs Wasser, springt er auf 14 Knoten, beginnt das Schiff zu foilen, die vordere Rumpfhälfte hebt sich aus dem Wasser, und wir gleiten drei, vier Knoten schneller über das Meer. Mehrfach sind auch heftige Böen mit bis zu 25 Knoten über uns hergefallen, was bei voller Besegelung das Rigg und das Schiff ruckartig belastet; ich habe daher die Alarme eingestellt, auch den Autopiloten, der das Schiff bei einer starken Böe sofort vom Wind wegdreht und so den Druck vermindert.

Eigentlich hatte ich erwartet, dass mit dem Eintauchen in die Passatzone das pure Speedsailing beginnt, schnell, elegant und ein bisschen eintönig. Stattdessen kommt es mir in dem sprunghaften Wind vor, als segelten wir eine Trainingsregatta in der Biskaya; ich will keine Meile verlieren und justiere ständig die Segel neu, ändere die Einstellungen der Lasten, der Foils. Als der Wind längere Zeit nachlässt, schleppe ich die schweren Segelsäcke unter Deck ins Vorschiff, um, wie üblich bei leichterem Wind, das Gewicht nach vorn zu verlagern. Gut eine Dreiviertelstunde schweißtreibende Schlepperei für ein paar Bruchteile Knoten mehr Speed. Ich meine es wirklich ernst. Meine Blicke hängen ständig an den Instrumententafeln, dort sehe ich, wie das Schiff auf jede kleine Windveränderung, auf jede Wolke über uns reagiert, die *Seaexplorer* lebt ja und ich mit ihr, ständig falle ich ab oder gehe höher ran oder fiere die Schoten, wenn das

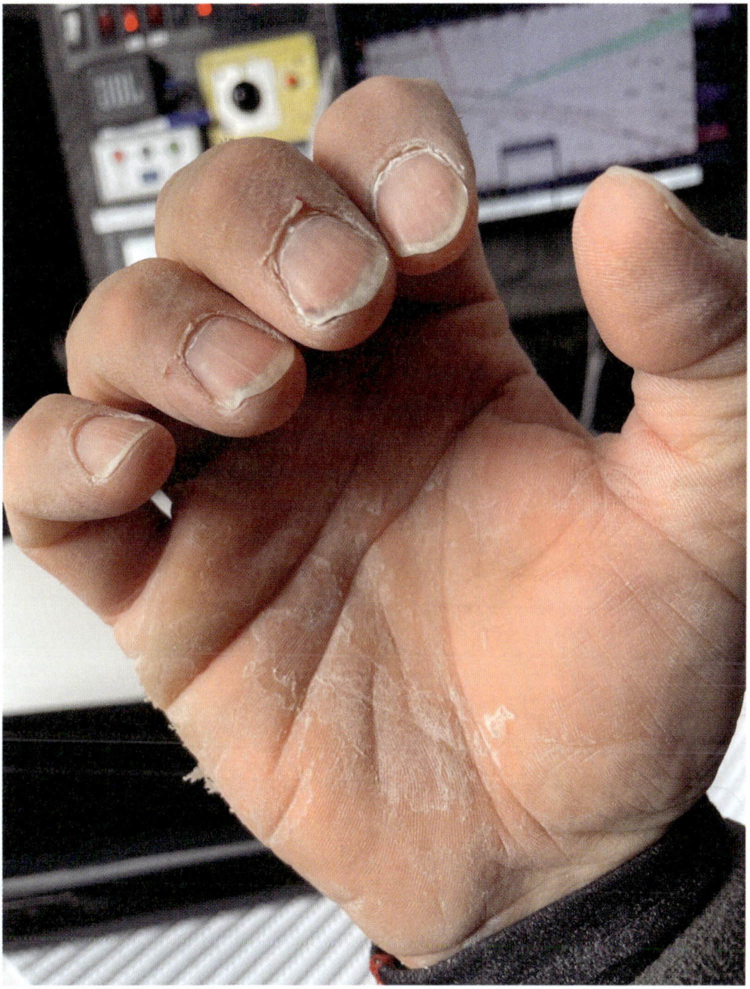

Trotz aller Elektronik: Hochseesegeln bleibt Handarbeit.

Schiff anspringt und krängt. Man sitzt nie ruhig da, ist immer in Lauerstellung. Und kaum liege ich in der Koje, zack, muss ich wieder raus.

Heute Nacht habe ich das Routing bis ins Ziel berechnet. Für eine ernsthafte Strategie taugt das Ergebnis wenig, knapp zwei Wochen liegen noch vor mir, zu lang für zuverlässige Wettervorhersagen. Aber es hat Spaß gemacht, plötzlich einen konkreten Routenvorschlag bis ins Ziel zu sehen. Wir werden in drei Tagen den Äquator überqueren, anschließend folgen der tückische Kalmengürtel, die zweite Passatzone und im Nordatlantik mehrere Sturmtiefs; wir werden uns nicht langweilen. Und dann steht da tatsächlich ein Datum: Am 27. Januar, so behauptet es das Navigationsprogramm, werde ich über die Ziellinie fahren. Verrückt. Kann es sein, dass ich in drei Wochen auf dem Sofa in Hamburg sitzen und das Ganze hier vermissen werde? Keine Ahnung – aber der Gedanke gibt mir gerade mehr Kraft beim Kurbeln am Coffee-Grinder.

Isabelle Joschke, die beste Frau im Feld, hat aufgeben müssen. Die behelfsmäßige Fixierung ihres Kiels in senkrechter Position hatte nicht gehalten, plötzlich pendelte er unkontrolliert unter dem Schiff hin und her. Das war ausgerechnet in einem Tiefdruckgebiet passiert, mit Windstärke sieben und fünf Meter hohem Seegang. Isabelle barg ihr Großsegel und versucht nun, das Boot einigermaßen stabil zu halten, um Brasilien zu erreichen. Der nächste Hafen liegt mindestens eine Woche entfernt. »Ich bin bitter enttäuscht!«, erklärte sie. »Aber ich bin stolz auf mein Rennen und darauf, die drei Kaps umrundet zu haben. Letzte Nacht habe ich ununterbrochen pumpen müssen, irgendwie kam Wasser ins Schiff. Nun ist das Boot wieder dicht, und ich versuche, mich in Sicherheit zu bringen. Ich bin total traurig, dass ich aufgeben muss. Die Vendée Globe ist grausam zu mir.« Mitglieder ihres Teams sind auf dem Weg nach Brasilien, um sie im Hafen zu erwarten. Oder ihr im Notfall entgegenzufahren.

Isabelle hat recht, die Vendée kann grausam sein. Vor allem deshalb, weil, davon bin ich überzeugt, für unser Vorankommen Pech eine viel größere Rolle spielt als Glück. Bei Jérémie Beyou zum Beispiel: Er lag an 16. Stelle, als er vor ein paar Tagen Kap Hoorn rundete. Niemand von uns hat schneller als er das Südpolarmeer durchquert, vom Kap der Guten Hoffnung aus in dreißig Tagen und 14 Stunden. Jérémie ist so überragend gesegelt, wie wir es immer von ihm erwartet haben. Nur: Er hatte eben frühzeitig diesen blöden Ruderschaden und konnte erst neun Tage nach uns starten. Simples Pech, vor allem in Form von Treibgut, hat auch Samantha, Sébastien und Alex aus dem Rennen geworfen, Thomas Ruyant hat es sein linkes Foil gekostet. Bei Yannick Bestaven wiederum ist das Schicksal gerade als Schwachwindzone dahergekommen, von keinem Meteorologen vorhergesagt, und hat ihn den Spitzenplatz gekostet.

Es kann also am Pech liegen, wenn jemand hinten segelt. Umgekehrt hat es aber nichts mit Glück zu tun, wenn sich jemand in der Spitzengruppe hält. Dafür dauert die Vendée Globe viel zu lang. Wenn über Monate hinweg eine empfindliche Rennyacht und auch der Mensch darin dem Druck standhalten, wenn Hunderte von Routing-Entscheidungen offenbar richtig getroffen worden sind, dann ist nicht Glück dafür verantwortlich. Jeder von uns in den Top Ten hat seinen Spitzenplatz selber verdient, hart verdient. Glück gibt es für uns nur in der Form von abwesendem Pech.

Platz drei

Es läuft! Heute, am 15. Januar, habe ich gegen 2 Uhr nachts kurz hintereinander Damien Seguin und Thomas Ruyant überholt. Etwa hundert Seemeilen von der brasilianischen Küste entfernt rasen wir in einem Pulk nach Norden. Der Passat weht verlässlich mit 15 Knoten aus Ost, die See ist flach, das Boot summt, und ich hole mir meine Belohnung ab für die Vorsicht der vergangenen Wochen. Am Morgen kommen die neuen 24-Stunden-Daten rein: Erneut ist die *Seaexplorer* das schnellste Schiff unter den besten zehn, in der gesamten Flotte hat einzig Jérémie Beyou ein höheres Tempo hingelegt.

Bei Holly häufen sich die Interviewanfragen. Fernseh- und Radioredaktionen möchten mich live in ihre Sendungen holen. Erstmals macht ein Deutscher beim wohl härtesten Rennen der Welt mit – und dann kämpft er sich auf der letzten Etappe immer weiter nach vorne, inzwischen bis auf Rang drei. Gewinnt er das Rennen vielleicht sogar noch? Deutschland fiebert mit dir, schreibt ein Redakteur.

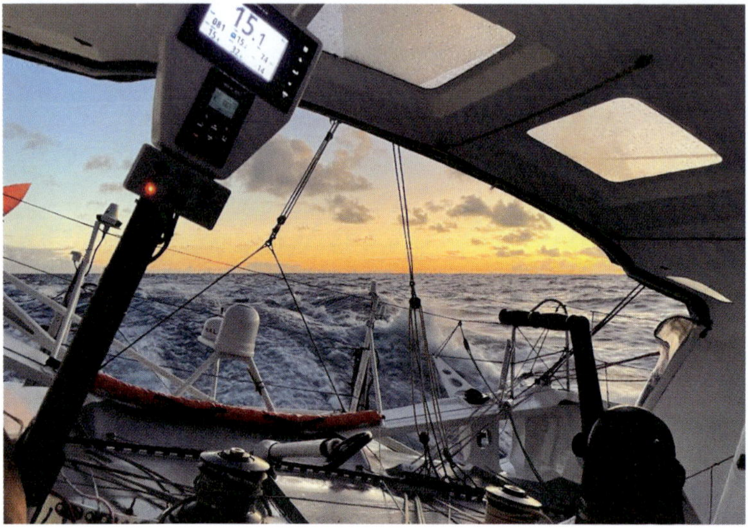

Tropenabend auf dem Meer: im Südostpassat die Küste Brasiliens entlang

Ich habe nicht erwartet, wie emotional Menschen auf meine offenherzigen Berichte von hier draußen reagieren. Mein Team schickt mir beispielhafte Kommentare aus den sozialen Medien; sehr viele Menschen, die sich nie fürs Segeln interessiert haben und es wohl auch jetzt nicht tun, fühlen sich offenbar gestärkt, wenn, wie jemand schreibt, »ein Normalo wie du zeigt, wie man auch mit extremen Bedingungen zurechtkommen kann. Wie man leidet und verzweifelt und es dann doch immer wieder schafft durchzuhalten. Du motivierst mich gerade ziemlich.« Solche Reaktionen stärken mich. Und natürlich freut mich das öffentliche Interesse auch deshalb, weil es unseren Klimaprojekten hilft; über das Bordlabor wird inzwischen viel berichtet, ebenso über unser Projekt »Malizia Ocean Challenge«.

Das Problem ist, dass meine Lust am Erzählen nachlässt. Es ist doch schon alles gesagt. Außerdem habe ich wenig Zeit, das Regattafieber hat mich im Griff. Hinzu kommt, dass ich mich nicht mit den Erwartungen beschäftigen will, die meine Aufholjagd zu Hause ausgelöst hat. Sogar meine Freunde sind schon infiziert. Einer schreibt mir, ich solle jetzt voll auf Kampf setzen, ein Podiumsplatz sei drin. Ein anderer hingegen warnt: »Ankommen ist immer noch das wichtigste Ziel! Lass andere von Sieg reden und bleib dir treu. Ändere nicht deinen Stil!« Ja, ich halte es lieber mit den Vorsichtigen.

Inzwischen trennen mich nur noch zwanzig Seemeilen von Louis Burton, nur noch vierzig von Charlie Dalin, von Platz eins. Aber die ersten neun Boote liegen lediglich 200 Seemeilen auseinander. Yannick Bestaven hat diese Distanz kürzlich innerhalb von zwei Tagen verloren. Es kann noch viel schiefgehen, auch mir kann etwas in die Quere kommen, ein Baumstamm, ein Wal, ein Flautenloch.

Ich sitze barfuß im Cockpit, die Luft ist 27 Grad warm, die Heckwelle rauscht in einem beruhigenden Rhythmus. Im Westen glühen die Wolken im Sonnenuntergang. O ja, ich werde all das vermissen, wenn ich in drei Wochen zurück bin in Hamburg, in den kurzen, kalten Wintertagen. Als ich vorhin entdeckte, dass ich morgen an meiner Lieblingsinsel Fernando de Noronha vorbeifahre, habe ich eine Nachricht an mein Team geschickt: »Könnt ihr bitte schön dafür sorgen, dass die Ziellinie verlegt wird?? Dann kann ich morgen vor meiner Trauminsel Fernando ankern und tauchen und kiten.« Kurz darauf erhalte ich eine Antwort: »Mach jetzt nicht den Moitessier …!«

Platz sieben

Ich stehe am Heck, falte die Hände und hebe sie beschwörend zum Himmel. »Gott des Windes!«, rufe ich laut und blicke nach oben. »Schick mir Wind! Wenigstens ein bisschen! Jetzt! Hier zu mir!«

So weit ist es also schon, ich bete zu den Windgöttern. Nicht ganz ernst gemeint, aber vielleicht hilft es ja, hier endlich rauszukommen. Das Verhängnis hatte sich schleichend genähert. Nachdem ich den Äquator überquert hatte, geriet ich gestern in den Kalmengürtel, diese tückische Tiefdruckrinne zwischen den beiden Passatzonen. Der Wind ließ langsam nach, kam plötzlich von der anderen Seite, ließ weiter nach, abends schlief er ein. Der Autopilot piepte aufgeregt, weil das Schiff keine Fahrt mehr machte. Ich stand im Cockpit, griff nach der Pinne und versuchte, mit heftigen Ruderbewegungen die *Seaexplorer* wenigstens in die richtige Richtung zu drehen. Irgendwann kam eine Brise auf, ich stellte die Segel neu ein, aber nach zwanzig Minuten war wieder Windstille. Das Schiff schaukelte in einer starken Dünung aus Norden, die Segel flappten heftig hin und her. Bis zur nächsten Brise, die aber aus einer ganz anderen Richtung wehte. So ging das die ganze Nacht.

Wenn man auf normalen Segelbooten in einer Flaute treibt und Wind kommt auf, dann zieht man an den Schoten, geht auf Kurs und freut sich. Auf der *Seaexplorer* wird daraus ein Work-out, vor allem, wenn wie hier der Wind plötzlich kräftig weht: Ruder runterlassen, Autopilot einstellen, verkürztes Backstag einstellen, das große Vorsegel Code Zero einrollen, das kleinere Vorsegel J2 ausrollen, das Lee-Foil per Hand seitlich aus dem Schiff kurbeln, Kiel neu einstellen, Wasserballast nach Luv pumpen, Großsegel trimmen, Vorsegel trimmen. Nach einer halben Stunde bin ich schweißüberströmt, und das Schiff macht flotte Fahrt. Für kurze Zeit, dann endet der Windstrich, und mein Work-out-Programm läuft wieder ab, nun rückwärts.

Inzwischen habe ich fast dreißig Stunden mit vielen Manövern und kaum Schlaf hinter mir. Ich fühle mich wie gerädert. Am Monitor starrte ich auf die Satellitenbilder der Wolken. Eigentlich sollten sie mir den Weg durch das Labyrinth weisen, doch in dieser Wettermaschine am Äquator verändern sich die Wolken so schnell, dass es schwerfällt vorherzusagen, was in ein, zwei Stunden noch in ihnen steckt. Ich hatte etwas konstanteren Wind im Westen vermutet und lag daher ganz außen in der Spitzengruppe, als wir gemeinsam in den Kalmengürtel eintauchten. Tja. Falsch vermutet. Alle anderen fahren jetzt schneller als ich – ach was, mein Schiff und ich fahren überhaupt nicht! Wir drehen uns im Kreis oder treiben rückwärts. Auf dem Satellitenfoto sehe ich, dass sich die undurchschaubare Wolkendecke noch 150 Seemeilen nach Norden erstreckt. Es macht mich wahnsinnig. Laut Tracker bin ich auf den siebten Platz zurückgefallen, aber mein Rang interessiert mich gerade nicht, ich will einfach nur raus hier. Oder wenigstens für eine Weile etwas Wind bekommen, damit der Autopilot übernehmen und ich endlich schlafen kann.

Ist das jetzt meine Portion Pech? Das Schlimmste ist, dass ich nichts tun kann. Jaja, ich weiß, man sollte sich nicht über Dinge ärgern, die man nicht ändern kann. Leider gelingt mir das gerade nicht. Ich stehe am Heck und bete und fluche.

Platz drei

Als ich schließlich den Kalmengürtel durchquert hatte, stürmte die *Seaexplorer* im kräftigen Nordostpassat sofort wieder los. Und weil die anderen nicht so weit davongefahren waren, wie ich befürchtet hatte, konnte ich mich zügig nach vorne kämpfen. Gefühlt liegt der Kalmengürtel bereits Wochen zurück, tatsächlich sind es nur zwei Tage. Meine Haltung, mich immer nur auf den aktuellen Tag zu konzentrieren, führt mittlerweile dazu, ihn so intensiv zu erleben, als gäbe es kein Vorher und kein Nachher. Alles erscheint mir im jeweiligen Moment von ewiger Dauer, die Windstille im Kalmengürtel ebenso wie der Nordostpassat, der diesmal schräg von vorn kommt. Hoch am Wind stampfen wir durch eine ungemütliche, kurze See, und prompt habe ich das Gefühl, das Schiff habe eigentlich nie aufgehört, krachend von Welle zu Welle zu springen.

Ich glaube, meine Nerven liegen einfach blank. Vor Erschöpfung und Müdigkeit. Und auch, weil jetzt so viel auf dem Spiel steht. So kurz vor dem Ziel zu scheitern, wäre grauenhaft. Heute Nacht hatte ich Wasser im Schiff, mein Herz setzte aus. Zum Glück war nur der Schlauch zur Trinkwasseranlage geplatzt. Tagsüber blicke ich hoch zum geflickten Großsegel und frage mich, wie lange es noch hält. Der Lastenalarm eines Foils piept los. Der Rumpf knallt brutal in ein Wellental. Der Wind dreht. Irgendetwas ist immer. Und mein hyperaktiver Geist sucht unablässig nach Risiken, die ich entschärfen kann.

Mehrfach überkommt mich das Gefühl, gleich loszuheulen. Ich kenne das bereits, es ist ein Signal: Ich brauche Schlaf! Dringend!

Platz zwei

21. Januar. Unser 74. Tag auf See. Bei der letzten Vendée Globe kam an diesem Tag der Sieger ins Ziel. Wir haben noch eine Woche vor uns. Zu unserer Flotte gehören die schnellsten Vendée-Yachten aller Zeiten – doch das Tempo bestimmen eben weiterhin Wind und Wellen.

Wassertemperatur mittags 24 Grad, Luft 22 Grad, es wird kühler. Wind aus Ostsüdost, Windstärke 15 Knoten.

Heute Morgen schickte uns die Wettfahrtleitung die Daten der letzten 24 Stunden. Mit durchschnittlich 16,7 Knoten Geschwindigkeit war die *Seaexplorer* wieder das schnellste Schiff der Flotte. Ich habe Thomas Ruyant überholt, jetzt segelt nur noch Charlie Dalin vor mir, mit 75 Seemeilen Vorsprung. Nach berechneter Zeit, also einschließlich meiner sechs Stunden Zeitgutschrift, liege ich erstmals an der Spitze des Felds. Eigentlich unfassbar – doch es beschäftigt mich tatsächlich nur wenig. Alles kann sich so schnell ändern. Außerdem ist der Tracker dumm, er kennt nur unsere Distanzen ins Ziel, er weiß nichts von der taktisch kniffeligen Wetterlage vor uns.

Von den Kanarischen Inseln aus ragt eine Schwachwindzone quer in den Atlantik, an der wir links vorbeimüssen. Fahren wir einen engen Bogen, wird der Wind zu schwach. Fahren wir einen weiten Bogen, wird der Weg zu lang. Ich sitze am Rechner und brüte über den

Wettermodellen der europäischen und amerikanischen Meteorologen, die sich wieder einmal nicht einig sind. Wieder und wieder berechne ich meine möglichen Routen. In der Passatzone ging es darum, der Schnellste zu sein. Jetzt geht es darum, der Klügste zu sein. Ich wäre gern der Klügste von den Schnellsten.

Unsere Spitzengruppe wählt eine mittlere Route, nur Louis Burton wird seinem Ruf als Draufgänger gerecht. Er schert nach Westen auf einen weiten Bogen aus, findet dort den erhofften Starkwind – und brettert in einer Nacht an allen vorbei bis auf Platz zwei. Die ersten sechs Schiffe liegen nun innerhalb von 120 Seemeilen zusammen. Als wir das Hoch umrundet haben, ändern wir den Kurs auf Nordost, erstmals zeigt der Bug direkt nach Europa. Bei den früheren Rennen haben sich die Segler zu diesem Zeitpunkt darauf konzentriert, ihre Boote sicher nach Hause zu bringen, die Abstände zwischen den Yachten waren zu groß, als dass es sich gelohnt hätte, noch irgendwelche Risiken einzugehen. Diesmal ist es anders. Wir werden bis ins Ziel um jede Meile kämpfen.

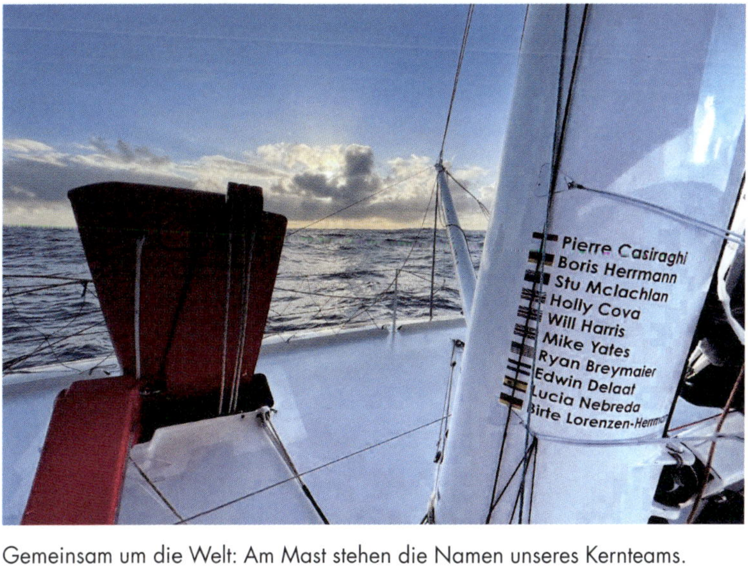

Gemeinsam um die Welt: Am Mast stehen die Namen unseres Kernteams.

Der Ton verändert sich. Kaum jemand in der Spitzengruppe schickt noch Bord-Videos. Mehrere Skipper haben dem Medienzentrum in Frankreich mitgeteilt, dass sie eine Weile keine Interviews mehr geben werden. Sie wollen sich jetzt nur noch auf die Regatta konzentrieren. Auch unter uns Seglern wird es stiller. Im Pazifik haben wir einander freimütig erzählt, wie es uns geht und mit welchen Schäden am Boot wir gerade kämpfen. Jetzt möchte niemand mehr taktisch relevante Informationen preisgeben. Nur Yannick Bestaven gibt zu, dass sein Schiff vor Kap Hoorn so brachial in eine Welle knallte, dass der Bugkorb wegriss und er seither mehrere Vorsegel nicht setzen kann.

Nach der neuesten Berechnung werden die ersten fünf Boote innerhalb eines halben Tages im Ziel eintreffen. So etwas hat es noch nie gegeben, und die Wettfahrtleitung, schreibt Holly, sei völlig gestresst. Auch, weil den Sieger seit jeher ein pompöses Feuerwerk und ein prachtvoller Geleitzug durch den Kanal in den Hafen erwarten. Diesmal bekommen drei Schiffe in der Spitzengruppe Zeitgutschriften. Es kann sich also mehrere Stunden nach Ankunft des Ersten herausstellen, dass er doch nicht der Sieger ist. Wie sollte man ihn also empfangen? Ihn bitten, noch so lange vor dem Hafen auf und ab zu segeln? Oder zwei Feuerwerke abbrennen? Protokollfragen sind heikle Fragen.

Für den Nachmittag hat Holly meine wöchentliche Pressekonferenz per Videocall arrangiert, die letzte vor dem Ziel. 32 Journalisten aus Deutschland und Frankreich schalten sich zu, es ist die bisher größte Runde. Abends gelange ich in einen extralangen Wetterbericht der *Tagesschau*. Auf einer Weltkarte ist meine Route zu sehen, eingefärbt nach der jeweiligen CO_2-Konzentration im Meerwasser. Vor einer Woche habe ich die Daten, gesammelt von dem Bordlabor, an zwei deutsche Forschungseinrichtungen geschickt. Es ist die erste lückenlose Datenreihe dieser Art aus allen Weltmeeren. Der ARD-Meteorologe erklärt, wer Boris Herrmann ist, was die Daten verraten – und warum die Ozeane so elementar wichtig sind für den Klimaschutz. Perfekt.

Dazu passt eine Nachricht, die mir Greta Thunberg gestern schickte: »Wie du weißt, schaue ich mehrfach am Tag, wo du liegst. Du meintest ja, ein fünfter Platz wäre für dich wie ein Sieg – und dann das jetzt! Egal, wie du abschneidest, du hast Großartiges geschafft.«

Vom Beitrag der *Tagesschau* erfahre ich erst später, während der Ausstrahlung liege ich in der Koje. Ich würde lieber auf Kurs und Segel achten, doch ich zwinge mich in den Schlafsack. Wenn der Endspurt in der Biskaya beginnt, darf ich nicht mehr so müde sein. Jeder von uns weiß, was Alex Thomson vor drei Jahren passiert ist: Bei der Route du Rhum, einer legendären Einhandregatta über den Atlantik, näherte er sich als Erster der Insel Guadeloupe. Nach zwölf Tagen mit wenig Schlaf war er völlig erschlagen. Wenige Stunden vor dem Ziel legte er sich kurz hin – und überhörte zwei Alarmsignale. Er wurde wach, als sein Schiff an der Nordspitze von Guadeloupe auf Grund lief. Alex gelang es, das Boot vom Felsen zu fahren und über die Ziellinie zu bringen. Doch den fast schon gesicherten Sieg hatte er verschlafen.

Platz drei

Weht der Wind direkt von hinten, können wir nicht schneller segeln als der Wind. Weht er schräg von der Seite, können wir es schon. Und so fährt die ganze Spitzengruppe im Zickzackkurs vor dem Wind her, der genau Richtung Biskaya bläst. Vier Tage lang, an den Kanaren vorbei, an den Azoren vorbei, bis auf die Höhe von Lissabon.

Meine Geschwindigkeit liegt stabil bei rund 16 Knoten. Bleibt das so bis ins Ziel, habe ich tatsächlich eine Chance, die Vendée Globe zu gewinnen: wenn ich maximal 96 Meilen hinter dem Ersten liege – und mindestens 68 Meilen vor Yannick mit seiner längeren Zeitgutschrift.

Am 25. Januar liege ich nur 75 Meilen hinter dem Ersten. Und 150 Meilen vor Yannick.

Was für eine alberne Rechnerei! Der Halsenslalom vor dem Wind hat unsere Schiffe so weit auseinandergeführt, dass wir trotz ähnlicher Distanz zum Ziel durch unterschiedliche Wettersysteme fahren werden: die einen auf nördlicher Route durch den Atlantik, die anderen durchs Innere der Biskaya. So viel wird sich da noch ändern.

Ich schicke eine Nachricht in die Chatgruppe meiner Freunde: Niemand soll bitte vom ersten Platz sprechen! Ich mag das nicht. Es ist vermessen. Und es ist respektlos gegenüber der Vendée Globe. Auch der achte oder zehnte Platz wäre ein großartiger Erfolg.

Außerdem bin ich abergläubisch, wie viele Seeleute.

Platz zwei

Am 26. Januar treffe ich morgens eine Entscheidung. Ich fahre nicht weiter nach Norden, sondern halse und segele wie Charlie Dalin nach Osten, Richtung Kap Finisterre an der Nordwestecke Spaniens. Wenn wir nach dem Kap in die Biskaya einbiegen, profitieren wir dort unter Land, so hoffe ich, von günstigerem Wind und weniger Seegang. Dalin und ich sind in der Spitzengruppe allerdings die Einzigen, die darauf setzen. Die anderen rauschen weiter Richtung Norden.

Der Tracker sieht mich wieder auf Platz zwei. Doch ich beachte die Rangfolge nicht. Anders als geplant habe ich in den letzten Tagen nur wenig geschlafen. Ich stehe unter Strom, bin hochgradig angespannt. Mein Körper funktioniert wie ferngesteuert. Er schmerzt, ist ausgelaugt, ich bewege ihn wie einen Fremdkörper. Mein Geist hingegen ist hellwach. Ununterbrochen spiele ich alle taktischen Varianten des Endspurts durch.

Jérémie Beyou schreibt mir, ich solle die Vendée jetzt gefälligst gewinnen, als erster Nichtfranzose überhaupt. Ich vermute, ihm als ehemals großem Favoriten gefiele das besser, als wenn es jemandem gelingt, der quasi aus seiner Nachbarschaft kommt.

Ich lege das Handy beiseite. Die Vorhersage sieht für die gesamte

Biskaya Böen bis 25 Knoten und drei Meter hohe Wellen voraus, außerdem kurven überall Fischerboote herum. Es wird anstrengend. Ich koche mir einen zweiten Kaffee. Dann stelle ich mich ans Heck und mache einige Dehnungsübungen. Ich schließe die Augen, atme tief ein und aus. Durchhalten! Heute Abend werde ich in die Biskaya eindringen. Und dann sind es nur noch dreißig Stunden.

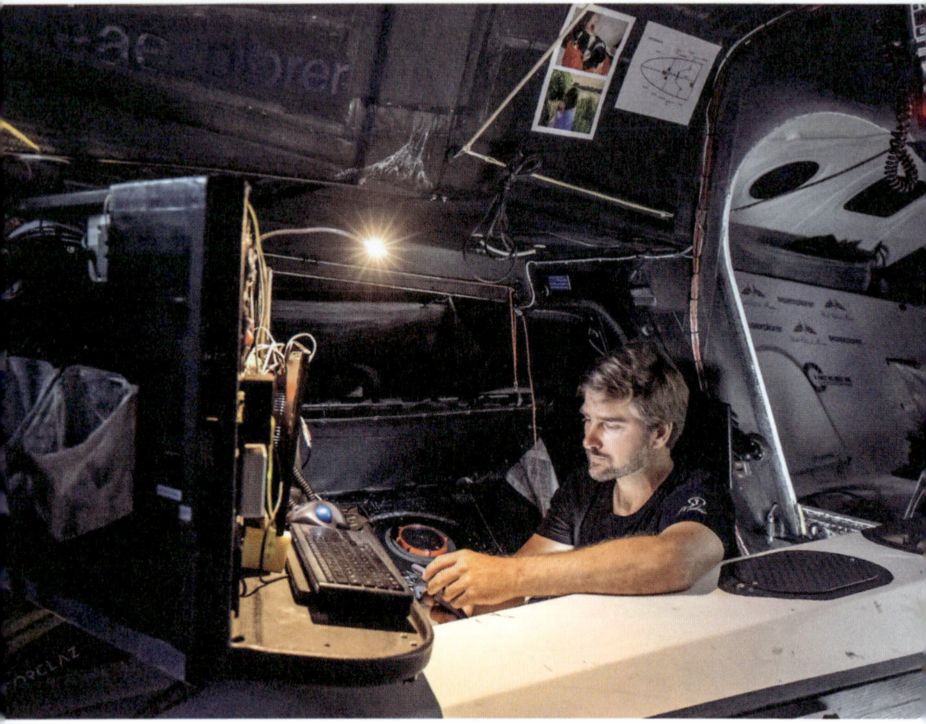

Am Schaltpult: zentraler Arbeitsplatz während des Rennens, bis ins Ziel

13 Das Fischerboot

Wer führt hier eigentlich Regie? Wäre das Ganze ein Film, müsste man die Macher ermahnen: Nun übertreibt mal nicht! Es reicht schon, dass nach fast achtzig Tagen, nach einem Rennen um die ganze Welt, gleich fünf Yachten kurz vor dem Ziel so eng beieinander liegen. Doch das Schicksal – oder wer auch immer – hat sich offenbar entschlossen, die Spannung bis zur letzten Minute zu halten. Mein Navigationsprogramm hat die optimalen Kurse für uns errechnet. Demnach werden in anderthalb Tagen alle fünf Segler innerhalb weniger Stunden die Ziellinie erreichen. Das wirkt schon unglaubwürdig.

Drei Segler haben sich für die Atlantik-Option entschieden. Louis Burton, Thomas Ruyant und Yannick Bestaven segeln weiter nach Norden. Sie werden heute Abend im Atlantik halsen und dann auf einer langen Strecke nach Osten geradewegs ins Ziel steuern, etwa dreißig Stunden lang. Ihr Weg ist länger, dafür können sie da draußen mit starkem Wind und der Aussicht rechnen, ununterbrochen zu foilen. Charlie Dalin und ich haben uns für die Biskaya-Option entschieden und sind bereits rechts abgebogen. Wir werden entlang der spanischen Nordküste mehr zeitraubende Halsen fahren müssen, dafür ist der Weg durch die Bucht kürzer. Und ich setze darauf, dass der Wind, sobald wir um die Nordwestecke Spaniens herumgefahren sind, in eine für uns günstigere Richtung dreht und außerdem noch zunimmt.

Das Problem ist, dass eine unkalkulierbare Winzigkeit ausreichen könnte, die Vendée Globe zu entscheiden. Mal simpel formuliert:

Das Atlantik-Trio wird von Westen aus in die Biskaya rasen, Dalin und ich kommen von Süden, aus der Tiefe der Bucht. Der Südwestwind weht wie eine Diagonale zwischen den beiden Kursen direkt auf das Ziel zu, auf Les Sables-d'Olonne. Theoretisch hätten wir uns von dem Wind schon seit Tagen geradewegs ins Ziel tragen lassen können. Doch unsere Schiffe segeln nun einmal deutlich langsamer, wenn der Wind genau von hinten kommt, daher fahren wir im lang gestreckten Zickzackkurs vor ihm her. Auch in der Biskaya wird der Wind bei uns allen im gleichen Winkel in die Segel einfallen, von schräg hinten – beim Atlantik-Trio allerdings von rechts, bei Charlie und mir von links. Ändert der Wind seine Richtung nur um zehn Grad, wird die eine Gruppe sofort bevorteilt, die andere benachteiligt. Die ein, zwei Knoten mehr Geschwindigkeit auf dem letzten Schlag würden dann ausreichen, um im Ziel vorne zu liegen. Es sei denn, der Dramaturg da oben entscheidet sich, den Wind wieder zurückzudrehen.

Egal, wie das hier ausgeht, der Endspurt passt zum ganzen Rennen: Trotz aller Technik, künstlichen Intelligenz und menschlichen Erfahrung – der Wind hat das letzte Wort.

Am 26. Januar um die Mittagszeit lasse ich mein Navigationsprogramm erneut die voraussichtlichen Ankunftszeiten berechnen. Demnach würde ich am 28. Januar nachts um 01.23 Uhr die Ziellinie überqueren. Unter Berücksichtigung der Zeitgutschriften wäre ich Sieger der Vendée Globe: mit sechs Minuten Vorsprung vor Yannick Bestaven. Sechs Minuten! Ich muss aufhören mit solchen Kalkulationen, sie machen mich wahnsinnig!

Mit großem Gennaker, der J3-Fock und ungerefftem Großsegel habe ich die maximale Segelfläche gesetzt. Der Wind hat zugenommen auf 14 Knoten, die See ist flach. Ich wuchte die Säcke mit den ungenutzten Segeln an Deck und zurre sie auf der Luvseite fest. Alles klar zum Abheben. Mit 18 Knoten foilt die *Seaexplorer* auf die spanische Küste zu. Bedeckter Himmel, kühle, feuchte Nebelschwaden, eingeschränkte Sicht. Die Alarme sind eingeschaltet. In ein paar Stunden werde ich einen Korridor der internationalen Schifffahrt durchqueren, danach, beim Eintauchen in die Biskaya, sind Böen bis zu dreißig Knoten vorhergesagt. Ich werde Vorsegel wechseln, das Großsegel reffen, mehrere Halsen fahren und jedes Mal den ganzen Ballast umpacken. Es wird eine anstrengende Nacht.

Plötzlich höre ich ein Flugzeug. Dem Rotorgeräusch nach ist es ein kleiner Flieger, der in den Wolken über mir kreist. Es knackt im VHF-Funkgerät, dann höre ich eine vertraute Stimme: von Armel Le Cléac'h, Spitzname »der Schakal«. Armel hat die letzte Vendée Globe gewonnen, in 74 Tagen; er ist der schnellste Vendée-Segler aller Zeiten.

»Salut, Armel! Was für eine Überraschung!«

»Salut, Boris. Ich wollte mal hören, wie es dir kurz vor dem Ziel so geht.«

»Ziemlich gut. Könnte gerade mehr Wind gebrauchen. Aber der kommt erst heute Nacht.«

»Gratulation zu deinem Rennen. Du liegst super!«

»Ja, alles gut. Auf dem AIS habe ich schon die ersten anderen Schiffe gesehen. Ein gutes Zeichen, wir nähern uns dem Land.«

Wir reden noch ein paar Minuten über die Windvorhersagen und meine Taktik für heute Nacht; Armel kommentiert sie nicht, er kennt die Regeln. Zum Schluss will er wissen, auf was ich mich am meisten freue, wenn ich im Hafen an Land gehe. »Auf meine Frau und meine Tochter. Und dann auf ein Bier«, sage ich. Armel lacht und sagt, er wolle noch bei Charlie vorbeischauen, dann dreht der Flieger ab.

Nachrichten vom Festland

Die Wettfahrtleitung informiert die Segler, dass die Ziellinie verbreitert wurde: von 500 Meter auf drei Kilometer. Um genügend Raum zu schaffen, falls sich mehrere Schiffe gleichzeitig der Linie näherten.

Die französische Tageszeitung *Libération* titelt: »Herrmann, der finale deutsche Coup.«

Das größte Sportmagazin Frankreichs schreibt: »Herrmann hat seinen Angriff perfekt vorbereitet. Unauffällig und effizient hat er sich und sein Schiff geschont. Er hat während des Rennens kein einziges Mal an der Spitze gelegen – aber nun könnte er der erste nichtfranzösische Sieger werden.«

»Boris ist medial das Beste, was dem deutschen Segeln seit langer Zeit passiert ist«, erklärt Jochen Schümann, dreimaliger Segel-Olympiasieger.

»Wenn Boris gewinnt, dann eröffnet das ganz neue Chancen, internationale Sponsoren für die Vendée Globe zu bekommen. Das wäre genial«, sagt der Franzose Michel Desjoyeaux, der einzige Segler, der die Vendée zweimal gewonnen hat.

Der Kolumnist Franz-Josef Wagner schreibt in der *Bild*-Zeitung an mich: »Sie haben die letzten Monate auf dem Meer verbracht, Sie Glücklicher. Keine Maske, keine Viren. Übermorgen betreten Sie Land. Mein Rat ist: Segeln Sie wieder zurück. Auf dem Meer gibt es Wellen, größer als die Alpen, es gibt Wale, die das Boot rammen können. Aber man kann kämpfen. An Land kannst du nicht kämpfen, du atmest Luft ein, und die ist verseucht. Wäre ich Segler, bliebe ich auf dem Meer.«

In Les Sables-d'Olonne bezieht das Team erneut das alte Landhaus. Aus Monaco reisen Pierre Casiraghi und sein Onkel Fürst Albert II. an. Aus Hamburg trifft Birte mit Malou ein.

Zu Beginn meiner vorletzten Nacht auf See schreibt Svante Thunberg in unserer Chatgruppe an meine Frau: »Und denk dran, Birte, es gibt in den nächsten Jahren keine Entschuldigung für Boris, nachts nicht aufzustehen und die Windeln zu wechseln!«

Abends lasse ich den Rechner erneut die Ankunftszeiten kalkulieren. Die Atlantik-Gruppe hat inzwischen wie erwartet mehr Wind bekommen. Stand jetzt wird Yannick siegen, mit zwei Stunden Vorsprung vor mir.

Boris, beschäftige dich nicht damit! Ich schwanke ohnehin schon zwischen Euphorie und Anspannung, bin wahnsinnig aufgeregt, wie ein Kind am Weihnachtsmorgen. Ich kann nichts mehr zur Entscheidung beitragen – außer schnell zu segeln. Der Wind in der Biskaya wird entscheiden. Ich erinnere mich an meinen alten Traum, den fünften Platz zu erreichen. Das könnte ich schaffen, über mehr sollte ich nicht nachdenken. Ich filme, wie ich im Nebel im offenen Heck stehe, und schicke das Video in meine Chatgruppen: »Freunde, wie ihr hier seht, ist das alles schwer durchschaubar. Nur eins ist völlig klar. Ich möchte nicht, dass irgendjemand von euch übermorgen sagt: Ahh, blablabla, und warum hast du nicht gewonnen …? Das will ich nicht hören! Egal, wie ich abschneide, ich werde zufrieden sein. Ich habe mein Bestes gegeben, und es hat funktioniert!«

Das ist kein Erwartungsmanagement, auch nicht mir selbst gegenüber. Es ist meine feste, ehrliche Überzeugung. Der fünfte Platz wäre ein Erfolg, von dem ich wüsste, dass ich ihn mir selber erarbeitet habe, gemeinsam mit unserem Team, er wäre eine wunderbare Belohnung für unsere jahrelange Vorbereitung und ein sauberes Rennen. Jeder Platz besser als der fünfte wäre hingegen, so eng, wie wir jetzt beieinanderliegen, vor allem das Ergebnis von Glück. Das ist ein wichtiger Unterschied. Natürlich werde ich jetzt dafür kämpfen, dem Glück eine Chance zu geben. Aber mein Jubel über einen glücklichen Platz drei oder zwei könnte kaum größer sein als über den erträumten Platz fünf.

Gegen Mitternacht fahre ich eine Halse, es ist die dritte, seit ich mich für die Biskaya-Option entschieden habe. Der Wind nimmt weiter zu, und ich verkleinere die Segelfläche: Mit einem Lifebelt gesichert, klettere ich nach vorne, ständig überflutet von den Wassermassen, die übers Vorschiff brechen. Im Licht der Stirnlampe berge ich den großen Gennaker, stopfe ihn in einen Sack, schleppe ihn nach hinten, zerre einen anderen Segelsack aufs Vorschiff, setze den kleinen Gennaker. Anschließend reffe ich das Großsegel. Das Manöver dauert gut eine Stunde und kostet mich viel Kraft. Ein Megaaufwand. Aber der Wind soll stark bleiben, vielleicht sogar noch zunehmen.

Nachts lege ich mich mehrmals in die Koje, schlafe aber nie länger als zwanzig, dreißig Minuten. Spätestens dann piept einer der vielen scharf gestellten Alarme, etwa wenn der Wind dreht oder eine Böe einfällt. Würde ich den Toleranzbereich der Alarme erweitern, damit sie nicht schon bei kleinen Veränderungen anschlagen, schliefe ich besser – aber ich will, dass die *Seaexplorer* die ganze Zeit optimal eingestellt ist. Jetzt bloß keine Meile verschenken. Hinzu kommen die Alarme von Radar und AIS-Funkerkennung, die immer dann lospiepen, wenn in einer bestimmten Entfernung ein Schiff auftaucht, das sich auf Kollisionskurs mit mir befindet.

Gegen 4 Uhr morgens passiere ich die Nordwestecke Spaniens. In etwa dreißig Seemeilen Entfernung fahre ich an der spanischen Nordküste entlang, hinein in die Biskaya. Anders als erhofft, dreht der Wind nicht in eine für mich günstigere Richtung. Dafür nimmt er an Stärke zu, bei Tagesanbruch bläst er konstant mit zwanzig Knoten. Draußen ist es diesig, kalt und feucht, das Schiff prescht durch die See, in Böen springt die Geschwindigkeit auf fast dreißig Knoten. Segeln im Grenzbereich. Ich werde die *Seaexplorer* nicht zügeln.

Mit heißem Wasser mische ich mir eine Tüte Müsli an. Mein letztes Frühstück. Dann schicke ich ein Video an die Medienzentrale der Vendée. Mit rot geränderten Augen blicke ich in die Kamera und schreie: »Last day of the Vendée Globe!« Ich sitze in meiner Pilotenkanzel, die Brecher dröhnen über Deck, und ich filme, wie sie hinten vom Cockpitdach als Sturzbäche herabprasseln und über das offene Heck abfließen. Als eine Böe fauchend einfällt, neigt sich das Schiff zur Seite und der Speedmonitor im Cockpit springt auf 28 Knoten. »It's Rock 'n' Roll here!«

Um kurz vor 9 Uhr alarmiere ich mein Team und die Wettfahrtleitung per WhatsApp: »Mein Notsignalsender ist gerade angegangen. Keine Ahnung, warum. Wie stelle ich das Ding ab?«

Der EPIRB-Sender, den wir alle im Cockpit befestigt haben, strahlt automatisch einen Notruf aus, sobald er sich mehr als einen Meter unter Wasser befindet, das Schiff also gekentert ist oder sinkt. Doch der *Seaexplorer* geht es gut.

Ryan und Stuart schreiben sofort zurück: »Pack es in irgendeine Metallkiste, Boris.«

Es gibt hier keine Metallkiste!

»Dann biege die Antenne nach unten und klebe sie fest.«

Ich mache es.

»Ok, great. Verstaue das Ding sicher. Wir informieren die Wettfahrtleitung.«

Habe ich schon gemacht. Aber zweifach ist besser, jetzt bloß keinen Fehlalarm an Land auslösen.

Am Vormittag gebe ich die neuen Positionsdaten der vier anderen Schiffe in das Navigationsprogramm ein. Ich will es einfach wissen. Nach dieser Berechnung werde ich kurz nach Mitternacht das Ziel erreichen, als Dritter hinter Charlie Dalin und Louis Burton. Yannick Bestaven wird als Fünfter ins Ziel segeln. Dank der Zeitgutschriften wird Yannick siegen, ich werde Zweiter sein, alles wie bei der letzten Kalkulation. Jean Le Cam taucht in meiner Berechnung nicht auf. Er liegt auf dem achten Platz, 360 Seemeilen hinter mir. Auch mit zehn Stunden mehr Zeitgutschrift kann er mir nicht gefährlich werden. Davon bin ich überzeugt.

Ich fahre meine vierte Halse, nun führt der Kurs weg von der Küste in Richtung Norden. Der Wind bleibt stark, meine Geschwindigkeit konstant über zwanzig Knoten – doch die verfluchte Winddrehung kommt einfach nicht. Jede Halse kostet eine Stunde Arbeit und strengt mich total an, vor allem das Reinkurbeln eines Foils, das Rauskurbeln des anderen Foils, das Umwuchten der Segelsäcke. Trotzdem halse ich ein fünftes Mal. Ich will noch tiefer in die Biskaya. Dort wird der Wind, so glaube ich, wie erhofft mehr auf West drehen, vielleicht sogar auf Nordwest – und damit würde er nach einer letzten Halse genau von der Seite in die Segel fallen, und ich könnte geradewegs in Ziel foilen, mit Höchstgeschwindigkeit die französische Küste hoch.

Rund drei Stunden steuere ich hinein in die riesige Bucht. Manchmal lichtet sich der Nebel, und ich sehe am Horizont schemenhaft die Berge der Pyrenäen. Doch die meiste Zeit starre ich auf den Windanzeiger, wie bei der Ziehung der Lottozahlen. Dreht der Wind nur um ein, zwei Grad in die richtige Richtung, jubele ich laut und trommele wie von Sinnen auf Deck.

Um 15.30 Uhr fahre ich die letzte Halse, zurück auf Nordostkurs. Der Wind stürmt nun aus 260 Grad, fast aus Westen, das könnte reichen, um direkt ins Ziel zu steuern. Der Umweg hat länger gedauert als erwartet, doch ich habe nicht die Zeit nachzurechnen, wie viel er mich gegenüber der Atlantik-Gruppe mit Yannick gekostet hat. Ich stelle den Lasten-Alarm der Foils neu ein. Ich will alles rausholen. Die durchschnittliche Geschwindigkeit liegt bei 23 Knoten. Die *Seaexplorer* fliegt.

Ich setze mich vor den Navigationsrechner und schicke mein letztes Video an Land: »Hi everyone. Ich habe gerade gehalst. Wie ihr auf der Karte seht, sind wir nun auf der letzten, langen Strecke.« Draußen hüllt Kaltwassernebel das Boot ein. Der Wind bleibt stur, er dreht einfach nicht weiter nach rechts, und ich nehme an, meinen rechnerisch zweiten Platz inzwischen verloren zu haben. Für Charlie und mich hat sich die Biskaya-Route nicht so ausgezahlt wie erhofft. »Ach, Freunde, im Rückblick ist man immer schlauer. Aber der Tag ist noch nicht zu Ende! Wir haben immer noch die Chance auf einen Platz auf dem Podium. Mal schauen. Wenn alles gut geht, erreichen wir das Ziel in etwa elf Stunden.«

Nachrichten vom Festland

Die Wettfahrtleitung hat eine virtuelle Kreislinie um das Ziel gezogen, mit einem Radius von 200 Seemeilen. Überquert ein Schiff die Linie, wird seine Position ab dann alle dreißig Minuten auf dem Tracker aktualisiert, nicht mehr wie bisher alle drei Stunden. Charlie Dalin und Louis Burton gelangen als erste Segler in den Kreis.

Die Wettfahrtleitung informiert die Segler, dass sie aus Sicherheitsgründen ihren Motor schon vor dem Ziel entplomben dürfen. »Schreiben Sie dafür das Codewort GLOBE auf einen Zettel. Halten Sie den Zettel neben die noch unbeschädigte Plombe. Machen Sie davon ein Foto und schicken es uns.« Pfiffig. Die Rennleitung will so kontrollieren, dass niemand bereits während des Rennens den Motor genutzt hat.

Charlie Dalin wird gegen 20.30 Uhr die Ziellinie erreichen. TV-Stationen weltweit werden die Ankunft live übertragen.

Das Team erarbeitet einen Zeitplan für die Ankunft heute Nacht in Les Sables-d'Olonne:

03.00 Uhr Zieleinlauf vor der Küste
04.30 Uhr Boris fährt in den Kanal zum Yachthafen
05.00 Uhr Anlegen am Steg
05.05 Uhr Birte kommt zu Boris an Bord. Fotos.
05.10 Uhr Boris begrüßt Freunde und Familie auf dem Steg
05.20 Uhr Boris und Birte über roten Teppich ins Medienzentrum
05.45 Uhr Pressekonferenz Boris
06.30 Uhr Fahrt ins Teamhaus. Schlafen

Ich schiebe mir zwei Energieriegel rein, dann kontrolliere ich auf der Seekarte die AIS-Positionsdaten anderer Schiffe. Die Biskaya ist eine halbkreisförmige Bucht mit 450 Kilometern Durchmesser. Ich schätze, dass sich etwa 150 Schiffe, größtenteils Fischerboote, auf der riesigen Fläche verteilen. Seit heute Morgen hat der AIS-Alarm sechsmal angeschlagen. Fünf Boote habe ich in mehreren Seemeilen Entfernung passiert, ohne eingreifen zu müssen, nur einmal änderte ich den Kurs um ein paar Grad.

Ich weiß nicht, wie viel Schlaf ich in den letzten 48 Stunden hatte. Es können nur ein paar Stunden gewesen sein. Ich weiß, dass ich mich ausruhen muss, und versuche mehrfach, kurz einzunicken. Aber wie bloß soll ich jetzt zur Ruhe kommen? Ich kann es nicht fassen, dass bald alles vorbei ist. Und dass ich kurz vor dem Ziel auf einem so guten Platz liege.

Mein Körper reagiert nur noch mechanisch, ist völlig ausgepowert. Egal, bis Mitternacht muss er durchhalten! Mein Geist ist hellwach. Unablässig schaue ich auf den Windanzeiger und korrigiere die Segeleinstellungen. Mit fast maximaler Besegelung fliegt die *Seaexplorer* über die Wellen. Es ist ein typischer Januartag in der Biskaya: grau, stürmisch, 13 Grad kalt, diesig und feucht, schlechte Sicht.

Gegen 17 Uhr fährt Charlie Dalin eine letzte Halse. In gut drei Stunden wird er der Erste im Ziel sein. Er hat den Erfolg verdient: Niemand lag während des Rennens mehr Tage an der Spitze als Charlie. Es war seine erste Weltumsegelung, und er hat sie taktisch makellos gemeistert, mit der Präzision eines Uhrwerks.

Louis wird als Zweiter durchs Ziel gehen. Es ist der Erfolg eines furchtlosen Draufgängers, den niemand zu den Favoriten zählte. Louis fuhr den einzigen Frühstart und kassierte während des Rennens zwei weitere Zeitstrafen. Im Südpolarmeer bretterte er so konsequent wie kein anderer dicht an der Eisgrenze entlang, im Nordatlantik überrundete er auf einer taktisch tollkühnen Außenkurve die ganze Spitzengruppe.

Charlie und Louis waren jedoch nicht an der Suche nach Kevin beteiligt, sie werden daher nicht wie Yannick und ich Zeitgutschriften erhalten. Nach berechneter Zeit werden sie beide wahrscheinlich von uns überholt. Es ist schon bizarr: Ein Bonus, für dessen Berechnung es keine klaren Regeln gibt und die von der Jury nur intern erläutert worden ist, entscheidet über die Plätze auf dem Podium. Als die Gutschriften vor sechs Wochen verkündet wurden, haben wir die jeweilige Zahl an Stunden registriert, für wirklich relevant hielten wir sie nicht. Und nun das! Aber wir beide und vor allem Le Cam haben ja tatsächlich Zeit verloren damals, das muss eben berücksichtigt werden, unabhängig von möglichen Auswirkungen auf die Rangliste.

Um 19.13 Uhr schicke ich eine WhatsApp-Nachricht an Yannick Bestaven: »Na, wie wird das Podium aussehen?«

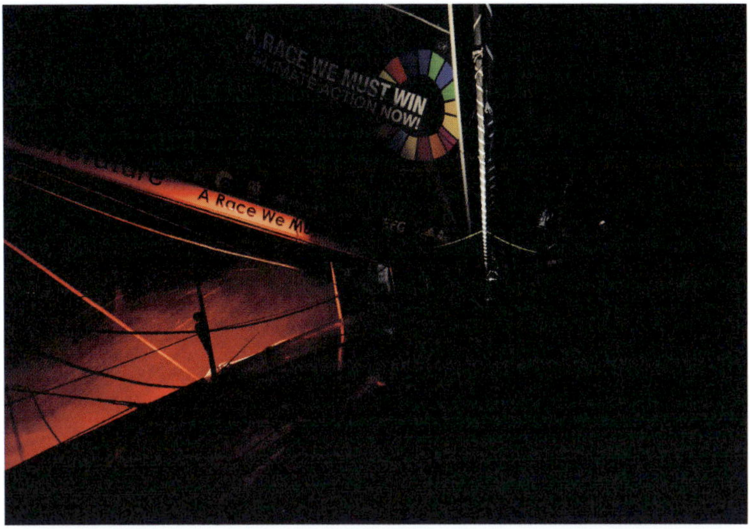

Die letzte Nacht bricht an. Noch acht Stunden bis ins Ziel. Glaube ich.

»Keine Ahnung, Boris. Das weiß ich erst, wenn die Linie überquert ist. Aber ich sag dir: Wir werden beide unseren Arsch auf das Podium heben ;-)«

»Ich denke, du gewinnst. Und ich werde Dritter. Glaube ich.«

»Nichts ist entschieden, Boris. Es wird sehr eng!«

Etwa eine halbe Stunde nach dem Chat merke ich, wie mir, zurückgelehnt in der Sitzschale, die Augen zufallen. Heute Nacht gegen 3 Uhr werde ich das Ziel erreichen, das sind noch sieben Stunden. Ich sollte wirklich kurz schlafen, nur eine Viertelstunde. Draußen ist es inzwischen stockdunkel. Der Wind stürmt konstant, die *Seaexplorer* fährt 22 Knoten, die Segel und der Autopilot sind optimal eingestellt. Auf dem AIS-Schirm sehe ich, dass kein Schiff mir in der nächsten Viertelstunde in die Quere kommen könnte. Ich stelle den Wecker, steige aus dem Sitz und lasse mich in die Koje fallen.

Nachrichten vom Festland

20 Uhr, *ARD-Tagesschau:* »Bei der neunten Auflage der Solo-Weltumsegelung Vendée Globe wird in der heutigen Nacht die Entscheidung erwartet. Als Erster soll der Franzose Charlie Dalin das Ziel an der französischen Westküste erreichen. Auch der Deutsche Boris Herrmann hat wegen einer Zeitgutschrift noch Chancen auf einen Sieg. Bis zu seiner Ankunft hat er noch knapp hundert Seemeilen vor sich.«

20.25 Uhr, Start der Liveübertragung. Etwa zehn Seemeilen von der Küste entfernt begleiten Kamerateams in Power-Schlaubooten das Schiff von Charlie Dalin. Dunkle Nacht, drei Meter hohe Wellen. Mit 22 Knoten rast Dalin auf die Ziellinie zu. Seine Segel leuchten im Licht der Scheinwerfer. TV-Stationen in über hundert Ländern übernehmen die Liveschalte.

Um 20.35 Uhr überquert Charlie Dalin die Ziellinie. Er steigt in den Heckkorb und reißt jubelnd die Arme hoch. Signalhörner tröten, von einem Schlauchboot schießt eine rote Rakete in die Nacht. »Charlie ist Erster«, sagt der Moderator. »Aber er weiß nicht, ob er auch der Sieger ist.« Oben links im Bild erscheint eine Stoppuhr. Sie zählt nun sechs Stunden rückwärts, »the time credit of Boris Herrmann«.

Um 20.26 Uhr reißt mich ein lautes Krachen aus dem Schlaf. Ein harter Schlag, das Boot rumst gegen irgendetwas, stoppt abrupt. Ich hechte aus der Koje, schalte die Stirnlampe ein und springe ins Cockpit. Erneut ein harter Stoß, das Schiff zittert. Ich hangele mich an den Griffen unter dem Cockpitdach nach hinten. Als ich den offenen Heckbereich erreiche, richte ich mich auf, halte mich am Rand des Cockpitdachs fest und blicke umher. Um Gottes willen! Nur ein paar Meter entfernt, auf der Steuerbordseite, glänzt im Strahl meiner Stirnlampe eine riesige, dunkelgrüne Wand.

Das kann doch nicht wahr sein! Ich bin mit einem Schiff zusammengestoßen!

Die *Seaexplorer* schrammt an der stählernen Bordwand entlang. Es kracht und scheppert. Dann höre ich, wie ein Segel zerreißt. Plötzlich laute Rufe über mir. Es rumst noch ein-, zweimal, dann löst sich die *Seaexplorer* von der Bordwand. Das fremde Schiff, das offenbar kaum Fahrt macht, bleibt hinter uns. Oben auf seinem Deck erkenne ich im Licht von Scheinwerfern das Fanggeschirr. Es ist ein Fischtrawler.

Ich springe nach unten und schaue, ob irgendwo Wasser in das Schiff dringt. Nein, kein Leck! Ich lege den Sicherheitsgurt an und hangele mich über Deck nach vorne. Der Bugspriet ist abgebrochen, der Bugkorb weggeknickt. Auf der Steuerbordseite ist das Foil schwer beschädigt, bei dem Outrigger-Rohr, das ebenfalls mehrere Meter hinausragt, fehlt die Oberwant. Das Gennaker-Segel hat sich bei der Kollision offenbar im Fanggeschirr verhakt. Die obere Hälfte knattert laut im Wind, die untere Hälfte ist abgerissen und schleift durch das Wasser.

Ich denke nicht, ich funktioniere. Als Erstes zerre ich den Gennaker an Bord, was mich viel Kraft kostet, obwohl das Schiff nur noch drei Knoten Fahrt macht. Anschließend kontrolliere ich den Outrigger auf der Steuerbordseite. Die zu beiden Seiten des Schiffs herausragenden Karbonrohre spreizen die Wanten ab: je zwei Kunstfaserseile, die vom Mast über das Rohrende zum Rumpf führen. Die Wanten stützen den Mast. Der rechte Outrigger ist unbeschädigt, aber die obere der zwei Wanten ist gerissen. Das obere Drittel des Mastes ist damit nicht mehr gesichert.

Um 21.02 Uhr schicke ich eine Nachricht an Holly: »Bad news! Ich habe ein Fischerboot gerammt.« Dann fotografiere ich auf der digitalen Seekarte meinen Standort: 45 Grad 47 Minuten Nord/3 Grad 48 Minuten West. Die Ziellinie liegt neunzig Seemeilen entfernt.

Nachrichten vom Festland

Als um 21.02 Uhr Hollys Handy summt, ist das Team gerade dabei, Ölzeug und Rettungswesten bereitzulegen. Kurz nach Mitternacht wollen sie das alte Haus verlassen und in Schlauchbooten auf See hinausfahren, um mich zu empfangen. Fassungslos liest Holly dem Team die Nachricht vor.

Umschalten in den Krisenmodus. Pierre Casiraghi organisiert ein Speedboot für den Fall, dass ich von Bord geholt werden muss. Ryan und Stuart klappen ihre Rechner auf und öffnen die Ordner für Notreparaturen; sie rechnen mit einem Apollo-13-Einsatz. Holly fährt zur Wettfahrtleitung, zur Absprache der nächsten Schritte.

Inmitten der Hektik sitzt Birte wie erstarrt mit Malou im Flur, mit Tränen in den Augen. »Du hast mir so wahnsinnig leidgetan«, wird sie später zu mir sagen. »Nicht wegen des verlorenen Platzes. Sondern weil du die ganze Zeit so gut auf dein Boot aufgepasst hattest. Du hast immer gesagt, dass du sie heil nach Hause bringen willst.«

Zahllose Menschen verfolgen auf der Webseite unserer Kampagne den Endspurt: Das alle fünf Minuten aktualisierte Dashboard zeigt die Bewegungsdaten der Seaexplorer. Seit 20.26 Uhr macht das Schiff kaum noch Fahrt. In den Chatgruppen bricht eine aufgeregte Diskussion los.

Um 21.39 Uhr schickt die Wettfahrtleitung eine Eilmeldung an internationale Nachrichtenagenturen: »Der Deutsche Boris Herrmann, an dritter Stelle liegend, ist neunzig Seemeilen vor dem Ziel mit einem Fischerboot kollidiert. Er berichtete von mehreren Schäden, unter anderem an seinem Steuerbord-Foil. Herrmann ist unverletzt und setzt seine Fahrt zum Ziel mit verminderter Geschwindigkeit fort.«

Noch immer berichten die Kamerateams der Veranstalter live von der Ankunft Charlie Dalins. Mehrere Profisegler werden vom Moderator regelmäßig dazugeschaltet, als fachkundige Kommentatoren. Mein Co-Skipper Will Harris ist einer von ihnen. Er hat wegen der verschärften Corona-Lage nicht nach Frankreich reisen dürfen, kommentiert von England aus. Um 21.46 Uhr unterbricht ihn der Moderator: »Sorry, Will! We have breaking news!« Der Moderator liest die Eilmeldung vor. Dann sagt er: »Will, du musst jetzt nichts sagen. Du bist Teil seines Teams.« Will sagt nichts.

Man könnte behaupten, ich habe Glück gehabt. Die *Seaexplorer* ist nicht frontal, sondern seitlich schräg in das Fischerboot gefahren. Foil und Outrigger haben den Stoß abgemildert. Ich lag eingekeilt in der Koje und bin unverletzt geblieben. Die Fischer, wie ich später erfahre, sind es auch. Und der Wind wehte glücklicherweise von links in die Segel: Die Wanten auf der Backbordseite standen daher unter Druck – gerissen ist aber eine Want auf der Steuerbordseite, in Lee. Solange ich auf diesem Kurs bleibe, mit Wind von links, sichern die unbeschädigten Wanten den Mast. Die Ziellinie erreiche ich allerdings nur, wenn ich in etwa fünfzig Seemeilen noch eine Halse fahre. Und dann weht der weiterhin starke Wind von rechts in die Segel. Das wäre wohl das Ende meines Rennens: Auf der rechten Bootsseite hält nur noch die Unterwant das Rigg aufrecht – weshalb oberhalb ihres Ansatzes der Mast unter dem starken Seitendruck wegbrechen würde.

Ich fühle mich nicht gelähmt, nicht unter Schock stehend. Ich rase auch nicht vor Zorn, frage mich nicht verzweifelt, wie das passieren konnte. Ich spüre nur, wie eine wilde Entschlossenheit mich packt: Ich werde es ins Ziel schaffen! Ich bin nicht um die ganze Welt gesegelt, um jetzt aufzugeben. Ich werde über die Linie segeln, koste es, was es wolle!

Das rechte Foil pendelt wie ein gebrochener Arm in den Wellen. Es sieht grauenhaft aus. Aber das Foil ist jetzt zweitrangig. Ich brauche eine neue Oberwant. Mir fällt das Ersatz-Vorstag ein: ein enorm stabiles Kunstfaserkabel, das ich bei bestimmten Segelkombinationen zwischen Mastspitze und Bug spanne, um das Rigg zu stützen. Es hängt jetzt ungenutzt am Mast. Wenn das Stag vorne bis zur Schiffsspitze reicht, müsste es auch seitlich reichen, bis zum Ende des Outriggers. Es dürfte allerdings schwierig sein, es dort zu befestigen und durchzusetzen. Ich rufe Stuart und Ryan an. Sie sagen, sie bräuchten 15 Minuten für eine detaillierte Zeichnung.

Ich setze mich ins Cockpit. In der letzten Woche haben in Deutschland weit über hunderttausend Menschen meine Videos auf unserer Webseite angeschaut. Holly sagte, mit jedem Tag würden es mehr Menschen, gerade jetzt zum Endspurt. Sie werden inzwischen wissen, dass es einen Unfall gegeben hat. Sie werden rätseln und spekulieren, was genau passiert ist, vielleicht kursieren schon irgendwelche Gerüchte. Meine Freunde werden sich Sorgen machen. Ich überlege nicht lange, sondern greife zum Handy und nehme ein Video auf. Es zeigt, wie ich mit bleichem Gesicht in die Kamera starre und stockend den Hergang schildere. Dann sage ich: »Das ist das Schlimmste, was mir je passiert ist. Es tut mir leid, auch für all die Leute, die uns die ganze Zeit unterstützt haben.« Ich fahre mir mit der Hand über die Augen und blicke nach hinten, in die Nacht. Man sieht den Geschwindigkeitsmonitor im Cockpit, er zeigt acht Knoten.

»Ich weiß einfach nicht, wie das passieren konnte. Ich hatte alle Alarme an. Mir waren hier vorher schon viele Schiffe begegnet, und da haben sie perfekt funktioniert. AIS und Radar waren scharf gestellt, ich habe es extra noch mal kontrolliert. Wieso haben sie nicht angeschlagen? Ich habe keine Ahnung.«

Ich blicke auf den Datenmonitor. »Es sind 85 Seemeilen bis ins Ziel. Das Gute ist: Wir haben noch immer einen Mast, wir sind weiter im Rennen. Ich glaube, das packen wir. Wir werden viele Plätze verlieren, aber das ist nebensächlich. Ich atme jetzt tief durch, dann versuche ich, das Problem mit der Want zu lösen. Das alles hier bricht mir das Herz. Aber wir werden es schaffen.«

Stuart und Ryan haben auf der Rückseite eines Pizzakartons detailliert aufgezeichnet, wie das Ersatz-Vorstag am Ende des Outrigger befestigt werden könnte. Sie schicken mir ein Foto davon. Wir telefonieren noch eine Weile, dann gehe ich an Deck. In den vergangenen achtzig Tagen habe ich allerhand Schäden repariert, einmal bin ich sogar in den Mast gestiegen – aber keine Reparatur war so kompliziert und auch so heikel wie das, was ich jetzt vorhabe.

Kurz vor Mitternacht greife ich mir Umlenkrollen, Leinen und das Ende des vom Mast hängenden Vorstag-Kabels. Dann setze ich mich rittlings auf den Outrigger. Das Rohr ist etwa zwanzig Zentimeter dick und ragt wie ein Ausleger seitlich über das Wasser. Bis zu seinem Ende sind es sechs Meter. Langsam schiebe ich mich bäuchlings über das Rohr, das mit dem Schiff im Seegang schwankt. Ich starre die ganze Zeit nur auf die Karbonstruktur direkt vor meinen Augen. Zentimeter für Zentimeter robbe ich mich vorwärts. Die zwei Leinen am Rettungsgurt sind so kurz gespannt, dass ich, falls der Outrigger mich abwirft, nicht durchs Wasser geschleift würde, sondern hoch genug hinge, um mich zurück aufs Schiff zu hangeln.

Irgendwann erreiche ich das Rohrende. Ich klicke den Gurt in die Want ein und stelle meine Füße auf mehrere Stützseile, die unter mir schräg zum Rumpf führen. Der Outrigger schwingt hier draußen ständig zwei, drei Meter hoch und runter, und ich verkeile mich wie ein Klammeraffe zwischen den Seilen. Dann beginne ich, einen doppelten Flaschenzug zu montieren, zwischen dem herabbaumelnden Vorstag und dem Outrigger. Es ist stockdunkel, und ich sehe nur, was der Strahl meiner Stirnlampe erfasst. Aber ich habe die Zeichnung im Kopf und weiß genau, wo ich welche Umlenkrolle befestigen und welche Leine einscheren muss. Das Schiff schaukelt heftig, ab und zu tauchen meine Füße in die Wellen. Wie damals beim Noteinsatz in der Mastspitze befehle ich mir jeden Handgriff mit innerer Stimme. Es dauert endlos. Zwischendurch schaue ich umher, um zu sehen, ob irgendwo am Horizont Lichter auftauchen.

Schließlich robbe ich rückwärts zum Schiff zurück, mit der Leine des Flaschenzugs bei mir. Über mehrere Rollen führe ich die Leine zur Winsch ins Cockpit, dann kurbele ich, um die neue Oberwant zu straffen. Sie muss mindestens eine Last von sechs Tonnen aushalten. Ich kurbele, bis der Kontrollmonitor sechs Tonnen anzeigt. Die neue Want hält! Ich werde die Halse fahren können.

Ich schicke eine Nachricht an Stuart und Ryan: »Funktioniert!« Dann rolle ich die J3 aus, mein kleinstes Vorsegel. Der Wind hat etwas nachgelassen, aber ich will nichts riskieren.

Gefühlt hat die Reparatur die ganze Nacht gedauert, dabei waren es insgesamt etwa drei Stunden. Zerschlagen lasse ich mich in den Kommandositz fallen, schaue auf Seekarte und Tracker – und bin verblüfft. Unbewusst hatte ich mich darauf eingestellt, viele Plätze verloren zu haben. Doch ich liege an fünfter Stelle. Nach Charlie Dalin und Louis Burton wird Yannick gleich das Ziel erreichen, gegen

4.15 Uhr morgens. Dank seiner Zeitgutschrift von zehn Stunden und 15 Minuten ist ihm der Sieg nicht mehr zu nehmen. Auch Thomas Ruyant wird vor mir die Linie überqueren. Aber ich habe ja noch den Zeitbonus. Demnach könnte ich Thomas knapp einholen und den vierten Platz erreichen.

Gegen 4 Uhr morgens fahre ich die letzte Halse. Als das Großsegel auf die andere Seite umschlägt, halte ich den Atem an. Die improvisierte Steuerbordwant hält, der Mast bleibt stehen. Ich setze den Kurs Richtung Küste ab, geradewegs auf die Ziellinie zu.

Um 5.42 Uhr überquert Thomas Ruyant die Linie. Mir bleiben jetzt sechs Stunden, bis 11.42 Uhr, um Vierter zu werden. Die Ziellinie liegt 42 Seemeilen entfernt. Ich muss also eine Durchschnittsgeschwindigkeit von mindestens sieben Knoten erreichen. Derzeit beträgt sie 7,5 Knoten. Das ist zu knapp.

Ich habe drei Nächte in Folge kaum geschlafen. Ich habe eine schwere Kollision und einen anstrengenden, mehrstündigen Reparatureinsatz hinter mir. Mein Körper fühlt sich an wie in Aspik. Alles egal. Regattamodus. Ich will Thomas kriegen. Ich rolle die J3 ein und setze die etwas größere J2. Die *Seaexplorer* beschleunigt auf neun Knoten.

Ein grauer, kalter, diesiger Tag bricht an. Ab und zu nieselt es, die Sicht ist sehr schlecht. Der Wind in der Biskaya hat wieder zugenommen, auf 25 Knoten. In Küstennähe stauen sich die Wellen zu einer ruppigen Kreuzsee. Ich halte die neun Knoten, bis ich mir sicher bin, Thomas Ruyant gerade eben noch einzuholen, dann ziehe ich ein zweites Reff ins Großsegel. Nicht mehr riskieren als nötig!

Zuerst sehe ich die Hubschrauber. Dicht über dem Wasser knattern sie mir entgegen, etwa fünf Seemeilen vor dem Ziel. Dann tauchen die Schlauchboote aus dem Nebel auf, springen mit aufheulenden Motoren über die Wellen. Die Menschen sind auf den Sitzbänken festgeschnallt und sehen alle gleich aus: rotes oder schwarzes Ölzeug, tief gezogene Mütze, Corona-Schutzmaske. Ich erkenne niemanden. Zwei Schlauchboote kommen besonders dicht, die Passa-

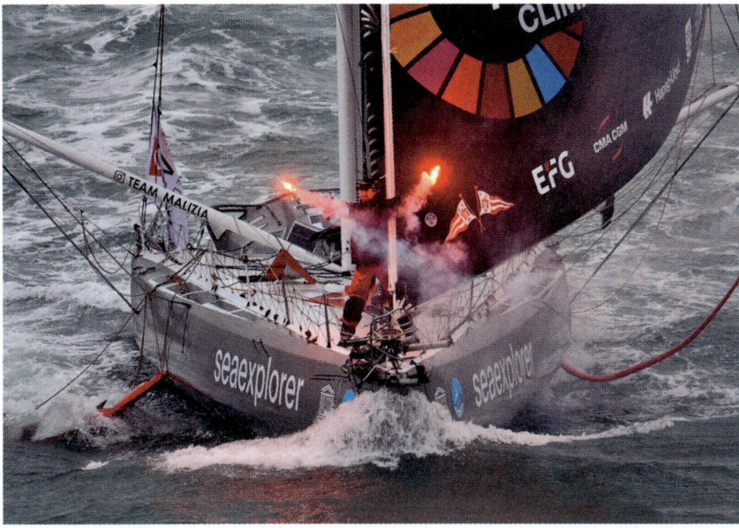

Geschafft! Tatsächlich geschafft! Nach achtzig Tagen erreiche ich das Ziel.

giere schreien und winken, dann ziehen sie die Masken runter: Stuart, Holly, Pierre, Lucia, Ryan, Edwin, Arno, Mike, Johannes, Ricardo. Das Team!

Dann rast ein anderes Schlauchboot heran, am Bug steht: Yannick Bestaven. Der Sieger, mein Compagnon de route! Nach achtzig Tagen ist Yannick erst vor ein paar Stunden an Land gekommen – und schon fährt er wieder hinaus auf See, zu meiner Ankunft. Der Lärm der Hubschrauber überdröhnt seine Rufe, aber ich verstehe ihn schon. Weitere Schiffe schließen sich uns an, Motorboote mit Kamerateams auf dem Oberdeck, noch mehr Schlauchboote. Im Führerstand eines Motorboots entdecke ich Fürst Albert II. Eine Armada von Schiffen fährt auf das Ziel zu. Darüber kreisen die Hubschrauber, oft nur auf Masthöhe. Und mittendrin schaukelt und rollt in den drei Meter hohen Wellen ein schwer gezeichnetes Schiff, mit zerknautschtem Bugkorb, gebrochenem Foil, tiefen Schrammen am Rumpf.

Nur noch eine Seemeile. Eine unbändige Freude erfasst mich. Ich habe es geschafft! Ich habe es tatsächlich geschafft!

Aus dem Notfallsack hole ich zwei rote Leuchtfackeln, entzünde sie, gehe zum Bug und schwenke die Fackeln mit kreisenden Armen. Ein Hubschrauber setzt sich sofort vor das Schiff, schwebt seitlich vor uns her, keine vierzig Meter entfernt. In der geöffneten Tür steht ein Kameramann und filmt.

Und dann, um 11.19 Uhr, überquere ich die Ziellinie. Nach achtzig Tagen, zwanzig Stunden und 59 Minuten habe ich mein wichtigstes Ziel erreicht. Ich bin angekommen.

Nachrichten vom Festland

Als Yannick Bestaven im Hafen anlegt, steht Charlie Dalin auf dem Ponton. Yannick umarmt ihn und sagt: »Diese Vendée Globe hat erstmals zwei Gewinner.«

Der deutsche Regierungssprecher twittert: »Kanzlerin Merkel: Herzlichen Glückwunsch, Boris Herrmann, zur fantastischen Leistung bei der Vendée Globe. Achtzig Tage, 24 000 Seemeilen allein um die Welt gesegelt – in Deutschland haben wir mitgefiebert. Gratulation an alle, die diese extreme Herausforderung bestanden haben.«

Alex Thomson, der gerade sein repariertes Schiff von Kapstadt nach England segelt, stellt einen Videogruß online: »Boris, nimm dir nicht zu Herzen, was heute Nacht passiert ist. Was zählt, ist dein Rennen. Es war deine erste Vendée, und deine Leistung ist phänomenal. Auch deine Art, von Bord zu berichten. Wir Nichtfranzosen müssen der Welt ja erzählen, was es mit dieser Vendée Globe auf sich hat.«

Knapp 300 000 Menschen haben sich das Video angesehen, dass ich gestern Abend nach der Kollision aufgenommen habe. Inzwischen steht fest, mit wem ich zusammengestoßen bin: mit einem spanischen Fischtrawler namens *Hermanos Busto*.

Ein deutscher TV-Sender fasst mein Ergebnis so zusammen: »Fünfter im Ziel, Vierter nach berechneter Zeit, Erster als Gewinner der Herzen.«

Hinter der Ziellinie kommen mehrere Leute meines Teams an Bord. Sie bergen die Segel und starten den Motor. Und ich? Ich stehe an der Reling und teile mit Pierre mein erstes Bier seit Monaten. Ich spüre eine grenzenlose Freude. Über das Unglück in der letzten Nacht reden wir nicht, es ist in diesem Moment ohne jede Bedeutung. Entscheidend ist: Wir, die *Seaexplorer* und ich und auch mein Team, wir haben es geschafft!

Inzwischen weiß ich, dass ich berechnet 23 Minuten schneller um die Welt gesegelt bin als Thomas Ruyant. 23 Minuten! Ich liege an vierter Stelle. Dass ich den Platz noch an Jean Le Cam verlieren kann, kommt mir nicht in den Sinn. Ich habe Jean mit seiner längeren Zeitgutschrift überhaupt nicht auf dem Zettel; er liegt an achter Position, noch 140 Seemeilen vom Ziel entfernt.

Langsam gleiten wir in die Einfahrt des Kanals zur Marina. Achtzig Tage Einsamkeit enden schlagartig, eine laute, ausgelassene Willkommensparty beginnt. Ja, so hatte ich es mir vorgestellt! Auch dieser Moment der Ankunft, der Begrüßungstaumel im Kanal, gehörte ja zu meinem Lebenstraum. Links und rechts auf den Kaianlagen drängen sich die Menschen, sie jubeln, zünden Leuchtraketen, schwenken Plakate. Schiffssirenen tuten. Ich stehe auf dem Vordeck, aus zwei Rauchtöpfen in meinen Händen quillt dicker, roter Qualm. Jemand reicht mir eine Deutschland-Flagge, ich lege sie mir über die Schultern. Dann greife ich eine Flasche Champagner, steige auf den Großbaum und klettere bis ans Ende. Dort stelle ich mich aufrecht und spritze den Champagner über mein Team im Cockpit.

Am Steg wartet Birte mit dem Kinderwagen. Als das Schiff anlegt, springt sie an Bord. Endlich! Wir fallen uns in die Arme, halten uns minutenlang fest, wortlos.

Die nächsten Stunden erlebe ich wie in Trance. Birte und ich, den Kinderwagen vor uns, gehen auf dem Steg durch ein Spalier weiß sprühender Fontänen, über einen roten Teppich, der oben an Land in die Sperrzone der Medienleute führt. Ein Dutzend Interviews in einer Stunde, Box für Box. Deutsche und französische Fernsehsender,

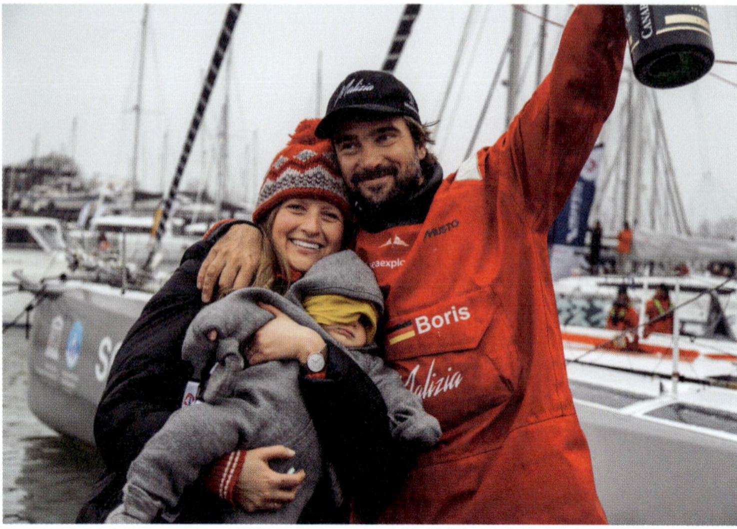

Moment des Jubels, Moment des tiefen Glücks: Birte, Malou und ich im Hafen

Nachrichtenagenturen, Fotografen. Anschließend Pressekonferenz auf Englisch, Deutsch und Französisch in einer Halle.

Boris, bist du zufrieden mit dem Ergebnis? »Ich habe das Beste erreicht, was ich mir je erträumt habe. Darüber bin ich wirklich glücklich.«

War das Rennen so schwer, wie du gedacht hast? »Nein. Es war viel schwerer.«

Was hast du am meisten vermisst? »Andere Menschen. Ich bin kein geborener Einhandsegler.«

Wirst du noch mal hier starten? »Na ja, nach letzter Nacht habe ich mit der Vendée noch eine Rechnung offen. Ich denke schon, dass ich zurückkomme.«

Hat das Rennen dich verändert? »Ja, hat es bestimmt. Ich weiß nur noch nicht, wie.«

Am Rand des Segelhafens liegt ein schmuckloses, zweistöckiges Gebäude, eine Seefahrtsschule. In einem der Klassenräume hatte mein Team heute Morgen Quartier bezogen. Als am Nachmittag alle Fragen der Journalisten beantwortet sind, treffen wir uns in einer Durchfahrt hinter der Schule. Zwischen Wellblechwänden und geparkten Autos stehen wir herum und plaudern, mein Team, ein Dutzend Freunde und ich. Es ist kühl und nieselt ein bisschen, was keinen stört, fast alle sind noch im Ölzeug. Jemand stellt eine Lautsprecherbox auf ein Autodach. Birte drückt mir unsere Tochter Malou in den Arm, und ich wiege sie im Takt der Musik.

Endlich kommt der Pizzabote. In der Kälte dampft es aus den Kartons. Pierre hat Champagner mitgebracht und verteilt Becher. Als es etwas ruhiger wird, weil wir essen und trinken, ruft jemand laut: »Erzähl doch mal, Boris! Wie war es denn so?« Alle lachen, dann reden sie weiter. Bewegt schaue ich meine Freunde an. Ich nehme sie wahr, ich höre sie reden. Ich sehe auf meine Bootsstiefel, sie stehen auf dem Asphalt in einer Pfütze, in der sich der Himmel spiegelt. Wann werde ich wohl wirklich ankommen?

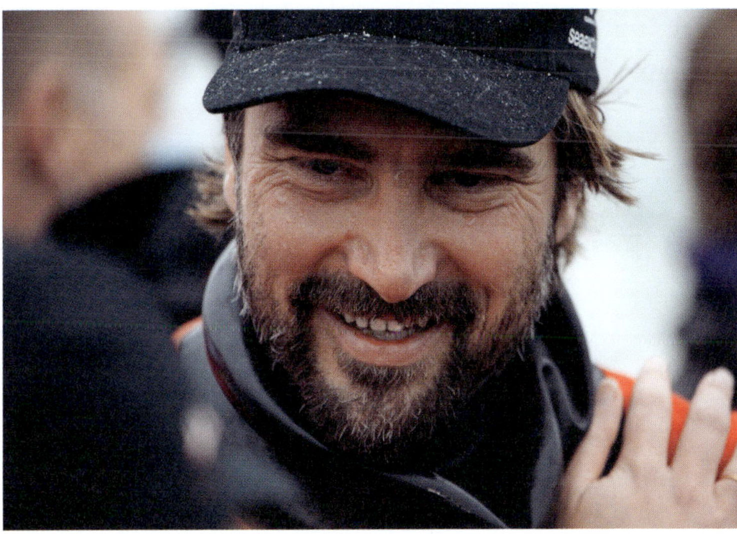

Ich stehe im Regen unter Menschen und kann es nicht fassen.

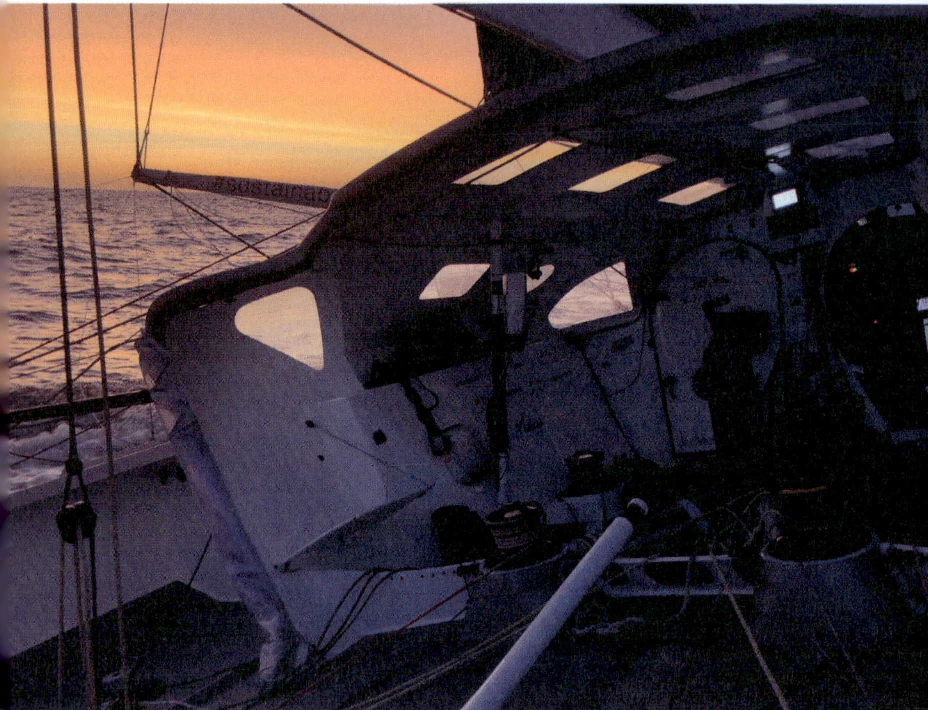

Epilog

Etwa zwei Wochen nach meiner Rückkehr an Land rief mich Jean-Pierre Dick an und fragte, ob wir für unser Boot seinen Hangar in Lorient mieten wollten. Ich kenne Jean-Pierre seit zehn Jahren. Er startete bei vier Rennen der Vendée Globe; einmal musste er aufgeben, ein anderes Mal verlor er nahe den Kapverden seinen Kiel und schaffte es trotzdem bis ins Ziel. Er hat also schon einiges hinter sich, und ich fragte ihn, was denn der beste Weg sei, nach einer Vendée Globe zu regenerieren.

Jean-Pierre sagte: Als Erstes musst du dein nächstes Projekt in trockene Tücher bringen. Du musst die Verträge abschließen, auch wenn das vier, fünf Monate dauert. Da musst du jetzt durch! Und danach kannst du mit wem auch immer reden über deine Regeneration.

Wir hatten in den ersten zwei Wochen einen Pressetermin nach dem anderen, sogar mit dem Bundespräsidenten. Nach dem Gespräch mit Jean-Pierre Dick habe ich gesagt: So, nun ist gut, wir konzentrieren uns auf unser Ziel. Wir hatten ja damals schon entschieden, die nächste Kampagne zu starten und dafür ein neues Schiff zu bauen. Wir haben also den Vertrag mit den Architekten verhandelt und mit der Werft. Den Vertrag über den Verkauf unserer *Seaexplorer*. Und die Verträge mit den sieben Partnern der neuen Kampagne; einige Unternehmen waren schon vorher dabei, andere sind dazugestoßen. Gleichzeitig haben wir begonnen, das Design des neuen Bootes zu entwickeln.

Das war ein enormes Pensum, vor allem für Holly und mich. Irgendwann arbeiteten wir wie im Rausch. Morgens um 7 Uhr benommen zum Telefon greifen, mit starkem Kaffee in Gang kommen, bis Mitternacht das Telefon nicht mehr vom Ohr nehmen. So ging das die ganze Zeit hindurch, ohne Pause. Es war sicherlich nicht das, was Birte sich vorgestellt hatte. Aber sie hat das Ziel unterstützt und mir komplett den Rücken frei gehalten. Ich habe in unserer Wohnung allein in meinem Zimmer gehaust, habe mich dort wie ein Student im Examen eingeschlossen, rund um die Uhr. Birte hat sich um Malou gekümmert, auch nachts.

Wir mussten Gas geben, weil wir beim Ocean Race im Herbst 2022 starten wollen. Es ist ein Segelrennen um die Erde wie die Vendée Globe, allerdings mit einer vierköpfigen Crew und neun Zwischenstopps. Für eine neue Imoca-Yacht rechnet man mit sechs Monaten für das Design und zwölf Monaten für den Bau. Wir durften also keinen Tag verlieren. Außerdem wollten wir uns für das Design die besten Architekten sichern und für den Bau die beste Werft – die aber nur wenige freie Slots haben. Es hat geklappt: Wie die *Seaexplorer* wird unser neues Schiff von VPLP in Frankreich gezeichnet und bei Multiplast gebaut. Um die Zeit zu verkürzen, entschlossen wir uns, noch während der Designphase mit dem Bau zu beginnen.

Wir haben es tatsächlich geschafft, innerhalb von vier Monaten die Kampagne auf sichere Beine zu stellen. Ohne Corona wäre uns das in dieser kurzen Zeit nicht gelungen. Früher, in der Ökonomie vor Corona, hätten wir all die Leute physisch treffen müssen. Da hätte man mit dem Vorstandsbüro einen Termin vereinbart und irgendwann einen zweiten, und dann wäre man jedes Mal dorthin gefahren und hätte munter geredet, vielleicht hätte es noch ein Mittagessen gegeben. So war das normal im Geschäftsleben vor der Pandemie. Nun haben wir alles über Videokonferenzen erledigt. Ich habe erlebt, wie enorm sich die Effizienz gesteigert hat: kein Small Talk mehr, eine halbe Stunde auf den Punkt, eine Nachbesprechung, dann Abschluss. All die Reisen mit ihren ökologischen und finanziellen Kosten entfielen – und wir haben sehr viel Zeit gespart.

Bei der Zusammenarbeit mit den Partnern profitierten wir außerdem von unseren bisherigen Projekten und Erfahrungen. Wir wollen ja gemeinsam mit den Unternehmen etwas bewegen im Bereich Klima. Unser Schwerpunkt ist dabei die Dekarbonisierung der Frachtschifffahrt, da bieten vor allem alternative Treibstoffe große Chancen. Die meisten unserer Partner kommen ja aus der Schifffahrt, und wir wollen sie zu ehrgeizigeren Zielen, zu höheren Ambitionen inspirieren.

Im Frühsommer waren Birte und ich zusammen mit Malou zwei Wochen segeln, in Dänemark. Das war gut, um zwischendurch Luft zu holen. Jetzt, im Juli 2021, habe ich trotzdem noch nicht den Zustand erreicht, von dem Jean-Pierre sprach: alles loslassen können, um einmal in Ruhe zurückzublicken. Aber wir vergrößern unser Team, und ich werde mich schon bald um vieles nicht mehr kümmern müssen.

Während der Vendée Globe habe ich mehrfach erklärt, auf keinen Fall ein zweites Mal starten zu wollen. Und ich habe erklärt, es auf jeden Fall noch mal zu machen. Seit meiner Rückkehr ist klar, dass auf das erste gleich das zweite Abenteuer folgen wird. Es geht dabei gar nicht so sehr um die nächste Vendée Globe. Es geht vor allem um den Aufbau der Kampagne, das ist ein großes, faszinierendes Abenteuer, über Jahre hinweg. Demnächst werden wir ein Schiff haben, in dessen Bau ich all meine Erfahrungen aus dem Südmeer einbringen konnte. Mit diesem Schiff werden wir beim Ocean Race um die Welt fahren und sehen, was sich noch verbessern und bei weiteren Regatten testen lässt, bis wir zur Vendée 2024 starten. Wir werden neue Leute an Bord holen, neue Klimaprojekte anschieben. Die ganze Kampagne, mit all ihren Herausforderungen in so unterschiedlichen Bereichen, ist im Grunde genommen eine einzige Vendée Globe.

Vor dem Start hatte ich mich manchmal gefragt, was eigentlich passiert, wenn man es tatsächlich schafft, seinen Lebenstraum zu erfüllen. Was kommt danach? Es ist einfach: der nächste. Es gibt immer einen Lebenstraum.

Dank

Andreas Wolfers hat dieses Buch auf Basis zahlreicher Audioaufnahmen, Telefonate, Gespräche mit mir und anderen sowie umfangreicher Recherchen geschrieben. Ihm gilt mein besonderer Dank: für seine Begeisterung für das Abenteuer Vendée Globe, aber vor allem für die Energie, Zeit, Geduld und Hartnäckigkeit bei unserer Zusammenarbeit, die aus einer langjährigen Freundschaft und fortwährenden Unterstützung seinerseits entstand. Auch dem ganzen Team des C. Bertelsmann Verlags möchte ich danken.

Pierre Casiraghi hat zentral dazu beigetragen, dass dieses ganze Vendée-Globe-Projekt überhaupt entstehen konnte. Ihm danke ich vor allem für unsere nun schon fast zehn Jahre andauernde Freundschaft, seinen Humor, Pragmatismus und Abenteuersinn.

Gerhard und Sabine Senft haben ebenso an mich und das Projekt geglaubt und mit Begeisterung maßgeblich zu seiner Verwirklichung beigetragen. Danke für das Vertrauen und die schöne Zeit mit euch.

Auch Dr. Claus Löwe gilt mein Dank für seine stets anpackende Unterstützung über viele Jahre.

Arno Kronenberg kenne ich am längsten von allen hier genannten Unterstützern und Freunden – über zwanzig Jahre. Durch ihn habe ich viele Leute kennengelernt, die zum Gelingen unseres Projekts maßgeblich beigetragen haben.

Wir haben das große Glück, mit Martin Kramp, Toste Tanhua und Peter Landschützer drei brillante Köpfe der Ozeanografie zu unserem Freundes- und Unterstützerkreis zählen zu dürfen. Ralf Brauner ist uns in diesem Bereich ebenfalls eine starke Inspiration und ein Quell von Ideen – er hat mich bereits vor über zwanzig Jahren in Sachen Wetter und Klimatologie unterrichtet.

Ich möchte allen Journalisten und Journalistinnen, Fotografinnen und Filmemachern danken, die helfen, unsere Botschaft »A Race We Must Win!« und unser Abenteuer mit der Öffentlichkeit zu teilen. Einige von euch sind buchstäblich mitgesegelt – nicht nur bei diesem Rennen. Das verbindet einen über die Zeit auch sehr persönlich.

Doch bevor wir überhaupt einen Meter segeln können, brauchen wir natürlich Sponsoren und Partner. Ihnen gilt mein besonderer Dank – und zwar sowohl den einzelnen Entscheidern, die diese Partnerschaften angestoßen haben, als auch jedem einzelnen Mitarbeiter und jeder Mitarbeiterin dieser Unternehmen und Institutionen: Yacht Club de Monaco, Kühne + Nagel, Hapag-Lloyd, MSC, CMA CGM, Schütz, Zürich, EFG, Lampe & Schwartze, Solbian, B&G, Quantum-Sails, Peter Frisch GmbH, Marlow, Glashütte Original, Greatcircle, Fattoria la Vialla.

Unser Einsatz für Bildung und Wissenschaft wurde zudem von engagierten Spendern unterstützt. Ihnen gilt mein und unser tiefer Dank für diese uneigennützige Großzügigkeit. Unterstützt wurde dieses Engagement auch von der »Fondation Prince Albert II de Monaco« sowie von der Elbstiftung und natürlich indirekt durch alle Partnerfirmen.

All diese diversen Bereiche und Personen virtuos zu verknüpfen, zusammenzuhalten und immer wieder neu zu verweben, das hat unsere Teammanagerin Holly Cova zu leisten vermocht – mit einer Stetigkeit und Ruhe und der Fähigkeit, unangenehme Dinge nicht persönlich zu nehmen. Ihrer unverwüstlich gewinnbringenden Art, Leidenschaft und Energie verdanken das Team und ich persönlich sehr viel.

Wohl mindestens achtzig Prozent eines erfolgreichen Abenteuers Vendée Globe sind vorbestimmt durch die Jahre, Tage und Stunden der technischen Vorbereitung, durch Akribie, Fleiß und Schweiß. Dank unseres tollen Teams standen wir bis hundert Seemeilen vor dem Ziel ohne nennenswerte Schäden da. Wenn man sich vorstellt, dass wir über vier Jahre im Schnitt zehn Monate pro Jahr, sechs Tage die Woche, zehn Stunden am Tag zu viert an der *Seaexplorer* gearbeitet haben, kommt man auf 38 000 Arbeitsstunden. Stuart McLachlan hat davon die größte Portion übernommen. Allen, die am Boot gearbeitet haben, möchte ich von Herzen danken. Es ist eines der schönsten und besten Boote geworden, und es hat seine Mission perfekt erfüllt: als Rennyacht, als Botschafter und als Forschungsschiff.

Uns haben auch viele Menschen geholfen, die beruflich ganz woanders unterwegs sind. Die Unterstützung unserer Kampagne ist für sie eine Herzensangelegenheit, sie haben dafür viel von ihrer Freizeit geopfert. Sie halfen uns bei Events und Rennstarts, aber auch, um Partner zu suchen oder Ideen zu entwickeln. Zu einigen von ihnen haben wir über die Jahre eine sehr feste Bindung entwickelt und zählen sie heute genauso zu unserem Team wie die bezahlten Mitglieder. Danke für dieses starke Engagement.

An dieser Stelle möchte ich auch all den vielen Menschen danken, die unser Abenteuer intensiv verfolgt, die mitgefiebert und uns angefeuert haben. Auch für die zahlreichen persönlichen Zuschriften an unser Büro möchte ich meinen ganz herzlichen Dank zum Ausdruck bringen und mich entschuldigen, dass ich es bisher noch nicht geschafft habe, alle Briefe zu beantworten. Ich freue mich sehr über jeden einzelnen.

Wieder zurück an Land, beginne ich langsam zu erahnen, welche Leistung meine Frau Birte vollbracht hat. Die lange Zeit allein mit einem kleinen Baby, das einen rund um die Uhr auf Trab hält. Wenn ich Malous Versorgung ein paar Tage übernehme, bin ich schnell völlig gerädert. Ich glaube, das ist durchaus anstrengender als die Vendée Globe selbst. Meine Bewunderung für alle alleinerziehenden Mütter und Väter steigt, aber ganz besonders die für meine Frau. Noch viel grundlegender aber ist meine Dankbarkeit dafür, dass Birte meine Leidenschaft und dieses Lebensprojekt über all die Jahre nicht nur unterstützt, sondern es auch zu ihrem eigenen Projekt gemacht hat. Ohne ihre Zustimmung hätte ich es gar nicht erst versucht.

Die Leidenschaft für die See und das Segeln haben mir meine Eltern in die Wiege gelegt, die mich auf meinem späteren Weg immer unterstützt und mich gelehrt haben, für eine Sache einzustehen.

In den vier Jahren unserer Kampagne für die Vendée Globe 2020 haben uns weitere Menschen auf ganz unterschiedliche Weise unterstützt. Auch bei euch möchte ich mich herzlich bedanken: Albert Schweizer, Alexandre Richard, Alfred Kotouczek, Andi Färber, Andreas Berg, Andreas Kling, Andreas Lindlahr, Andreas Müller-Hermann, Anne Claire Bihan-Poudec, Antoine Mermod, Arno Böhnert, Astrid Rampendahl, Axel Schröder, Bernard D'Alessandri, Birgit Radebold, Björn Keels, Christian Krug, Craig Thomson, Cyrill Gutsch, Daniele Capua, Diego Aponte, Dirk Mennewisch, Dirk Weißenborn, Dr. Jens Gerhard, Dwada Jobarteh, Eduardo Razuck, Edwin Delaat, Erika Jangen, Ethan Shea, Familie Oetker, Frank Schweikert, Franziska Bietke, Gabriele Lorenzen, Gael Ledoux, George Catsiapis, Georgio Pauen, Gerald Bibot, Gildas Dubois, Greta Thunberg, Hans Christoph Enge, Heinke Böhnert, Henning Stamm, Henrik Emmert, Fürst Albert II. von Monaco, Hubertus Jürgens, Isabelle Andrieux und Team, Jay Thomson, Jens Böckmann, Jens Holscher, Jerome Solem, Jochen Rieker, Johannes Hagedorn, Karl Gernandt, Laurent Bourgess, Lilli, Lucia Nebreda, Ludo Bosser, Maike Priess, Marcel van Triest, Mark Turner, Markus Froemming, Mathias Müller von Blumencron, Matthias Steiner, Michael Körner, Mike Yates, Milena Schoenahl, Nathan Grossman, Nils Kaben, Otto Schacht, Paddy Hutchings, Peter Frisch, Quentin Lucet, Ricardo Pinto, Rolf Habben Jansen, Rufus Brand, Ryan Breymaier, Shane Diviney, Stefan Raimund, Steffi Hupfer, Susie Walker, Svante Thunberg, Sven Kaulbars, Sven Krause, Tanya und Rodolphe Saade, Tatjana »Tati« Pokorny, Thomas Julien, Thomas Kurk, Thomas Theurillat, Tim Müller, Ullrich Lorenzen, Uwe Priess, Vincent Lantin, Wendy Brown, Will Harris, Wilhelm Botha, Yann Perfornis, Yannick Perrigot, Yvon Berrehar.

Und zu guter Letzt möchte ich mich bei den Winden bedanken, bei der See, dem Schicksal, den Meeresbewohnern und unserem Schiff, der *Seaexplorer.*

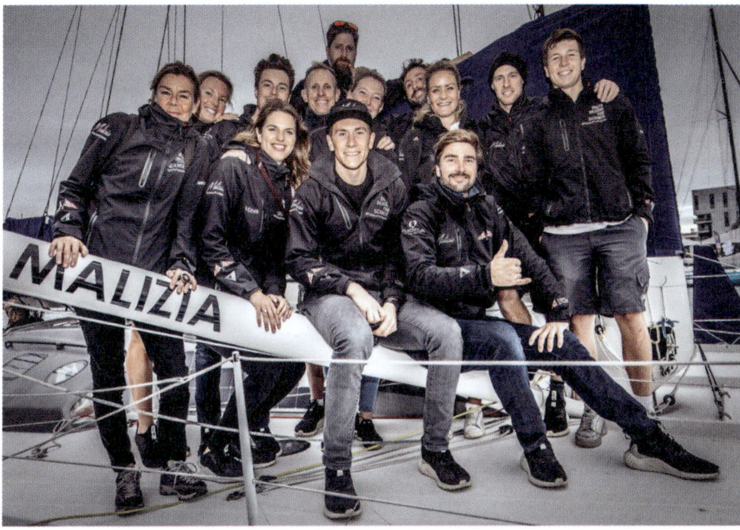

Der Malizia-Spirit

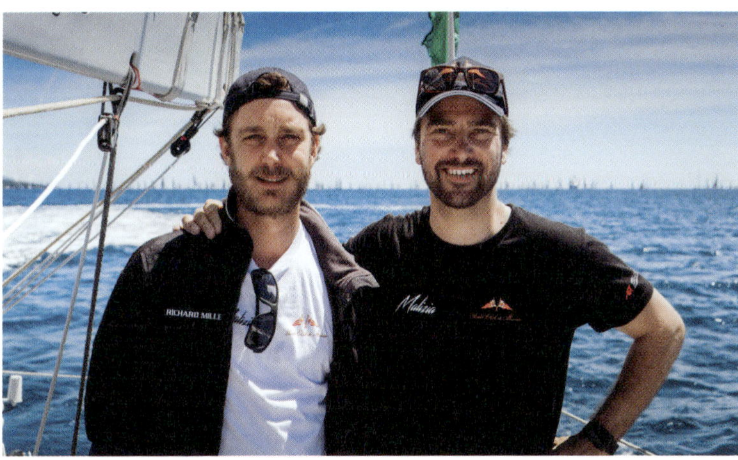

Gemeinsam mit Pierre Casiraghi

ANHANG

Die anderen Teilnehmerinnen und Teilnehmer

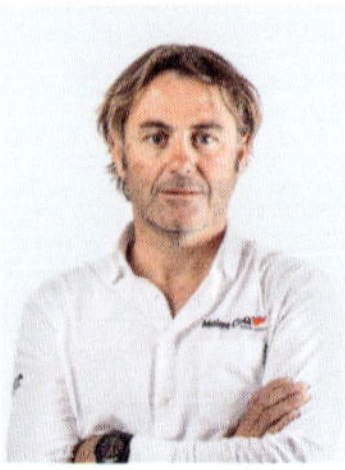
Yannick Bestaven

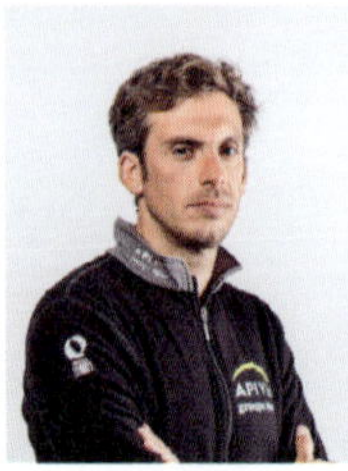
Charlie Dalin

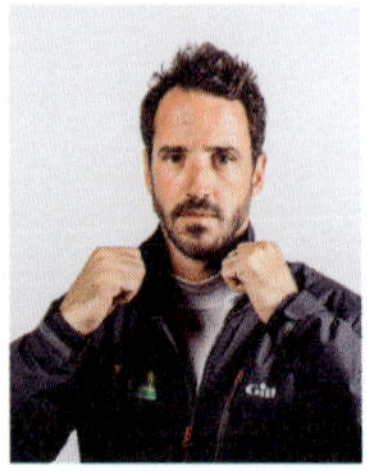
Louis Burton

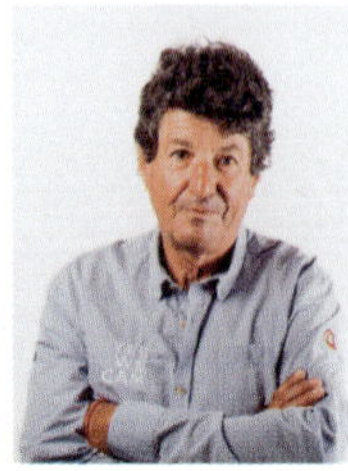
Jean Le Cam

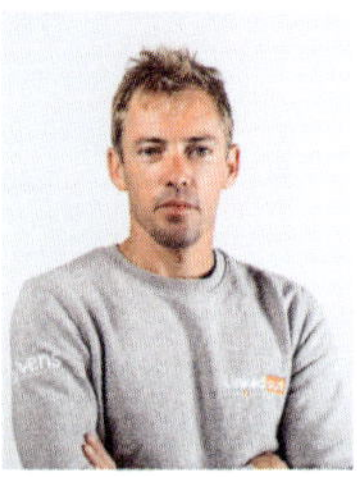
Thomas Ruyant

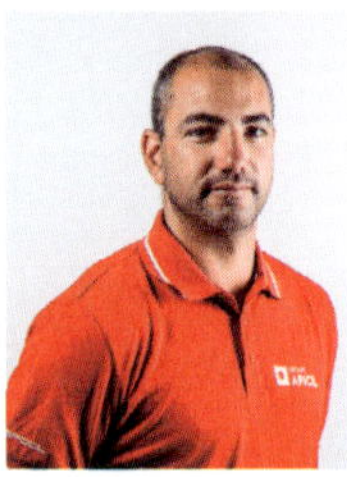
Damien Seguin

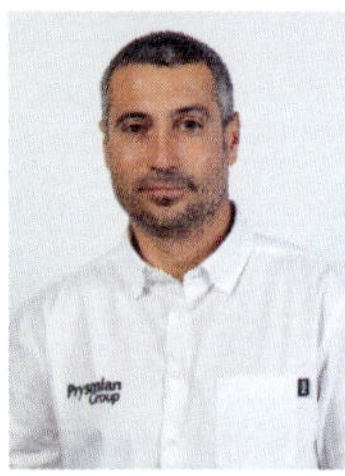
Giancarlo Pedote

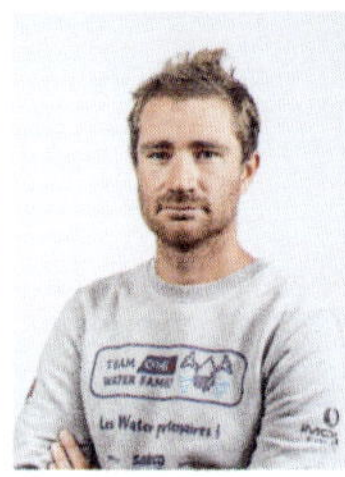
Benjamin Dutreux

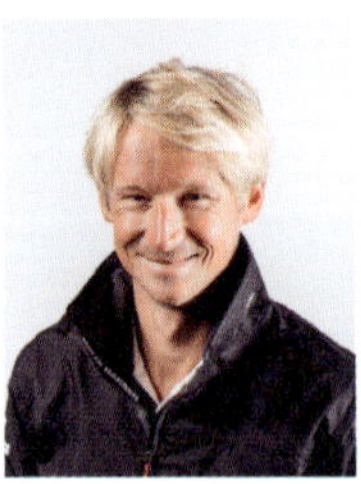
Maxime Sorel

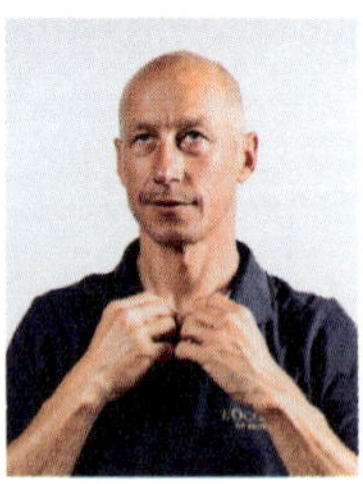
Armel Tripon

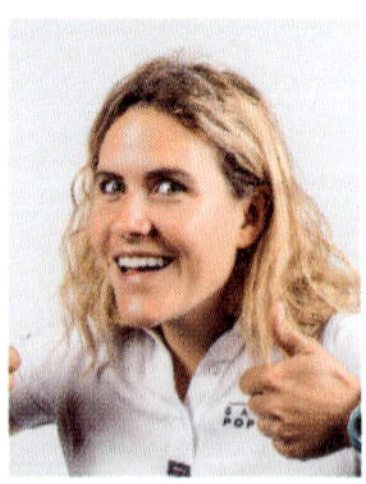
Clarisse Cremer

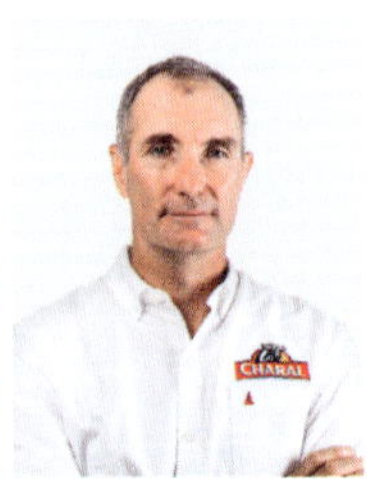
Jérémie Beyou

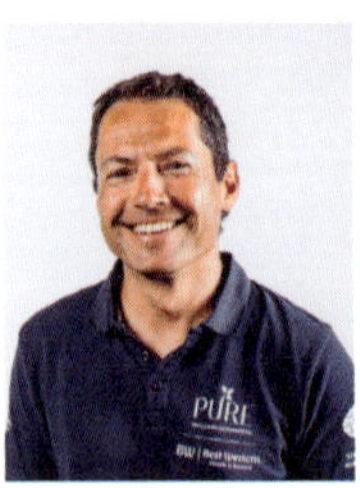
Romain Attanasio

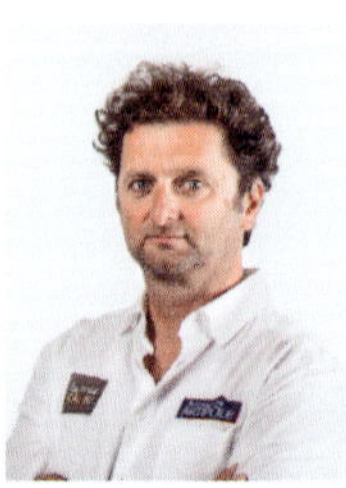
Arnaud Boissières

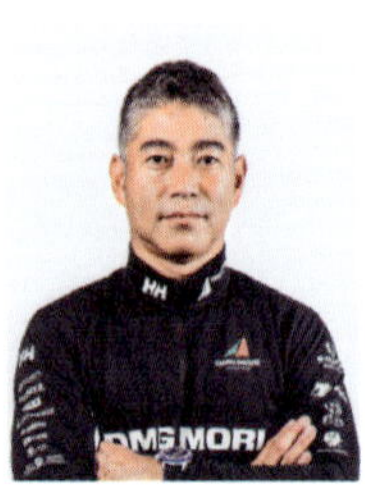
Kojiro Shiraishi

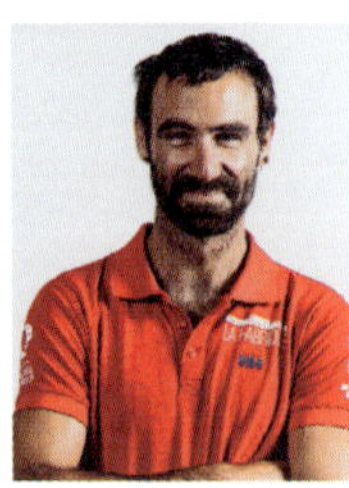
Alan Roura

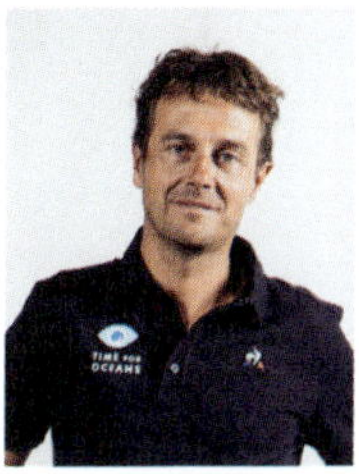
Stéphane Le Diraison

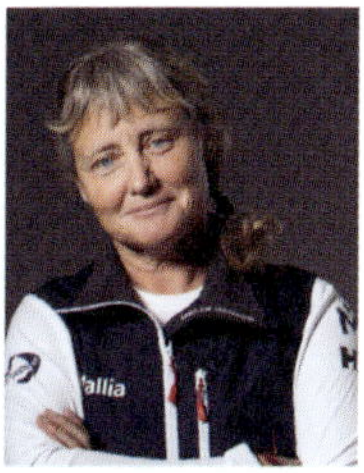
Pip Hare

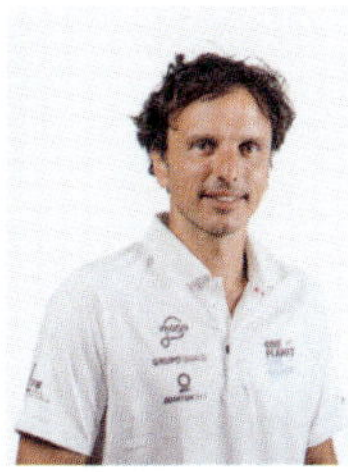
Didac Costa

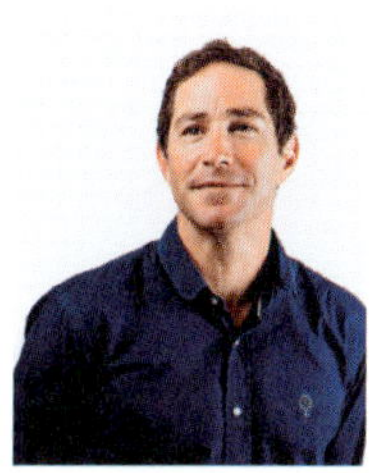
Clément Giraud

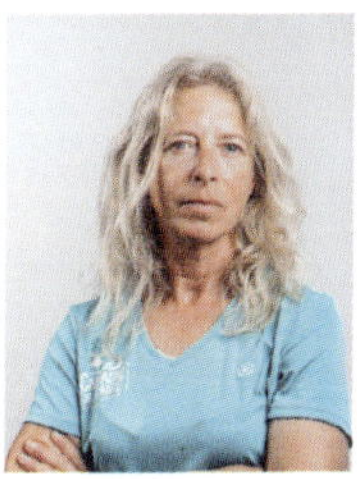
Miranda Merron

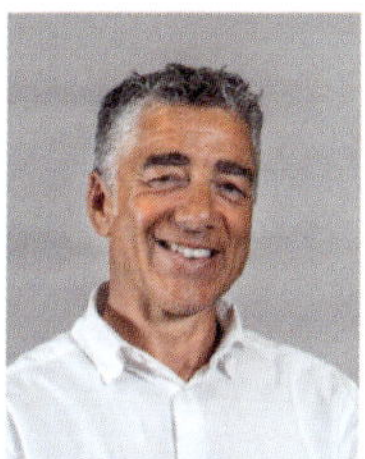
Manuel Cousin

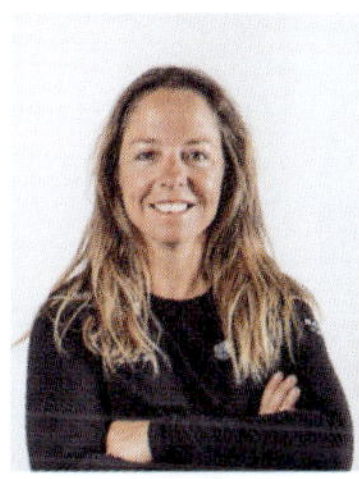
Alexia Barrier

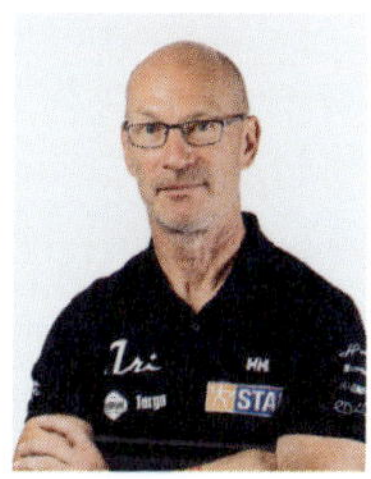
Ari Huusela

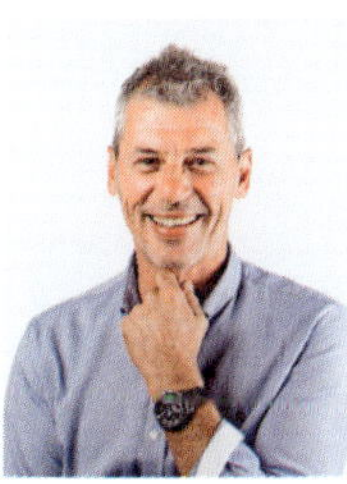
Sébastien Destremau

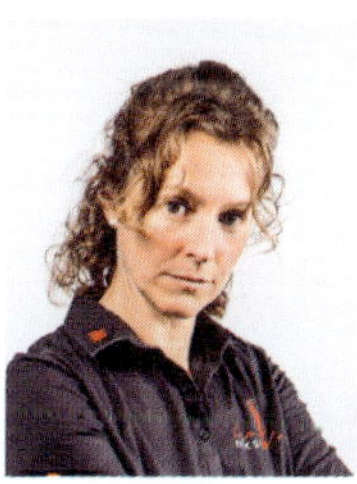
Isabelle Joschke

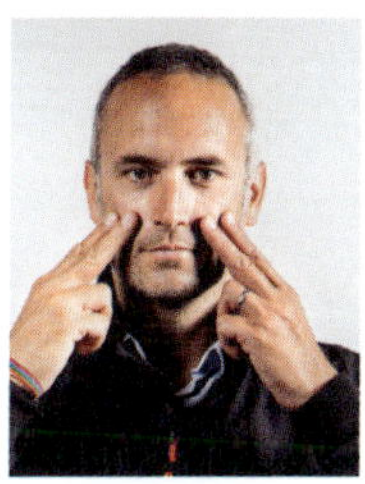
Fabrice Amedeo

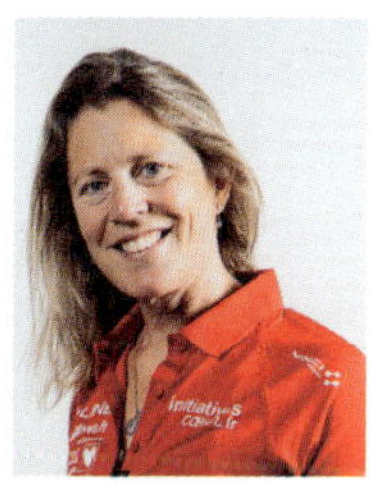
Samantha Davies

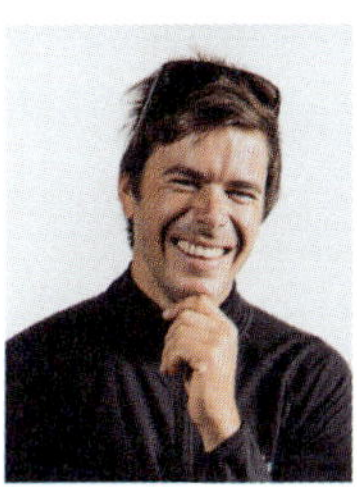
Sébastien Simon

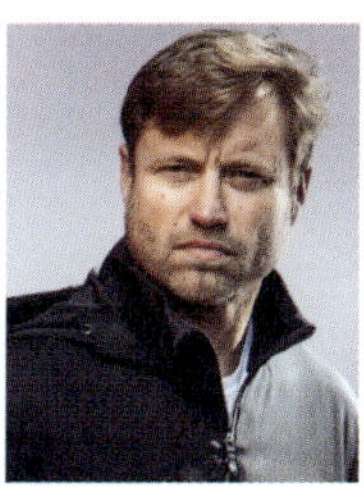
Alex Thomson

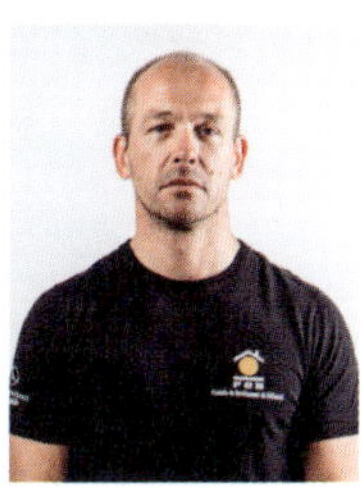
Kevin Escoffier

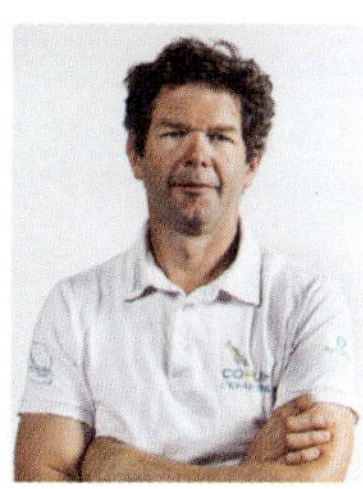
Nicolas Troussel

Literaturverzeichnis

Seite 164 Joseph Conrad: »Weihe«, enthalten in dem Band: *Die Erzählungen zwischen Fiktion und Realität*, Musaicum Books, 2019, Seite 155

Seite 140 Derek Lundy: *Gnadenlose See*, Delius Klasing Verlag, Bielefeld 1999. Darin auf den Seiten 168 und 194 die Zitate von Pete Goss und Herbert »Blondie« Hasler

Seiten 124, 205 und 244 Bernard Moitessier: *Der verschenkte Sieg*, Delius Klasing Verlag, Bielefeld, 10. Auflage, 2019. Die französische Originalausgabe erschien 2019 unter dem Titel *La longue route*. Die nach der deutschen Ausgabe zitierten Stellen dort auf den Seiten 140, 162, 174 und 197

Bildnachweis

Pierre Bouras S. 50, 71, 131, 177, 283
Boris Herrmann S. 42, 62, 78, 96, 100, 106, 113 oben, 113 unten, 122, 158, 167, 172, 187, 198, 200, 206, 214, 215, 221, 224, 231, 236, 241, 246, 250, 259, 262, 267
Martin Keruzoré/Team Malizia S. 294, 295
Bernhard Le Bars/Alea S. 308, 309
Andreas Lindlahr S. 8, 20, 24, 34, 39, 86, 137, 272, 305 oben
Jean-Marie Liot S. 14, 28, 56, 146
Martin Messmer S. 305 unten
Team Malizia S. 311-313, 319 oben, 319 unten
Andreas Wolfers S. 41, 296
Yvan Zedda/Alea S. 291

Open 60 *Seaexplorer – Yacht Club de Monaco*

Länge:	18,28 m
Breite:	5,70 m
Tiefgang:	4,50 m
Masthöhe:	29,00 m
Segelfläche:	290 m² – 490 m²
Gewicht:	7,6 t
Baujahr:	2015
Architekt:	VPLP/Verdier
Werft:	Chantier Multiplast

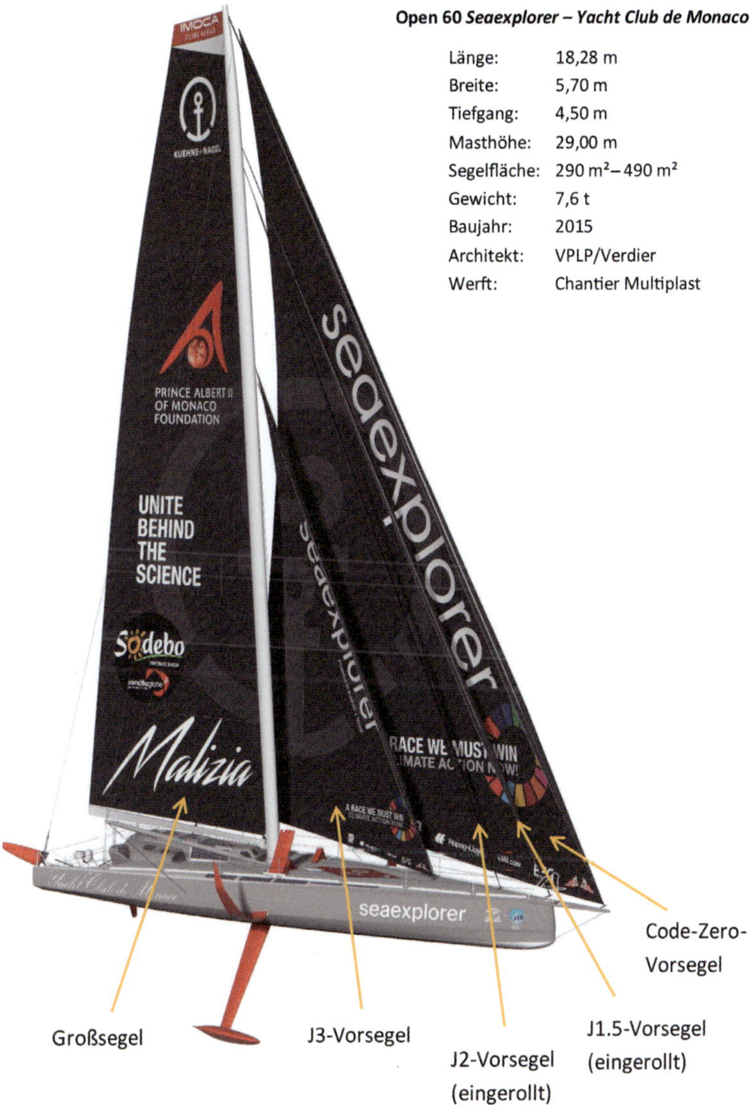

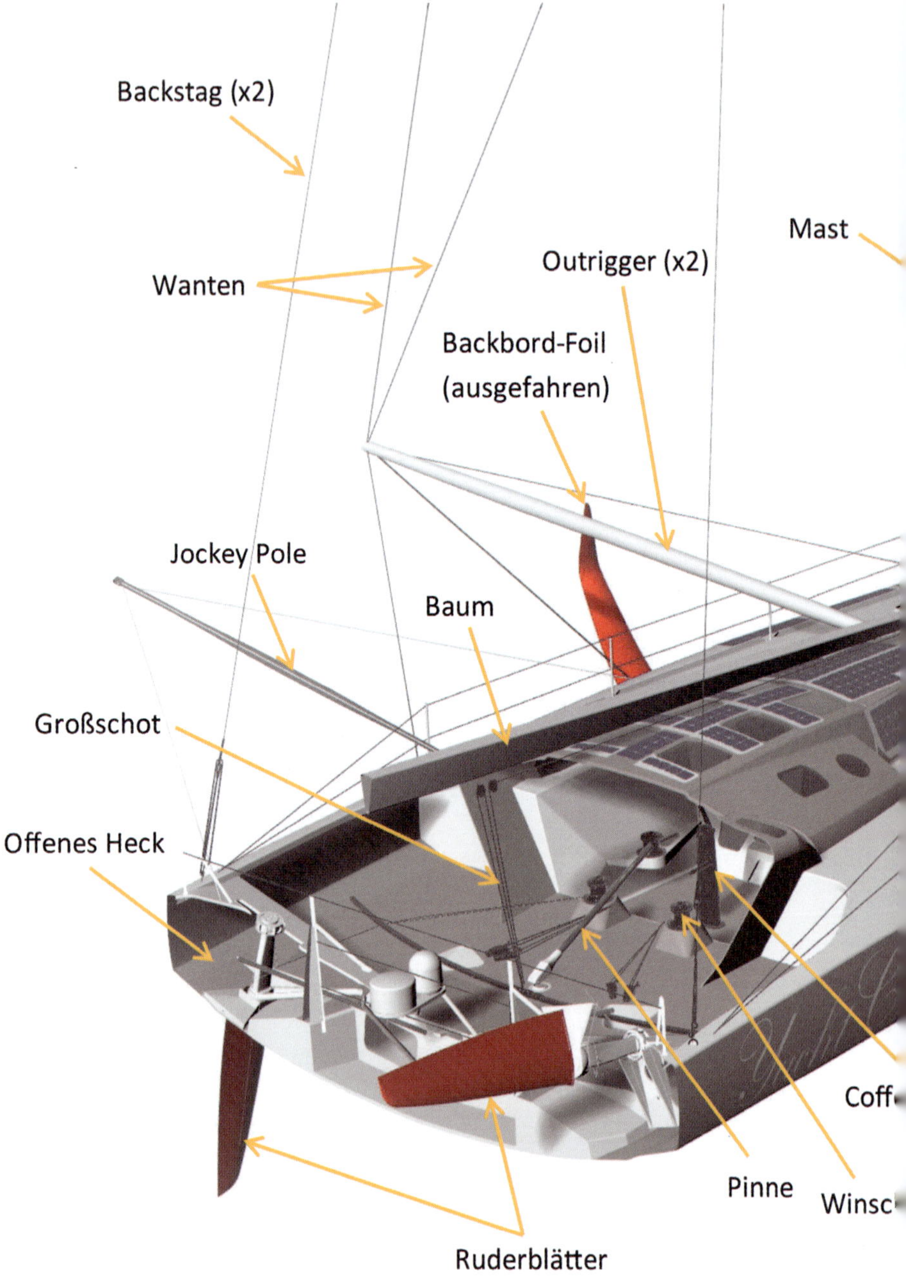
Backstag (x2)
Mast
Outrigger (x2)
Wanten
Backbord-Foil
(ausgefahren)
Jockey Pole
Baum
Großschot
Offenes Heck
Pinne
Ruderblätter

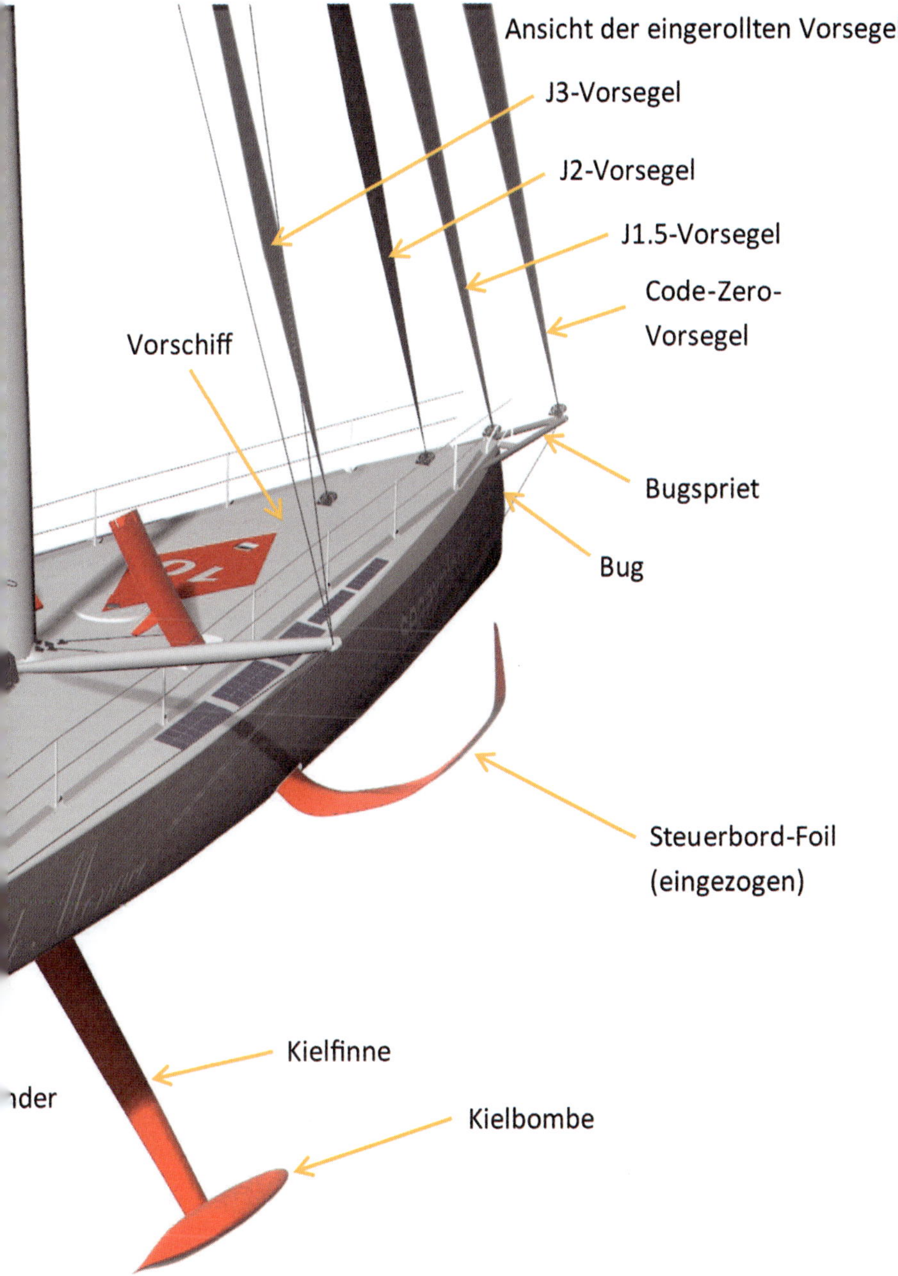

Ansicht der eingerollten Vorsegel
J3-Vorsegel
J2-Vorsegel
J1.5-Vorsegel
Code-Zero-
Vorsegel
Vorschiff
Bugspriet
Bug
Steuerbord-Foil
(eingezogen)
Kielfinne
nder
Kielbombe

Glossar der Seglersprache

Begriffspaare

Backbord Die linke Seite eines Bootes, in Fahrtrichtung gesehen
Steuerbord Die rechte Seite eines Bootes, in Fahrtrichtung gesehen

Bug Die Spitze des Schiffs
Heck Das Ende des Schiffs

Lee Die Richtung, in die der Wind weht
Luv Die Richtung, aus welcher der Wind kommt

Abfallen Das Boot wird vom Wind weg gesteuert, weiter nach Lee.
Anluven Das Boot wird zum Wind hin gesteuert, weiter nach Luv.

Wende Segelmanöver zur Änderung der Fahrtrichtung. Das Schiff geht dabei mit dem Bug durch den Wind: Es wird so gedreht, dass der Wind kurzzeitig genau von vorne kommt, dann weitergedreht, bis der Wind von der anderen Seite die Segel füllt. Beim Kreuzen segelt man auf diese Weise im Zickzackkurs in die Richtung, aus der der Wind weht.
Halse Segelmanöver zur Änderung der Fahrtrichtung. Das Schiff geht dabei mit dem Heck durch den Wind: Der Wind kommt in diesem Fall kurzzeitig genau von hinten. Das Großsegel kann bei diesem Manöver ruckartig auf die andere Bootsseite umschlagen.

Seemeile Auch nautische Meile, Entfernungsangabe auf See: 1 Seemeile entspricht 1,852 Kilometern.

Knoten Einheit für die Wind- und Bootsgeschwindigkeit. 1 Knoten entspricht 1 Seemeile pro Stunde beziehungsweise 1,852 Kilometern pro Stunde. Schnelle Tourenyachten können 8 bis 12 Knoten erreichen, die Spitzengeschwindigkeit von Imoca-Yachten liegt bei 35 Knoten.

Einzelbegriffe

Achtern Hinten. So liegt etwa das Heck eines Schiffs achtern.

Backstag Bündel aus Kunstfasersträngen, das den Mast nach schräg hinten absichert

Bugspriet Stange beziehungsweise Rohrkonstruktion, die über den Bug hinaus nach vorne ragt. Sie verlängert quasi das Schiff. Dadurch können mehr Segel gesetzt werden.

Coffee-Grinder Säule im Zentrum des Cockpits, ausgestattet mit zwei Kurbelgriffen. Mit Muskelkraft können von hier aus unterschiedliche Winschen bedient werden.

Fall Leine, an der ein Segel hochgezogen wird. Das Fallenschloss ist ein Riegel, mit dem das obere Ende des Segels oben am Mast gehalten wird.

Foil Ein zu beiden Seiten angebrachter, beweglicher Tragflügel. Ab etwa vier Windstärken erzeugt das Foil Auftrieb und beginnt, die Yacht aus dem Wasser zu heben. Mittels Leinen lässt sich das Foil ausfahren beziehungsweise in den Rumpf einziehen.

Gennaker Großes bauchiges Vorsegel. Anders als sein großer Bruder, der Spinnaker, wird der Gennaker am Bug beziehungsweise Bugspriet befestigt.

IMOCA Abkürzung für »**I**nternational **M**onohull **O**pen **C**lass **A**ssociation«, die Bootsklasse der Open-60-Rennyachten.

Jockey Pole Stange zur künstlichen Verbreiterung der Rennyacht im hinteren Bereich. Über das Ende der Stange laufen die Schoten der großen Vorsegel, damit sie nicht die Outrigger berühren.

Outrigger Beidseitig angebrachte Auslegerrohre. Sie spreizen die Wanten ab, die den Mast seitlich absichern. Durch die Abspreizung vergrößert sich der Ansatzwinkel der Wanten am Mast – was die enorme Masthöhe auf Imoca-Yachten möglich macht.

Pinne Stange zur Steuerung des Bootes. Ersetzt das Steuerrad.

Reffen Verkleinern der Segelfläche bei zunehmendem Wind. Mithilfe von Reffleinen lässt sich das Großsegel in drei Stufen verkleinern. Das 3. Reff bezeichnet die kleinstmögliche Großsegel-Fläche.

Rigg Sammelbegriff für Mast, Großbaum, Wanten, Stagen und alle Leinen am Mast.

Schot Leine, mit der sich ein Segel strammer ziehen (dichtholen) oder öffnen (fieren) lässt.

Want Kunstfaserseil. Es verhindert, dass der Mast seitlich umkippt.

Windrichtungen Segelt ein Schiff »am Wind«, kommt der Wind schräg von vorn. Bei »halben Wind« weht er von der Seite, »raumschots« kommt er von schräg hinten.

Winsch Mit dem Coffee-Grinder verbundene Winden zum Dichtholen etwa von Schoten und Fallen. Dank vielfacher Übersetzung kann mithilfe der Leinen ein enormer Lastendruck erzeugt werden.

Liebe Leserin, lieber Leser,

mit dem Kauf dieses Buches leisten Sie auch einen kleinen Beitrag zum Klimaschutz. Weil wir, Boris Herrmann und Andreas Wolfers, für jedes verkaufte Exemplar eine Mangrove pflanzen lassen: im Malizia Mangrove Park. Ende 2020 haben wir diesen Park gemeinsam mit der Mama Earth Foundation gegründet, in einer Bucht von Mindanao, Philippinen.

Mangroven zählen neben den Regenwäldern zu den produktivsten Ökosystemen der Erde. Sie bieten einen Lebensraum für zahlreiche Tierarten, sind salztolerant und binden große Mengen an CO_2. Sie schützen mit ihrem Wurzelsystem die Küsten gegen Wellenschlag und Erosion durch den steigenden Meeresspiegel. Und sie können enorm schnell wachsen.

Unser Park steht unter wissenschaftlicher Leitung. Die Wissenschaftler stellen sicher, dass die neuen Anpflanzungen mit den teils noch vorhandenen Mangroven zu einem stabilen Mangrovenwald zusammenwachsen, der nachhaltig ist und sich selbst erhält. Die Aufzucht der Setzlinge und das Pflanzen übernehmen lokale Anwohner, was ihnen zusätzliche Einnahmen ermöglicht.

In unserem Park zählt jede Mangrove. Bis Sommer 2021 haben wir 300 000 neue Bäume anpflanzen können. Bis Ende 2022 wollen wir dort eine Million Mangroven Wurzeln schlagen lassen.

Aufzucht und Pflanzung einer Mangrove kosten 33 Cent. Ein kleiner Betrag mit einer großen Wirkung. Wenn auch Sie etwas zum Aufbau dieses Ökosystems beitragen wollen, erhalten Sie alle Informationen dazu auf unserer Projektseite: https://maliziamangrovepark.de

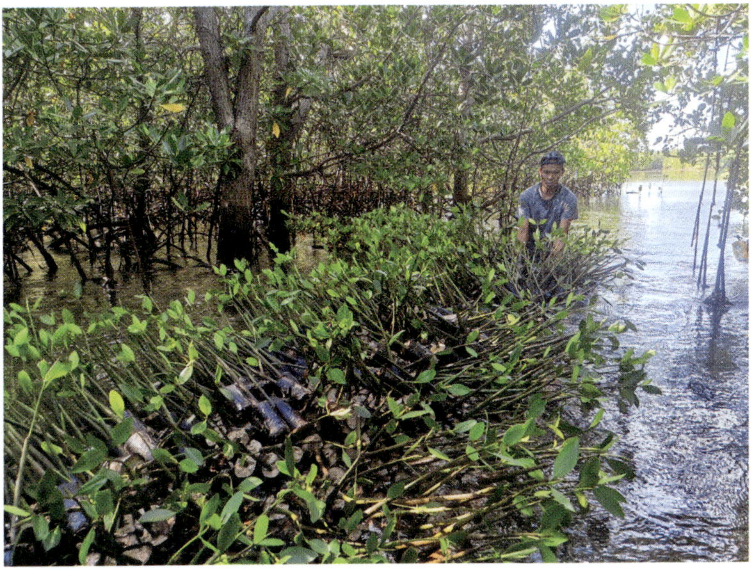

Lokale Helfer bringen die Setzlinge mit Booten in den Mangrovenpark.

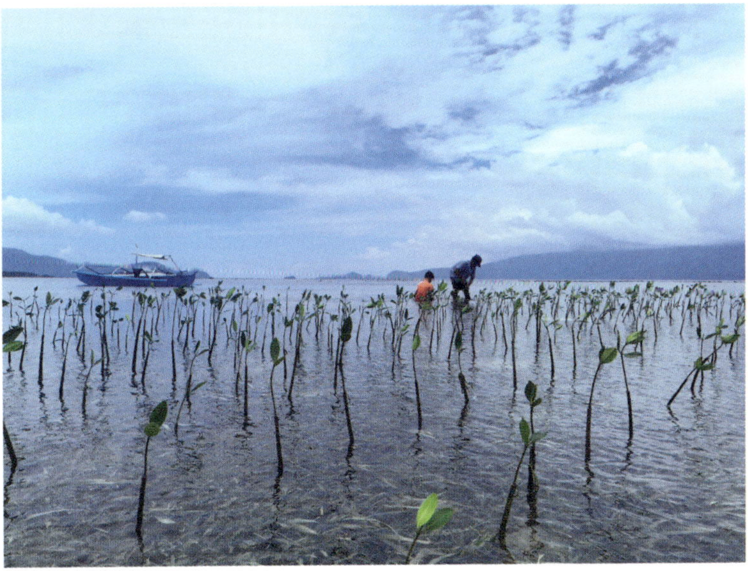

In gleichmäßigem Abstand werden die Mangroven entlang der Küste angepflanzt.